Daniel Burstein

YEN!

Die japanische Herausforderung

Daniel Burstein

YEN!

Die japanische Herausforderung

Wilhelm Heyne Verlag
München

Titel der amerikanischen Originalausgabe
YEN! JAPAN'S NEW FINANCIAL EMPIRE AND ITS THREAT TO AMERICA
Ins Deutsche übertragen von Marcus Würmli
Redaktionell bearbeitet von Anita Krätzer

Die Originalausgabe erschien im Verlag Simon and Schuster, New York

2. Auflage

Umschlaggestaltung: Norbert Härtl, München
Satz: Dörlemann-Satz
Druck und Bindung: May + Co, Darmstadt
ISBN 3-453-03231-4
Printed in Germany

Inhaltsverzeichnis

Für Julie, deren Liebe wie die Sonne schien,
vor allem in den schwersten Phasen dieses Projekts,
und die alles Große und Kleine auf der siebzehn Jahre
währenden Reise von Malaga nach Tokio mit mir geteilt hat.

Vorwort

»Die Japaner sind nicht dumm. Wir haben noch vier Jahre bis 1992. Die japanischen Manager wissen, was sie in diesen Jahren tun müssen. Die japanische Industrie wird einen Teil ihrer Technologie nach Europa verlagern.«

Akio Morita,
Begründer und Vorsitzender der Sony Corporation

Ein Gespenst geht um in Europa, es ist das Gespenst Japans

Wenn die Historiker im Jahr 2092 die Strukturen des europäischen Binnenmarktes des Jahres 1992 zu ergründen versuchen, so werden sie auf mehrere gedankliche Grundlagen stoßen. Die wichtigste liegt klar auf der Hand: Sie beruht auf den ungeheuren ökonomischen Ressourcen der europäischen Nationen, die in einem halben Jahrhundert des Friedens vereint werden konnten. Eine weitere bedeutsame Rolle spielen Veränderungen des Finanzflusses, der Durchschlagskraft neuer Technologien, der unterschiedlichen internationalen Strömungen des Protektionismus, des gesteuerten und des freien Handels.

Außerdem sind die neuen wirtschaftlichen und politischen Entwicklungen des späten 20. Jahrhunderts zu erwähnen, darunter auch der Zusammenbruch der amerikanischen Wirtschaftshegemonie und der Aufstieg neuer potenter Wirtschaftszentren auf der ganzen Welt sowie das Erscheinen Gorbatschows in der Sowjetunion, der die bipolare geopolitische und militärische Konfrontation beendete. Die damit verbundene Desideologisierung hat zur Folge, daß selbst jene, die innerlich noch an den Dogmen des 19. Jahrhunderts festhalten, sich öffentlich zu marktwirtschaftlichen Prinzipien bekennen.

Wenn die zukünftigen Strukturanalytiker ihre Hausaufgaben gut machen, dann werden sie auf drei entscheidende Gründe für die Entstehung des europäischen Binnenmarktes stoßen, die sich direkt auf Japan beziehen.

Da ist zunächst die Angst. Die Angst beispielsweise, daß europäische Elektronikfirmen, die bereits einem scharfen Konkurrenzdruck von seiten amerikanischer Unternehmen ausgesetzt sind, der japanischen Konkurrenz schließlich gänzlich erliegen könnten – sofern Europa nicht geschlossen zu konzertierten Gegenmaßnahmen greift. Oder zum Beispiel die Angst, japanische Banken könnten das europäische Finanzwesen dominieren, wenn die heimischen Banken nicht einen größeren Zugang zu den eigenen großen europäischen Finanzmärkten erhalten. Wo einzelne europäische Länder kaum Fortschritte bei der Lösung bilateraler Probleme mit Japan in Fragen des Handels und des Zugangs zu den Märkten erzielen konnten, da bedeutet die geballte Macht der europäischen Gemeinschaft – und die Anziehungskraft ihres kollektiven Marktes – einen erheblichen Machtzuwachs gegenüber Tokio, um das eigentliche Ziel, die Gegenseitigkeit, zu erreichen.

Ein zweiter Grund mag von der einen Seite als Neid und von einer anderen als geschickte Anpassung interpretiert werden. Als die Reagonomics in den achtziger Jahren die Macht in den Vereinigten Staaten ergriffen und den Amerikanern erneut ein Gefühl globalen Selbstvertrauens einflößten, zeitigte der Wirtschaftsboom in Japan viel wichtigere und greifbarere Ergebnisse. Die Amerikaner übersahen dies, weil sie sich vom grellen Licht der »goldenen Achtziger« blenden ließen. Ganz anders die Europäer.

Unter den vielen Elementen im Kaleidoskop des japanischen Aufstiegs sehen die Europäer eine Tatsache ziemlich klar: Japan hat dort Erfolg, wo Europa (mindestens bis vor kurzem) bisher ein Mißerfolg beschieden war, nämlich den Amerikanern die wirtschaftliche Führungsrolle streitig zu machen und sie mit ihren eigenen Waffen zu schlagen. Könnte die europäische Gemeinschaft nicht auch ein modernes japanisches Wirtschaftswunder hervorbringen und wieder die Führerrolle in der Weltwirtschaft einnehmen? Schließlich basiert sie wie Japan auf einer stabilen, historisch gewachsenen Gesellschaftsordnung, war vor Jahrzehnten vom Krieg ebenso zerstört wie Japan, verfügt wie Japan über keine entscheidenden natürlichen Ressourcen und steht wie Japan unter dem militärischen Schutz der Amerikaner. Ließe sich das europäische Wirtschaftswunder nicht mindestens teilweise dadurch bewerkstelligen, daß man einige Methoden der Wirtschaftsführung, der Technologie und des Handels entlehnt, die die Japaner vervollkommnet haben? Die Amerikaner haben (meist vergeblich) versucht, japanische Managementmethoden in einzelnen Unternehmen einzuführen. Die Europäer hingegen paßten mit einigem Erfolg einige entscheidende Aspekte der makroökonomischen Planung, der Industriepolitik und der Koordination zwischen Regierung, Geschäfts- und Arbeitswelt Japans ihren eigenen spezifischen Bedingungen an.

Der dritte Grund ist geostrategischer Natur. Spät, aber immerhin kraftvoll widersetzte sich Europa der allgemeinen Entwicklung, das Zentrum der Weltwirtschaft im 21. Jahrhundert in den pazifischen Raum zu verlagern. Das ist beim Marsch auf das Jahr 1992 zu sicher das wichtigste strategische Teilziel. Obwohl sich die Amerikaner in einen verbissenen Handelskrieg mit Japan einlassen und sich Sorgen über die zunehmenden Spannungen zwischen Washington und Tokio machen, sind einige Europäer von den ihrer Meinung nach zu engen Beziehungen zwischen Amerika und Japan alarmiert. Wie scharf die Worte im Handelskrieg zwischen Tokio und Washington auch ausfielen, der transpazifische Handel ist schon allein durch sein Volumen ein Problem für den transatlantischen Handel. Tatsächlich ist die transpazifische Symbiose inzwischen so weit gediehen (siehe Kapitel 10), daß man heute immer häufiger den Ruf nach einer US-japanischen Allianz vernimmt, um gemeinsam die Führungsrolle in der Welt zu ergreifen – etwa in der Form von »G-2«, »Amerippon«, »Nichibei« usw.

Daß der neugewählte amerikanische Präsident George Bush in seinem ersten Amtsmonat nicht nur eines, sondern sogar zwei Gipfeltreffen mit dem japanischen Premierminister abhielt und daß seine erste Auslandsreise nach Tokio, Peking und Seoul führte, spricht Bände über die wachsende Bedeutung des pazifischen Raums. Als Präsident Reagan 1985 den Soldatenfriedhof von Bitburg besuchte, erhob sich in Amerika ein Proteststurm. Präsident Bush hingegen konnte weniger als vier Jahre danach zum Begräbnis von Kaiser Hirohito nach Tokio reisen, ohne daß zu Hause Kritik laut wurde. Dies zeigt mehr als alles andere die neue Rücksichtnahme Amerikas gegenüber Japan. (Diese Nachgiebigkeit wird noch deutlicher, wenn man bedenkt, daß Reagan bei seinem Besuch in Bitburg immerhin die Gelegenheit ergriff, die Welt an die Lektionen des Zweiten Weltkriegs zu erinnern. Bush hingegen vermied es bei seinem Besuch in Tokio absichtlich, die Vergangenheit aufzurühren – obwohl der japanische Premierminister Takeshita just zu diesem Zeitpunkt öffentlich verkündete, erst zukünftige Historiker würden beurteilen können, ob sich Japan im Zweiten Weltkrieg wirklich aggressiv benommen habe oder nicht.)

Durch die Schaffung des europäischen Binnenmarktes im Jahr 1992 entsteht im atlantischen Raum plötzlich eine neue Gegenkraft zu der sonst überwältigenden Anziehungskraft, die Japan über den Pazifik hinweg auf Amerika ausübt.

Es wäre eine Übertreibung, zu behaupten, diese von den Japanern geschaffenen Tatsachen bildeten den eigentlichen Grund für den europäischen Zusammenschluß 1992. Wenn man aber verstehen will, warum 1992 so schnell von der Planung in die Praxis umgesetzt wurde, so kann man den katalytischen Einfluß Japans auf Europa nicht leugnen.

Der europäische Zusammenschluß verändert die Beziehungen Japans zur EG grundlegend und führt ironischerweise zu einem gänzlich unerwarteten Wandel. Ein Teil der Triebkraft für 1992 leitet sich aus der Anstrengung ab, die Japaner von Europa fernzuhalten. Doch die Ereignisse zeigen, daß genau das Gegenteil bewirkt wird: Durch 1992 ist Europa den Japanern stärker ins Bewußtsein gerückt worden, und sie sind nun mehr denn je entschlossen, in die europäische Festung einzudringen, solange die Zugbrücken noch herabgelassen sind.

»Die Japaner haben plötzlich Europa entdeckt«, sagte Andreas van Agt, der Vertreter der EG in Tokio, der inzwischen mehrmals in der Woche von japanischen Geschäftsleuten gebeten wird, über den europäischen Binnenmarkt von 1992 zu sprechen. Er meint dazu: »Bis vor kurzem meinten die Japaner, Europa spiele nur die Rolle eines bewundernswürdigen kulturellen Museums. Jetzt merken sie, daß die großen Pläne von 1992 Wirklichkeit werden können. Und nun reagieren sie recht schnell.«

Ein Blick auf die tägliche Finanzpresse bestätigt die Richtigkeit der Beobachtungen van Agts. Während zu Beginn des japanischen Finanzwunders (1984–1987) das japanische Geld überwiegend in die Vereinigten Staaten floß, sind heute jeden Tag neue japanische Investitionen, Expansionen und strategische Partnerschaften in Europa zu beobachten. Einige wenige Beispiele der jüngsten Zeit mögen dies illustrieren:

- Im Januar 1989 verkündeten drei japanische Riesenunternehmen – Toyota, Fujitsu und Toshiba – im Verlauf einer einzigen Woche, sie wollten vor Ende 1992 größere Fertigungsbetriebe in verschiedenen Orten innerhalb der EG errichten. »Bis 1992 wollen wir vollständig innerhalb der EG produzieren«, sagte ein Sprecher von Toshiba, als er die Produktstrategie seiner Firma auf dem Halbleitersektor erklärte.
- Bis Ende der neunziger Jahre will die Firma Toyota Fertigungsbetriebe in Großbritannien, Belgien und Spanien einrichten, die jedes Jahr 400 000 Autos produzieren sollen.
- Die Firma Nissan, die ihren Fuß schon früher nach Europa setzte, produziert in ihren eine Milliarde Dollar teuren Fertigungsbetrieben in Sunderland, Großbritannien, bereits 55 000 Autos pro Jahr. Spre-

cher der Firma kündigten an, das Unternehmen werde sich auf 1992 gut vorbereiten und bis dahin von Sunderland aus jedes Jahr 100000 Autos auf den Kontinent exportieren.

- Im Verlauf des Jahres 1988 stieg die Zahl der Hersteller von Computerdruckern in japanischer Hand innerhalb der EG von einem auf vierzehn.
- Die Firma Sony, die die Strategie der Produktionsverlagerung von Japan in die betreffenden Konsumentenmärkte begründete, eröffnete 1988 den achten europäischen Fertigungsbetrieb.
- Denon, der europäische Arm von Nippon Columbia im Audiorecordergeschäft, begann in seinem neuen Betrieb in Nettetal in der Bundesrepublik mit der Produktion von Tunern, Receivern, Verstärkern und Compactdiscs. Wie andere japanische Unternehmen, die nach Europa expandierten, schlug auch Denon aus den konkurrierenden Angeboten lokaler europäischer Regierungen, die alle japanische Investitionen anziehen wollen, geschickt Kapital. In diesem Fall verkaufte die Stadtverwaltung von Nettetal den Grund und Boden zu einem Preis von einer D-Mark pro Quadratmeter - einem Bruchteil des Marktwertes - an Denon. Gleichzeitig bot sie eine nicht unbeträchtliche Investitionsförderung an. Interessanterweise wirbt Denon gut ausgebildete Arbeiter von einem nahegelegenen Philips-Betrieb an, der in Schwierigkeiten geraten war und Leute entlassen mußte.
- Nomura, die größte Wertpapierfirma der Welt (siehe Kapitel 6), hat bereits in den Finanzhauptstädten von acht EG-Ländern Zweigstellen, sucht jetzt aber auch mit aller Kraft Zugang zu den sekundären Finanzmärkten in diesen Ländern, zum Beispiel in Edinburgh und München. Nomura möchte noch vor 1992 in mindestens drei weiteren deutschen Metropolen vertreten sein.
- Die in Amsterdam beheimatete Tochtergesellschaft des japanischen Kraftwerkbauers Kajima verkündete die Absicht, sie wolle mindestens ein Drittel des Frankfurter Messeturms erwerben. Der soll 1991 fertig werden und dann mit 70 Stockwerken das höchste Gebäude Europas sein.
- In den letzten drei Monaten des Jahres 1988 eröffneten sechs japanische Banken (fünf davon befinden sich auf der Liste der zehn größten japanischen Banken, die zufälligerweise auch die zehn größten Banken der Welt darstellen) Filialen in Frankfurt oder kündigten entsprechende Pläne für das Jahr 1989 an. Zwei japanische Banken waren hier bereits vertreten.
- Nippon Life, der größte Lebensversicherer Japans, möchte gerne jenen Teil des Modeimperiums Benetton übernehmen, der sich mit Lebensversicherungen und Finanzdienstleistungen beschäftigt. Da-

durch würde Nippon Life eine Plattform für die weitere Expansion der Japaner auf dem italienischen Lebensversicherungsmarkt gewinnen.
- In Spanien, das sich gerade in einem Boom ausländischer Investitionen sonnt, sind die Japaner fast so allgegenwärtig wie die Europäer. Am ganzen Mittelmeerufer entlang bauen die Japaner neue Zentren für Senioren. Nissan, Sony und Matsushita bauen Fertigungsbetriebe vor den Toren Barcelonas.
- Wie in den Vereinigten Staaten begannen japanische Unternehmen vor kurzem, einige prestigeträchtige Besitztümer und Immobilien in Europa aufzukaufen. Manchmal stießen sie dabei auf örtlichen Widerstand. Trotz mancher Proteste kaufte der Milliardär Masao Nangaku das 800 Jahre alte Schloß Gymnich und möchte dort ein Luxushotel eröffnen. In Frankreich versuchte die japanische Kaufhauskette Takashimaya einen Anteil an jener Vertriebsfirma zu kaufen, die den berühmten Wein Romanée-Conti in Burgund verkaufen darf. Das erboste französische Finanzministerium blockierte den Verkauf, obwohl japanische Investoren schon viele Châteaux und Weinberge anderswo in Frankreich aufgekauft hatten - nicht zu reden von den erstklassigen Pariser Immobilien im Wert von fünf Milliarden Franc.
- In London errichtete die Firma Daiwa Securities eine bedeutende Stiftung zur Förderung des gegenseitigen britisch-japanischen Verständnisses. Nomura und Toyota stifteten gemeinsam einen neuen Flügel für die Tate Galerie; Toshiba finanzierte einen Flügel für das Victoria and Albert Museum. Im Vatikan begleichen japanische Medienkonzerne die Rechnung für die Restaurierung der Deckengemälde in der Sixtinischen Kapelle.
- Die Long Term Credit Bank von Japan ist der Ansicht, daß »die Integration der europäischen Märkte im Jahr 1992 dazu führen« wird, »daß japanische Unternehmen vermehrt europäische Firmen aufkaufen oder sich mit ihnen zusammentun«, und erweiterte deswegen ihre europäische Abteilung für Fusionen und Aufkäufe.
Die genannten Beispiele können nur einen kleinen Eindruck von der heutigen Entwicklung vermitteln. Sie können noch nicht einmal annähernd den vollen Umfang der japanischen Wirtschaftsstrategie gegenüber der EG wiedergeben. Sie zeigen aber den schnell wachsenden Einfluß Japans. Als Folge davon führen heute die Europäer (wie die Amerikaner schon vor mehreren Jahren) eine intensive und oft emotional gestimmte Debatte über die Probleme und Gefahren der japanischen Investition.

Dieses Buch handelt hauptsächlich von den Problemen, die Amerika und Japan miteinander haben. Ähnliche Fragen werden aber heute auch in der Bundesrepublik und in ganz Europa diskutiert, und daher hoffe ich, daß dieses Buch auch dem deutschen Leser nützliche Einsichten vermittelt.

Wie die Vereinigten Staaten leidet Deutschland unter einem erheblichen Handelsdefizit gegenüber Japan - wie auch die gesamte EG. Trotz all der Forderungen, Japan müsse seine Märkte öffnen - und trotz vieler entsprechender Maßnahmen Japans - wächst das Handelsdefizit der EG gegenüber Japan auch weiterhin, genauso wie das amerikanische Handelsdefizit nach einer Periode des Rückgangs heute wieder ansteigt. Niemand kann leugnen, daß wirkliche Veränderungen stattgefunden haben. Die BMWs, die durch die engen Tokioer Straßen flitzen, sprechen eine zu deutliche Sprache, als daß man weiterhin behaupten könnte, die japanischen Märkte blieben für ausländische Güter verschlossen. Deutsche Autobauer halten in Japan einen Anteil von 70 Prozent am Markt der ausländischen Marken. Doch entspricht das nur schäbigen zwei Prozent des gesamten japanischen Automarktes - und dies im Vergleich zu den 15 Prozent, die japanische Autohersteller vom deutschen Markt beherrschen. Allein diese Zahlen zeigen deutlich, daß die Öffnung Japans nur oberflächlicher Natur ist und daß sich im wesentlichen eigentlich nichts verändert hat.

Die amerikanischen Investitionen in Japan sind zwergenhaft im Vergleich zu den japanischen Investitionen in den USA, und derselbe Trend zeigt sich auch für Deutschland. Die japanischen Investitionen in der Bundesrepublik Deutschland sind viermal so groß wie die deutschen Investitionen in Japan, obwohl die Bundesrepublik anders als die USA einen Kapitalüberschuß erzeugt, eine positive Handelsbilanz aufweist und eine starke Währung besitzt. Heute findet man in Tokio nicht nur Vertreter aus vierzig amerikanischen Bundesstaaten, sondern auch aus den wirtschaftlich schwächeren deutschen Bundesländern - von den Vertretern von Regionen und Städten ganz zu schweigen. Sie alle versuchen, japanische Unternehmen dazu zu überreden, in ihrem Gebiet zu investieren. Umgekehrt aber besuchen keine Vertreter japanischer Provinzen New York oder Frankfurt, um für Auslandsinvestitionen zu werben. All diese Tatsachen haben ihren Grund im ernsthaft gestörten Gleichgewicht der globalen Finanzströme.

»Auf lange Sicht muß dieses Ungleichgewicht beseitigt werden«, sagt Dr. Werner Kaufmann-Bühler, der an der Botschaft der Bundesrepublik Deutschland in Tokio für den Bereich Wirtschaft und Finanzen zuständig ist. Die Deutschen vertreten die Ansicht, das Ungleichgewicht solle nicht mit Hilfe protektionistischer Maßnahmen, sondern durch eine Ausdehnung des gesamten Handels beseitigt werden. Zur

Zeit wächst der Gesamthandel mit der EG schnell an, doch das europäische Handelsdefizit gegenüber Japan wird immer größer. Dr. Kaufmann-Bühler gibt zu, daß das deutsche Handelsdefizit mit Japan struktureller Natur ist. Die deutschen Elektronikfirmen sind auf japanische Komponenten angewiesen, und das bedeutet, daß die hiesigen Elektronikfirmen selbst bei einer Expansion der deutschen Wirtschaft immer stärker aus Japan importieren müssen, um die Nachfrage befriedigen zu können.

Für Deutschland stellt das Handelsdefizit mit Japan kein ernsthaftes Problem dar, weil es vor dem Hintergrund eines großen Gesamthandelsüberschusses zu sehen ist. Die Erfahrung der Deutschen mit Japan ist allerdings lehrreich: Deutschland exportiert erfolgreich in die ganze Welt; die Automobilindustrie ist zum Beispiel imstande, selbst auf dem unwirtlichen japanischen Markt eine Nische zu finden. Doch trotz dieser Stärken hat die Bundesrepublik immer noch ein Handelsdefizit gegenüber Japan. Wie können andere westliche Nationen hoffen, ihre weit erheblicheren Handelsdefizite gegenüber Japan auszugleichen, wenn sie weniger stark exportorientiert sind als Deutschland und wenn ihre Schlüsselindustrien eine geringere internationale Konkurrenzfähigkeit aufweisen? Dr. Kaufmann-Bühler sieht dieses Problem. »Das Handelsdefizit der EG gegenüber Japan muß auch uns betreffen, selbst wenn wir keine bilateralen Probleme mit Japan haben«, bemerkte er. »Wenn hier kein Fortschritt erzielt wird, so werden andere Mitgliedstaaten, die eine protektionistischere Philosophie vertreten, mit der Zeit Druck auf die Bundesrepublik ausüben, damit sie deren Standpunkte nachhaltiger vertritt.« Wenn der grenzenlose, integrierte und völlig freie europäische Binnenmarkt morgen geschaffen werden würde, so weiß jeder, daß die japanische Industrie durchaus imstande wäre, viele Schlüsselindustrien und bedeutende Unternehmen durch Konkurrenz auszuschalten, die heute noch im Rahmen nationalpolitischer Maßnahmen in mehreren europäischen Ländern geschützt werden.

Die Europäer klammern sich noch an den Strohhalm der Gegenseitigkeit, des Anteils der inländischen Zulieferung und der kompletten Produktion vor Ort (im Gegensatz zur reinen Montage fertig eingekaufter Teile). Darüber werden nun innerhalb der EG in Brüssel und Straßburg hitzige Debatten geführt. Doch wie eine alte Lebensweisheit sagt, muß man sich sorgfältig überlegen, was man sich wünscht, weil der Wunsch in Erfüllung gehen könnte. Die französische Regierung hat lange Zeit die japanischen Unternehmen kritisiert, weil sie fertige Produkte auf den französischen Markt werfen – bisweilen zu Dumpingpreisen unterhalb der Selbstkostengrenze, um

Marktanteile zu erobern –, ohne in Frankreich selbst zu fertigen und damit Arbeitsplätze zu schaffen. Heute sagen die japanischen Autohersteller, daß sie in Frankreich Produktionsstätten einrichten möchten. Sie verweisen aber darauf, daß die Regierung ihre Anstrengungen zunichte macht, weil sie Renault und die anderen französischen Autohersteller vor der japanischen Konkurrenz schützen möchte.

Dieselbe Erscheinung ist in der einen oder anderen Form in der ganzen EG zu beobachten. Das Problem beim Kampf um Gegenseitigkeit, um den Anteil der inländischen Zulieferung und lokale Produktion besteht darin, daß Japan am Ende die meisten Forderungen der EG erfüllen und gleichzeitig eine einseitige, eigensüchtige Beziehung zu Europa beibehalten kann. In diesem Zusammenhang lassen sich aus der amerikanischen Erfahrung für die Europäer einige interessante Lektionen ableiten.

In den vergangenen drei Jahren hat die japanische Wirtschaft in den USA Veränderungen von historischer Bedeutung durchgemacht. Sogenannte »Transplants« (von japanischen Unternehmen errichtete Fertigungsbetriebe in den USA, die für den amerikanischen Markt produzieren) breiteten sich wie ein Steppenbrand über das ganze Land aus. Japanische Unternehmen, die in den Vereinigten Staaten operieren, beschäftigen heute über eine Viertel Million Amerikaner. In ein paar Fällen, zum Beispiel Honda, exportierten diese Fabriken ihre Produkte aus den USA zurück nach Japan. Sie nutzen dabei die aufgrund des niedrigen Dollarkurses »billigen« amerikanischen Arbeitskräfte. Und dennoch nähert sich das amerikanische Handelsdefizit gegenüber Japan wieder der Rekordhöhe aus jener Zeit, als es noch keine Transplants gab.

Die Vorstellung, es könnte einen Importersatz geben, erscheint als Chimäre. Dies besagt wenigstens bisher die amerikanische Erfahrung. Die Wirtschaftswissenschaftler sagen uns immer wieder, daß das Handelsdefizit verringert wird, wenn man die Japaner dazu auffordert, lokale Fertigungsbetriebe einzurichten. Die erbärmlich naive Argumentation dieser Volkswirtschaftler lautet wie folgt: Das Unternehmen exportiert jedes Jahr 500000 Einheiten aus Japan in die USA. Das Unternehmen errichtet einen Fertigungsbetrieb in Amerika, um jedes Jahr 250000 Einheiten zu produzieren. Deswegen wird das Unternehmen nur 250000 Einheiten aus Japan importieren. Damit wird das gesamte Handelsdefizit um den Dollarwert für die 250000 Einheiten verringert. Die Lebenserfahrung lehrt uns jedoch etwas ganz anderes. Wahrscheinlich führt das Vorhandensein des Unternehmens auf dem amerikanischen Markt dazu, daß es seinen Marktanteil vergrößert. Dies wiederum bedeutet, daß es in den USA 250000 Einheiten produziert und wie zuvor die bisherigen 500000 exportiert. (Jetzt können sich aber die Amerikaner nicht mehr so leicht beklagen, denn das Unternehmen wurde zu einem großen amerikanischen Arbeitgeber und Steuerzahler.) Dazu kommt, daß das Unternehmen für den Bau seiner Produktionsanlagen in den USA die nötige Ausrüstung sowie Einzelteile aus Japan exportieren muß. Da japanische Anlagen meistens sehr modern und langfristig ausgelegt sind und sich die japanischen Unternehmen erst in der Anfangsphase des Baus von Transplants befinden, wird der Wert der exportierten Kapitalgüter zur Durchführung dieses Programms sehr wahrscheinlich weiterhin das US-japanische Handelsdefizit bis weit in die neunziger Jahre hinein belasten, selbst wenn es am Ende sogar einige echte Fälle von Importersatz gibt.

Während die Japaner öffentlich ihre Angst vor 1992 bekunden – und sich auch über alle aufkeimenden protektionistischen Trends in Brüssel lauthals beklagen werden –, sind sie heimlich entzückt, und dies hauptsächlich aus fünf Gründen:

1. Die Vorstellung, daß sie es mit einer einzigen Institution, nämlich der EG, und nicht mit zwölf verschiedenen Nationen zu tun haben, ist verlockend für die Japaner, selbst wenn dies bedeutet, daß sie der EG gegenüber einige substantielle Konzessionen machen müssen.

2. Japanische Experten glauben, daß – ungeachtet des tatsächlichen Erfolgs – allein die Bemühungen um den europäischen Binnenmarkt zu einem dynamischen Wachstum in Europa führen werden. Die neuen Investitionsgelegenheiten und die Expansion der Finanzmärkte sind für die japanische Geschäftswelt besonders attraktiv, weil sie der Ansicht ist, ihre Portfolios seien angesichts des steigenden Schuldenbergs und der Inflation in den Vereinigten Staaten sowie der dauernden Gefahr, daß der Dollar erneut fällt, zu stark auf Amerika konzentriert.

1992 gibt also den Japanern eine »europäische« Karte in die Hand, die sie bei ihren politischen Verhandlungen mit Washington ausspielen können. Die allgemein verbreitete amerikanische Meinung, Japan könne außerhalb der USA »nirgendwo sonst sein Geld investieren«, verliert langsam die Gültigkeit, die sie einst besaß. Wenn Japan neue Möglichkeiten zur Investition an die Hand bekommt, so müssen die amerikanischen Politiker dieses Land weit mehr mit Samthandschuhen anfassen. Sie wissen nämlich, in welch prekärer Lage sich das amerikanische Finanzsystem befände, wenn die japanischen Kapitalzuflüsse langsam austrockneten.

3. Trotz der starken antijapanischen Stimmung in einigen europäi-

schen Ländern ist es durchaus möglich, daß es Japan mit der Zeit gelingt, die amerikanischen Interessen in Europa zu umgehen und eine enge Beziehung zur EG zu entwickeln. Tatsächlich bringt die heutige amerikanische Politik Japan und Deutschland, wenn nicht ganz Europa, näher zueinander. Das Magazin *The Economist* sprach gelegentlich sogar von einer gemeinsamen japanisch-teutonischen Wirtschaftskultur. Wenn die amerikanischen Politiker dauernd von Tokio und Bonn fordern, die Diskontsätze hinaufzusetzen, die einheimische Wirtschaft anzukurbeln, mehr zu konsumieren und zu importieren und weniger zu sparen, so kann es nicht überraschen, wenn japanische und deutsche Bankiers immer mehr gegenseitige Übereinstimmungen entdecken und merken, daß ihre Positionen von denen des amerikanischen Finanzministeriums abweichen. In den führenden Geschäfts- und Regierungskreisen Europas (Großbritannien natürlich ausgenommen) und Japans herrscht heute eine heftige Kritik an den Reagonomics vor. Helmut Schmidt bemerkte dazu, daß die Reagan-Administration es nicht geschafft habe, die Aufblähung des US-Budgets und des Handelsdefizits in den Griff zu bekommen oder sich auch nur ernsthaft damit zu befassen. Dies zeige einen eindeutigen Mangel an Verantwortung gegenüber der Weltwirtschaft. Dieser Bemerkung würden heute alle japanischen Führer beipflichten.

4. Selbst wenn die japanische Wirtschaft in den nächsten Jahren heftig nach Europa expandiert, so wird doch die Furcht vor einer »Festung Europas«, die heute in ganz Ostasien grassiert, wahrscheinlich noch weiter angefacht werden. In Tokio herrscht heute die Meinung vor, die zukünftige Weltwirtschaft werde in einen europäischen, einen nordamerikanischen und einen asiatischen Handelsblock zerfallen. Man kann zwar daran zweifeln, ob ein formeller »Yen-Block« jemals entstehen wird, doch kann Japan mit dieser Argumentation – die den Westen zu einem Kollektivfeind der sich entwickelnden asiatischen Wirtschaft macht – engere Beziehungen zu den benachbarten Ländern des Pazifiks knüpfen, auch wenn diese Japan gegenüber immer noch mißtrauisch sind.

5. Obwohl sich die japanischen Politiker öffentlich nur wenig über 1992 auslassen, beglückwünschen sie sich aber vermutlich zu dem Maximalprogramm von Jacques Delors, der die EG zu einer kohärenten wirtschaftlichen und politischen Macht mit einer gesamteuropäischen Zentralbank, einer gemeinsamen Währung und einer gemeinsamen Industriepolitik machen will. Gerade jetzt wird Japans wachsender Wunsch nach Festigung seiner neuen Macht dadurch gestört, daß jeder weitere Schritt nach vorn auf Kosten Amerikas zu gehen scheint. Wenn sich die Japaner beispielsweise für den Yen eine

bedeutendere Rolle in der Weltfinanz wünschen, so bedeutet das in der öffentlichen Meinung im Ausland, daß der Yen gegen den Dollar steht. Wenn sich Japan einen größeren Einfluß innerhalb der internationalen Finanzinstitutionen wünscht, so bedeutet dies anscheinend eine Verringerung des amerikanischen Einflusses. Wenn Japan seine eigenen Jagdflugzeuge bauen und eine zivile Weltraumfahrtindustrie aufbauen will, so wird dies als direkte Herausforderung gegenüber der Vorherrschaft amerikanischer Unternehmen interpretiert. Dieses Buch vertritt die Meinung, daß dieser Anschein der Realität entspricht. Wenn die EG aber stärker in den Vordergrund tritt und die Weltwirtschaft stärker die Form eines Dreiecks annimmt, so werden diese Auffassungen über den Konkurrenzkampf zwischen den USA und Japan an Konturen verlieren, und es wird mehr von einem Konkurrenzkampf zwischen den USA und Europa die Rede sein. Dies wird Japan als Schutzschild dienen, um seine Interessen unter geringerer Kontrolle und mit weitergehender Straflosigkeit verfolgen zu können.

Man stellt mir oft die Frage: »Glauben Sie wirklich, daß Japan die Nummer eins werden kann?« Meine Antwort lautet, Japan werde kaum auf die Art und Weise die Nummer eins werden, wie dies die Vereinigten Staaten im vergangenen halben Jahrhundert waren. Wahrscheinlich werde kein einzelnes Land mehr eine derartige wirtschaftliche Führungsstellung in der Welt für eine lange Zeit einnehmen. Wenn die amerikanische Vormachtstellung durch einen erfolgreichen europäischen Binnenmarkt weiterhin unterhöhlt wird, so nimmt langsam eine wirklich multipolare Welt Form an. Es ist dann sehr wohl möglich, daß die Machtstellung und der Einfluß Japans, besonders in finanzieller, technologischer und kommerzieller Hinsicht, bewirken, daß dieses Land als erstes unter mehreren gleich großen Giganten des 21. Jahrhunderts hervorgehen wird.

Es könnte eine der großen Ironien der Geschichte sein, daß das europäische Projekt für 1992, das zur Zeit eine eindeutig antijapanische Färbung aufweist, sich als der entscheidende Veränderungsfaktor für das wirtschaftliche Gleichgewicht erweisen kann, der es Japan ermöglicht, auf seine eigene Weise zur Nummer eins zu werden.

Die Erstveröffentlichung dieses Buches in englischer Sprache erfolgte im Herbst 1988 in den Vereinigten Staaten. Natürlich sind einige der Fakten, die im Text erwähnt wurden, heute überholt, und bei einigen Problemen haben sich Veränderungen ergeben.

Es ist vielleicht recht nützlich, auf einige Veränderungen einzugehen. Im Text erwähnte ich zum Beispiel, daß in Japan bisher noch niemand im Bereich von Insidergeschäften gerichtlich verfolgt wurde.

Heute verfolgen die Behörden von Tokio alle Verästelungen der Insidergeschäfte um die Aktien von Recruit Cosmos bis zu den höchsten Ebenen der politischen und wirtschaftlichen Elite Japans. Dieser Skandal führte bereits zu Anklagen, Verhaftungen und Rücktritten bekannter Politiker. Ich glaube sogar, daß er zu einer bedeutenden Veränderung des politischen Systems in Japan führen wird. Dennoch glaube ich nicht, daß damit Routinepraktiken an der Tokioer Börse verboten werden, die nach amerikanischem Gesetz eindeutig illegal wären.

An anderer Stelle bin ich ausführlich auf das Wachstum der japanischen Wertpapierfirmen in New York eingegangen. Später mußten aber auch sie angesichts des Rückgangs der Brokeraktivitäten an der Wall Street Leute entlassen. Damit zeigte sich, daß auch Japaner Schwierigkeiten gegenüber nicht immun sind. Allerdings entließen alle japanischen Firmen in New York zusammengenommen nicht mehr als zweihundert Leute. Eine solche Veränderung kann ich als kaum mehr als einen taktischen Rückzug von gewissen, nicht gewinnbringenden Geschäftszweigen bezeichnen. Tatsächlich haben japanische Unternehmen seit der Veröffentlichung dieses Buches die größten strategischen Fortschritte im Wall Street Business gemacht: Nomura Securities zahlte 100 Millionen Dollar für einen 20prozentigen Anteil an der Firma Wasserstein, Perella & Co., die sich als die heißeste neue Investmentbank von New York erwies. Andere japanische Firmen tätigten Investitionen in ähnlicher Höhe in weitere neue Investment-Banking-Operationen, die nahe am Herzen des Restrukturierungsprozesses der amerikanischen Industrie liegen. Die großen Tokioer Banken sind nun ins *Leverage-buy-Out-Geschäft** eingestiegen und steckten mehr als fünf Milliarden Dollar in den kürzlich erfolgten Rekord-LBO von RJR-Nabisco.

Dieses Buch wurde auch geschrieben, bevor die Amerikaner George Bush zum Präsidenten wählten. Obwohl Bush die ökonomischen Probleme der Vereinigten Staaten intellektuell anscheinend besser versteht als Ronald Reagan, bleibt er offensichtlich doch den grundlegenden, erschreckenden Fehlern der Reaganomics treu.

Erwähnenswert ist weiterhin, daß dieses Buch im Februar 1989 in japanischer Sprache in Japan herauskam. Mit Vergnügen berichte ich, daß es sich zur Zeit ganz oben auf der Bestsellerliste in Tokio befindet und in weiten Kreisen diskutiert wird. Einige meiner amerikanischen Kritiker waren sehr überrascht, als sie erfuhren, daß das Buch in Japan allgemein eine sehr gute Aufnahme fand. Die Japaner sind geradezu

* durch Kredite finanzierte Übernahmen

begierig nach Informationen darüber, wie sich die neue Macht ihres Landes in der Welt manifestiert. Sie versuchen herauszufinden, wie sie mit der neuen Verantwortung umgehen können, die ihnen durch ihren großen Erfolg automatisch zugewachsen ist, und in diesem Sinne faßten sie auch mein Buch YEN! auf.

Daniel Burstein
West Redding, Connecticut
März, 1989

Teil I

AUF DEM WEG INS JAPANISCHE JAHRHUNDERT

Zur Einstimmung:
Ein Szenario aus dem 21. Jahrhundert

»Unter amerikanischer Anleitung mobilisierte Japan für den wirtschaftlichen Wiederaufbau in der Nachkriegszeit alle Kenntnisse und alle Weisheit, die es in seiner langen Geschichte erworben hatte. Das Ergebnis war ein Junge mit großem Körper, der mit gesenktem Kopf in der Welt herumläuft.

›He, Junge‹, rufen die Amerikaner ihn immer noch, doch er will längst nicht mehr alles tun, was sie von ihm möchten ... Unter der Maske, die Amerika uns gab, nimmt unsere eigene Physiognomie Gestalt an ... Es ist wohl an der Zeit, sie der Welt zu zeigen.

Unser wahres Gesicht ist unsere eigene globale Strategie.«

Jun Etoh,
japanischer Sozialkritiker[1]

Man schreibt den November des Jahres 2004. Das von seinen astronomischen Schulden und dem lang anhaltenden wirtschaftlichen Niedergang gebeutelte Amerika steht mitten in einer neuen schweren Wirtschaftskrise. Wie immer bei solchen Ereignissen, sind die Gründe dafür vielfältig und komplex. Doch der designierte Präsident und seine Wähler, die ihm zu einem erdrutschartigen Sieg verhalfen, sehen nur einen Grund und einen einzigen Schuldigen für Amerikas Probleme: die Japaner.

Zunächst ist unklar, was der Präsident unternehmen will, wenn er im Januar die Amtsgeschäfte übernimmt. Während seines Wahlkampfs redete er immer wieder von einer »Selbstbehauptung gegenüber den Japanern«, ohne jedoch zu verraten, was genau er damit meint. Er versprach, dem ein Ende zu bereiten, was er als »die historisch gewachsene Unterschätzung der japanischen Gefahr« bezeichnete.

Es ist tatsächlich schmerzhaft für einen Amerikaner des beginnenden 21. Jahrhunderts, all die Fehleinschätzungen aufzuzählen. Er kann es zum Beispiel kaum glauben, daß sich der amerikanische Kongreß in den fünfziger Jahren des 20. Jahrhunderts über das chronische Handels- und Budgetdefizit Japans Sorgen machte und Maßnahmen empfahl, um der japanischen Industrie bei der Entwicklung exportfähiger Produkte zu helfen. Es ist heute unvorstellbar, daß die

Automoguln von Detroit in den sechziger Jahren über die lustigen japanischen Kleinwagen in kalifornischen Ausstellungsräumen lachten und die Möglichkeit ignorierten, daß diese einmal eine Bedrohung für die mächtige amerikanische Automobilindustrie darstellen könnten. Oder daß die Wunderkinder von Silicon Valley in den siebziger Jahren glaubten, die Japaner seien unfähig und könnten in der Forschung nicht mithalten, die Amerika zur Nummer eins auf technologischem Gebiet gemacht hatte. Oder daß die scharfsinnigen Köpfe der Wall Street in den achtziger Jahren nicht vorhersehen konnten, daß sich eine Kapitalflut über sie ergießen würde und daß die japanischen Kreditgesellschaften weltweit die Vormachtstellung erringen würden, wenn die amerikanische Forderung nach Öffnung des Tokioer Finanzmarktes erfüllt werden würde.

Geradezu tragisch kurzsichtig erscheint es heute, daß die Reagan-Administration in jenen Jahren den Wert des US-Dollars in der falschen Hoffnung halbierte, dadurch die Wettbewerbsfähigkeit amerikanischer Produkte wiederherzustellen und so das massive Handelsdefizit abzubauen. Merkten sie denn nicht, wie sehr die Konkurrenzfähigkeit der amerikanischen Wirtschaft gegenüber den japanischen Rivalen geschwächt wurde, wenn sich deren finanzielle Ressourcen, die auf dem Yen gründeten, beim Fall des Dollars verdoppelten? Offensichtlich nicht. Sie glaubten wahrscheinlich, Wohlstand und Macht seien von Gott verliehene, angestammte amerikanische Rechte.

Heute jedoch, im Jahr 2004, ist Japan das reichste Land der Welt. Wie einst die Amerikaner, haben heute die Japaner den höchsten Lebensstandard auf der Welt. Sie haben die modernsten High-Tech-Geräte in ihren Haushalten, internationale Luxusprodukte, Ferienhäuser auf Hawaii und anderen pazifischen Inseln, die von japanischen Überschallflugzeugen angeflogen werden. In der Tat, der gewöhnliche Japaner hat einen Lebensstandard, den sich nur reiche Amerikaner leisten können.

Japan litt nur wenig unter den quälenden sozialen Problemen, die dazu führten, daß sich in Amerika die Gegensätze zwischen Arm und Reich verschärften. Daten aus der Volkszählung des Jahres 2000 zeigen, daß heute 15 Prozent der Amerikaner unterhalb der Armutsgrenze leben - offensichtlich ohne Geld und Unterstützung, die meisten von ihnen Analphabeten, fünf Millionen davon obdachlos. Sie sind Opfer der Tatsache, daß das »soziale Netz« zerrissen wurde. Die Volkszählungsdaten erwecken den Eindruck, daß die umfangreiche amerikanische Mittelklasse immer noch einigermaßen abgesichert ist. Viele würden dem allerdings widersprechen. Nur eine immer kleiner werdende Minderheit amerikanischer Familien glaubt, daß sie immer ein Eigenheim besitzen wird, ihre Kinder weiterhin aufs College schicken oder die Verantwortung für ihre Eltern übernehmen kann, wenn sie im Alter von achtzig Jahren keinen Schutz mehr durch *Medicare* und im Alter von 85 keinen Schutz mehr durch die *Social Security* genießen. Die Amerikaner haben ihren typischen Optimismus verloren.

Umgekehrt ist es eine tolle Sache, zu Beginn des 21. Jahrhunderts Japaner zu sein. In den siebziger und achtziger Jahren galten die Japaner als die effizientesten Arbeiter, doch heute sind sie die effizientesten Manager, Marktstrategen, Händler und vor allem Financiers. Von ihren Hauptquartieren in Tokio aus kontrollieren japanische Finanzinstitute die strategische Ressource Kapital wie die OPEC einst das Erdöl.

Der US-Dollar ist noch immer eine wichtige Währung, doch der größte Teil der Weltwirtschaft wird vom Yen dominiert. Englisch ist immer noch die übliche Geschäftssprache, doch überall in Europa und Asien und sogar in den Vereinigten Staaten studieren junge Leute Japanisch. In Los Angeles, New York, London, Paris und Hongkong leben japanische Geschäftsleute an den feinsten Adressen. Die ganze Welt bewundert und imitiert Tokios Mode, Kultur und Geschäftsmethoden.

Die Wirtschaft fast jedes größeren Staates ist auf japanisches Kapital angewiesen. Am meisten gilt dies für die Vereinigten Staaten. Selbst die Washingtoner Sparbudgets lassen sich ohne umfangreiche japanische Kapitalspritzen nicht mehr finanzieren. Das gilt auch für die Regierungen vieler amerikanischer Bundesstaaten. Insgesamt befindet sich die amerikanische Wirtschaft in einer Talsohle, und die wenigen Ausnahmen sind oft in japanischer Hand.

Die mächtige Militärmaschinerie der Amerikaner kann zum Teil nur durch japanische Unterstützung überleben. In den frühen neunziger Jahren entschied der Kongreß, es sei unsinnig, weiterhin die japanische Verteidigung zu übernehmen, obwohl Japan selbst einen derartigen Wohlstand erreicht habe. Tokio stimmte einer teilweisen Wiederbewaffnung zu – sie ging immerhin so weit, daß niemand mit einem konventionellen Angriff in den japanischen Archipel eindringen kann. Außerdem war Japan bereit, für die weitere Nutzung der nuklearen Abschreckung durch die US-Streitkräfte Gebühren zu entrichten. Das Verteidigungsministerium der USA hängt mit einem Viertel seines Jahresbudgets von den Japanern ab.

Die amerikanische Abhängigkeit hat ihre Wurzeln in den achtziger Jahren, als die Reagan-Administration aus den Vereinigten Staaten die größte Schuldnernation der Welt machte. »Ausgeben und konsumieren auf Pump« hieß die Maxime – und das war leicht möglich, weil es genügend ausländische Investoren gab. Führend unter den ausländischen Bankiers in Amerika waren die Japaner. Sie lernten damals gerade, wie sie ihre mächtigen Kapitalüberschüsse nutzen konnten, um die Grundsteine für ihre zukünftige Macht zu legen.

Amerikas Abhängigkeit von Japan wuchs schnell und blieb nahezu unbemerkt. Nur wenige amerikanische Finanzgrößen beklagten sich lauthals über den Trend. »Wir haben uns den Japanern als Geiseln in die Hand gegeben, und nun ist es besser, wenn wir sie bei Laune halten«, meinte ein früherer Mitarbeiter Reagans, der inzwischen Investmentbanker geworden war.[2] Aber der Kapitalmangel Amerikas und die Überschüsse der Japaner waren bereits festgeschrieben, bevor die Mehrheit der Amerikaner überhaupt begreifen konnte, was da vor sich ging.

In den späten achtziger Jahren überzeugte die Kombination aus Börsenkrach, schwachem Dollar und unhaltbarem US-Handelsdefizit jedoch viele davon, daß irgend etwas Grundlegendes schiefgelaufen war. Als Reaktion darauf sprachen alle Politiker von Budgetkürzungen. Hier und da wurden Schnitte vorgenommen, auch bedeutsame. Doch kein Politiker mochte letztlich eingestehen, daß sich die Vereinigten Staaten ihre militärische Führungsstellung nicht mehr leisten konnten. Auch wollte niemand den älteren Mitbürgern die Rente kürzen, und die meisten sahen keine praktische Alternative zum »big government«, das sie ständig angriffen. Selbst diejenigen, die in früheren Jahren für höhere Steuern eingetreten waren, fanden nun eine solche Kampagne politisch untragbar, obwohl die Amerikaner mit die niedrigsten Einkommenssteuern von allen Industrieländern zahlen.

Die Folge davon war, daß das Land zu Beginn der neunziger Jahre immer tiefer in den Schuldenstrudel geriet. Die steigenden Schulden wiederum machten es der Regierung unmöglich, in großem Umfang in zukunftsorientierte Programme für den Aufbau einer Infrastruktur oder in die wissenschaftliche Forschung zu investieren. Geld für Bildung und Weiterbildung gab es nicht mehr, obwohl jedermann wußte, daß Amerikas zukünftige Fähigkeit, in der »wissensintensiven« Weltwirtschaft mitzuhalten, direkt davon abhing. Die amerikanische Produktivität, einst die höchste der Welt, liegt nur noch an siebter Stelle, zum großen Teil, weil den Arbeitern das praktische und technologische Wissen fehlt, das notwendig ist, um mit der heutigen Standardausrüstung umgehen zu können.

Die Abhängigkeit von fremdem Kapital lähmte die amerikanischen Unterhändler, die versuchten, in Handelsangelegenheiten Japan gegenüber einen harten Standpunkt einzunehmen. Tatsächlich spielten

Washington und Tokio in den neunziger Jahren ein dauerndes Machtspiel. Die Amerikaner ergriffen bisweilen protektionistische Maßnahmen gegen die Japaner, oder sie drohten damit, und die Japaner reagierten darauf, indem sie die Umschuldung von Schatzanweisungen boykottierten. Dabei legten sie dem Dollar auf den Weltwährungsmärkten die Daumenschrauben an und zogen große Wertpapierbestände aus den US-Effektenbörsen ab.

Das war aber noch nicht das Schlimmste. Washingtons Neigung, Schulden zu machen, entstand in einer Zeit verhältnismäßig niedriger Ölpreise, geringer Zinssätze und eines starken Dollars. Als der amerikanische Schuldenberg immer größer wurde, ließ dies die Welt zunehmend an der vielgerühmten amerikanischen Stabilität zweifeln. Eine Welle von *junk-bond*-Konkursen verschreckte die Ausländer. Die Zinssätze mußten dauernd angehoben werden, damit neues Kapital aus dem Ausland angezogen wurde. Selbst als die Ausgaben der Regierung auf das unbedingt Notwendige zusammengestrichen wurden, waren die steigenden Kreditkosten überwältigend. Ein 200 Milliarden-Dollar-Defizit bei Zinssätzen von sieben bis neun Prozent in den achtziger Jahren zu finanzieren, war noch erträglich; ganz anders lagen die Dinge in den neunziger Jahren, als noch höhere Schulden bei einem Zinssatz von 14 bis 16 Prozent entstanden. Die Schuldentilgung wurde zum größten Stück im Budgetkuchen - viel größer als die Militärausgaben oder die Ausgaben für die soziale Sicherheit. Allein mit zwei Fünftel der Regierungsausgaben bezahlt man Schulden zurück, die von den aufgeblasenen Budgets früherer Jahre herrühren.

Die Amerikaner wurden zu vertraglich verpflichteten Dienstboten ganz neuer Art. Der durchschnittliche Arbeiter muß fünf Monate im Jahr allein dafür arbeiten, seine Steuern zu bezahlen. Jeder Amerikaner arbeitete einen ganzen Monat im Jahr zu keinem anderen Zweck, als japanischen und anderen ausländischen Gläubigern gegenüber die aufgelaufenen Schulden abzutragen.

Die Japaner dominieren immer noch in den »alten« Industriezweigen, mit deren Hilfe sie den Status einer Supermacht erworben haben – Automobile, Stahl und Mikroelektronik. Die Fabrikation aber wurde ins Ausland verlegt, in Gebiete, die größere lokale Märkte sowie billiges Land und billige Arbeitskräfte bieten - das sind besonders die Vereinigten Staaten. In den späten achtziger und in den neunziger Jahren ermöglichte es der schwache Dollar, daß japanische Investoren amerikanische Gesellschaften, Immobilien und alle möglichen Vermögenswerte billig kaufen konnten. Von den heute noch hoch angesehenen 500 größten US-Kapitalgesellschaften sind inzwischen hundert in japanischer Hand.

Obwohl Amerika seinen neuen industriellen Aufschwung in den neunziger Jahren dem japanischen Kapital zu verdanken hat, fließen die Gewinne aus den in japanischer Hand befindlichen Unternehmen heute nach Japan selbst und werden sozusagen aus dem amerikanischen Kreislauf abgezogen. Die weitgehend nicht gewerkschaftlich organisierten amerikanischen Arbeiter in japanischen Unternehmen haben sich auch die japanische Philosophie der Aufopferung für die Firma zu eigen gemacht. Selbst während des jetzigen Geschäftsrückgangs erwartet Tokio immer noch, daß die ausländischen Tochtergesellschaften die erwarteten Gewinnanteile überweisen. Normalerweise geschieht das durch Lohnsenkungen.

Die Arbeiter in den USA verdienen heute insgesamt viel weniger als ihre Kollegen in Japan - und weniger als die Deutschen, die Schweizer, die Norweger, die Schweden und die Kanadier. Es ist ein geringer Trost, daß die Amerikaner immer noch besser dastehen als die Briten, die Franzosen und die Italiener, ganz abgesehen vom Rest der Welt. Ebensowenig zählt, daß sie mehr Güter besitzen als die Amerikaner der achtziger Jahre. Statt dessen schauen sie voller Neid auf den Lebensstil der Japaner.

In Japan selbst entstand ein ganzer neuer Wirtschaftszweig, der auf den Fortschritten des Informationszeitalters aufbaute. Japan eilte den Vereinigten Staaten davon und wurde zur dominierenden Kraft in vielen Geschäftszweigen, zum Beispiel auf dem Gebiet der supraleitenden Werkstoffe, der mit Bioengineering hergestellten Nahrungsmittel und Pharmazeutika, der Robotertechnik, der Hochgeschwindigkeits-Transportsysteme und des Computerservice. Während der neunziger Jahre wurde deutlich, daß die Kosten für die wissenschaftliche Forschung und für die Kommerzialisierung bahnbrechender neuer Ideen derart stiegen, daß nur die größten, kapitalkräftigsten Unternehmen ernsthaft mithalten konnten, und auch dann nur bei massiver Unterstützung durch die Regierung. Diese neuen Realitäten zerstören viel von dem, was von der führenden Stellung der Amerikaner in Wissenschaft und Technologie übriggeblieben ist.

Der Abzugshahn für die jetzige Wirtschaftskrise wurde letztes Jahr gespannt, als mehrere gleichzeitige terroristische Anschläge auf Öllager im ganzen Mittleren Osten zum ersten großen Ölpreisanstieg seit zwanzig Jahren führte. Japan war diesmal nicht sonderlich stark betroffen, da es inzwischen den größten Teil seines Energiebedarfs mit nuklearen, solaren und anderen High-Tech-Systemen gewinnt. Das Öl, das Japan für weniger effiziente Fabriken in anderen Teilen der Welt braucht, bekommt es aufgrund langfristiger Lieferverträge aus China.

In den Vereinigten Staaten jedoch waren die Auswirkungen katastrophal. Trotz der bitteren Erfahrungen der Vergangenheit hatte sich Amerika erneut von dem »billigen« Öl aus dem Mittleren Osten abhängig gemacht. Wie in den siebziger Jahren schießen die Ölpreise nun zusammen mit den Zinssätzen und der Inflationsrate in die Höhe. Die Zinserträge aus den amerikanischen Schuldverschreibungen stiegen auf den absoluten Rekord von 21 Prozent. Selbst bei 21 Prozent ist Japan aber nicht mehr willens, weiterhin Geld zu leihen. Japanische Wirtschaftsfachleute glauben, Washington werde schon bald einem großen Teil seiner finanziellen Verpflichtungen nicht mehr nachkommen können. Die Redewendung vom »full faith and credit« der US-Regierung ist zur leeren Floskel geworden.

In den vergangenen Monaten machten japanische Unterhändler Vorschläge, wie die gegenwärtige Situation verändert werden könnte. In der Geschichte internationaler Beziehungen hat es noch nie etwas Ähnliches gegeben. Die Materie ist zwar außergewöhnlich komplex, doch im wesentlichen geht es um folgendes: Der Preis für weiteres japanisches Kapital ist eine Übereinkunft, die Amerika letztlich unter japanische Verwaltung stellt, wenn die amerikanische Regierung ihren Verpflichtungen nicht nachkommt. Auf amerikanischem Boden soll eine US-japanische Gemeinschaftsregierung entstehen, wobei die japanische Seite ein zeitlich befristetes Vetorecht bei Budget-, Finanz- und Handelsfragen sowie bei Fragen der Industriepolitik ausüben will, bis die Zahlungsfähigkeit wiederhergestellt ist. Japanische Investoren sollen die Möglichkeit haben, amerikanische Schuldverschreibungen gegen Ländereien und andere Vermögenswerte einzutauschen. Japanische Unternehmen erhalten ungehinderten Zugang zum amerikanischen Markt sowie unbeschränkte Einwanderungsrechte für ihre Arbeiter. Es soll eine neue amerikanische Währung ausgegeben werden, wobei Tokio den geltenden Wechselkurs zwischen dieser neuen Währung und dem Yen bestimmt.

Der scheidende Präsident und der Chef des Zentralbankrats empfehlen - wenn auch widerwillig -, diesen Plan zu akzeptieren. Einige Amerikaner heißen ihn sogar willkommen, denn sie sagen, nur die Japaner könnten wieder Ordnung in das amerikanische System bringen. Doch für den designierten Präsidenten ist das Ganze gleichbedeutend mit Verrat. Er wird diesen Vorschlag nicht nur ablehnen, sondern auch einen diametral entgegengesetzten eigenen Plan zur Ausführung bringen. Er und sein Stab haben für die ersten hundert Tage seiner Regierungszeit einen Maßnahmenkatalog entwickelt, dessen Umsetzung zu dem entscheidenden Ereignis in der amerikanischen Geschichte werden soll.

Bei seinem Amtsantritt wird der neue Präsident für alle amerikanischen Schuldner, seien sie privat oder staatlich, ein Moratorium für Zinszahlungen an japanische Investoren verabschieden. Er wird Maßnahmen verkünden, die die japanischen Unternehmen zwingen, amerikanischen Partnern ihre Mehrheitsbeteiligungen an amerikanischen Firmen zu einem Bruchteil des Marktwertes zu verkaufen. Er wird die Rückführung von Gewinnen japanischer Unternehmen vorerst einfrieren, und noch vieles andere mehr. All dies gehört zu einem Kreuzzug, den er mit seiner Antrittsrede beginnen wird, um die US-Wirtschaft von »den Tentakeln des japanischen Reiches« zu befreien.

Die Japaner in Tokio wissen, was auf sie zukommt. Seit den Zeiten von Richard Allen, dem ersten Sicherheitsberater Ronald Reagans, hatten die Japaner stets Zugang zu den innersten Kreisen Washingtons. Sie wissen auch genau, wie sie reagieren werden. Sie werden nach einem seit langer Zeit bestehenden Plan für solch einen Fall vorgehen. Die Japaner werden die acht Wochen bis zum Amtsantritt des Präsidenten nicht tatenlos verstreichen lassen und darauf warten, daß der Wert ihrer Einlagen zerstört wird oder daß die Amerikaner doch noch ihre Meinung ändern. Statt dessen werden sie versuchen, sofort all ihre Investitionen aus den Vereinigten Staaten abzuziehen; dabei nehmen sie alle Verluste in Kauf, die sich für das Abstoßen derart großer Wertpapierbestände als notwendig erweisen werden. Das wird die US-Wirtschaft in ein Chaos stürzen, noch bevor der neue Präsident sein Amt übernimmt. Das wird, ungeachtet seiner möglichen Fähigkeiten, jede Chance für ihn untergraben, das rasende Chaos auf den Finanzmärkten in geordnetere Bahnen umzuleiten.

Japan wird sofort die Zahlung der militärischen »Nutzungsgebühren« an das Pentagon einstellen und eine unabhängige Militärpolitik ankündigen. Um die Ängste der Sowjets und der Chinesen zu zerstreuen, wird Tokio mit beiden Staaten Verhandlungen über gegenseitige Nichtangriffspakte aufnehmen und die Abschlüsse dadurch versüßen, daß es seinen neuen Partnern den größten Teil der Finanzmittel, die es durch den Verkauf seiner Vermögenswerte in den USA gewonnen hat, in Form von Darlehen, Investitionen und Schenkungen anbietet.

Schließlich wird das ganze Land massiv wiederbewaffnet werden, ganz in Übereinstimmung mit den vielen fanatischen nationalen Kampagnen, die Japan schon erlebt hat. Insgeheim sind japanische Wissenschaftler schon kurz vor der Fertigstellung eines Verteidigungssystems vom »Star Wars«-Typ. Diese Anstrengungen werden verstärkt werden, ebenso der Aufbau eines eigenen nuklearen Arsenals.

Das japanische Volk wird viel leiden müssen, doch ihre politischen Führer haben es gut darauf vorbereitet. Viel schlimmer wird es den

Vereinigten Staaten und den anderen westlichen Ländern ergehen, für die das alles unvorbereitet kommt. Hier wird das Bankensystem zusammenbrechen, Währungen werden ihren Wert verlieren, ganze Nationen und Industrien gehen bankrott. Überall wird Panik herrschen, da die Basis der Weltwirtschaft plötzlich zusammenbrechen wird.

Wenn sich das Höllenspektakel gelegt hat, wird Japan als Sieger daraus hervorgehen. Japan wird nicht mehr nur das reichste Land der Welt sein, sondern auch das mächtigste.

Einführung: Wie man die Katastrophe abwenden kann

> »Die Vereinigten Staaten haben das Wirtschaftssystem der Nachkriegszeit geschaffen und sind die Heimat der Schlüsselwährung der Welt. Dennoch wurden sie zur größten Schuldnernation in der Geschichte der Menschheit ... Japan galt vor nur einer Generation weitgehend als Entwicklungsland, wurde aber zur bei weitem größten Gläubigernation ... Die Kräfte, die von diesen historischen Veränderungen in Gang gesetzt wurden, entscheiden in den nächsten fünf bis zehn Jahren über die Entwicklung der Weltwirtschaft.«
>
> C. Fred Bergsten,
> Direktor des Institute for International Economics[1]

Das Szenario auf den ersten Seiten dieses Buches ist erfunden, könnte aber durchaus so stattfinden. Seine Elemente wurden heutigen Ereignissen, Ideen, Trends und Ängsten entnommen. Vorausschauende Menschen zu beiden Seiten des Pazifiks wünschen sich zwar eine funktionierende Symbiose zwischen den USA und Japan, mußten sich aber aufgrund kürzlich eingetretener Ereignisse wohl ober übel an die Vorstellung gewöhnen, daß »die wichtigste bilaterale Beziehung der Welt«[2] durch gegensätzliche ökonomische Kräfte, die bereits am Werk sind, auseinandergerissen werden kann.

Im Augenblick arbeiten diese Kräfte so entschieden gegeneinander, daß einige Wissenschaftler schon für die nächste Zukunft einen Bruch erwarten. Der Politologe John Zysman aus Berkeley warnt davor, daß es schon in den frühen neunziger Jahren zu einer Trennung zwischen den Vereinigten Staaten und Japan kommen kann. Robert Gilpin, ein Volkswirtschaftler aus Princeton, ist der Ansicht, die Weltstabilität könne nicht länger auf einer »von den Japanern finanzierten amerikanischen Hegemonie« gründen. Im Falle des Zusammenbruchs der amerikanisch-japanischen Beziehungen könnten »die Chancen für eine stabile internationale politische Ordnung« ebensoschnell schwinden, schrieb er.[3] George Packard, der Dekan der John Hopkins School of Advanced International Studies, sagt voraus, daß, wenn die gegenwärtige Politik nicht verändert werden würde, die Beziehungen zwischen den USA und Japan zu einem Protektionismus verkommen würden, der »zu Vergeltungsmaßnahmen, Gegenbeschuldigungen und zur Suche nach anderen Partnerschaften« führen werde. Japan würde dann sein Schicksal mit dem der Chinesen oder Sowjets verbinden und sein »wirtschaftliches Einflußgebiet in Asien und im Pazifik« zu erweitern suchen, was schließlich zu einer »direkten Konfrontation mit den Vereinigten Staaten« führen würde.[4]

Man muß durchaus nicht ganz genau hinhorchen, um die Warnsignale wahrzunehmen. »Gott segne Harry Truman«, erklärt der texanische Kongreßabgeordnete Jack Brooks und preist dabei die beiden Atombomben, die am Ende des Zweiten Weltkriegs auf Hiroshima und Nagasaki abgeworfen wurden. Trumans Fehler, so schließt er, habe darin bestanden, daß er »vier hätte abwerfen sollen«.[5] Im Schatten des Kapitols zerschmettert eine Gruppe sonst intelligenter amerikanischer Abgeordneter einen Lautsprecher von Toshiba mit einem schweren Hammer, um »eine Botschaft an die Japaner zu senden«. Washington ernennt einen neuen Handelssekretär, und kurz vor seiner Abreise zur ersten Runde von Handelsgesprächen läßt er die alten Feindseligkeiten aus der Kriegszeit wiederaufleben, indem er seine Gesprächspartner in Tokio öffentlich als »Japsen« bezeichnet.[6]

Chauvinistische Amerikaner schlagen auf Japan ein und merken nicht, daß ihre Pendants auf der anderen Seite der Welt ihrerseits auf Amerika einschlagen. In den Buchhandlungen von Tokio tragen einige der Bestseller über das beiderseitige Verhältnis Titel wie »Fallen, die Amerika stellt«, »Amerika ist der Bösewicht, nicht Japan«, »Der Krieg zwischen Japan und den USA ist noch nicht zu Ende«, »Kann man Amerika trauen?« und »Die Schlacht um den amerikanischen Kontinent«.[7] Landwirte hängen bei einer Massenkundgebung eine Puppe von Ronald Reagan auf. Eine Meinungsumfrage ergibt, daß die Mehrzahl der jungen Japaner der Ansicht ist, daß Japan seinen nächsten Krieg gegen die Vereinigten Staaten und nicht gegen die Sowjetunion führen wird.[8]

Niemand weiß, wie eine Spaltung zwischen den USA und Japan wirklich aussehen wird. Ob der Anstoß dazu von Japan kommt, das in seiner Expansion zu weit geht, oder von einem verletzten Amerika, das sich heftig gegen Japan wehrt – die meisten Experten sind sich einig, daß die Folgen verheerend wären, weil der heutige Lebensstandard weltweit auf einem empfindlichen Gleichgewicht der Kräfte, auf gegenseitigen Abhängigkeiten und Vertrauensverhältnissen basiert. Und die Beziehungen zwischen den USA und Japan bilden das Zentrum dieses Systems.

Mit nur 7 Prozent der Weltbevölkerung produzieren die beiden

Wirtschaftssysteme 30 Prozent aller Güter der Welt und kontrollieren einen ähnlich überproportionalen Teil des Welthandels. Zusammengenommen kontrollieren die beiden Staaten fast drei Viertel der weltweit vorhandenen Aktien und Obligationen und die Hälfte aller Bankkredite und bringen 80 Prozent des Geldes in Umlauf, das andere Nationen als Reservewährung verwenden.

Die Instrumente zur Steuerung des Fremd- und Eigenkapitals, das ständig die Grenzen überschreitet, sind in unseren Tagen so ausgeklügelt, daß man leicht dabei vergißt, wie sehr ihr Wert von der unausgesprochenen Annahme abhängt, daß die Regeln, nach denen die Weltwirtschaft heute funktioniert, auch morgen noch gelten. Aber wenn die Beziehungen zwischen den USA und Japan zusammenbrechen und beide Seiten in einen Konflikt miteinander geraten, werden viele dieser Regeln in Frage gestellt. Das birgt nicht nur die Gefahr einer Panik, sondern eines Zusammenbruchs der gesamten Weltwirtschaft.

Trotz aller Schwierigkeiten besteht zwischen den USA und Japan augenblicklich noch eine wirtschaftliche Symbiose. Ein paar Scharmützel wurden ausgefochten und lieferten den Weltmärkten erste Hinweise auf die Gefahren, die sich ergeben würden, wenn beide Staaten mit ihren Drohungen Ernst machten. Aber bis jetzt will keine bedeutendere politische oder wirtschaftliche Gruppe in einem der beiden Staaten einen Bruch.

Das ist die gute Nachricht. Die schlechte Nachricht besteht darin, daß sich die Vertreter nationaler Interessen in Zukunft als mächtiger erweisen könnten als die heutigen Entscheidungsträger. Dieses Buch handelt nicht davon, daß eine solche Konfrontation unausweichlich ist. Sie ist es allerdings, wenn wir leugnen, daß sie als Möglichkeit existiert, und wenn wir keine vorbeugenden Maßnahmen ergreifen oder wenn diese von blindem Protektionismus beherrscht sind, die zu einem noch schnelleren und verheerenderen Zusammenstoß führen könnten. Und hier liegt das Problem Amerikas begraben: Wir werden zwischen zwei politischen und wirtschaftlichen Trends hin- und hergerissen; beide sind gefährlich, und keiner von beiden trägt zu einer Lösung des grundlegenden Problems bei.

In den achtziger Jahren neigte man dazu, das Ausmaß der Bedrohung zu ignorieren und zu glauben, Amerika sei immer noch die Nummer eins und werde es immer bleiben, und eine weltweite Vernetzung der Wirtschaft sei für die Amerikaner nur vorteilhaft, weil sie über die intellektuellen und technologischen Möglichkeiten verfügten, sie zu beherrschen. Außerdem glaubte man, der Zufluß ausländischen Kapitals beweise die Stärke, Stabilität und Offenheit Amerikas und die allgemeine Überlegenheit unseres Systems. Deswegen sollten wir den Status quo im Lande beibehalten. Unsere Probleme mit der Wettbewerbsfähigkeit sollten wir hauptsächlich lösen, indem wir die Ausländer dazu überredeten, sich auf ihren eigenen Binnenmärkten ähnlich wie wir zu verhalten.

In Wirklichkeit hat diese Betrachtungsweise durch die rosa Brille aus Gründen, auf die im folgenden noch mehrfach eingegangen wird, bereits zu einem schnellen Zerfall der amerikanischen Wirtschaftskraft und zu einem entsprechend raschen Machtanstieg der Japaner geführt. Wenn wir mit dieser Politik fortfahren, wird das Ergebnis nicht eine gegenseitige Abhängigkeit, sondern eine einseitige, in hohem Maße destabilisierende Abhängigkeit der USA vom Ausland sein, in dem ganz andere Spielregeln gelten als bei uns.

Auf der anderen Seite befürworten viele, die zu Recht von der wachsenden Macht Japans alarmiert sind, eine fremdenfeindliche, nach rückwärts gerichtete, protektionistische Politik, die auf der Annahme basiert, daß die Binnenwirtschaft schon wieder an Vitalität gewinnen wird, wenn man die Ausländer nur draußen halten kann.

Jede umfassende protektionistische Politik birgt viele Gefahren. So kann man aus der Geschichte lernen, daß Handelsstreitigkeiten schnell zu einer globalen Wirtschaftskrise führen und sogar Kriege auslösen. Heutige Protektionisten ignorieren auch gern, welch wirksame Vergeltungsmaßnahmen Japan als Ergebnis der Politik des letzten Jahrzehnts bereits ergreifen kann und daß die Japaner notfalls durchaus willens und fähig sein könnten, ihren Hebel an der amerikanischen Wirtschaft anzusetzen.

Obwohl einige strategische Bereiche, die für die Nation von besonderem Interesse sind, ohne Zweifel besser geschützt werden sollten, als dies heute der Fall ist, müßten solche Schritte in umfassendere Vereinbarungen mit unseren Partnern und Konkurrenten eingebettet und nicht einfach das Ergebnis blinden Zorns oder waghalsigen Verhaltens sein. Letztlich bietet die Produktion amerikanischer Industrien und Geschäftsbereiche aber keine Lösung, wenn diese Maßnahmen nicht mit einer Industriepolitik (die in Wirklichkeit eine postindustrielle Politik sein müßte) und einem nationalen Wirtschaftsplan verbunden werden, die die Gründe dafür berücksichtigen, warum die Amerikaner weniger konkurrenzfähig sind als die Ausländer, und die gleichzeitig Wege aufzeigen, die Amerika aus diesem Dilemma herausführen.

Und da sitzt der Haken des Problems. Wir haben Entscheidungsträger, die den Status quo beibehalten wollen, selbst wenn dies einen weiteren Niedergang zur Folge hat. Wir haben andere Führungskräfte, die gefährliche Entscheidungskämpfe provozieren wollen, um so den Niedergang aufzuhalten. Wir haben aber nur verhältnismäßig wenige Spitzenkräfte, die gemerkt haben, daß sich die Welt wirklich verändert hat und daß wir unsere vielgerühmten Fähigkeiten zur Innovation, Kreativität und Flexibilität nutzen und neue politische und wirtschaftliche Wege finden müssen, wenn wir wettbewerbsfähig bleiben wollen.

Die Hollywoodphantasien, welche die latente Krise der amerikanischen Wirtschaft in den frühen achtziger Jahren übertünchten, werden nun, am Ende unseres Jahrzehnts, in einigen einflußreichen Zeitschriften öffentlich angegriffen. »Wach auf, Amerika!« sagen die Herausgeber von Business Week. »Wir haben zuviel ausgegeben, zuviel geborgt, zuviel importiert. Wir haben über unsere Verhältnisse gelebt und uns bei der Finanzierung unserer massiven Budget- und Handelsdefizite aufs Ausland verlassen. Die Rechnung dafür müssen wir jetzt bezahlen.«[9]

Wenn Amerika aufwacht, so meinte der frühere Handelssekretär und heutige Investmentbanker Peter Peterson, dann bedeute das »the morning after«. Wir werden dann einem Land gegenüberstehen, das »zugelassen hat, daß seine Infrastruktur zerfiel und seine ausländischen Märkte schwanden, seine Produktivität zurückging, die Ersparnisse aufgezehrt wurden, während seine Staatsausgaben und seine Anleihen in die Höhe schossen«. Der »Tag der Abrechnung« sei nahe.[10]

Wir hören diese Worte und erkennen sogar, daß sie Wahrheiten enthalten, und doch wollen wir sie nicht glauben. Wir klammern uns an die Illusion, daß sich »die Größe Amerikas« wiederherstellen ließe, können aber nicht sagen, was dies angesichts der veränderten globalen Situation im einzelnen bedeutet. Wie der Nobelpreisträger für Wirtschaftswissenschaften, Paul Samuelson, richtig bemerkt, können die Vereinigten Staaten, die heute für ungefähr 20 Prozent der Weltproduktion sorgen, einfach nicht erwarten, dieselbe dominierende Rolle in der Welt zu spielen, die sie nach dem Zweiten Weltkrieg innehatten, als sie insgesamt 40 Prozent produzierten.[11]

In den entferntesten Ecken der Welt demonstrieren wir noch unübersehbar unsere militärische Präsenz. Doch Paul Kennedy, der während seiner akademischen Laufbahn als Historiker den Aufstieg und Fall von Weltreichen untersucht hat, meint dazu, wir litten unter dem klassischen Syndrom »imperialer Überforderung«, die große Reiche während der ganzen Geschichte zu Fall gebracht hat.[12] Wenn wir so viel Geld für Militär und Waffensysteme ausgeben, entziehen wir der Wirtschaft jene Ressourcen, die sie braucht, um im Wettbewerb mit Japan und anderen, weniger verschuldeten Mächten Erfolg zu haben.

Hinter der Glitzerfassade der »Roaring Eighties« des amerikanischen Geschäftslebens verbirgt sich die Tatsache, daß die Vereinigten Staaten die Kontrolle über zentrale Faktoren ihrer eigenen Wirtschaft verloren haben. Damit verbauten sie sich von vornherein viele mögliche Lösungen für aktuelle Probleme. Die Zinssätze, der Wert des Dollars, die Finanzierung von Maßnahmen der US-Regierung, der Import- und Exportfluß - keiner dieser Bereiche, die von grundlegender Bedeutung für den Wohlstand der Nation sind, stehen heute noch voll und ganz unter der Kontrolle amerikanischer Politiker, selbst in jenen seltenen Augenblicken nicht, in denen sie sich über ihre Politik einig sind.

Es wäre eine Übertreibung zu behaupten, daß es nun Japan ist, das diese strategischen Bereiche kontrolliert. Ein Teil der Macht ging an unseren früheren Feind Deutschland; weitere Teile werden von zahlreichen anderen ausländischen Nationen beansprucht. Ein Großteil der wirtschaftlichen Struktur, auf die wir uns einst verlassen konnten, ist als Folge der Unbeständigkeit der Weltmärkte einfach zusammengebrochen. Doch trotz alledem müssen wir uns darüber klar werden, daß Japan einen weit größeren Einfluß auf unsere Wirtschaft erlangt hat, als man sie einem fremden Land zugestehen darf, selbst wenn es sich dabei um einen engverbundenen Partner mit den besten Absichten handelt.

Kein übelwollender Geheimbund in Tokio hat dies alles geplant. Vielmehr haben die Amerikaner freiwillig, wenn auch nicht immer bewußt, ihr Schicksal in die Hände anderer gelegt. Es ist eine Geschichte, deren Grundmuster aus der Bibel stammen könnte: Der amerikanische Esau - ein starker, stolzer Jäger - verkaufte sein Geburtsrecht dem japanischen Jakob - einem ruhigen, schlauen Strategen - und bekam als Linsengericht dafür Konsum und Schulden. Nichts in der Bibel deutet darauf hin, daß Jakob dafür zu tadeln ist, daß er Esau gegenüber seinen Vorteil wahrgenommen hat.

Im Fall Japans handelt es sich überdies auch nicht um irgendein fremdes Land, dem wir unser Geburtsrecht verkauft haben. Japan ist unser Spiegelbild und unser schärfster Konkurrent; es ist gerade da stark, wo wir schwach sind. Die japanische Wirtschaft reagiert genau entgegengesetzt zu unseren amerikanischen Aktionen. Während die Vereinigten Staaten zur größten Schuldnernation der Welt wurden, wurde Japan zum größten Kreditgeber. Wir konsumieren mehr, als wir produzieren, und Japan produziert mehr, als es konsumiert. Der Dollar wird schwächer, der japanische Yen stärker. Während wir gierig sind auf Importe, sind Exporte die Passion Japans. Während wir die verwaltungsrechtlichen Bestimmungen einschränken und unsere Gesellschaft aufsplittern, hält Japan an seiner Zentralverwaltung fest und fördert den nationalen Zusammenhalt. Wir sind unfähig, unsere industrielle und soziale Infrastruktur wiederaufzubauen, während Japan im eigenen Land mit der wohl größten Expansion der neunziger Jahre beginnt. Und während wir uns von unseren internationalen Verpflichtungen lösen, übernimmt sie nun Japan.

Von unserem militärischen Sieg und unserer langjährigen Rolle als »senior partner« Japans geblendet, erkennen wir nicht, was auf der Hand liegt: Japan wird aus eigener Kraft zur Supermacht. Beiläufig anerkennen wir Japan als bedeutende Fertigungs- und Handelsnation, die uns auf gewissen Produktgebieten überflügelt hat. Wir akzeptieren sogar die Vorstellung, daß die Aufschrift »Made in Japan« für eine höhere Qualität steht als die Aufschrift »Made in USA«. Wir schrecken aber immer noch davor zurück, den Kern der Wahrheit zu begreifen. Zur Zeit wird aus Japan eine Weltmacht, die auf allen Gebieten eine Herausforderung für die amerikanische Macht darstellen wird.

Das Hauptproblem besteht keineswegs darin, welches Land bessere Automobile baut oder mehr Schaltkreise auf einem Computerchip unterbringen kann, so wichtig solche Fähigkeiten auch für die Wirtschaft eines Landes sein mögen. Auf dem Spiel steht vielmehr die Macht, die es Großbritannien erlaubt hat, das 19., und den Vereinigten Staaten, das 20. Jahrhundert zu beherrschen. Und aller Wahrscheinlichkeit nach wird sie Japan das gleiche im 21. Jahrhundert ermöglichen. Es ist die Macht, die eine Nation, die in ihren Besitz gelangt, über alle anderen Länder heraushebt, sei es auf dem Gebiet des Wohlstandes und des Lebensstandards, der technischen Entwicklung, der Produktivität, ja selbst der Kunst und Kultur und des intellektuellen Lebens. Wenn sich umgekehrt eine Nation an diese Macht gewöhnt hat, sie aber verliert, so kommt es zu einem wirtschaftlichen Chaos, zu einer tiefgreifenden Krise der nationalen Identität; das Wachstum steht still, und der Graben zwischen Reich und Arm vertieft sich.

Japan ist nicht nur unser Spiegelbild und unser härtester Konkurrent, es ist auch das einzige Land, das jemals Territorium der Vereinigten Staaten bombardiert hat. Man muß nicht an die Klischeevorstellung glauben, ein japanischer Geheimbund wolle zurückgewinnen, was 1945 verlorenging, um zu erkennen, daß der große Wohlstand in Japan zu einem neuen Nationalismus, einer häßlichen Arroganz und zu einer gewissen imperialen Großtuerei führt. Möglicherweise widerstehen die Japaner solchen Versuchungen zugunsten eines Kurses, der die Weltgeschichte auf eine viel humanitärere Weise beeinflussen könnte. Aus der Verbindung zwischen dem reichen kulturellen Erbe Japans und dessen neuer Finanzkraft könnte ein sozioökonomisches Modell hervorgehen, das der übrigen Welt im nächsten Jahrhundert als Vorbild dienen könnte. Japan könnte die Lokomotive sein, welche die Dritte Welt aus ihrem Elend herauszieht und die übrigen Supermächte lehrt, daß Wettrüsten und wirtschaftliche Entwicklung sich nicht miteinander vereinbaren lassen. Aber obwohl solche Ideen im heutigen Japan bisweilen geäußert werden, bewegen sich die gegenwärtigen Ereignisse nicht in dieser Richtung. Die Logik der heutigen japanischen Politik schafft - zusammen mit der Notwendigkeit, sich gegen die fehlende Logik der amerikanischen Politik zu verteidigen - eine fruchtbare Voraussetzung für die fast zwangsläufige Meinung, Japan müsse seine Wirtschaftsmacht auch in Form politischer und militärischer Macht umsetzen.

Beim kometenartigen Aufstieg Japans und beim gleichzeitigen Niedergang Amerikas spielt die heutige Finanzwelt das Zünglein an der Waage. Der Handelskrieg zwischen den USA und Japan gehört bald der Vergangenheit an. Er wurde von Japan in jeder Beziehung gewonnen. Nun ist der Finanzkrieg am Kochen. Wer den Kurs des Dollars und des Yens verfolgt, bemerkt, mit welcher Beschleunigung das neue japanische Reich an Stoßkraft gewinnt und wie Amerika an Boden verliert.

Japans neue Rolle als Führernation der Finanzwelt wird von den Amerikanern nicht sehr ernst genommen. Natürlich gibt es vereinzelt besorgte Stimmen, etwa die des New Yorker Kongreßabgeordneten Charles Schumer: »Wir verloren die Automobile an die Japaner, wir verloren den Stahl, und jetzt verlieren wir auch noch im Bereich der finanziellen Dienstleistungen - was wird uns noch bleiben?« Für die meisten Männer im Kapitol wie an der Wall Street sind die japanischen Überschüsse nichts anderes als »zeitweilige Ausreißer«. Die Finanzmärkte Tokios gelten als Heißluftballons, die jederzeit angestochen werden können, und von ihren Bankern und Brokern glaubt man, sie hätten nicht »das richtige Zeug«, um gegen die im Freilauf fahrenden, risikofreudigen amerikanischen Spekulanten anzutreten.

Es ist erschreckend, wie sehr diese Sichtweise an die Worte der Automanager von Detroit erinnern, als sie in den sechziger Jahren über eine mögliche Bedrohung durch die japanische Konkurrenz sprachen. Noch erschreckender aber ist die Tatsache, daß heute weit mehr auf dem Spiel steht. Es überrascht nicht, daß diese neue Dimension der Konkurrenz zwischen den USA und Japan auf der anderen Seite des Pazifiks weit besser verstanden wird. Tokios Chefunterhändler in Handelsfragen bereitet sich nach eigenem Bekunden darauf vor, daß die finanziellen Streitigkeiten zwischen den USA und Japan in Zukunft noch schlimmer sein werden als der verletzende Handelskrieg der achtziger Jahre.

Ein Manager von Daiwa, der zweitgrößten Brokerfirma Japans, sagt es ganz unverblümt: »Um Anteile auf dem Automobilmarkt zu kämpfen, ist eine Sache; es ist eine ganze andere Sache, auf einem finanziellen Schlachtfeld miteinander zu kämpfen. Geld ist das Blut jeder Wirtschaft, es führt dem Gehirn und dem Herzen jeder Nation Nährstoffe zu. Es gibt Leute, die betrachten den Wettbewerb auf den Finanzmärkten als Wettbewerb über die Kontrolle des Blutkreislaufes.«

Ich gehöre zum Beispiel zu diesen Leuten. Und dies ist auch genau das Thema, von dem dieses Buch handelt.

Bevor wir mit der Analyse dieses Konkurrenzkampfes beginnen, sind einige Ermahnungen zur Vorsicht am Platz. Wer über finanzielle Trends in einer Welt schreibt, in der die Unbeständigkeit eher die Regel als die Ausnahme ist, muß mit schweren Problemen kämpfen. Es ist möglich, sogar wahrscheinlich, daß größere unvorhergesehene Ereignisse zur selben Zeit stattfinden, zu der dieses Buch gerade erscheint. Die Weltwirtschaft kann in eine Rezessionsphase geraten. Die Kräftigung der amerikanischen Wirtschaft könnte länger andauern, als Pessimisten dies für möglich halten, und zur Stabilisierung des Dollars beitragen. Der japanische Handelsüberschuß könnte schrumpfen und der Yen damit schwächer werden. Die Tokioer Börse könnte einen Börsenkrach erleben, so daß die Japaner ihre Investitionen im Ausland drastisch reduzieren. All dies könnte wie ein Widerspruch zu dem Bild von der japanischen Macht aussehen, wie es in diesem Buch gezeichnet wird.

Aber auch wenn diese Ereignisse eintreten, so lassen Sie sich davon nicht täuschen. Japan hat in den vergangenen zwei Jahrzehnten viele Schocks überlebt: Nixons einseitige Entscheidung, das Bretton-Woods-Abkommen des Weltwährungsfonds aufzukündigen, den ersten Ölschock der frühen siebziger Jahre, den zweiten Ölschock nach der Revolution im Iran, den starken Yen der vergangenen Jahre, von dem amerikanische Experten fälschlicherweise voraussagten, er würde die exportorientierte Wirtschaft Japans zerstören. Man könnte eine interessante Sammlung amerikanischer Presseberichte anlegen, die bei jedem dieser Einschnitte das Ende des japanischen Wirtschaftswunders voraussagten. »Japans düstere Zukunft«, lautete die Überschrift der Titelgeschichte von *Fortune* in der ersten Woche des amerikanischen Geschäftsjahres von 1988, in dem sich das Land jedoch von der zeitweiligen Rezession infolge des starken Yens wieder kräftig erholen sollte.[13]

Das sollten wir daraus lernen: Selbst wenn wieder harte Zeiten auf Japan zukommen, dauert die Finsternis wahrscheinlich nur kurze Zeit. Im Gegensatz zu den Amerikanern haben die Japaner die Fähigkeit entwickelt, die Struktur ihrer Wirtschaft systematisch an neue Bedingungen anzupassen.

In diesem ganzen Buch spreche ich von »den Japanern« und von »Japan«, ebenso von den »Vereinigten Staaten«, »Amerika« und »den Amerikanern«. Wenn ich diese unglaublich weitgefaßten Begriffe für so außerordentlich komplexe Gesellschaften gebrauche, so tue ich dies, um die wesentlichen Trends des nationalen Verhaltens herausarbeiten zu können. Damit soll nicht gesagt sein, daß es jeweils nur eine einzige Politik oder Persönlichkeit in beiden Ländern gibt.

Diese Unterscheidung muß im Hinblick auf »die Japaner« noch besonders unterstrichen werden, weil wir im Westen die Tendenz haben, Japan als Monolithen zu sehen. Meine eigene Erfahrung hat mich gelehrt, daß hinter der äußeren Erscheinungsfläche der Einheit in den meisten Sitzungszimmern und Regierungsorganisationen deutlich voneinander verschiedene Gruppen miteinander streiten. In Japan gibt es Minderheiten, Rebellen und Einzelindividuen jeglicher Art, und die Gesellschaft insgesamt wird pluralistischer als früher. Die Großbanken möchten den Artikel 65 abschaffen (das japanische Äquivalent zum amerikanischen Glass-Steagall-Act, der es den Banken verbietet, ins Wertpapiergeschäft einzusteigen), während selbst die weltweit operierenden Wertpapierfirmen, die sonst einen Abbau der Verordnungen befürworten, diesen Artikel 65 solange wie möglich in Kraft sehen möchten. Die mächtige Lobby der Landwirte mag nicht auf die massiven Subventionen verzichten, während die Industrie ihnen ein Ende bereiten möchte, damit Grundbesitz für den Bau von Häusern und Fabriken frei wird. Die japanischen Arbeiter möchten mehr verdienen, um stärker am Wohlstand des Landes teilzunehmen, während die Arbeitgeber den bisherigen Sparkurs beibehalten möchten.

Dem Streben nach Konsens wohnt jedoch eine überwältigende Kraft inne. Selbst wenn nur 60 Prozent der Japaner einer bestimmten Ansicht grundsätzlich zustimmen, so hat dies ein ungeheures Gewicht, besonders im Vergleich zu der stark zersplitterten amerikanischen Gesellschaft. Wenn ich von »den Japanern« spreche, so ist diese japanische Mehrheit gemeint.

Ich bin mir auch der beeindruckenden Argumente vieler Wirtschaftswissenschaftler bewußt, die meinen, die zunehmende internationale Vernetzung mache es fast unmöglich, so kategorische Begriffe wie »amerikanische Interessen« und »japanische Interessen« zu verwenden, wenn jede Seite heute so viele Elemente der Gegenseite miteinschließe. Bildlich gesprochen, sind die Japaner verrückt nach McDonald's, die Amerikaner nach Sushi. Sachlicher gesagt, unterstützen die Nomura Securities die Firma Merrill Lynch, wenn sie Druck auf das Tokioer Finanzministerium ausübt, damit die Wertpapierbörse auch für Ausländer geöffnet wird. AT & T beeinflußt Washington, keine Maßnahmen gegen ihren vorzüglichen Zulieferer Toshiba zu unternehmen. Die Shuwa Corporation spielt auf dem amerikanischen Grundstücksmarkt eine größere Rolle als in Japan, während Max Factor auf dem japanischen Markt mehr Kosmetika absetzt als in amerikanischen Kaufhäusern.

»Sie« bedeutet oft wirklich »wir«. Ein beträchtlicher Teil dessen, was die amerikanischen Zollbehörden als »Importe« bezeichnen, stammt gar nicht von erbarmungslosen ausländischen Konkurrenten, die von den offenen Märkten Amerikas profitieren, sondern von amerikanischen Unternehmen, die Einzelteile aus ihren eigenen, kostengünstigeren Produktionsbetrieben im Ausland importieren.

Man darf aber nicht vergessen, daß sich Regierungen nicht so schnell internationalisieren lassen wie Märkte. Wir träumen von einer postindustriellen Weltwirtschaft, doch bleibt es eine ernüchternde Tatsache, daß das japanische Parlament und der US-Kongreß noch immer durch die Vertreter der Bauern überproportional von vorindustriellen Interessen dominiert wird - ganz zu schweigen von der Mehrheit der Politiker in beiden Staaten, deren Karrieren fest mit der traditionellen, engstirnigen Schwerindustrie und den Gewerkschaften verbunden ist. Ein Aktienpaket von IBM mag einen einheitlichen Preis auf der ganzen Welt haben, ob es nun in London, Tokio oder New York gehandelt wird. Über Arbeitslosenraten, Zinssätze, Steuerpolitik, Produktivität und Gewinne ist aber keine solche einheitliche Auffassung zu erzielen. Selbst wenn also die amerikanische und die japanische Geschäftswelt immer engere Verbindungen eingehen, so steht doch bei den Politikern das nationale Eigeninteresse im Zentrum, was schlimme Konsequenzen für beide Seiten hat. Die Epidemie des »Losschlagens auf Japan« bildet ein Beispiel für diese Tendenz. Ganz egal, wie »unfair« Japan gewesen sein mag, die Schuld für die Probleme Amerikas liegt nicht dort. Wer das wirklich glaubt, akzeptiert seinen eigenen Untergang. Je mehr wir draufschlagen, um so mehr wird das neue Japan der neunziger Jahre zurückschlagen und dabei jene Kontrollhebel unserer Wirtschaft verwenden, die wir aus der Hand gegeben haben. Jede wirkliche Lösung der tiefgreifenden

Probleme, die an den Vereinigten Staaten nagen, muß mit Veränderungen von uns selbst beginnen.

In den Jahren vor Ronald Reagan machten sich die Amerikaner Sorgen darüber, daß unser Wirtschaftssystem zu aufgeblasen und zu unförmig wurde. Jimmy Carter meinte sogar, wir litten unter einer »nationalen Malaise«. Niemand wollte das jedoch hören, geschweige denn die radikalen Maßnahmen ergreifen, die erforderlich gewesen wären, um zu einer gesunden Wirtschaft zurückzukehren. Mit Reagan bekamen wir den Doktor, dessen Ratschlag wir hören wollten: Mehr essen, weniger Sport, und sonst überlassen wir alles dem freien Markt.

Es wäre unfair, Reagans Präsidentschaft voll anzulasten, sie habe das Land in den wirtschaftlichen Niedergang geschickt. Diesen Vorgang setzten frühere Administrationen zusammen mit historisch gewachsenen Kräften, die stärker sind als jeder Präsident, in Bewegung. In der Reagan-Ära wurde der Niedergang nur dramatisch beschleunigt; die trüben Folgen verbarg man in einem realitätsfernen Rausch.

Die amerikanische Politik der achtziger Jahre ähnelte dem klassischen Märchen »Des Kaisers neue Kleider«. Vom Präsidenten nahm man eigentlich an, er wolle das Budget ausgleichen. Er hingegen ließ zu, daß Amerika zur größten Schuldnernation aller Zeiten wurde. Der Präsident, der in seinen Reden dauernd von »Stärke« sprach, ließ zu, daß die Wirtschaft gegenüber ausländischem Druck verwundbarer wurde als je zuvor. Vom Präsidenten erwartete man die Rückkehr zu den grundlegenden Werten des amerikanischen Kernlandes. Statt dessen gab er den Anstoß zu frenetischer Spekulation, zu Wertpapier-Parasitismus und zu einem Highlife für wenige auf Kosten vieler und der Zukunft. Der Präsident, der als der »große Kommunikator« bekannt war, äußerte im Lärm der Hubschrauberrotoren auf dem Rasen vor dem Weißen Haus kaum hörbare Beschwichtigungsworte zum Stolperkurs der Wirtschaft.

Statt sich den wirtschaftlichen Herausforderungen zu stellen, »lieh der Präsident von den Japanern einfach eine Billion Dollar und schmiß eine Party«, wie der New Yorker Senator Daniel Patrick Moynihan trocken bemerkte.[14] Die »Patentlösungen«, die das Weiße Haus zu Reagans Zeiten entwickelte, um das Wirtschaftswachstum von 1983 bis 1987 zu bewirken, hinterließen auf diese Weise eine überwältigende Rechnung, die wir heute bezahlen müssen. Indem sich Amerika in den Mythos verspann, Größe könne man dadurch erreichen, daß man noch mehr von dem tat, was man in der Vergangenheit getan hatte, anstatt die Dinge neu zu bewerten oder zu verändern, ging wertvolle Zeit verloren, den Niedergang aufzuhalten. Und unsere japanischen Konkurrenten gewannen wertvolle Zeit.

Es ist immer noch Zeit genug, obwohl sie uns schnell unter den Fingern zerrinnt, um zu verhindern, daß die Wirtschaft der USA in einen endlosen Strudel hinabgerissen wird. Es gibt auch viele Wege, um auf intelligentere Weise mit dem unvermeidlichen Aufstieg Japans fertig zu werden. Dieses Buch enthält einige Vorschläge, aber keine Antworten. Es ist mehr als Reportage geschrieben - eine Reportage von den Fronten eines noch nicht erklärten Krieges. Ich hoffe, die Aufmerksamkeit auf die hohen Einsätze in diesem Konflikt lenken zu können. Vielleicht kann die Diskussion in diesem Buch zur unumgänglichen Auseinandersetzung mit diesen Fragen etwas beitragen und gleichzeitig verhindern, daß die schlimmsten Szenarien eintreffen.

1.
Japan als Weltbankier

»Japan wird schnell zur führenden Wirtschaftsmacht der Welt ... Schon bei anderen Gelegenheiten ging die Führerrolle von einer Nation auf die andere über ... doch noch nie fand eine so schnelle Verlagerung der Wirtschaftsmacht statt wie in diesem Fall.«

George Soros,
Hauptberater des *Quantum Fund*[1]

Sashimi von lebendem Hummer

Masaaki Kurokawa ist in den Vereinigten Staaten nicht gerade ein alltäglicher Name, doch er gehört einem der wichtigsten Finanzmanager der Welt. Er arbeitet für die Nomura Securities und damit für ein Unternehmen, dessen Name noch vor ein paar Jahren an der Wall Street kaum bekannt war. Heute ist Nomura nicht nur die größte Wertpapierfirma Japans, sondern der ganzen Welt. Im Vergleich zu ihr sind alle westlichen Unternehmen mit viel bekannteren Namen reine Zwerge. »In einer durch Aktien finanzierten Übernahme«, bemerkte kürzlich *Fortune*, »könnte Nomura Merrill Lynch wie ein Stück Sashimi als Vorspeise verschlucken.«[2]

Kurokawa ist Präsident von Nomura Securities International, der in New York ansässigen Tochterfirma des japanischen Riesenunternehmens. Er ist der entscheidende Finanzmakler für den japanisch-amerikanisch-europäischen Markt und fliegt häufig die Achse New York - London - Tokio, die die Phantasie japanischer Finanzhäuser beschäftigt, als handle es sich hierbei um einen finanziellen Dreifrontenkrieg. Vor seinem Umzug nach New York leitete Kurokawa die Londoner Zweigstelle der Firma Nomura. Wo immer er auch lebt, er pilgert jeden Monat nach Tokio, um bei der Ausarbeitung einer weltweiten Strategie mitzuwirken.

Wenn uns die japanischen Geschäftsleute auch oft so erscheinen mögen, als trügen sie alle denselben blauen Anzug, so bildet Masaaki Kurokawa hier eine klare Ausnahme. Groß und mächtig gebaut, umgibt ihn eine charismatische und gleichzeitig geheimnisvolle Aura.

Einige haben Angst vor ihm. »Nomura ist ein Kult, und Kurokawa ist sein Jim Jones«, sagt der Manager einer konkurrierenden japanischen Firma. Andere begegnen ihm mit Ehrerbietung. »Es gibt nur wenige Leute an der Wall Street, die sich mit seinem Intellekt messen können«, bemerkt ein Amerikaner, der für ihn arbeitet.

Nomuras internationale Geschäftsaktionen waren vor nicht allzulanger Zeit Spielfeld eines internen Machtkampfes. Insidern des Unternehmens zufolge versuchte Kurokawa, der Herrschaft von Yoshio (»Terry«) Terasawa, seinem langjährigen Vorgänger am Steuer der amerikanischen Tochtergesellschaft, ein Ende zu bereiten. Unter anderem kritisierte Kurokawa, Terasawa habe zugelassen, daß Nomura »zu sehr amerikanisiert« wurde.

Die beiden Männer sind wie einander entgegengesetzte Zwillinge. Beide sind um die Fünfzig, hatten denselben Werdegang, erhielten einen Teil ihrer Ausbildung in den Vereinigten Staaten (Kurokawa in Wisconsin, Terasawa in Wharton) und widmeten ihre gesamte Karriere Nomura. Als sie damit begannen, war Japan noch immer dabei, sich von den Verwüstungen des Krieges zu erholen. Die Aktivitäten an der Wertpapierbörse in Tokio waren gering, und die Brokerfirmen hatten wenig Einfluß. Aber drei Jahrzehnte später saßen Kurokawa und Terasawa gemeinsam in den oberen Rängen der pyramidenförmigen Hierarchie von Nomura und verwalteten ein Gesamtkapital von 50 Milliarden Dollar.

Daß Terry Terasawa seine Firma in New York »amerikanisiert« hatte, ließ sich nicht leugnen. Nomuras amerikanische Belegschaft schätzte ihn sehr, und er wurde zum bestbekannten Sprecher für japanische Finanzangelegenheiten in der angelsächsischen Welt. Er verstand die amerikanischen Verhältnisse nicht nur, er schätzte sie auch. Als er nach Tokio zurückkehrte, beklagte er sich sogar, er verspüre eine gewisse Traurigkeit, wenn er an einer Sitzung mit neuen Nomura-Angestellten teilnehme und sehen müsse, wie Leute mit »dem gleichen Gesicht« überall »die gleiche Kleidung« trügen. »In New York«, so erinnerte sich Terasawa, »gab es kein Treffen von diesem Umfang, auf dem nicht eine bunte Mischung von Schwarzen, Weißen und Asiaten zu sehen war, wobei ein ausgeglichenes Verhältnis zwischen Männern und Frauen bestand. Der amerikanische Schmelztiegel ist deswegen so aufregend, weil er eine Mischung von Auffassungen präsentiert, wie wir sie in Japan nicht haben.«

Angesichts des Auftrags, aus Nomura einen echten Machtfaktor an der Wall Street zu machen, schlug Terasawa vor, mit den verfügbaren vier Milliarden Dollar eine erstklassige amerikanische Investmentbank mit der entsprechenden Sachkenntnis und Handlungsfähigkeit zu kaufen. Er wollte den amerikanischen Managern vor Ort die Möglichkeit geben, ihre Entscheidungen selber zu treffen, und war dafür, einen leitenden Angestellten einer amerikanischen Brokerfirma abzuwerben, selbst wenn man ihm dafür ein Gehalt von zwei Millionen Dollar zahlen mußte - mehr als das Zehnfache dessen, was der Präsident von Nomura in Tokio erhält.

Masaaki Kurokawa war damit nicht einverstanden. Der Schlüssel zu Nomuras Erfolg, so betonte er Berichten zufolge, liege darin, die Dinge weiterhin so zu tun, wie sie Nomura stets getan habe - also die Firma im wesentlichen von innen heraus aufzubauen und sich auf altbewährte japanische Managementmethoden zu verlassen. Es sei ein strategischer Fehler, zuzulassen, die amerikanische Zweigstelle von Nomura in die Hände einer Gruppe hergelaufener Ausländer zu geben, die keine Loyalität Tokio gegenüber besäßen. Kurokawa war nicht grundsätzlich gegen eine amerikanische Belegschaft - es sei in der Tat unmöglich, Geschäfte zu machen, ohne Hunderte von ihnen einzustellen -, doch die wirkliche Macht sollte in der Hand jener bleiben, die Tokio verpflichtet waren.

Kurakawa gewann den Kampf. In der Folge übernahm er nicht nur Terasawas Job, sondern rückte ihm gegenüber um eine Stufe höher und wurde zum aussichtsreichen Anwärter auf den Präsidentenposten der Tokioer Zentrale, der irgendwann in den neunziger Jahren frei wurde. Terasawa wurde an den Rand gedrängt, übernahm zeremonielle Verpflichtungen für Nomura und wurde schließlich der Weltbank »ausgeliehen«. Wegen des Wechsels an der New Yorker Firmenspitze gaben einige amerikanische Angestellte ihre Stelle auf. Das machte aber jenen wenig aus, die auf der Kurokawa-Linie lagen. Das Fehlen einer Firmenloyalität bei den Amerikanern hatte auch seine gute Seite: Wenn jemand ging, gab es stets einen, der ihn ersetzen konnte.

Dieser Kampf stand symbolisch für weit größere Meinungsverschiedenheiten. Sollten japanische Finanzinstitute weiterhin ihren amerikanischen Rollenmodellen folgen? Oder war für die Japaner die Zeit gekommen, die Führung zu übernehmen? Bedeutete »Internationalisierung«, die japanische Art mehr dem Rest der Welt anzugleichen? Oder bedeutete dieses Wort, daß Japan seine Führungsrolle in fremden Ländern aggressiver geltend machen sollte? Terasawas Ansicht war: »Da wir in Rom sind, sollten wir uns wie Römer verhalten.« Kurokawas Entgegnung läßt sich folgendermaßen zusammenfassen: »Da Rom dem Untergang geweiht ist und wir an Macht gewinnen, tun wir die Dinge besser auf unsere Weise.« Kurokawas Ansicht entsprach genau dem allgemeinen Denken im Hauptquartier.

Kurz nachdem Kurokawa siegreich aus der Debatte hervorgegangen war, lud er amerikanische Gäste in ein Tokioer Restaurant ein, das hoch oben in einem der vielen Gebäude von Nomura lag. Dieses befand sich im Stadtteil Shinjuku und lag 50 Stockwerke über der blitzenden Neonreklame der Stadt und ihrem niemals endenden Gewühl. Seine Stimme klang tief und voll. Was er zu sagen hatte, näherte sich seinem Höhepunkt.

»Wir Japaner werden mit viel kühneren Ideen hervortreten müssen, wenn wir unsere Rolle in der Welt richtig spielen wollen«, meinte er und machte eine Pause, um seine Gäste zu beobachten, die versuchten, Sashimi vom lebenden Hummer zu essen. Kurokawa fuhr fort, er habe einen Plan, wie Japan den Vereinigten Staaten helfen könne, ihr Handelsdefizit auszugleichen: Der bereits starke Yen, der damals mit rund 140 zu einem Dollar gehandelt wurde, solle noch stärker werden, bis ein Kurs von 100 Yen pro Dollar erreicht sei. Das, so sagte er, würde es Japan unmöglich machen, Gewinne aus Exportprodukten zu ziehen. Die Vereinigten Staaten würden ihre einheimischen Industrien nicht mehr von japanischen Importen bedroht sehen.

Als nächstes würde man eine einzige gemeinsame Währung schaffen, »den Dollar auf der einen Seite, den Yen auf der anderen«. Auf diese Weise könne Japan unbehindert in den Vereinigten Staaten investieren, ohne sich Sorgen machen zu müssen, daß die amerikanische Verschwendung von Steuergeldern den Dollar schwächen und dabei die Anlagewerte mindern würde. Und was bekäme Japan dafür?

»Kalifornien«, sagte er. Der Name dieses Staates hing einen Augenblick in der Luft. Die Fühler der immer noch lebenden Hummer zuckten.

Kurokawa gab eine Zusammenfassung. Kalifornien sollte zu einer US-japanischen Wirtschaftsgemeinschaft beider Länder werden. »Kein Visumzwang mehr für ein- und ausreisende Japaner«, sagte er und machte eine Handbewegung. Japan würde Millionen von Arbeitern »exportieren« und neue Fertigungsbetriebe auf den »billigen« kalifornischen Grundstücken bauen (Kurokawa wollte damit durchaus nicht die Kalifornier beleidigen, die der Ansicht sind, die Grundstückspreise in ihrem Land seien hoch. Er verglich nur die Kosten. In Tokio war in dieser Woche gerade eine 180 Quadratmeter große Eigentumswohnung für 12,4 Millionen Dollar verkauft worden; ein Stück Land, das so groß wie zwei aufgeschlagene Seiten dieses Buches ist, kostet 20000 Dollar). Die Aufwertung des Yen hatte bewirkt, daß amerikanische Arbeitskräfte für japanische Arbeitgeber billig waren. Wie die meisten Japaner hielt Kurokawa wenig von der Arbeitsleistung der amerikanischen Arbeiter, doch glaubte er, mit den richtigen japanischen Methoden sei es möglich, ihnen das richtige Arbeiten wieder beizubringen. Wenn japanische Unternehmen ihre Waren auf amerikanischem Boden fertigten, seien sie stärker mit dem amerikanischen Leben verflochten. Das verringere das Risiko einer protektionistischen Gesetzgebung, die eines Tages zur Abschottung der amerikanischen Märkte führen könne. Wenn das Experiment gut funktioniere, so meinte Kurokawa, könne man es auf andere Gebiete der Westküste ausdehnen.

All dies sei »nur eine Idee«, wie Kurokawa schnell hinzufügte. Nur eine Anregung und kein konkreter Aktionsplan. Er betonte aber, daß seiner Meinung nach irgendeine radikale Veränderung erforderlich war, um die guten Beziehungen zwischen den USA und Japan aufrechtzuerhalten. Einige Amerikaner mochten sich bei dem Gedanken bedroht fühlen, daß ein japanischer Finanzier Kalifornien in einen gemeinsamen Markt verwandeln wollte. Dabei sei es langfristig so, daß eine derartige Maßnahme gerade die Bedrohung reduzieren würde, welche die Amerikaner empfinden könnten, wenn man den Dingen einfach weiterhin ihren freien Lauf ließe.

Kurokawa ist nicht der erste Japaner, der mit »kühnen Ideen« hervortritt. Im Januar 1959 berichtete *The Wall Street Journal*, die kühnen Visionäre von Toyota würden um »einen hohen Einsatz« spielen, wenn sie ihren Plan verwirklichten, über 700 Autos, die damals den Namen »Toyopets« trugen, in die Vereinigten Staaten zu exportieren. Das Blatt zitierte einen Angestellten von Toyota, der sagte: »Im Jahr 1960 werden die Amerikaner wahrscheinlich 500000 Autos jährlich importieren. Warum sollten wir nicht einen Teil dieses Marktes bekommen?«[3]

Angesichts der Geschichte der Wirtschaftsbeziehungen zwischen den USA und Japan nach der Ankunft der Toyopets wäre es wohl unklug, die japanischen Ambitionen und Fähigkeiten weiterhin zu unterschätzen.

Die führende Gläubigernation der Welt

Es ist der neuen Rolle Japans als der führenden Gläubigernation der Welt zu verdanken, daß Nomura den Wandel von einer Firma, die vor fünf Jahren an der Wall Street nahezu unbekannt war, zu einem Unternehmen schaffte, dessen Manager über so weitreichende Ideen wie eine gemeinsame amerikanisch-japanische Währung oder einen gemeinsamen Markt in Kalifornien nachdenken.

Man spricht dann von einer Gläubigernation, wenn ihre Auslandsinvestitionen größer sind als die Investitionen des Auslands in die heimische Wirtschaft. Eine Schuldnernation hingegen schuldet dem Ausland mehr, als sie selbst an Guthaben im Ausland hat. Gläubigernationen üben natürlich großen Einfluß auf jene aus, denen sie ihr Geld geliehen haben. Schuldnernationen wiederum unterwerfen sich oft den Interessen ihrer Gläubiger.

Japan übernahm 1986 die bisher von den Vereinigten Staaten eingenommene Stellung als führende Gläubigernation der Welt. Das Ausmaß des in der letzten Zeit erfolgten japanischen Kapitalabflusses ins Ausland wurde mit der Zeit zwischen den fünfziger und sechziger Jahren verglichen, als die Vereinigten Staaten einen großen Teil der westeuropäischen Industrie aufkauften. Die japanischen Aufkäufe in den letzten Jahren übertreffen aber bei weitem die amerikanische Expansion jener Tage. Tatsächlich liegen die japanischen Nettoguthaben im Ausland bereits um 20 Prozent über dem amerikanischen Rekord während eines Zeitraums von insgesamt 37 Jahren.

An jedem Arbeitstag häufen japanische Privatleute und Firmen Ersparnisse im Wert von über einer Milliarde Dollar an. Dieser Überschuß an Bargeld wandert auf Bankkonten oder wird in Wertpapieren, Versicherungen und Immobilien angelegt, doch dies reicht nicht, die gesamte Geldmenge aufzunehmen. Wie beim Wasser, das sich einen Abfluß sucht, muß ein großer Teil davon ins Ausland fließen. 1981 kaufte Japan ausländische Wertpapiere mit einem Gesamtwert von 15 Milliarden Dollar. 1986 war die Zahl auf 2,6 Billionen Dollar gestiegen. Das entspricht einem Wachstum um das Hundertachtzigfache innerhalb von fünf Jahren. Eine neue japanische Redensart faßt die Situation zusammen: »Großbritannien brauchte 100 Jahre und die Vereinigten Staaten 50 Jahre, um zum reichsten Land der Welt zu werden. Für Japan waren es nur fünf Jahre.«

Japans Aufstieg zur führenden Weltmacht hat ihr Gegenstück in dem in Schulden versinkenden Amerika. Seit 1914 sind die Vereinigten Staaten eine Gläubigernation gewesen. In den achtziger Jahren wurden sie erstmals Nettoschuldner. Ihre roten Zahlen überstiegen bald die Brasiliens, Mexikos und Argentiniens, um schließlich alle negativen Rekorde zu brechen. Im Jahr 2000 werden die japanischen Nettoguthaben im Ausland die schwindelerregende Höhe von einer Billion Dollar (+ $ 1 000 000 000 000) erreichen. Die Rechnung für die Vereinigten Staaten könnte sich auf einen Schuldenberg von ebenfalls einer Billion Dollar (– $ 1 000 000 000 000) belaufen.

Um begreiflich zu machen, was dieser historische Rollentausch bedeutet, soll nachfolgend ein kurzer Überblick über einige Aspekte gegeben werden, die veranschaulichen, wie sich der finanzielle Einfluß Japans heute manifestiert:

- Die Vereinigten Staaten sind, um 30 Prozent des Defizits ihres Regierungsbudgets finanzieren zu können, direkt auf japanische Investoren angewiesen. Von 1985 bis 1987 gehörten die führenden japanischen Wertpapierfirmen bei Versteigerungen fast stets zu den größten Käufern langfristiger amerikanischer Schatzanleihen. Es gibt mehrere Unternehmen in japanischer Hand, die vorwiegend mit Wertpapieren handeln, die von der amerikanischen Regierung ausgegeben werden. Ohne die japanische Beteiligung hätte das Schatzamt äußerst große Schwierigkeiten, die amerikanischen Schulden zu finanzieren.
- Acht der zehn größten Banken der Welt sind japanisch, darunter die ersten fünf. Nur eine amerikanische Bank, Citicorp, zählt zu den ersten zehn. Vor dreißig Jahren rangierte nicht eine einzige japanische Bank unter den fünfzig größten Banken der Welt. Noch 1980 befand sich unter den vor allem amerikanischen Top ten nur eine einzige japanische Bank.
- Die vier großen japanischen Wertpapierfirmen - Nomura, Daiwa, Nikko und Yamaichi - gehören gleichzeitig zu den größten der Welt. Gemessen an ihrem Kurswert, hat Nomura heute mehr als das zwanzigfache Volumen von Merrill Lynch, das größte amerikanische Brokerhaus. Die Gewinne vor Steuer von Nomura im Jahr 1987 - 4,1 Milliarden Dollar - waren ungefähr so hoch wie die Gewinne aller amerikanischen Wertpapierfirmen zusammengenommen.
- Wenn die US-Niederlassungen japanischer Firmen (Nissan, Honda, Sony usw.) ins Verzeichnis der fünfhundert größten US-Unternehmen mit aufgenommen werden würden, müßten schon mindestens dreißig genannt werden. Die von Japanern geführten Firmen wachsen um 400 Prozent mal schneller als die restliche US-Wirtschaft, da sie sich auf direkte Investitionen stützen können, die 1987 zehn Milliarden Dollar und 1988 um die fünfzehn Milliarden Dollar ausmachten.
- Eine Viertelmillion Amerikaner in den Vereinigten Staaten arbeiten bereits für japanische Arbeitgeber. Die Wirtschaftswissenschaftler vermuten, daß ihre Zahl in den neunziger Jahren auf eine Million steigt.
- Der Gesamtwert aller Wertpapiere, die an der Tokioer Börse notiert werden, überstieg zu Beginn des Jahres 1987 den Gesamtwert aller Wertpapiere an der New Yorker Börse. Seither konnte Tokio seine führende Stellung weiter ausbauen. Ein japanisches Unternehmen, Nippon Telegraph & Telephone (NTT), ist mehr wert als IBM,

AT & T, General Motors, General Electric und Exxon zusammengenommen.
- Die Wertpapierbörse von Osaka, über die selbst Asienkenner unter den amerikanischen Finanzprofis wenig wissen, ist heute, was den Marktwert anbelangt, größer als die amerikanische Wertpapierbörse und gleichzeitig die drittgrößte der Welt.
- Die Handelskammer von Chicago führte vor kurzem nächtliche Öffnungszeiten ein, um die Bedürfnisse japanischer Kunden zu befriedigen, die an Termingeschäften mit US-Obligationen interessiert sind. Jetzt können Händler in Tokio den Markt während ihrer Tagesstunden bewegen, während die meisten amerikanischen Händler schlafen. Die Japaner waren verantwortlich für die Rekordpreise, die für einen Sitz in der Chicagoer Handelskammer und Börse bezahlt werden müssen. Letztere berief auch einen führenden japanischen Finanzier in ihren Vorstand.
- Japanische Banken kontrollieren fast zehn Prozent der amerikanischen Privatkonten; noch vor zehn Jahren spielten sie in diesem Bereich keine Rolle. Die Vermögenswerte japanischer Banken in den Vereinigten Staaten sind so groß, daß sie jetzt mit denen von Citicorp und J. P. Morgan zusammengenommen konkurrieren können.
- Im Trend-setter-Land Kalifornien sind inzwischen fünf der zehn größten Banken japanisch. Ein japanisches Konsortium rettete die Bank of America, die erfolgreichste Bank der siebziger Jahre im Privatkundengeschäft, kurz vor ihrem Zusammenbruch. Als die Union Bank, die ihren Sitz in Los Angeles hat, zum Verkauf stand, äußerten zwei amerikanische Banken, nämlich Chase und Citicorp, ihr Kaufinteresse, konnten ihr Vorhaben aber wegen Bankbestimmungen zwischen den einzelnen Bundesstaaten nicht durchführen. Statt dessen wurde die Union Bank von der California First gekauft, die zum größten Teil der Bank of Tokyo gehört.
- Japanische Finanzunternehmen sind nicht nur in einige angestammte Gebiete der US-Finanz eingedrungen, sondern beherrschen sie geradezu, zum Beispiel das Geschäft mit Kreditbriefen, indem sie für Zeichnungen von Kommunalobligationen garantieren. Die amerikanischen Banken haben ganz allgemein nicht mehr die Kreditwürdigkeit, die für dieses Geschäft erforderlich ist, das nunmehr völlig von japanischen Banken dominiert wird.
- Die japanischen Unternehmen mit ihren geringeren Grundkosten und ihren langfristigeren Planungen treten verstärkt auf jenen wichtigen Finanzgebieten in Erscheinung, die von den Amerikanern als unrentabel aufgegeben wurden. Als Salomon Brothers 1987 ihre einst wegbereitende Abteilung für Kommunalobligationen schlossen und

800 Leute entließen, startete die amerikanische Zweigstelle von Nomura einen neuen Raubzug auf dem Gebiet des öffentlichen Finanzwesens Amerikas.

- Einige der heiligsten Namen an der Wall Street werden ganz oder teilweise von japanischen Unternehmen übernommen. Die Sumitomo Bank besitzt einen signifikanten Minderheitsanteil an Goldman Sachs, einer Personengesellschaft, die seit über einem Jahrhundert Investment-Banking betreibt. Nippon Life hält einen ähnlichen Anteil an Shearson Lehman Hutton, und Yasuda Mutual Life besitzt einen noch größeren Anteil an Paine Webber.
- In den vergangenen drei Jahren kauften japanische Investoren für ungefähr 18 Milliarden Dollar erstklassige amerikanische Immobilien. In New York sind zum Beispiel zu erwähnen: das Tiffany Building, die Gebäude von Mobil, Exxon und ABC, Nr. 666 an der Fifth Avenue und ein großer Teil des Citicorp-Tower; in Südkalifornien: Arco Plaza, La Costa Spa Resort und ein Drittel aller Bürogebäude im Zentrum von Los Angeles; in Washington D.C.: das U.S. News & World Report Building; in Las Vegas: das Dunes Hotel. Japanische Investoren kaufen weiterhin solche bedeutenden Flaggschiffe, dringen aber gleichzeitig in Städten wie Atlanta, Boston, Indianapolis, Cleveland und Charlotte in das Geschäft mit Büro- und Wirtschaftsimmobilien ein.
- Auf Hawaii besitzen japanische Investoren heute mehr als 75 Prozent des Aktienkapitals der 20 Hotels am Waikiki-Strand. Das macht insgesamt allerdings nur einen kleinen Teil ihres Immobilienbesitzes auf Hawaii im Wert von 6,5 Milliarden Dollar aus. »Obwohl hier immer noch die amerikanische Flagge im Wind weht, ist Hawaii auf dem besten Weg, eine japanische Wirtschaftskolonie zu werden«, bemerkte *Forbes* kürzlich.[4]
- Japanische Unternehmen stehen heute bei der Finanzierung kommerzieller Immobilienprojekte, die über 100 Millionen Dollar kosten, an erster Stelle. Durch ihre starke Expansion auf dem Bausektor können die Japaner nun amerikanische Grundstücke kaufen, deren Erschließung finanzieren und die Bauarbeiten durchführen, ohne auf amerikanische Partner zurückgreifen zu müssen.
- Obwohl feindliche Übernahmen in Japan selten sind, haben einige japanische Unternehmen mit hohem Barkapital damit begonnen, Firmen in den Vereinigten Staaten zusammenzukaufen. Dainippon beispielsweise stellte Reichhold Chemical nach und übernahm die Firma nach längerem Kampf.
- Als sich die Amerikaner von der Risikofinanzierung von High-Technology-Produkten zurückzogen, füllten japanische Finanziers das Vakuum aus. 15 Prozent aller Gelder für die Gründung junger High-

Tech-Unternehmen stammen heute aus japanischen Quellen. Sie begreifen ein Engagement bei diesen innovativen Unternehmen als »Fenster« zu den modernsten amerikanischen Entwicklungen. »Wenn man die risikoreichen Gründungen von High-Tech-Firmen in der letzten Zeit betrachtet, so erkennt man, daß das Geld dafür leichter aus dem Ausland zu bekommen ist als aus den Vereinigten Staaten«, sagt Warren Wheeler, der Präsident der Gain Electronics in New Jersey. Die japanische Firma Mitsui investierte mehr als 20 Millionen Dollar in sein Projekt zum Bau von Hochleistungschips aus Galliumarsenid.

- Der Investitionsfluß bleibt nicht auf traditionelle Gebiete wie die Fertigungstechnik beschränkt. Sony kaufte kürzlich für zwei Milliarden Dollar CBS Records, die größte Plattenfirma in den Vereinigten Staaten. Dies ist ein Vorbote für japanische Investitionen auf dem Dienstleistungssektor, dem man allgemein das größte Wachstum in der Zukunft voraussagt.
- Japanische Sammler beherrschen heute den internationalen Kunstmarkt. Sie stellen nicht nur einzelne ins Auge springende Rekorde auf (wie etwa den Kauf von Vincent van Goghs Schwertlilien bei einer Londoner Auktion für fast 54 Millionen Dollar). Während einer typischen Auktion bei Christie's erstanden die Japaner kürzlich fünf der zehn teuersten Stücke und tätigten die Hälfte aller übrigen Käufe.
- Obwohl der Schwerpunkt der japanischen Investitionen in den Vereinigten Staaten liegt, kann man dieselben Trends auf der ganzen Welt beobachten. Im Jahr 1985 gehörte nicht eine einzige japanische Firma zu den Top ten, welche die Londoner Eurobonds anbieten. Zwei Jahre später beanspruchte Nomura den Platz eins; die restlichen der japanischen »Großen Vier« befanden sich ebenfalls unter den Top ten.
- Japanische Finanzinstitute beherrschen ein Drittel der britischen internationalen Bankgeschäfte und wurden daher beschuldigt, »übermäßig präsent« zu sein. Sie wurden gezwungen, ihre Aktivitäten einzuschränken. Angefangen vom *»Big Bang«* in London bis zum *»Little Bang«* in Toronto, von der Pariser bis zur Frankfurter Börse – die Japaner gelten oft als Auslöser plötzlicher Marktveränderungen.

Die OPEC der achtziger Jahre

Wer die strategische Bedeutung der japanischen Kapitalüberschüsse auf die leichte Schulter nehmen will, behauptet, Japan sei nur die

»OPEC der achtziger Jahre«. Damit meint man, die Rolle Japans als Nation mit Kapitalüberschüssen sei nur eine zeitweilige Erscheinung, die durch gewisse einzigartige makroökonomische Bedingungen entstanden sei, doch bereits begonnen hätte, sich zu verändern. Wer diese Ansicht vertritt, glaubt auch, daß sich die japanischen Überschüsse zur rechten Zeit abbauen werden und daß die Finanzbeziehungen zwischen den USA und Japan wieder ins Gleichgewicht kommen.

Doch selbst wenn es das Schicksal Japans wäre, die Geschichte der OPEC noch einmal nachzuvollziehen, die zeitweilig einen Großteil des Bargeldes der Welt ansammelte und anschließend wieder zurückfließen ließ, so wird dies doch trotzdem weitreichende Folgen haben. Obwohl die OPEC heute nur noch ein Schatten ihrer selbst ist, sollte man nicht vergessen, welche Macht sie in ihrer Blütezeit in den Händen hielt. Der Wohlstand ihrer Mitglieder bedeutete in dieser turbulenten Weltregion nicht nur den Schlüssel zu Krieg und Frieden, sondern die Politik der OPEC brachte außerdem die Wirtschaft jedes einzelnen Industriestaates durcheinander. Viele Gründe für den wirtschaftlichen Abstieg der USA kann man darin suchen, wie die amerikanische Geschäftswelt in den siebziger Jahren auf den raschen Anstieg der Energiepreise reagierte. Das gilt besonders für die damalige Deindustrialisierung und die geringen Investitionen in die Produktion. Schwerindustrien, die sich nicht an die deutlich höheren Energiekosten anpassen konnten, mußten schließen und öffneten nicht wieder. Es kam zu einem Fusionswahn, als traditionelle Unternehmen plötzlich entschieden, grundlegende Geschäftsbereiche abzustoßen und andere zu finden, die vom Öl weniger abhängig waren. Der Inflationszyklus trieb auch die Kreditzinsen für erste Adressen auf über 20 Prozent. Damit schien es unsinnig zu sein, Geld auszuleihen, um Produktionskapazitäten wiederaufzubauen. Die Bankiers schätzten die Energievorräte der Dritten Welt falsch ein und öffneten die Tür für Anleihen, die nun wie ein Damoklesschwert über der weltweiten Wirtschaftsstabilität hängen.

Der Anstieg der Ölpreise in den siebziger Jahren erwies sich für Japan als Glück im Unglück, das in Gestalt strengster Sparmaßnahmen einherkam. Die »Ölschocks« zügelten die steigenden Erwartungen japanischer Arbeiter und erlaubten es dem Land, bis weit in die achtziger Jahre hinein den Vorteil niedriger Lohnkosten im Vergleich zu westlichen Ländern zu genießen. Die in die Höhe schießenden Ölpreise brachten die japanischen Wirtschaftsplaner dazu, die Entwicklung von Exportindustrien dramatisch zu verstärken. Unter anderen neuen Märkten, die sie entdeckten, befanden sich auch die sparsamen Motoren, welche die US-Autoindustrie vernachlässigt hatte.

Das waren nur einige Auswirkungen jener kurzen Zeit, in der die OPEC in der Sonne stand. Diese Geschichte wurde nur deswegen erwähnt, um an die Verwirrung zu erinnern, welche der plötzliche Wohlstand der OPEC-Länder mit sich brachte. Selbst wenn sich die Rolle Japans »nur« darauf beschränkte, eine zweite »OPEC« zu sein, könnte das ähnlich drastische Konsequenzen haben, zumal Japan bereits viel größere Vermögenswerte im Ausland angesammelt hat als die OPEC zu ihrer Blütezeit.

Doch was wäre gewesen, wenn sich die Bilanz der OPEC nicht nur auf einen einzigen weltweit gebrauchten Rohstoff, sondern auf eine Reihe diversifizierter wirtschaftlicher Unternehmungen bezogen hätte, die an hundert verschiedenen kritischen Verbindungsstellen mit den Arterien der Weltwirtschaft verbunden gewesen wären? Was wäre, wenn die OPEC eine einheitliche Nation mit den effizientesten Fabriken der Welt, der am weitesten entwickelten Fertigungstechnologie, dem zweitgrößten Bruttosozialprodukt und dem zweitgrößten Verbrauchermarkt gewesen wäre? Wenn die OPEC es geschafft hätte, einen Konsens über einen gemeinsamen, langfristigen Wirtschaftsplan herzustellen? Wenn einige der reichsten Mitglieder der OPEC ihren Reichtum nicht in mörderischen Revolutionen und Kriegen vernichtet hätten? Wenn die OPEC nicht die Unbeständigkeit der Wertpapiermärkte gefürchtet und der Koran nicht den Wucher verdammt hätte? Dann hätte die OPEC die größte Wertpapierbörse in Mekka errichtet und weltweit mit dem meisten Kapital ausgestattete Finanzinstitute mit Hunderten von Tochtergesellschaften gegründet. Was wäre, wenn die OPEC Tausende ihrer besten und hellsten Köpfe zu Finanzexperten ausgebildet hätte, um einen gut koordinierten Investitionsplan für ihre Vermögenswerte zu überwachen, anstatt zuzulassen, daß andere sie verwalteten?

Japan mit der OPEC zu vergleichen, ist durchaus sinnvoll, wenn man berücksichtigt, daß Japan über viel bessere Voraussetzungen verfügt, seinen Wohlstand zu bewahren und zu mehren.

Zaitek und die Symbolwirtschaft

Geld hat stets »die Welt in Bewegung gehalten«, doch niemals mehr als heute. Japan wurde nicht zu einem zufälligen Zeitpunkt in der Geschichte zur führenden Gläubigernation, sondern jetzt, da ein einziger Weltfinanzmarkt und eine einzige Weltwirtschaft im Entstehen begriffen sind. Überall werden Vermögenswerte in Aktienkapital umgewandelt und zum Verkauf angeboten. Unternehmen, von denen man glaubte, sie hätten zu große strategische Bedeutung, als daß man sie den Marktkräften aussetzen könnte - nationale Fernsprechgesellschaften, Fluglinien und Energiemonopole beispielsweise -, werden von den Regierungen privaten Investoren überlassen. Selbst sozialistische Länder haben sich dieser Aktienrevolution angeschlossen und junge Wertpapierbörsen eröffnet.

Dies sind die Tage, an denen die Leute mit blitzartiger Geschwindigkeit festverzinsliche Dollarschulden gegen variabel verzinsliche Yen-Anleihen tauschen. Jedermann an einem Computerkeyboard kann mit Schweizer Franken und Deutschen Mark handeln, mit Schweinebäuchen, Goldbarren, Optionen auf Aktienindices, mit Aktienkapital vom Silicon Valley oder aus Sydney, mit *Eurobonds* oder *Eurodollars,* durch Hypotheken gesicherten Schuldenpools oder Kreditkartenrechnungen.

Heute erfahren wir das Wachstum dessen, was Peter Drucker als »Symbolwirtschaft« bezeichnet.[5] Kapital, Kredite und Währungen fließen in derartigen Mengen über die Grenzen, daß sie die »reale Wirtschaft« der Güter und Dienstleistungen ersetzen. Der Kapitalfluß über die Grenzen hinweg übertrifft heute den Handel mit Gütern um das Dreißigfache. Die Symbolwirtschaft wurde zur treibenden Kraft aller anderen wirtschaftlichen Aktivitäten. Sie ist die gemeinsame Sprache, die verhindert, daß die Weltwirtschaft in einem babylonischen Durcheinander untergeht. Sie ist der Markstein, der der Zukunft eine Gestalt gibt, mag diese Zukunft nun in Abschnitten von 30 Tagen oder 30 Jahren bemessen werden.

Die »Roaring Eighties« der amerikanischen Wirtschaft gaben uns einen Vorgeschmack von der Symbolwirtschaft. Die Welle der Fusionen und Firmenaufkäufe, der *Leverage Buyouts,* der Risikopapiere, der Kapitalumschichtungen und der neuen Techniken des Geldmanagements führten dazu, daß Wall Street zum Schwanz wurde, der den Hund der amerikanischen Wirtschaft bewegte. Plötzlich wurden smarte junge Investmentbanker, die an Computerterminals den grünleuchtenden Phosphor von Lotos 1-2-3 betrachteten, viel wichtiger als die Manager, Arbeiter und Produkte des weit entfernten Unternehmens, dessen wichtigste Zahlen auf dem Bildschirm gespeichert waren. Kaum bekannte Investoren übernahmen berühmte Unternehmen. Allein die Angst davor, jemandes Interesse geweckt zu haben, bewirkte, daß viele Unternehmen ihre konservative Finanzpolitik über Bord warfen und sich für eine Umstrukturierung mit Schulden überluden.

Amerikanische Finanziers erfanden die Symbolwirtschaft, verbreiteten die entsprechenden Verfahren in dem Rest der Welt und gewannen dabei Dutzende von Milliarden Dollars. Allerdings werden die Japaner den größten Nutzen aus den neuen Gelegenheiten ziehen, die die Amerikaner geschaffen haben. Japan befindet sich nun in der beneidenswerten Position, in der Weltwirtschaft gleichzeitig Lee Iacocca und Carl Icahn spielen zu können. Als Iacocca zeigen sie keinerlei Anzeichen, daß ihr Interesse an der »reellen Wirtschaft« mit der Fertigung von Produkten und traditionellem Handel zurückgeht. Als Icahn wird Japan zum Führer der gerade neu entstandenen Symbolwirtschaft, weil Japan einfach die größten Kapitalmengen exportieren kann. Mit den vielen Ersparnissen, dem anhaltenden Handelsüberschuß und den geringen Zinssätzen ist Japan ein »Billigproduzent« von Kapitalressourcen. Im Gegensatz dazu sind die Vereinigten Staaten mit ihren geringen Ersparnissen, dem strukturellen Handelsdefizit und den hohen Zinssätzen ein Produzent mit hohen Kosten. Jedermann weiß, wer mit der Zeit als Sieger hervorgeht, wenn ein Land mit niedrigen Kosten und ein Land mit hohen Kosten miteinander konkurrieren.

Ein neues Wort beschreibt, auf welche Weise Japan die Symbolwirtschaft benutzt: Zaitek. Es besteht aus dem japanischen Grundwort für Geld, zai, und dem englischtönenden Phonem »tek«. Dieses Wort bedeutete ursprünglich Geldverdienen auf neue Weise - mit den Mitteln der Datenverarbeitung vom Computer aus. Traditionellerweise scheuten japanische Unternehmen ein aktives Geldmanagement und schätzten Investitionsgewinne weniger ehrenhaft ein als Gewinne, die durch die herkömmlichen Mittel industrieller Produktion erwirtschaftet wurden. Als Washington aber den Yen zu einer Bergfahrt zwang, waren viele japanische Unternehmen zu Zaitek- Techniken gezwungen, um sich für die Verringerung der Betriebsgewinne schadlos zu halten. Zu Beginn des Jahres 1987 gingen ganze 50 Prozent der Gewinne von Unternehmen, die an der Tokioer Börse notiert werden, vorwiegend auf Investitionen und weniger auf ihre eigenen wirtschaftlichen Aktivitäten zurück.

Eine der bekanntesten Methoden des Zaitek besteht darin, daß große Unternehmen Wertpapiere mit niedrigen Zinssätzen ausgeben, entweder weil das Unternehmen im Hinblick auf seine Kreditfähigkeit unter AAA eingestuft wurde (wie es viele japanische Firmengiganten mit reichlichen Geldreserven tun), oder weil die Wertpapiere mit Optionsscheinen auf Aktien verbunden waren. Während des Durcheinanders, das an der Tokioer Börse durch den Nikkei-Index in den Jahren 1986 bis 1987 entstanden war, konnten einige Unternehmen wie Mitsubishi Corporation solche Wandelschuldverschreibungen ausgeben, die kaum Zinsen brachten, weil die Käufer durch Wandlung in begehrte Aktien einen Gewinn erwarteten und diesen normalerweise auch machten. Nachdem Zaitek-Spezialisten Milliarden von Dollar solch niedrig oder überhaupt nicht verzinslicher Gelder angesammelt hatten, machten sie eine Kehrtwendung und investierten sie in Wertpapiere mit höheren Erträgen, angefangen von US-Schatzanleihen bis zu Risikopapieren. Bisweilen gab es fette Profite (Tauschgeschäfte von Wandelschuldverschreibungen mit einem Prozent Verzinsung in US-Schatzanleihen mit 8,5 Prozent Verzinsung), und bisweilen waren sie gefährlich niedrig (Tauschgeschäfte von einem Eurobond-Angebot mit 8,3 Prozent Verzinsung in ein Darlehen auf dem Binnenmarkt an ein weniger kreditwürdiges Unternehmen mit 8,5 Prozent Verzinsung).

Die Aufsichtsbehörden in Japan schenkten den Risiken, die einige der größen japanischen Industrieunternehmen und Handelshäuser eingingen, weil sie im wesentlichen wie Banken arbeiteten (ganz zu schweigen von den Handelsbanken), nur wenig Aufmerksamkeit. Es kam zu einigen wenigen Fällen übermäßiger Spekulation, wie etwa bei dem 193-Millionen-Dollar-Verlust beim Anleihenhandel der Tateho Chemical Industries. Solche Pannen führten zu einer vorübergehenden Panik auf dem Markt. Doch die sonst strengen japanischen Aufsichtsbehörden unternahmen nichts, um dem Zaitek ein Ende zu bereiten. Sie begriffen, daß die japanischen Unternehmen lernen mußten, mit ihren großen Barbeständen umzugehen und die neuen weltweiten Möglichkeiten, die sich ihnen boten, zu nutzen.

Japan genießt auf dem Gebiet der Weltfinanz den großen Vorteil, daß im Inland Gelder zu niedrigen Kosten beschafft und im Ausland mit hohem Gewinn angelegt werden können, und es verfügt gleichzeitig über die beste Finanzverteidigungsstrategie der Welt. Während japanisches Geld in den Blutkreislauf anderer Länder fließt, bleiben die Tokioer Finanzmärkte Ausländern im wesentlichen verschlossen – aus Traditionsgründen und sogar durch Bestimmungen. Japan hat einen großen Teil seiner Finanzstruktur liberalisiert, und einige amerikanische und andere ausländische Firmen dringen erfolgreich in das System ein. Sie bleiben jedoch »Fliegen auf dem japanischen Elefantenarsch«, um einen erdverbundenen amerikanischen Investmentbanker zu zitieren, der ein Dutzend Jahre mit dem Versuch zubrachte, den Tokioer Finanzmarkt zu knacken. Bis auf den heutigen Tag ist es Ausländern beispielsweise verwehrt, Aktien von NTT zu kaufen, der wichtigsten Aktie an der Tokioer Börse. Zu einer Zeit, als japanische Unternehmen regelmäßig 30 bis 50 Prozent langfristiger amerikanischer Schatzanleihen zeichneten, gestattete das japanische Finanzministerium Ausländern nur widerwillig, sich mit knapp über 0,07 Prozent am Konsortium zu beteiligen, das die begehrten japanischen Regierungsanleihen mit zehn Jahren Laufzeit ausgibt.

Entsprechend ihren Bedürfnissen als Schuldnernation müssen die Vereinigten Staaten ihre Türen einer ausländischen Beteiligung in der Wirtschaft noch stärker öffnen. Japan kann sich als Gläubigernation den Luxus leisten, frei zu entscheiden, wann und wie es Ausländern Zugang zu den eigenen Märkten gestatten will. Bisher geschah dies so, daß die Schlüsselstellungen fest in japanischer Hand blieben, obwohl die US-Regierung und amerikanische Finanzfirmen einen enormen Druck ausüben, damit die Öffnung schneller und auf breiterer Ebene erfolgt.

Eine Pax Nipponica?

Es ist keineswegs nur ein Zufall der Geschichte, daß sich die führende Gläubigernation der Welt auch sonst als mächtigste Nation erweist. Die Fähigkeit zum Kapitalexport stellt einen außerordentlich wirksamen Hebel dar, um auf Entwicklungen in der ganzen Welt Kontrolle auszuüben. Dies kann man von seinem Grundmuster her mindestens bis zum spanischen und holländischen Königreich zurückverfolgen. Seit der Entstehung des modernen Finanzwesens hat sich diese Entwicklung nur noch verstärkt. Damals legte Großbritanniens Rolle als führende Gläubigernation (und die Rolle des Pfund Sterling als Schlüsselwährung) die Grundlagen für das Britische Empire und für jenen Abschnitt des 19. Jahrhunderts, den wir als »Pax Britannica« bezeichnen.

Im 20. Jahrhundert bestand fast eine Identität zwischen Amerikas Rolle als Gläubigernation und seinem Einfluß auf der ganzen Welt. Sobald die Vereinigten Staaten 1914 zur Gläubigernation wurden, war Grund genug da, eine Armee aufzustellen und sich in den Krieg einzumischen, der in Europa tobte. Nach dem Zweiten Weltkrieg übernahmen die Vereinigten Staaten die frühere Rolle Großbritanniens als führende Gläubigernation, der Dollar wurde zur Schlüsselwährung, und es folgte eine »Pax Americana«. In der Mitte der achtziger Jahre wurden die Vereinigten Staaten zur Schuldnernation, der Einfluß des Dollars schwand, und Amerika kann die Welt nicht mehr so kraftvoll steuern wie einst.

Natürlich kann man die Geschichte nicht auf eine allgemeingültige Formel reduzieren: führende Gläubigernation = führende Weltmacht.

Dafür sind zu viele andere Kräfte am Werk, und man tut sich oft schwer damit, hinter den Auswirkungen die Gründe zu finden. Die Geschichte lehrt uns jedoch, daß eine enge Beziehung besteht zwischen dem Land, das in der Weltfinanz die wichtigste Rolle spielt, und dem Land, das die Welt auf andere Weise am meisten beeinflußt - in industrieller, technologischer und politischer Hinsicht. Das Beispiel Englands ist besonders lehrreich, weil es uns zeigt, daß ein Land keine große Fläche oder große Rohstofflager besitzen muß, um ein weltumspannendes Wirtschaftsimperium aufzubauen.

Kann aber Japan die Pax Britannica und die Pax Americana mit einer eigenen »Pax Nipponica« fortsetzen?

Wie Geschichtskenner wissen, war die Pax Britannica wie die Pax Americana ein Frieden, der aus dem Krieg hervorgegangen ist. Beide damaligen globalen Hegemonien stützten sich nicht nur auf ihre finanzielle Führerrolle, sondern übten auch auf viele andere Arten Macht aus, vor allem militärisch. Japan gilt heute kaum als Militärmacht, weil ihm seine von den Amerikanern nach dem Krieg auferlegte Verfassung eine solche Rolle ausdrücklich verbietet. Das Verteidigungsbudget macht gerade ein Prozent des Bruttosozialproduktes aus, und das ist der niedrigste Anteil unter allen größeren Industrieländern. Diese große Kluft zwischen der wirtschaftlichen Stärke Japans und seiner militärischen Schwäche läßt die Vorstellung von einer Pax Nipponica auf den ersten Blick als unmöglich erscheinen.

Man kann jedoch einen zwingenden Grund für das Zustandekommen einer Pax Nipponica anführen, wenn man sie anders definiert. Denn man sollte beachten, daß es in der Weltgeschichte noch nie zwei völlig gleiche Abschnitte gab und daß es dementsprechend auch unterschiedliche Arten geben kann, die Führerschaft über das Weltgeschehen zu erringen. Die Vereinigten Staaten schafften es, die Führerrolle in der Welt zu übernehmen, ohne wie Großbritannien über weit verstreute Kolonien zu verfügen. In ähnlicher Weise kann es Japan gelingen, die Führung in der Welt zu übernehmen, ohne eine globale Militärmaschinerie nach amerikanischem Vorbild zu besitzen.

Wenn man davon ausgeht, daß erstens das Risiko eines Weltkrieges infolge der nuklearen Abschreckung gering ist, zweitens eine sowjetische oder chinesische Bedrohung Japans wegen innerer Veränderungen in diesen Ländern sehr unwahrscheinlich ist und daß Japan drittens in der High-Tech-Kriegführung sehr wohl imstande ist, geeignete konventionelle Verteidigungssysteme zu vernünftigen Kosten aufzubauen, dann ist die Entwicklung einer großen militärischen Strategie für die Ausübung eines weltweiten Einflusses von seiten Japans weitgehend ohne Bedeutung.

Unter diesen Voraussetzungen könnte Japan die Fallgrube vermeiden, daß es für militärische Zwecke sehr viel Geld ausgibt, und das Land könnte sein überschüssiges Kapital weiterhin in den Ausbau seiner weltumspannenden Wirtschaftsmacht investieren. In der Zwischenzeit bestünde die Möglichkeit, daß die Supermächte ihre eigene Wirtschaft durch steigende Rüstungsausgaben noch tiefer in den Bankrott treiben und damit ihren Einfluß weltweit verringern.

Der Wissenschaftler von Harvard, Ezra Vogel, dessen Buch »Japan as Number One« bei seinem Erscheinen 1979 viele amerikanische Geschäftsleute allein schon durch seinen Titel schockierte, sieht unter solchen Bedingungen eine Art Pax Nipponica heraufziehen. Er sagt voraus, daß sich die bereits große Wettbewerbsfähigkeit der japanischen Industrie und des Handels so überwältigend entwickeln wird, daß die künftige Entwicklung der Welt ein System selbstauferlegter Beschränkungen Japans benötigt. Japans Fähigkeit, die Bedingungen solcher Lösungen zu diktieren, ohne dafür Armeen, Seestreitkräfte oder Raketen zu benötigen, könnte zur Grundlage einer »beschränkten« Pax Nipponica werden, meint Vogel.[6]

Trotz der pazifistischen Neigung der Japaner - und trotz des wirtschaftlichen Erfolgs, den das Land gerade wegen seiner Vernachlässigung des militärischen Sektors erreichte - ist nicht ganz klar, ob Japan der Versuchung auch weiterhin widerstehen kann, zur Militärmacht zu werden. Man kann sich derzeit kaum vorstellen, daß Japan noch einmal militärische Expansionsgelüste zeigt. Doch man sollte diese Möglichkeit nicht ganz von der Hand weisen, wenn man an den rechten politischen Flügel denkt, der auf den Straßen Tokios häufig lärmend für eine Wiederbewaffnung demonstriert. Denn jede Veränderung in der Einschätzung des Kräftegleichgewichts, wie wir es weiter oben dargelegt haben, könnte zur Folge haben, daß Tokio seine Verteidigungspolitik radikal verändert.

Die Faktoren, die zu einer möglichen Wiederbewaffnung Japans führen könnten, werden im 11. Kapitel noch ausführlich behandelt. Sie verdienen aber auch hier schon eine kurze Darstellung, denn im allgemeinen geht man über sie hinweg in der Annahme, die militärische Komponente der Beziehung zwischen den USA und Japan sei ein für allemal festgelegt. Auf militärischem Gebiet geht man von der klaren Überlegenheit Amerikas und der eindeutigen Schwäche Japans aus. Hinter dieser optimistischen Haltung, die ein Großteil der amerikanischen Machtelite angesichts der wachsenden wirtschaftlichen Stärke Japans einnimmt, steht die unausgesprochene Annahme, daß Japan so lange keine wahre Bedrohung für die amerikanischen

Interessen darstellt, solange dessen eigene Sicherheit von einem Verteidigungsbündnis mit den Vereinigten Staaten abhängt.

Japans Stärke wird aber unvermeidlich zu einer Veränderung dieser scheinbar institutionalisierten Beziehung führen. Ein erster Anfang wurde schon gemacht. Die Beschränkung des nationalen Verteidigungsbudgets auf ein Prozent des Bruttosozialprodukts erschien damals, als diese Grenze festgelegt wurde, wie eine symbolische Summe. Heute jedoch bedeutet dieses eine Prozent des riesenhaften Bruttosozialprodukts, daß Japan mit Großbritannien gleichgezogen hat und damit an dritter Stelle steht, was die militärischen Ausgaben anbelangt. Und etwas anderes zählt noch mehr: Washington versucht die Kluft zwischen seinen weitreichenden militärischen Engagements und seinen schwindenden finanziellen Ressourcen zu verringern und fordert Japan und andere Verbündete Amerikas auf, sich die Last mit ihm zu teilen. Dies ist politisch tatsächlich dringend notwendig geworden. Kongreßabgeordnete, die über die japanische Handelspolitik verärgert sind, können es immer weniger verantworten, amerikanische Militärbudgets zu verabschieden, die viele Milliarden Dollar für die Verteidigung Japans enthalten. Der Yen ist so stark, daß amerikanische Armeeangehörige, die in Japan stationiert sind, mit ihren Gehältern auf Dollarbasis nicht auskommen.

Die amerikanischen Politiker tendieren anscheinend zu der Forderung, Japan solle seine Verteidigungsausgaben auf drei Prozent erhöhen. Doch wenn es dazu käme und die Japaner in den neunziger Jahren für ihre Verteidigung jedes Jahr rund 100 Milliarden Dollar ausgäben, so hätte dies überwältigende geopolitische Auswirkungen. Mit einem derart kleinen Territorium, das zu verteidigen wäre, und angesichts der Wahrscheinlichkeit, daß die Japaner mit ihren Waffensystemen mehr »bang for the buck« (»mehr Schlagkraft für ihr Geld«) als Washington oder Moskau herausholen könnten, würde sich der Aufstieg zu einer unabhängigen Militärmacht vermutlich viel schneller vollziehen als allgemein angenommen. Natürlich will Japan so lange wie möglich Nutzen daraus ziehen, daß es sich auf militärischem Sektor zuwenig engagiert, selbst wenn die Wirtschaft der Vereinigten Staaten weiterhin durch die übergroßen Verpflichtungen ausblutet. Doch letztlich erscheint es als unwahrscheinlich, daß die Japaner die erste moderne Macht aufbauen wollen, die sich und ihre Interessen nicht mit Waffengewalt schützen kann.

Der militärische Faktor ist nicht als einziger ausschlaggebend dafür, ob es eine Pax Nipponica geben wird oder nicht. Die heutigen Wirtschaftler und Politologen sind sich einig darüber, daß sich die Welt von der seit langem bestehenden Bipolarität zwischen den amerikanischen und sowjetischen Interessenssphären wegbewegt. Sie meinen, eine multipolare Welt sei bereits im Entstehen begriffen, in der sich mehr Länder und regionale Blöcke die Macht teilen. Dieser Ansicht zufolge wird wahrscheinlich weder Japan noch irgendein anderes Land wieder jenen Grad an Machtkonzentration erreichen wie die Vereinigten Staaten auf dem Höhepunkt der Pax Americana.

Die jeweils spezifischen Reformen von Deng Xiaoping und Michael Gorbatschow lassen es als denkbar erscheinen, daß diese beiden riesenhaften Staaten nach einer bestimmten Zeit einen ernst zu nehmenden Einfluß auf die weltweite Produktion, den Handel und das Finanzwesen ausüben werden - zusätzlich zu den militärischen und politischen Machtstellungen, die sie schon einnehmen.

Die Bundesrepublik Deutschland ist Japan in der Beziehung sehr ähnlich, daß sie aus ihrer Produktivität, ihrer hervorragenden Technologie, einer hohen Sparquote und einer starken Währung eine erfolgreiche Wirtschaft aufgebaut hat. Andere europäische Länder haben sich einige Seiten aus dem japanischen Buch über Protektionismus und Industriepolitik ausgeliehen und stellen erfolgreich einen Teil ihrer weltweiten Wettbewerbsfähigkeit wieder her. Seit der Elektronisierung des Börsengeschäfts von 1986 hat London die Rolle des internationalen Finanzzentrums in Europa inne und fügt damit Großbritanniens vergangenem Ruhm noch etwas Glanz hinzu. Der Plan der EG, 1992 die europäischen Finanz- und Wirtschaftsmärkte weiter zu verflechten und in größerem Umfang die europäische Währungseinheit zu verwenden, könnte am Ende zu der seit langem gewünschten Einigung Europas führen, dessen Wirtschaft stärker und lebensfähiger ist als die des heutigen Amerika.

In der Zwischenzeit folgen in Asien die »kleinen Drachen« (Korea, Taiwan, Singapur und Hongkong) erfolgreich den Fußspuren Japans auf dem Weg zum Wirtschaftswunder, wie die Schwellenländer überall auf der Welt. Und wenn die Welt das nächstemal mit einer Ölknappheit konfrontiert wird, werden wir alle wieder an die Macht erinnert, die immer noch unter dem Wüstensand und in den Dschungeln der ölproduzierenden Staaten schlummert.

Bei diesen neuen Machtzentren darf man die Vereinigten Staaten natürlich nicht vergessen. Wie sehr auch die herkömmliche industrielle Basis von Amerika abbröckelt, der Beginn des Informationszeitalters schafft auch neue Möglichkeiten: für gewisse pulsierende Regionen (Silicon Valley, Route 128 usw.) und gewisse hochentwikkelte Sektoren der amerikanischen Wirtschaft, die noch weit in die Zukunft hinein ihren Anteil an der weltweiten Führerrolle haben werden. Während die Vereinigten Staaten bei ihrem Niedergang eine teilweise »Britannisierung« erleiden mögen, bleibt ihnen doch wohl der plötzliche Sturz vom Gipfel erspart, besonders wenn eine neue Politik in den Vordergrund tritt. »Selbst wenn die Vereinigten Staaten nach ihrem Niedergang nicht mehr besitzen als ihren proportionalen Anteil am Wohlstand und an der Macht der Welt ... werden sie in einer multipolaren Welt immer noch eine sehr bedeutende Macht sein, einfach wegen ihrer Größe«, prophezeit der Historiker Paul Kennedy.[7]

Obwohl die Welt von morgen wahrscheinlich viele Machtzentren hat, sollte man daraus nicht voreilig schließen, daß eine solche Verteilung eine einzelne Nation daran hindert, einen übermächtigen Einfluß auszuüben – besonders wenn es sich bei dieser Nation um Japan handelt. Gerade weil die Macht stärker aufgesplittert sein wird als in der Vergangenheit, braucht Japan sie nicht zu monopolisieren, um einen außergewöhnlichen Einfluß auszuüben. Nur eine Stufe höher als alle restlichen führenden Wirtschaftsnationen der Welt zu stehen, mag für die Japaner eine angemessen subtile Art der Selbstbestätigung sein. Es könnte auch eine sehr kostengünstige Art sein, die es Japan ermöglicht, einen großen Teil der Vorteile, die eine wirtschaftliche Führerrolle mit sich bringt, zu genießen, ohne verpflichtet zu sein, für die Sicherheit und die Entwicklung der übrigen Welt zu bezahlen.

Vielleicht hängt die Herausbildung einer Pax Nipponica auch eng mit den Beziehungen Japans zu den anderen asiatischen Ländern zusammen. Vor kurzem kam es in Mode, das 20. Jahrhundert als das »pazifische Jahrhundert« zu bezeichnen. Und dies mit gutem Recht. Viele ostasiatische Länder – nicht nur Japan – nehmen seit den letzten beiden Jahrzehnten eine Spitzenstellung im Hinblick auf ihr Wirtschaftswachstum ein. Fast 2500 Jahre nach seinem Tod ist der Einfluß des Konfuzius in diesem Teil der Welt noch sehr stark. Er forderte harte Arbeit, Produktivität, Bildung, Disziplin, Konsensfindung, nationale Einheit, Opferbereitschaft, langfristige Planung sowie einen hochqualifizierten Staatsapparat, und er zog Sparen dem Konsum und Wohlstand dem politischen Machtstreben vor. Die Kinder dieser Kulturkreise meistern die Schwierigkeiten der Zeichenschrift und des Rechenstabes und scheinen dadurch von vornherein eine Affinität zur Mathematik, zur Technik und zu handwerklichen Fähigkeiten zu haben.

Ohne Zweifel sind die meisten Länder am Rande des Pazifiks auf künftige Herausforderungen gut vorbereitet und werden wahrscheinlich einen spektakulären wirtschaftlichen Aufstieg erleben. Die Verschiebung des Weltbusiness, der Technologie und des Handels in den pazifischen Raum tritt schon so klar zutage, daß Ronald Reagan und Michael Gorbatschow sich beide darum bemüht haben, daß auch ihre Länder in der Begriffsdefinition des »pazifischen Jahrhunderts« Platz finden. Sie betonen dabei die Tatsache, daß auch ihre Länder über Küsten am Pazifik und über entsprechende vitale pazifische Interessen verfügen.

Es macht aber durchaus auch Sinn, wenn man den Begriff des pazifischen Jahrhunderts als Euphemismus für das »japanische Jahrhundert« auffaßt. Das volkstümliche Bild von den »kleinen Drachen«, die Japan eifrig auf den Fersen folgen, stimmt nicht ganz. Singapur und Hongkong sind trotz ihres außergewöhnlichen Erfolges Stadtstaaten, deren Produktion unter der der drittgrößten Stadt Japans, Osaka, liegt. Taiwan und Südkorea sind als Handelsnationen sehr wichtig, doch noch weit davon entfernt, an Produktivität mit der japanischen Industrie gleichziehen zu können. Beide Nationen sind stark militarisiert und sehen sich in der Zukunft mit wichtigen ungelösten politischen Fragen konfrontiert. Was den potentiell größten Drachen von allen, China, betrifft, so glauben selbst die optimistischsten Planer, daß es noch zwei Jahrzehnte ununterbrochenen Friedens und andauernder Reformen benötigt, um das wirtschaftliche Niveau Japans von 1980 zu erreichen.

Daß einige dieser Länder Japan bei der Produktion preiswerter Exportgüter ausstechen werden, ist unvermeidlich und geschieht schon heute. Es geschieht zu einem großen Teil aber deswegen, weil sich die japanische Industrie selber in diese Länder begibt – sie investiert, baut Fabriken und transferiert Low-Technology. Während asiatische Schwellenländer auf Kosten Japans Exportmärkte im Bereich der Videogeräte, der Computerchips und preiswerter Autos erobern werden, gewinnen die Japaner am Ende mehr, als sie verlieren, indem sie die restliche pazifische Region zu einem Mekka für Investitionen, preiswerte Zulieferbetriebe und zu Absatzmärkten für ihre eigenen hochwertigen Produkte werden lassen.

Die Beziehung Amerikas zu Westeuropa in den fünfziger und sechziger Jahren kann uns hier als passender Vergleich dienen. Die Dominanz amerikanischer multinationaler Unternehmen auf den atlantischen Märkten und der ungeheure politische Einfluß Amerikas in Europa waren gebunden an den Aufstieg der Vereinigten Staaten zur führenden Weltmacht. Obwohl damals einzelne europäische Länder zu den stärksten Wirtschaftsnationen zählten, beklagten sich europäische Politiker von den Gaullisten bis zu den Sozialisten doch häufig darüber, daß sie von den Amerikanern ausgebeutet werden würden.

Auch heute hört man, von Thailand bis China, immer öfter Klagen über eine Ausbeutung durch die Japaner. Die Ansicht, der Begriff des pazifischen Jahrhunderts diene als Schutzmantel, hinter dem sich eigentlich ein japanisches Jahrhundert verbirgt (mindestens bis zur endgültigen Erstarkung Chinas), kommt der Wahrheit ziemlich nahe.

Die Schuldenlast und das Argentinien-Syndrom

Die wenigsten Amerikaner kennen die Welt noch, als Amerika noch nicht seine Vormachtstellung hatte. Unsere Sprache ist das führende internationale Verständigungsmittel, unser Dollar die internationale Währung, unsere Wirtschaft der Angelpunkt des weltwirtschaftlichen Gleichgewichts, unsere Nachrichten werden überall als wichtig angesehen, unser Lebensstil ist auf der ganzen Welt zum Standard geworden, und unsere Streitkräfte sorgen für die Sicherheit der freien Welt.

Sind wir auch auf ein Leben in einer Welt vorbereitet, in der wir nicht mehr die Reichsten und Mächtigsten sind? Wir sind schon einmal eine Koexistenz mit einer anderen Supermacht eingegangen, doch kam dies erst nach einem kalten Krieg zustande, der die Welt nahe an den Rand der Zerstörung brachte. Selbst heute noch macht es die Koexistenz mit den Sowjets erforderlich, daß eine Million Männer und Frauen bewaffnet sind und daß das Pentagon sieben Prozent unseres Bruttosozialprodukts ausgibt. Überdies liefert uns dabei die Tatsache moralische Unterstützung, daß diese andere Supermacht in unseren Augen das »Reich des Bösen« verkörpert und wir glauben, sie könne mit uns nur auf dem Gebiet der nackten Gewalt in Konkurrenz treten, nicht aber bei höheren Zielsetzungen, wie denen der Wirtschaft, der Technologie, des Lebensstandards oder der Lebensart. Wie wird es uns ankommen, in einer Welt zu leben, in der die Japaner sich mindestens äußerlich dem Kapitalismus und der Demokratie verpflichtet fühlen und uns auf vielen der von uns anerkannten Gebieten einfach übertreffen? Ein kleines Beispiel mag die Veränderungen veranschaulichen, die uns Amerikanern in einer stärker japanisierten Welt bevorstehen:

Heute gilt es noch als selbstverständlich, daß unser Dollar die Schlüsselwährung der Welt darstellt. Wenige unter uns merken jedoch, daß unser Lebensstandard einfach deswegen deutlich höher ist, weil wir in einer vom Dollar bestimmten Weltwirtschaft leben. Lewis Bernard, Vorstandsmitglied bei Morgan Stanley, bedient sich folgenden Vergleichs: Wenn die Weltfinanzen ein Basketballspiel sind, so bedeutet der Verlust der Schlüsselwährung auch den Verlust des

Heimvorteils.[8] Basketballfans wissen, daß der Heimvorteil oft über Sieg oder Niederlage entscheidet, wenn zwei sonst gleichwertige Teams aufeinandertreffen. Wenn die Welt den Dollar als Standard aufgibt, werden wir darüber schockiert sein, wie die Kosten für Geschäftstätigkeiten im Ausland steigen, daß Schuldenmachen teurer wird und wie sehr die Preise für Erdöl und andere internationale Güter schwanken werden, während man sie heute bequem in unserer Währung notiert. Kurz und gut: Der amerikanische Lebensstandard wird zurückgehen, wenn Ausländer unsere Bücher wieder in Ordnung bringen.

Gestalten wir dieses Beispiel noch etwas provokanter: Obwohl wir auf den hohen Grad an Demokratie in unserem Lande zu Recht stolz sein dürfen, sollten wir nie vergessen, daß unsere Gesellschaft viele reiche und viele arme Menschen umfaßt. Mit einer verhältnismäßig einfachen Rechnung kann man abschätzen, um wieviel Prozent unser Lebensstandard zurückgehen muß, um unsere Defizite wieder wettzumachen und unsere Wirtschaft diesem Abstieg anzupassen. Lester Thurow, ein Wirtschaftswissenschaftler am Massachusetts Institute of Technology, nennt zur Zeit acht Prozent. Die Statistik trifft dabei aber nie ins Schwarze.

In den letzten Jahren der Reaganomics beispielsweise gingen die Reallöhne in den Vereinigten Staaten nur um den Bruchteil eines Prozentpunktes zurück. Dieser Bruchteil war aber nur im Durchschnitt harmlos. An den beiden Enden der Einkommensskala lagen die Dinge ganz anders. Auf der einen Seite wurden die Reichen immer reicher. Auf der anderen Seite fielen die Fabriklöhne ins Bodenlose. Der Traum vieler Menschen in der Mittelklasse, sich ein eigenes Haus leisten zu können, wurde unerreichbar; Hunderttausende von Menschen wurden obdachlos – und das war etwas, was man in Amerika einst für unmöglich gehalten hatte.

Wenn all dies geschah, während der nationale Durchschnitt um weniger als ein Prozent zurückging, sollten wir die Gefahren für den American way of life genau ins Auge fassen, wenn Thurow mit seiner Zahl richtig liegt. Was wird mit den Beziehungen zwischen den Rassen, was mit dem Arbeitsfrieden und was geschehen, wenn die unterste soziale Schicht angesichts des auf ihr lastenden Gewichts eines achtprozentigen Rückgangs verzweifelt? Und was geschieht, wenn Washington weiterhin den Kern des Problems ignoriert, die aufgeblasenen Defizite, und wenn die Reduzierung des Lebensstandards, die in den neunziger Jahren erforderlich gewesen wäre, sich auf zehn oder 15 Prozent summiert?

Den Weg aus der katastrophalen Verschuldung des letzten Jahrzehnts zu finden, wird so schwierig sein wie die Aufgabe des Sisyphus, der einen Felsblock auf eine Bergspitze wälzen sollte. Selbst wenn die jetzigen Bemühungen, das amerikanische Budgetdefizit zu verringern, bessere Ergebnisse zeitigen als erwartet, schuldet die Regierung den ausländischen Anlegern, vor allem den Japanern, im Jahr 2000 eine halbe Billion Dollar. Jedes Jahr überweisen wir dann den ausländischen Investoren 50 Milliarden Dollar - oder noch viel mehr -, nur um die Zinsen dieser Schulden zu bezahlen. Damit sind aber noch nicht alle Schulden der US-Unternehmen, der Regierungen von Bundesstaaten und der privaten Bürger erfaßt, die sich heute im Ausland haufenweise Geld leihen. Heute ist der US-Kongreß buchstäblich gelähmt, weil er in kleine Verringerungen des Defizits einwilligen muß, die ihm das Gramm-Rudman-Gesetz auferlegt. Bis zum Jahr 2000, so sollte man annehmen, müßte der größte Teil des »Fettes« im Budget längst abgeschmolzen sein. Wie weit will der Kongreß gehen - zum Beispiel in Fragen der sozialen Sicherheit -, oder wie lange wird er brauchen, um die Steuern zu erhöhen, damit unsere Schulden ans Ausland zurückbezahlt werden können?

Selbst 1987 wurden die Ausgaben von 23,5 Milliarden Dollar für Zinszahlungen ans Ausland von Budgetexperten als »Verdrängungswettbewerb« für inländische Programme erkannt. Um diese Summe in die richtige Größenordnung zu setzen: »Sie war dreimal so groß wie die Summe, die die Bundesregierung für Wohnungsbauprogramme ausgibt, um 50 Prozent höher als ihr Etat für ihr Erziehungsprogramm, doppelt so hoch wie die Summe, die für neue Schiffe der Navy ausgegeben werden sollte, und größer als die Summe aller Ausgaben für die Krebsforschung, Erhaltung und Pflege der Nationalparks, Flugsicherheit, Handelsförderung und für die Umweltschutzbehörde.«[9] Vor diesem Hintergrund erscheint die Möglichkeit, daß die Auslandsschulden künftige amerikanische Arbeiter zu einer Generation vertraglich verpflichteter Sklaven macht, erschreckend wahrscheinlich.

Wenn die amerikanischen Schulden immer größer werden, geben wir noch mehr von dem Einfluß auf, den wir bei unseren Verhandlungen über Handelshemmnisse und andere Themen den Japanern gegenüber noch in Händen halten. Wir können kaum diejenigen unter Druck setzen, von denen wir zur Finanzierung unseres Defizits abhängen. Oder direkter gesagt: »Man streitet nicht mit seinem Bankier, besonders wenn er das Haus besitzt, in dem man wohnt, und gleichzeitig der Arbeitgeber ist.«[10] Selbst heute schon verringern die amerikanischen Schulden die Möglichkeit Washingtons, die eigenen Alliierten anzuführen. »Reagan geht angeschlagen nach Venedig, weil die

USA der größte Schuldner der Welt ist«, lautete eine Schlagzeile im *Wall Street Journal* kurz vor dem Weltwirtschaftsgipfel 1987. Ein höherer Regierungsbeamter verriet, die Vereinigten Staaten wollten verschiedentlich Druck auf ihre Alliierten ausüben, konnten aber nicht zu weit gehen, ganz einfach deswegen, weil »wir ihnen Geld schulden«.[11]

Die Last der USA, eine Schuldnernation zu sein, wird den Wert des US-Dollars gegenüber anderen Währungen bis weit in die Zukunft hinein schwächen. Zeitweilig wird sich die Lage verbessern, und Spekulanten werden gelegentlich zum Dollar zurückkehren und dabei dessen Wert in die Höhe treiben. Doch langfristig gesehen geht der Dollar nach unten. Honda, Sony und mehrere andere japanische Unternehmen gehen für die Zukunft davon aus, daß der Dollar unter 120 Yen fällt. Einige japanische Firmen haben Gutachten darüber anfertigen lassen, wie sie bei einem Wechselkurs von 100 Yen pro Dollar noch Profite erzielen können. Planer des Finanzministeriums stellten bereits zur Diskussion, ob man nicht im Augenblick des Eintretens der magischen Zahl 100 die Gelegenheit beim Schopf packen, die Nullen fallenlassen und die japanische Währung neu definieren solle: 1 Yen = 1 Dollar.

Der billige Dollar – und die Tatsache, daß wir zur Schuldentilgung Dollars über den Pazifik senden – bedeutet auch, daß die Japaner weiterhin größere Sektoren der US-Industrie, Immobilien sowie Aktien für weniger Yen kaufen können. »Das heutige Amerika ist in jeder Beziehung ein Selbstbedienungsladen für die Japaner«, meinte Emmanuel Goldman von den Montgomery Securities anläßlich einer Reihe von Ankäufen, durch die das japanische Brauereiunternehmen Kirin zu einem der größten Coca-Cola-Abfüller in den Vereinigten Staaten wurde.[12]

Wenn die Japaner amerikanische Unternehmen kaufen, so helfen sie tatsächlich, Arbeitsplätze für US-Bürger zu erhalten, und wecken in ökonomisch ausgebrannten Gegenden des Landes neue Hoffnungen auf eine industrielle Wiederbelebung. Das ist aber nicht alles. Indem die Japaner neue und rentablere Fertigungstechnologien und -methoden, preiswertes Kapital, langfristige Strategien und neue, effizientere Managementtechniken einführen, zeigen sie, daß sie die amerikanische Industrie nach einem anfänglichen Kulturschock oft auf ihrem eigenen Boden ausstechen können. Sehr wenige amerikanische Unternehmen bauen neue Fabriken, die einer bestimmten Stadt oder einem Bundesstaat Tausende neuer Arbeitsstellen einbringen – Dutzende japanische Unternehmen tun dies aber. Diese Tatsachen werden den Japanern mit der Zeit auch immer mehr politische Macht verleihen.

Der Gouverneur von Ohio beispielsweise, Richard Celeste, ist viel mehr an einer neuen Honda-Fabrik in seinem Staat interessiert als an den alten Anlagen von General Motors. Obwohl Honda nur ein Zehntel soviel Leute einstellen wird wie General Motors mit seinen derzeit noch beschäftigten 70 000 Arbeitern in Ohio, zählt politisch die Tatsache, daß Honda für neue Jobs sorgt, während GM Leute entläßt. »Honda steht auf dem letzten Stand der Technik«, sagt der Gouverneur. »Es wird eine Herausforderung für alle sein, es Honda gleichzutun, egal ob sie sich selber nun als Amerikaner oder als Japaner bezeichnen.«[13] Gouverneure wie Celeste und Abgeordnete aus Staaten mit großen neuen japanischen Fabriken bilden aus einsichtigen Gründen die vorderste Reihe im Kampf gegen protektionistische Handelsgesetze aus Washington.

Ganz allgemein nehmen Unternehmen, die Japanern gehören, größere Rücksicht auf gewöhnliche Fließbandarbeiter, als es in der amerikanischen Industrie sonst üblich ist. Die japanische Fähigkeit, die Arbeiter mehr in den Fertigungsprozeß einzubeziehen, zeigt sich deutlich in der verbesserten Qualität und Produktivität bei US-Fabriken wie NUMMI (dem Joint venture zwischen Toyota und General Motors in Fremont, Kalifornien) und der Fertigungsanlage von La Vergne, Tennessee, die Bridgestone 1983 von Firestone kaufte. Die Arbeiter in La Vergne sagen, der Managementwechsel sei wie der »Übergang von der Hölle in den Himmel« gewesen.[14]

Das alles fordert gelegentlich auch seinen Preis. Unternehmen in japanischer Hand spiegeln die Einflüsse der japanischen Gesellschaft wider und sind im allgemeinen gute Arbeitsplätze für amerikanische Arbeiter, schwierige jedoch für amerikanische Manager. Amerikanische Manager, die gewohnt sind, Entscheidungen selber zu treffen, merken, daß letztlich die wirkliche Macht immer in Händen der Japaner liegt. Zwei frühere Topmanager einer NEC-Fabrik in Kalifornien strengten einen Zivilprozeß wegen Diskriminierung gegen sie als Amerikaner an. Auch Frauen merkten, daß japanische Unternehmer sie nur äußerst widerwillig in Managementpositionen befördern, und zogen ebenfalls wegen der unterschiedlichen Behandlung der Geschlechter vor Gericht.[15]

Im Augenblick sind dies Widerstände, die die vermehrte japanische Beteiligung an der US-Wirtschaft erschweren. Es sind aber auch verhängnisvolle Vorzeichen. Die Amerikaner haben sehr wenig Erfahrung darin, irgendwo auf der Welt die zweite Geige spielen zu müssen, ganz zu schweigen in ihrem eigenen Land. Wenn sich die Gesamtsituation der US-Wirtschaft weiter verschlimmert, könnte das Gefühl, die Macht über das eigene Schicksal an die Japaner verloren zu haben, zu einem Flächenbrand führen. Der offen daliegende Nerv ist bereits an einigen Stellen entzündet, wo die Präsenz der japanischen Investoren am größten ist. Wallace Fujiyama, Anwalt und führender Politiker in Honolulu, erklärt dazu: »Einige dieser japanischen Spekulanten rauben diesen Staat aus.« Die besten Wohngegenden von Hawaii gehen in rein japanische Hand über; viele Ferienhotels, die sich um Japaner bemühen, sind für amerikanische Touristen vom Festland wie für Einheimische einfach zu teuer. Im ersten Statement dieser Art, das je ein Bürgermeister einer amerikanischen Stadt vorbrachte, schwor Frank Fasi: »Wir lassen nicht zu, daß sie ein Stück von Honolulu herausschneiden und zu einer Vorstadt von Tokio machen.«[16] Tatsächlich stieg der japanische Anteil an den gesamten Immobilienkäufen in dem exklusiven Gebiet von Kahala auf 27 und in Waikiki auf 40 Prozent. Und solche Leute wie der Tokioer Milliardär Genshiro Kawamoto fahren in einer schwarzen Limousine durch Honolulu und halten hier und da für einige Minuten, um eines der 113 Häuser anzusehen, die er kürzlich auf einer 32-Millionen-Kaufreise erstand.[17] Deswegen erwägt Fasi ernsthaft ein Gesetz, das Immobilienkäufe von Japanern einschränkt.

Ungeachtet der Aggressivität, mit der japanische Anleger US-Vermögenswerte aufkaufen, erwarten die Wirtschaftsplaner in Tokio, daß die großen Handelsüberschüsse für ein weiteres Jahrzehnt anhalten werden. Die Kombination zwischen anhaltenden US-Handelsdefiziten, weiterer Ausbreitung des Yen als einer internationalen Währung und wachsenden Budgetdefiziten der amerikanischen Regierung wird wahrscheinlich die generelle Tendenz zum strukturell starken Yen und schwachen Dollar weiterhin verstärken.

In nicht zu ferner Zukunft werden die japanischen Lieferanten der von Amerika dringend benötigten Kapitaltransfusionen darauf bestehen, daß Yen zurückbezahlt werden, genauso wie amerikanische Banken heute in US-Dollars bezahlt werden wollen, wenn sie anderen Ländern mit instabiler Währung Geld leihen. Spitzenleute der japanischen Finanzwelt wie Yoh Kurosawa von der Industrial Bank of Japan haben Washington bereits gedrängt, Schatzanleihen in Yen auszugeben. Die Reagan-Administration verweigerte sich diesem Ansinnen glücklicherweise. Am Ende wird der Druck – und die Versuchung, bei der nächsten Inflationswelle japanische Investoren zu niedrigeren Zinssätzen wieder auf den amerikanischen Schuldenmarkt zu locken – zu groß werden, als daß man ihm widerstehen könnte.

Sollte das Schatzamt wirklich mit Schuldverschreibungen in Yen beginnen, so werden die Amerikaner die Tretmühle des »Argentinien-Syndroms« aus erster Hand kennenlernen. Die amerikanischen Arbeiter werden dann gezwungen sein, härter zu arbeiten, mehr zu produzieren und in geringerem Wohlstand zu leben, um die Yen zu beschaffen, die zur Abzahlung der Auslandsschulden benötigt werden. Erst wenn der wirtschaftliche Mangel jener Situation spürbar wird, werden wir merken, welch großen wirtschaftlichen Vorteil wir besaßen, ohne ihn überhaupt zu begreifen. Nämlich die Möglichkeit, Geld von Ausländern in unserer eigenen Währung zu leihen.

Den Amerikanern dieses Leid zuzufügen, ist das klare Ziel einer zunehmend einflußreichen Gruppe innerhalb der japanischen Geschäftswelt. Takashi Hosomi, der frühere Präsident des Overseas Economic Cooperation Fund of Japan meint: »Die grundlegende Regel für Schuldnernationen ist die, daß sie das entliehene Geld effektiv zurückzahlen und Schmerz darüber empfinden, daß sie in unverantwortlicher Weise Schulden angehäuft haben. Um dieser grundlegenden Regel wieder Geltung zu verschaffen, müssen die anderen Länder gemeinsam ein System schaffen, die Schuldnernationen dazu zu zwingen, Geld nicht in ihren eigenen Währungen aufzunehmen.« Und noch deutlicher wird er in folgender Aussage: »Was unbedingt von den Vereinigten Staaten gefordert werden muß, ist, daß sie ›Reagan-Bonds‹ (also US-Schuldverschreibungen in Yen) ausgeben, und Japan als größte Gläubigernation sollte jenes Land dazu drängen, diesen Schritt zu unternehmen.«[18]

In diesem gefährlichen Schuldgefängnis der Zukunft wird ein kühn gewordenes Japan Amerika zwingen, seine Schulden zurückzubezahlen, und die Gewinne seiner Investitionen ernten. Amerikanische Politiker werden dann nicht mehr darüber nachdenken, wie sie Japan »bestrafen« können, weil sie unsere Vorstellungen von fairem Handel verletzt haben. Statt dessen werden sie ihre liebe Mühe damit haben, nicht selber von japanischen Bankiers »bestraft« zu werden, indem diese uns einschränkende Maßnahmen nach Art des Internationalen Währungsfonds auferlegen, so wie es amerikanische Bankiers heute mit der Dritten Welt tun. Einige japanische Behörden haben bereits vorausgesagt, daß es soweit kommen wird. »Die Vereinigten Staaten werden eine Reihe einschränkender Maßnahmen befolgen müssen, die in gewisser Weise jenen ähneln, die der Internationale Währungsfond schuldengeplagten Ländern auferlegte«, prophezeit ein Report des Nomura Research Institute.[19]

Kommt es tatsächlich zu einem solchen Szenario, so werden breite Bevölkerungsschichten in Amerika sehr schnell spüren, was es bedeutet, daß Japan nun die mächtigste Gläubigernation der Welt und die USA der größte Schuldner ist.

2.
Sonnenaufgang, Sonnenuntergang: Das Stadtgespräch von Tokio

»Während der Kaiser immer noch am Leben ist, der 1945 die Kapitulation im Schutt der gequälten Stadt Tokio unterzeichnete, wurde sein Japan zum Land mit der effizientesten Fertigungstechnik und zur bei weitem größten Quelle von Bargeld für internationale Investitionen. Ein Land, das überraschenderweise in vierzig Jahren zum Topproduzenten und Topbankier geworden ist, wird am Ende sein Zeitalter zu formen beginnen, anstatt untätig auf seinem Geld zu hocken.«

The Economist[1]

Der Yen-Schock und der Schock des Neuen

Der Dollar war gerade in einem weiteren Rekordtief im Verhältnis zum Yen. Ein amerikanischer Investment-Banker kam in Tokio an und hatte auf der Reise sein Gepäck verloren. Er war keineswegs naiv im Hinblick auf Geld oder auf Japan, sondern wußte sehr wohl, wenn auch nur ganz allgemein, von der Stärke des Yen. Von seinem Büro in Kalifornien aus machte er regelmäßig Geschäfte mit japanischen Anlegern und beobachtete genau die Entwicklung des Dollars im *Wall Street Journal.* Aber dies war seit langem wieder seine erste Reise nach Tokio. Nachdem er versucht hatte, die wichtigsten verlorengegangenen Dinge in einem Warenhaus nachzukaufen, kehrte er mit leeren Händen ins Hotel zurück. »300 Dollar für ein Hemd?« fragte er ungläubig, als er von seiner Schock-Erfahrung mit dem Yen berichtete. Über die Makroökonomie des steigenden Yen etwas zu lesen, ist die eine Sache. Doch es ist etwas ganz anderes, die immer weiter um sich greifenden Realitäten einer Welt, die auf dem Yen basiert, am eigenen Leib zu erfahren.

»Nun weiß ich, was Einwanderer aus der Dritten Welt empfinden, wenn sie in die Vereinigten Staaten kommen«, bemerkte der Amerikaner reuevoll. »Ich kann mir in diesem Land nichts leisten.«

Ein Besuch in Tokio ist in gewissem Sinn ein Besuch in der Zukunft. Für Amerikaner ist es eine herausfordernde, verunsichernde und sogar erschreckende Begegnung. Sie beginnt mit dem Yen-Schock: 200 Dollar für ein Taxi vom Narita Airport zum Hotel; sieben Dollar für einen Kaffee, 800 Dollar für ein Abendessen und Drinks mit drei Geschäftsleuten in einem Spitzenrestaurant. Wer längere Zeit bleiben will, muß mit Schlimmerem rechnen: Ein amerikanischer Geschäftsmann muß für ein Drei- bis Vierzimmerappartement, in dem er mit seiner Familie bequem leben kann, monatlich 7000 bis 15000 Dollar zahlen. Büromieten liegen bei 125 Dollar pro Quadratmeter, wobei eine Jahresmiete als zinslose Sicherheit hinterlegt werden muß.

Die hohen Kosten sind aber nur oberflächliche Indikatoren für das, was uns im heutigen Tokio wirklich erschreckt. Hier machen mehr Amerikaner Geschäfte als je zuvor, doch mit den Ergebnissen sind sie oft unzufrieden. »Sie haben uns bei den Eiern gepackt«, sagte der Manager einer Werkzeugmaschinenfabrik, nachdem er eine Woche lang eine Verhandlung nach der anderen in Tokio überstanden hatte. »Ein Jahr zuvor lächelten sie und schienen zufrieden. Dieses Jahr quetschen sie uns aus.« Dasselbe Gefühl drückte ein amerikanischer Rechtsanwalt etwas optimistischer aus: »Wenn ich in Tokio herumlaufe, spüre ich, daß unsere Zukunft ziemlich trübe aussieht. Die Zukunft Japans hingegen ist glänzend.«

Das heutige Tokio ist lebendig und kosmopolitisch wie nie zuvor und sprüht vor kulturellem Leben. Es ist ein Wirbelwind neuer pazifischer Möglichkeiten in der Mode, im Design, in Tanz und Architektur, ein Kaleidoskop von Geräten, neuen Medien und neuen Technologien. Tokio ist das Zentrum der Zuckungen unseres Planeten an der Schwelle zum postindustriellen Zeitalter - eine schöne neue Welt mit ihren eigenen Auffassungen über Leben, Arbeit, Familie und Gesellschaft.

Das schiere Gewicht des Geldes durchbricht schließlich die Isolation, die Tokio einst umgab, und verwandelt den Ort in eine wahrhaft globale Stadt - in einen Treffpunkt zwischen Ost und West par excellence. Amerikaner, die Japanisch sprechen, werden von Finanzunternehmen sofort und zu besten Bedingungen eingestellt, da sie verzweifelt zweisprachige und in zwei Kulturen aufgewachsene Talente suchen. Ungefähr zehn Prozent der Steuereinnahmen im exklusiven Tokioer Minato Ward werden von niedergelassenen Ausländern bezahlt - eine verblüffende Zahl für eine Stadt, in der ein ansässiger gaijin (Ausländer) noch vor zehn Jahren eine Seltenheit war.

»Wir erleben einen aufregenden Augenblick, der nicht oft in der Geschichte einer Stadt wiederkehrt«, sagt Fumihiko Maki, einer der mutig-innovativen Architekten Japans. Als früherer Harvard-Professor versteht Maki den Mentalitätsunterschied, der sich in den verschiedenen Bauweisen in Nordamerika und in Japan äußert. »Tokio ist im Aufstieg begriffen und blüht. Wir haben das Geld, die Möglichkeiten und die Tradition. Der Zeitgeist sagt uns: ›Das ist die Zeit, um etwas Neues zu schaffen!‹«

Maki gehört zu den Dutzenden von zukunftsorientierten Denkern, die Tokio im Hinblick auf das nächste Jahrhundert umgestalten. Große neue Wohnkomplexe und dezentralisierte Komplexe für Regierung, Wissenschaft und Kultur sind am Entstehen. Magnetschwebebahnen, die Höchstgeschwindigkeiten erreichen und die durch Supraleitungstechnologie noch schneller werden können, sind gerade in Erprobung. Wenn die Experimente nach Plan gehen, werden diese Züge es den Angestellten der City erlauben, 150 Kilometer weit weg zu wohnen und doch in 30 Minuten an ihrem Arbeitsplatz zu sein. Japan wird bald das erste Land sein, das ein Integrated Services Digital Network (ein universelles, diensteintegrierendes digitales Fernmeldenetz) anschließt. Dieses System soll das heutige Durcheinander unterschiedlichster Kommunikationstechnologien (Telefon, Computer, Telefax, Satellitenübermittlungen usw.) vereinheitlichen.

Während sich die Amerikaner über den Zerfall ihrer Infrastruktur sorgen, die vor Jahrzehnten aufgebaut wurde, errichten die Japaner für neun Milliarden Dollar spektakuläre Brücken und Viadukte über Meeresarme, geben für den Ausbau des Hafens von Yokohama elf Milliarden aus und planen weitere 20 Milliarden für neue Flughäfen, Autobahnen und Hochgeschwindigkeitszüge ein. Sie entwerfen künstliche Inseln mit allen Bequemlichkeiten des Informationszeitalters und mit Einrichtungen à la Buck Rogers. Der Architekt Kisho Kurokawa tritt für den Bau einer künstlichen Insel in der Tokyo Bay ein. Der Bau soll vierzig Jahre dauern und am Ende Wohnungen und Büros für sechs Millionen Menschen bereitstellen. Kurokawa meint, die Aufwendungen von geschätzten zwei Billionen Dollar könnten »leicht privat finanziert werden«, obwohl er der Ansicht ist, es sei besser, wenn sich auch die Regierung daran beteiligte.[2]

Vor nicht allzu vielen Jahren gestalteten die japanischen Magier der Elektronik ihre innovativsten Produkte für den Export. Heute hat der zunehmende Reichtum auf dem Binnenmarkt zur Folge, daß sie das Design zunächst für den japanischen Geschmack entwickeln. Im Tokioer Stadtteil Akihabara, einem Basar elektronischer Produkte aus dem 21. Jahrhundert, findet man zum Beispiel einen elektrischen Ventilator, dessen Computerchip das Steigen und Fallen berühmter Winde verschiedener japanischer Ferienorte simuliert. Ein Deodorizer gibt nur dann seinen Duft ab, wenn eine schwitzende Person den

Raum betritt. Die professionellen Tonwiedergabefähigkeiten von digitalen Tonbandsystemen sind in den Vereinigten Staaten noch unerreicht. Jedes Büro und viele Privathäuser verfügen über ein Telefaxgerät. Viele Firmenwagen haben ein Autotelefon, und selbst computergestützte Fahrtanzeigen auf dem Instrumentenbrett sind in den Einzelhandel eingedrungen. Plakatwandgroße Fernsehbilder, flache Bildschirme und TV-Geräte mit hoher Auflösung werden von Sony und Matsushita auf den Markt geworfen und erhöhen die Aussicht, daß die Amerikaner bald jeden Fernseher, den sie besitzen, austauschen müssen, einfach um die Fernsehsignale der Zukunft empfangen zu können. Angefangen von der kommerziellen Nutzung des Weltraums (in den die japanische Industrie bis zum Jahr 2001 einige spezielle Produktionszweige auslagern will) bis zur Erforschung von Biochips, die elektronische Schaltungen mit DNS-Technologie verbinden will: Die japanischen Wissenschaftler behaupten, ohne zu erröten, sie trieben eine »eigenständige Forschung, die die Grundlage für die Wissenschaft und Technologie des 21. Jahrhunderts bilden wird«.[3]

Das Jahr 2000 hat eine magische Anziehungskraft. Unternehmen und Regierungsstellen sind damit beschäftigt, Pläne aufzustellen, wie sie im nächsten Jahrhundert funktionieren werden. Nirgendwo wird das deutlicher als auf dem Gebiet finanzieller Dienstleistungen. Banken und Brokerhäuser sprechen überzeugend von Wolkenkratzern, Satelliten und Infoports, die sie von den engen Begrenzungen des Marunouchi-Otemachi-Nihonbashi-Korridors befreien werden, die sie heute umgeben. Die düstere, niedrige, notdürftig ausgerüstete Ansammlung von Gebäuden, die heute den Finanzdistrikt bilden, soll zu einem Modell glänzender Effizienz werden. Das Nomura Research Institute sagt voraus, daß Tokio noch vor der Jahrtausendwende New York an Bedeutung im Finanzgeschäft überholen wird. »Wir müssen jetzt darangehen, die Infrastruktur vorzubereiten«, meint ein Sprecher von Nomura. »Wir müssen der Geschichte vorangehen, anstatt zu versuchen, mit ihr Schritt zu halten.«

Wenn die Finanzmanager auch alles mit schwungvollen historischen Begriffen beschreiben, so sind sich die Modedesigner des gegenwärtigen Augenblicks besser bewußt. Kenzo, heute der bekannteste japanische Modeschöpfer, mußte vor zwanzig Jahren nach Paris gehen, um Anhänger zu finden. Kürzlich besuchte er Tokio und meinte: »Es gibt hier inzwischen so viel Leidenschaft! So viel Enthusiasmus! So viel Begeisterung!« Als er nach dem Grund für die Veränderung gefragt wurde, antwortete er: »Das Geld! Das Geld! Der Grund liegt in all dem Geld, das sich heute hier befindet.«

Während die Augen Tokios auf die Zukunft gerichtet sind, begeistert sich ein Teil der Stadtbevölkerung für die fünfziger Jahre in Amerika. Japanische College-Studenten fahren in den engen Straßen von Roppongi mit importierten Cadillacs und Thunderbirds, die gigantische Schwanzflossen und ein zurückklappbares Dach aufweisen. Die wilden Teenager-Tänzer, die an Wochenenden Harajuku bevölkern, führen ritualisierte Gruppenversionen von Tänzen der fünfziger Jahre auf, wobei sie kein authentisches Detail auslassen. Camel-Päckchen stecken in den aufgerollten Ärmeln ihrer weißen T-Shirts, und sie tun schmieriges Zeug auf ihre Haare, damit es glänzt. James Dean ist ihr Gott. Disneyland, die grundlegende amerikanische Phantasie der fünfziger Jahre, hat in Tokio mehr Erfolg als in Anaheim.

Die fünfziger Jahre waren in Japan selbst natürlich nichts, an das man sich nostalgisch erinnern könnte. Wer alt genug ist, erinnert sich daran, daß man in diesem besiegten und zerstörten Land überall unter Hunger und Kälte litt. Ein Teil der verrückten Nostalgie läßt sich damit als kollektiver Traum der Wunscherfüllung für eine Jugend interpretieren, die Japan nie erlebt hat. Ein anderer Teil ist allerdings nicht dem Traum entsprungen. Die Japaner empfinden ihre Gegenwart und Zukunft ähnlich wie dies die Amerikaner in den fünfziger Jahren taten - eine Zeit grenzenloser Expansion, überwältigenden nationalen Optimismus und prahlerischen Selbstvertrauens. Der »Japanese Way« erwies sich als ebenso erfolgreich wie der »American Way« vor dreißig Jahren. Um dies zu beweisen, müssen die Japaner nur ihre Bankauszüge ansehen.

Beträchtlicher Konsum

Besucher, die einen Augenblick lang ihre eigenen nationalen Vorurteile aufgeben, können das Menetekel auf den überfüllten, doch antiseptischen Tokioer Straßen sehen, zum Beispiel in der Haltung der Menschen, die ausdrückt: »Das funktioniert«, oder in der Aufmerksamkeit der Menschen im Hinblick auf Dienstleistungen und Einzelheiten. Es zeigt sich im alles durchdringenden Regenguß der Prosperität, der die gesamte Stadt mit Louis Vuitton, Hermès und Chanel ausgestattet hat, sowie in den Schaufenstern der Ginza, wo amerikanische Immobilien für viele Millionen Dollar angeboten werden, obwohl sie für japanische Käufer »günstige Gelegenheiten« sind. Es kann keinem Amerikaner, der die Augen offenhält, zuhört und denkt, verborgen bleiben, daß die japanische Gesellschaft reicher, produktiver wird als die unsrige und mehr Selbstvertrauen hat. Das heutige Tokio beginnt sich als Welthauptstadt des 21. Jahrhunderts zu fühlen.

Vor 1986 hätte der Besucher diesen Eindruck nicht bekommen - jedenfalls nicht so überwältigend und nicht ohne genaue Studien. 1986 jedoch zerriß etwas in den enggewundenen Fäden, die das japanische Selbstgefühl im Gleichgewicht hielten, und in der Folge kam ein neues japanisches Selbstverständnis zum Vorschein. In jenem Frühjahr veröffentlichte die japanische Regierung Statistiken, die zeigten, daß Japan nun die weltgrößte Gläubigernation, die Vereinigten Staaten jedoch deren größter Schuldner geworden war. Diese Tatsachen bewirkten nicht zwangsläufig die Veränderung der öffentlichen Meinung. Sie bestätigte sie nur.

Wirtschaftsstatistiken führen in Japan ein Eigenleben. In den sechziger Jahren verlangten die Regierungsplaner ein zweistelliges jährliches Wachstum des Bruttosozialprodukts. Das Land räumte alle Hindernisse aus dem Weg, um dieses Ziel zu erreichen - es war besorgt und brachte dauernd Opfer dafür. Dann war ein Rennen angesagt, um die Bundesrepublik Deutschland im Hinblick auf die Gesamtproduktion zu überflügeln. Die Kampagne wurde wie eine wirtschaftliche Olympiade aufgezogen: Die Presse berichtete regelmäßig über die Fortschritte, wie sich die über 100 Millionen Mitglieder der japanischen Nationalmannschaft gegen die Deutschen behaupteten. Und als sie schließlich die Goldmedaille gewannen, folgten ekstatische Feiern.

In der Mitte der achtziger Jahre wußten die Japaner sehr wohl, daß sie sich zusammen mit den Vereinigten Staaten an der Spitze der Weltwirtschaft befanden. Zuerst richteten sie sich auf ein langes Rennen ein, um die weit vorausliegenden USA aufzuholen. Doch plötzlich begannen die Vereinigten Staaten, unter dem Gewicht der Reaganomics den Abhang herunterzukullern, direkt vor ihre Füße. Als sich die Finanzminister der fünf führenden Wirtschaftsnationen im September 1985 im Plaza Hotel in New York City trafen und zusammen beschlossen, den Wert des Dollars zu senken, machte der Yen zwangsläufig eine Bergfahrt und riß die japanische Wirtschaft mit sich.

Seit 1985 beobachten die Bürger Tokios mit Verwunderung, daß der Yen immer stärker und stärker wurde. In den beiden darauffolgenden Jahren wurde er doppelt soviel wert wie der Dollar. In der ganzen City, in den Korridoren der Büros und auf den öffentlichen Anzeigetafeln war jeden Augenblick zusammen mit den Zeit- und Temperaturangaben abzulesen, daß man immer weniger Yen brauchte, um einen Dollar zu kaufen. Die Japaner waren besorgt darüber, was *endaka* (der starke Yen) für ihre Exportindustrie bedeuten würde, die lange Zeit als die Antriebsmotoren des Wirtschaftswachstums galten. Doch das hinderte Taxifahrer, Verkäufer und Kellner nicht, sich über die Bedeutung dieser Zahlen zu freuen: Der einst schwache Yen kletterte auf Rekordhöhen, weil die restliche Welt immer mehr Vertrauen in Japan und immer weniger in Amerika hatte.

Eine Reihe eher zufälliger Nachrichten verstärkte die immer stärker werdende Auffassung der Öffentlichkeit, Japan sei an der Weltspitze angelangt:

- Nippon Telegraph & Telephone war plötzlich das reichste Unternehmen auf der Welt, weil die sehr begehrten Aktien nun pro Stück 20000 Dollar kosteten.
- Die Tokioer Börse, die in den späten siebziger Jahren hinsichtlich der dort notierten Kapitalgesellschaften nur ein Fünftel so groß war wie die New Yorker Börse, überrundete diese und legte auch weiterhin noch zu.
- Der in die Höhe schießende Immobilienmarkt bewirkte, daß der Baugrund Japans, das gerade die Größe Kaliforniens erreicht, mehr wert ist als der Boden der gesamten Vereinigten Staaten.
- Der reichste Mann der Welt war jetzt ein Japaner, und in Japan gab es mehr Milliardäre als in Amerika.

Diese Leckerbissen verschlang das japanische Publikum, das begierig darauf war, sich im kollektiven Erfolg der Nation zu sonnen. Der Artikel von *Forbes* über japanische Milliardäre machte in Tokio Schlagzeilen, bevor das Magazin mit seinem überraschenden Report auf den Straßen New Yorks zu haben war, in dem zu lesen war, daß Yoshiaki Tsutsumi von Seibu Railway Sam Walton von den Wal-Mart Stores als reichsten Mann der Welt entthront hatte.[4]

Als direkte Folge dieser zahlreichen Berichte begann sich die Geisteshaltung der Japaner tiefgreifend zu verändern. Fast über Nacht wich die einfache Lebensführung einem beträchtlichen Konsum. Demütige Haltung wurde zu Arroganz, während sich die historisch bedingte, krankhafte Inselbezogenheit der Japaner in einen prahlerischen Internationalismus verwandelte. Kein Ereignis markiert diesen Übergang besser als der Kauf von Vincent van Goghs Gemälde »Sonnenblumen«, den Yasuda Fire & Marine's bei einer Auktion von Sotheby in London für 40 Millionen Dollar tätigte. Yasuda, Japans zweitgrößte Versicherungsgesellschaft, zahlte das Dreifache dessen, was jemals in der Geschichte des Kunsthandels für ein Gemälde bezahlt worden war. Doch für eine Gesellschaft, deren Gewinne in Yen aus den Nähten platzen, mußte alles auf dem vom Dollar bestimmten Kunstmarkt ein gutes Geschäft sein. Selbst mit den 40 Millionen Dollar teuren Sonnenblumen machte sich das Unternehmen ein prächtiges Geschenk zu seinem 100. Geburtstag.

Dieses Ereignis war eine bemerkenswerte Fallstudie über Neureiche, die Amok laufen. Doch hatte Yasudas Gebot auch einen fast unterbewußten Hintergrund. Die Sonnenblumen ähnelten stark einem anderen Blumengemälde van Goghs, das bei der Bombardierung Japans durch die Amerikaner zerstört worden war. Indem Yasuda das Gemälde kaufte und nach Japan zurückbrachte, zeigte die Firma, daß es der neue Wohlstand des Landes ermöglichte, wenigstens einige Urteilssprüche der Vergangenheit im nachhinein aufzuheben.

Yasuda war nicht allein bei seinem zügellosen Geldausgeben für Statuszwecke. Eine japanische Unternehmensgruppe mit Sitz in Nagoya kaufte die America's-Cup-Yachten des australischen Milliardärs Alan Bond. Auf die Frage, wie das japanische Syndikat aus dem Nichts in weniger als vier Jahren bis zum nächsten Cup wettbewerbsfähig werden wollte, erklärte Hideto Eguchi, der Präsident von Yamaha, einfach: »Wir haben keine finanziellen Probleme.« Sein Konsortium will 80 Millionen Dollar in das Vorhaben investieren und hat Zugang zu einem Cray-Supercomputer und zu einer modernen Testanlage für hydrodynamische Messungen. Dennis Conner, der Skipper des Titelverteidigers »Stars & Stripes«, widerspricht Eguchis Einschätzung nicht: »Geld drückt sich im Ergebnis aus. Wenn Sie für ein Programm ein Budget von 80 Millionen Dollar zur Verfügung haben, dann werden Sie auch konkurrenzfähig.«[5]

Andere Japaner zeigten ihren neuen weltmännischen Lebensstil, indem sie die Juwelen der Duchess of Windsor, die teuerste Briefmarke der Welt und ebenso das teuerste Ming-Porzellan kauften. Selbst der japanische Baseball, einst eine Sammelstelle ausgeschiedener amerikanischer Spieler, wurde in der Suche nach den Besten plötzlich aggressiv. Die Tokyo Giants boten Dave Righetti, einem Spieler der New York Yankees, 10 Millionen Dollar für den Sprung über den Pazifik. Righetti ging nicht, doch sein Teamgefährte Bill Gullikson tat es und akzeptierte einen 3,3-Millionen-Dollar-Vertrag – das war das Doppelte von dem, was ihm die Yankees bieten konnten.

Am besten beschrieb wahrscheinlich Kenichi Ohmae, Managing Director der Tokioer Niederlassung von McKinsey & Co. und Autor vieler gescheiter Bücher über Japan und die Welt, Japans Wohlstand: »Unser Kapitalüberschuß ist wie ein Dammbruch. Japan kann nicht alles zurückhalten. Wir liefen um die Wette nach Eimern, um den Überschuß aufzufangen. US-Schatzanleihen, Aktien, Gebäude an der Fifth Avenue, ein Gemälde von van Gogh oder sogar die Mitgliedschaft in einem Golfclub wurden zu solchen Eimern. Wenn jemand sagt, festverzinsliche Wertpapiere in Deutschen Mark seien ein guter Eimer, so stürzen wir uns darauf. Wenn jemand sagt, Neuseeland sei unterbewertet, so stürzen wir uns dorthin. Japanisches Kapital droht heute die Welt zu überschwemmen.«

Der größte Teil des japanischen Wohlstands liegt in den Unternehmen, und es wird noch viel Zeit verstreichen, bis dieser Kapitalüberschuß durch das ganze System hindurchgesickert ist und es dem durchschnittlichen japanischen Bürger erlauben wird, so zu konsumieren wie die Amerikaner. Die meisten Japaner leben immer noch in Wohnungen, die im Westen deutlich unter dem Durchschnitt lägen. Selbst als die Menschen, die sich der »Mittelklasse« (88 Prozent der Japaner gehören laut ihren eigenen Angaben dazu) zugehörig fühlen, aufwachten und entdeckten, daß ihre »Kaninchenställe« durch den Immobilienboom plötzlich Hunderttausende von Dollar wert waren, »empfanden« sie sich dennoch nicht als reich. Ein Yuppy, der in Tokio für 50000 Dollar ein 18 Quadratmeter großes Appartement gekauft hatte, erlebte, wie es nach zwei Jahren 350000 Dollar wert war. »Wenn ich es verkaufe, kann ich nirgendwo leben«, sagte er, »und wenn ich hierbleibe, lebt eine dreiköpfige Familie auf 18 Quadratmeter.«

Für all jene, die Landparzellen aus altem Familienbesitz verkaufen konnten, und für die vielen Haushalte, die für den aufgeblähten Gegenwert ihrer Häuser Geld liehen und dieses in den boomenden Aktienmarkt investierten, war es nicht schwer, sofort zum Millionär zu werden. Brokerhäuser öffneten Schalter in Kaufhäusern, wo auf großen Anzeigetafeln die letzten Notierungen für die Käufermassen flimmerten, die hier Aktien kauften wie Socken. Der traditionelle Einzelverkauf von Aktien von Tür zu Tür machte aus Hausfrauen, welche die Ersparnisse ihrer Familie zu mehren trachteten, weltweite Investoren. Solche Leute schufen sich Wohlstand in einer Größenordnung, wie ihn die neuere Geschichte wohl noch nie gesehen hat. Und in der Folge davon begann in Japan ein bis dahin unbekannter privater Konsum.

Mitgliedschaften in Golfclubs wurden frei gehandelt, und die Preise für die besten Lagen erreichten 3,5 Millionen Dollar. Die Besitzer einer Disco dachten sich nichts dabei, als sie für die Innenausstattung 10 Millionen Dollar ausgaben. »Neue Menschen« oder *shinjinrui* – das japanische Äquivalent für die Yuppies – zahlten kleinen Spekulanten 500 Dollar für ein Ticket zu einem Konzert mit dem amerikanischen Popstar Madonna. Teesalons in Tokioer Kaufhäusern gingen dazu über, japanischen Tee mit echtem Blattgold zu servieren. Für Softdrinks wurden Eiswürfel aus antarktischen Eisbergen der letzte Schrei.

Die Japaner fanden Spaß an ausländischen Importen (eher aus Europa als aus Amerika) und begannen 15000 BMWs pro Jahr einzuführen, daneben auch Ferraris und Porsches. Fast die Hälfte aller Louis-Vuitton-Boutiquen befinden sich in Japan. Ein rein zufälliger Vergleich in Tokioer Untergrundbahnen ergab, daß zur Stoßzeit in jedem Wagen Zubehör von Louis Vuitton für durchschnittlich 10000 Dollar zu sehen war. Dunhill's machte plötzlich ein Drittel seines weltweiten Geschäfts in Japan, darunter mit Sonderverkäufen eigens entworfener Socken mit dem Label von Dunhill. Sie sollen in einem Land, wo die Menschen in der Öffentlichkeit häufig ihre Schuhe ausziehen, eine klare Botschaft - wenn auch mit Understatement - mitteilen. Die Waren von Gucci, dem Höhepunkt der Markenartikel, sind heute in 300 Geschäften in Japan zu bekommen. Angefangen von Häagen-Dazs-Icecream bis zu Wolfgang Pucks Spago-Restaurant im kalifornischen Stil, von den Designern im New Yorker Stadtteil Soho bis zur Place de la Victoire in Paris strömte das Beste, was die Welt zu bieten hat, nach Tokio, um von den neureichen Japanern ausprobiert zu werden. Ein populäres Fernsehspiel in Japan drückte dies alles in seinem Titel aus: »Was kostet die Welt?«

Der Japaner, der lange isoliert auf seinen Inseln gelebt hatte, begann mit einem ungezügelten Jetsetting. Büroangestellte buchten für längere Wochenenden mit Duty-free-Shopping in Hongkong. Abgänger der High-School machten Klassenfahrten nach China oder Saipan. Selbst mit dem Flugticket waren solche Reisen billiger als ein Ausflug zu einem nahegelegenen japanischen See oder Berg. Tokioer Reiseunternehmen warben unter der Überschrift »Die japanische Küste« für Strände in Australien und Neuseeland. »Fly and buy«-Tours wurden für jene arrangiert, die als Souvenir das Anrecht auf ein Stück Land nach Hause bringen wollten. Angefangen von den Stränden Hawaiis bis zu den Bed & Breakfast-Inns in Vermont ergossen sich japanische Touristen in die Vereinigten Staaten und waren entzückt über die Entdeckung, wie »billig« dort doch alles sei.

In New York wurden japanische Touristen zur größten Ausländergruppe der Stadt. Zweimal am Tag fahren Busse die Japaner nach Manhattan zu den Wolkenkratzern, zum Beispiel von Exxon und Mobil, die heute japanischen Investoren gehören. »Willkommen in der nächsten japanischen Stadt«, so begrüßte der Reiseführer seine Gäste zu Beginn der Tour.[6]

Reichtum, Arroganz und Einprügeln auf Amerika

Es war nicht nur jener wunderliche japanische Reiseführer in New York, der scherzhafte Kommentare mit Hinweisen auf den japanischen Wunsch nach einem Weltreich machte. Los Angeles wurde überall als »24. Bezirk« (Tokio hat 23) bekannt; Hawaii ist die »48. Präfektur« (Japan hat 47). Ein Berater von Premierminister Yasuhiro Nakasone schlug Berichten zufolge vor, Hawaii den Amerikanern ganz abzukaufen, um damit deren Handelsdefizite mit Japan auszugleichen. In einem ernstgemeinten TV-Interview prahlte ein Geschäftsmann, wie Japan im 21. Jahrhundert Australien zu seinem Bergbaugebiet und die USA zu seinem Getreidesilo machen könne.

Solche Vorstellungen sind symptomatisch dafür, was selbst japanische Regierungsbeamte als das »Arroganzproblem« bezeichnen. Überzeugt von der eigenen Überlegenheit und dabei unterstützt von wirtschaftlichen Fakten, hielten sich einige Japaner nicht mehr zurück und verkündeten laut ihren Triumph. Meinungsumfragen zeigten eine dramatische Zunahme jener Japaner, die glauben, sie könnten vom Westen nichts mehr lernen. Die Zahl der Japaner, die erklärten, sie seien den Vereinigten Staaten freundlich gesonnen, sank auf einen Tiefststand wie direkt nach dem Krieg.

Auch berühmte japanische Intellektuelle verhehlten ihre Geringschätzung gegenüber den Vereinigten Staaten nicht. »Die Amerikaner müssen einen absoluten Rückgang ihres Lebensstandards hinnehmen, um ihre wirtschaftlichen Probleme in Ordnung zu bringen, für die sie fälschlicherweise uns Japaner verantwortlich machen«, schrieb Masahiko Ishizuka, der Herausgeber des englischsprachigen *Japan Economic Journal.* Und weiter meinte er: »Amerika muß aufhören zu glauben, es könne andere nach Belieben zu Veränderungen zwingen; Amerika muß sich aus seiner Betäubung lösen und seine Fehler eingestehen.«[7] Ishizuka machte klar, was der Niedergang Amerikas für Japan bedeutet: »Solange Japan über keine eigenen großen Strategien – bei der Verteidigung, der Wirtschaft und auf anderen Gebieten – für sein eigenes Überleben und das der gesamten Welt verfügt, wird es weiter von den USA herumgestoßen werden.«[8]

Die seit langer Zeit bestehende Ehrfurcht vor den Vereinigten Staaten wandelte sich schnell in ernsthafte Kritik und sogar in ein dreistes Einprügeln auf Amerika. Als ein Kommentator vom »Quengeln und Winseln« Amerikas über die Handelsprobleme sprach, verschlimmerte das nur das Problem. Die Vereinigten Staaten waren nicht nur ein schwaches Wirtschaftsland geworden, das nicht einmal seine Bücher in Ordnung hielt; alles, was die Amerikaner konnten, war, Japan dafür verantwortlich zu machen.

Gleichberechtigung in Beziehungen ist ein Konzept, das der genau geordneten, ausgeklügelten Hierarchie der japanischen Gesellschaft zuwiderläuft. Es fällt den Japanern leicht, zu akzeptieren, daß jemand untergeordnet ist. Ebenso leicht ist es, Vorgesetzter zu sein. Dahinter stehen keine subjektiven Meinungen, sondern objektive Tatsachen, die von mehreren Kriterien bestimmt werden, zum Beispiel vom Alter, der Erziehung und dem Rang. Ein Untergebener spricht und handelt auf die eine Weise, während sein Vorgesetzter ein ganz anderes Verhalten und eine andere Ausdrucksweise verwendet. Fälle echter Gleichberechtigung sind selten, und die Japaner kommen damit kaum zurecht, weil sie außerhalb der üblichen Regeln steht.

So ist es auch mit den Beziehungen Japans zu anderen Ländern. Während des größten Teils der Nachkriegszeit hatte Japan ein extremes Selbstverständnis: Es diente dem starken, erfolg- und siegreichen Amerika unterwürfig. Damit ist nicht gesagt, daß die Japaner jemals ihren Nationalstolz aufgaben. Sie akzeptierten nur, daß Japan den Vereinigten Staaten vorübergehend unterlegen war. Der große Erfolg der Exportindustrie bereitete dem Minderwertigkeitskomplex der Japaner langsam ein Ende. Die Umkehr der finanziellen Rolle zerschlug ihn dann vollends.

Es erschien den Japanern völlig natürlich, die Stellung des Unterlegenen anzunehmen, als die Tatsachen zeigten, daß die Vereinigten Staaten reicher waren. Ebenso logisch war es, die Stellung des Überlegenen einzunehmen, nachdem dieselben Tatsachen gezeigt hatten, daß nun Japan die Nummer eins war. Die Japaner ahmten die amerikanische »Arroganz der Macht« zur Blütezeit der amerikanischen Wirtschaft in den fünfziger und sechziger Jahren nach und entwickelten nun ihre eigene Arroganz. Der häßliche Japaner ersetzte den »ugly American«.

Das Problem der Arroganz beschäftigte das Außenministerium derart, daß höhere Beamte öffentlich davor warnten. Das »Blaubuch« von 1987 (der jährliche Bericht des Ministeriums über die Rolle Japans in der Welt) meinte dazu, daß sich die historische Entwicklung umgekehrt habe und daß Japan eine bedeutende Weltmacht werde, während die Vereinigten Staaten einen Niedergang verzeichnen mußten. Der Bericht drückte aber seine tiefe Besorgnis aus, die »Arroganz« könne Japan von der übrigen Welt isolieren, ebenso der neu erwachte Nationalismus, der umschrieben wurde als »die Tendenz, nostalgisch auf die Vorkriegsjahre zurückzublicken«.[9]

Die Warnungen zeitigten jedoch wenig Wirkung. Das Außenministerium ist – fast definitionsgemäß – eine der am wenigsten einflußreichen Institutionen in Tokio, weil die Ansicht vorherrscht, es habe zu viele schädliche Kontakte mit Ausländern. Die Warnung vor der Arroganz stand überdies im Gegensatz zu den sichtbaren Tatsachen des japanischen Erfolgs. »Wir werden gar nicht arrogant«, dachten viele Japaner. »Wir sind nur Realisten.«

Man denke zum Beispiel an ein beiläufiges Gespräch von Ichiro Yamanouchi, einem der Topmanager von NTT in Amerika, kurz bevor das Aktienangebot dieses Unternehmen zum größten der Welt machte. Beim Mittagessen erwähnte Yamanouchi eines Tages, er wolle einige amerikanische Produkte als Geschenk für Freunde und Geschäftsleute nach Japan bringen. Das sei sein eigener Beitrag zur Verringerung des Handelsdefizits. Doch er habe in den Vereinigten Staaten nichts finden können, was einen qualitätsbewußten Japaner wirklich hätte befriedigen können. Doch am Ende habe er etwas aufgetrieben, was ihn vollkommen zufriedenstelle: Ahornsirup aus Vermont, ein Produkt von hoher Qualität, das dem japanischen Geschmack entspreche – in diesem Fall den süßen Leckermäulern.

Ohne sich im geringsten Rechenschaft darüber abzulegen, daß ein amerikanischer Zuhörer die Folgerung daraus für eine Übertreibung halten konnte, daß nämlich Ahornsirup das einzige exportfähige Produkt sei, sprach Yamanouchi weiter davon, wie Amerika im Handel konkurrenzfähiger werden könne. Die Vereinigten Staaten sollten ihre Nationalparks aggressiver als Touristenattraktionen vermarkten. Das naturliebende Japan habe nichts, was sich mit Yosemite oder Yellowstone vergleichen ließe. Wenn mehr Touristen von der anderen Seite des Pazifiks anreisten, würden sie auch wieder mehr japanische Dollar in die amerikanische Wirtschaft schleusen.

Schließlich sagte Yamanouchi, NTT habe vor Jahren sehr viel von AT & T gelernt. Er sei aber enttäuscht, daß AT & T auf seinen Rat nicht hören wolle, nachdem NTT zur größten Telefongesellschaft der Welt geworden war. AT & T solle mit dem hartnäckigen Versuch aufhören, ihre Telefonzentralen und andere fortgeschrittene Technologien in Japan zu verkaufen, da die Japaner imstande seien, alle diese Dinge selber herzustellen. Aber er habe eine Idee, was AT & T erfolgreich exportieren könne. Im Firmensitz von AT & T in New Jersey habe er Ausstellungen von Sweatshirts und Baseballmützen gesehen, die Firmenangestellte für Wohltätigkeitsbasare hergestellt hatten. Solche Produkte, meinte er, würden ein großer Schlager in Japan.

Yamanouchi ist ein außergewöhnlich höflicher Mann und wollte sicher nicht beleidigend wirken. Er faßte einfach das Bild in Worte, das er von den Vereinigten Staaten entwickelt hatte, nachdem Japan die

Führerrolle übernommen hatte. Einige Japaner hatten begonnen, Amerika auf dieselbe Weise zu betrachten, wie Amerikaner dies gegenüber exotischen Ländern der Dritten Welt tun: wundervolle Nationalparks, schmackhafte Produkte der Landwirtschaft und Arbeiter, die zu geringen Kosten Sportkleidung herstellen.

Das Bild von den Vereinigten Staaten als ein Land, dessen Hauptreichtum die riesige Landmasse darstellt, fand zunehmend Eingang auch in die japanische Regierungspolitik. Die Vordenker des MITI (Ministry of International Trade and Industry; Ministerium für Internationalen Handel und Industrie) mußten innovative Ideen für die Ausweitung des bilateralen Handels entwickeln und kündigten an, sie wollten »graue Gemeinschaften« im Ausland gründen. Dahinter stand die Vorstellung, den explodierenden »grauen« Bevölkerungsteil Japans (Alter über 65 Jahre) in eine Reihe von Rentnersiedlungen nach japanischem Muster zu exportieren. In Frage kämen Länder, die drei Bedingungen erfüllten: gute medizinische Versorgung, politische Stabilität und eine hohe Konzentration japanischer Restaurants. Die mageren, auf dem Yen basierenden Pensionen alter Japaner würden bei einer Übersiedlung in die Vereinigten Staaten zu vielen Dollars, so daß die Rentner für den Rest ihrer Tage wie Könige leben könnten. Und wenn sie ihre Pensionen in die amerikanische Wirtschaft pumpten, so würde dabei das derzeitige Budgetdefizit verringert.

Die anmaßende Haltung des MITI zeigte sich in der Tatsache, daß dieser Plan angekündigt wurde, ohne daß die in Frage kommenden und damit betroffenen Länder, nämlich die USA, Kanada, Australien und Neuseeland, konsultiert worden wären. Es kam dem MITI auch nicht in den Sinn, daß dieser Weg, nämlich Wohnraum für Hunderttausende älterer Japaner zu beschaffen, gar nicht die Art und Weise war, wie ausländische Nationen den Handel mit Japan ausdehnen wollten. Das MITI ging davon aus, daß Bettler gar keine andere Wahl hatten. Wie reiche Amerikaner, die sich in das sonnige Klima von Cuernavaca in Mexiko zurückziehen, glaubte das MITI, Geld sei so wichtig für die amerikanische Wirtschaft, daß niemand Anstoß nehme, wenn dem Nationalstolz etwas auferlegt wurde. Mit ähnlicher Herablassung lobt die japanische Presse einzelne amerikanische Geschäftsleute. Sie entdeckten Exportnischen mit einzelnen Produkten, wie sie früher Kolonien für ihr Mutterland bereitstellten. Gemeint waren zum Beispiel Fischer in Boston, die frischen Thunfisch aus dem Atlantik an Tokioer Restaurants verkauften, oder ein Unternehmen in Minnesota, das amerikanische Wälder fällt, um daraus Eßstäbchen für den japanischen Markt herzustellen.

In ähnlicher Weise lobten die Japaner amerikanische Bundesstaaten, die Vertretungen in Tokio eröffneten (am Ende waren es 36 Staaten) und wie verrückt miteinander wetteiferten, um japanische Unternehmen zur Ansiedlung auf ihrem Territorium zu bewegen. Die Szene zeigte eine unheimliche Ähnlichkeit mit den Feudalzeiten, als Landadlige aus dem ganzen Reich an den Hof kamen und wochenlang auf eine Audienz harren mußten, in der sie den Shogun um einen Gefallen bitten konnten. Die Gouverneurin von Kentucky, Martha Layne Collins, war auf diesem Gebiet ohne Zweifel Meisterin: Ihre sieben Besuche in Tokio führten schließlich dazu, daß Toyota entschied, eine 800 Millionen Dollar teure Produktionsanlage in ihrem Staat zu bauen (als Tribut für die Shogune von Toyota kaufte Frau Collins das Land im Wert von 12,5 Millionen Dollar und schoß weitere 115 Millionen zu, um die Infrastruktur zu verbessern, Zugangsstraßen zu bauen und Arbeiter zu schulen).[10]

Die amerikanische Art, Geschäfte zu machen, die einst japanische Unternehmer fasziniert hatte, verlor nun an Glanz. »Als ich zum erstenmal amerikanische Büros kennenlernte, gefielen sie mir«, sagte ein junger japanischer Laser-Ingenieur. »Ich glaubte, Manager brauchten eine Privatatmosphäre, und private Büros seien der richtige Weg, um gute Geschäfte zu machen. Doch jetzt merke ich, daß die japanische Art, alle miteinander in einem Großraumbüro arbeiten zu lassen, auch den Boss, wirklich besser ist.«

Die Krankheit Aids, die noch lange als amerikanische Krankheit galt, auch nachdem der erste Japaner daran gestorben war, galt Geschäftsleuten als endgültiges Symbol für den Niedergang Amerikas. Sie machten ihre Späße darüber, ob man die Krankheit bekommen könne, wenn man auf Geschäftsreisen in Amerika die Luft atme und das Wasser trinke. Während sie über die Ironie lachten, daß machohafte Amerikaner es zuließen, daß ihre Gesellschaft durch die – nach ihrer Meinung – homosexuelle Plage ruiniert wurde, investierten sie gewaltig in jedes Pharmaunternehmen auf der Tokioer Wertpapierbörse, das Aids-Produkte für den amerikanischen Markt entwickelte.

Einer der schlimmsten Witze, der an den Bars von Tokio die Runde machte, ging ungefähr so:

Frage: »Wie wird Japan den nächsten Krieg gewinnen?«

Antwort: »Wir tun uns wieder mit den Deutschen zusammen, doch diesmal lassen wir die Italiener beiseite.«

Auf diese und tausend andere Weisen, im großen wie im gleinen, war es von 1986 an das Stadtgespräch von Tokio, wie schnell doch die Sonne über dem amerikanischen Reich untergehe und über dem japanischen aufgehe.

Die Wiederauferstehung der Herrenrasse

Während sich die Japaner in Wohlstand und Erfolg sonnten, erlebten die japanischen Vorherrschaftsgelüste ihre erste echte Renaissance seit dem Krieg. Das ewig populäre Literaturgenre *Nihonjin-ron,* das alle Bücher umfaßt, die erklären, warum die Japaner ein so einzigartiges Volk sind, fand eine neue, ausgeprägtere Form und beantwortete nun die Frage, warum die Japaner überlegen sind. Ein typischer Bestseller dieser Art war ein Buch mit dem Titel »Das japanische Gehirn«, in dem nachgewiesen werden sollte, daß sich japanische Gehirne anders als die anderer Rassen entwickeln.[11] Ein Japanbeobachter formulierte es so: »Die wichtigste Botschaft, die Nichtjapaner nun von den Japanern zu hören bekommen, lautet: ›Der Grund dafür, daß wir jetzt die Nummer eins sind, ist der, daß wir Japaner biologisch und kulturell so einzigartig sind, daß niemand mit uns wetteifern kann.‹«[12]

Im Parlament verlangte ein Parteiblock von 18 Mitgliedern der herrschenden liberaldemokratischen Partei, die Regierung solle ihre kriecherische Haltung gegenüber dem Ausland einstellen. Damit meinten sie, Japan solle aufhören, auf die amerikanischen Handelsinteressen Rücksicht zu nehmen, und nicht länger die politischen Forderungen anderer asiatischer Länder erfüllen, gewisse Schulbücher zu verbieten. Diese enthielten eine verharmlosende Version des Zweiten Weltkriegs und rechtfertigten die Rolle Japans. Der Erziehungsminister Masayuki Fujio verteidigte diese Bücher und bestand darauf, Japan habe nichts getan, »wofür es sich schämen müßte«. Er wiederholte die alte Behauptung der kaiserlichen Armee, Japan habe in China keine Grausamkeiten begangen, und Korea sei für seine Besetzung selbst verantwortlich, weil es Japan zur Annexion aufgefordert habe.

»Der Kernpunkt unserer Erziehung sollte darin bestehen, daß wir aus unseren Kindern wieder Japaner machen«, sagte Fujio und brachte damit die gegenwärtig vorherrschende Volksmeinung zum Ausdruck.[13] Am Ende mußte Fujio wegen seiner Bemerkungen das Kabinett verlassen, aber die Tatsache, daß ein hoher Regierungspolitiker laut ausgesprochen hatte, was viele Menschen dachten, war viel bedeutsamer als seine darauffolgende Entlassung.

Auf unerklärliche Weise, und nahezu aus dem Nichts kommend, schwappte eine Welle des Antisemitismus durch das Land. In seinem Bestseller behauptete Masami Uno, Japan sei das Opfer einer »internationalen jüdischen Verschwörung«. Eisaburo Saito, der früher dem Parlament angehörte, verfaßte ein Buch mit dem bezeichnenden Titel »Das Geheimnis der jüdischen Macht und sein Wille zur Weltherrschaft«. Von beiden Büchern wurden fast zwei Millionen Exemplare abgesetzt. In den Jahren 1986 und 1987 überschwemmten fast hundert Bücher über die Juden die japanischen Buchläden. Einige von ihnen enthielten die Behauptung, die amerikanischen Juden – die angeblich die japanische Geschäftswelt kontrollierten – konspirierten miteinander, um den Yen nach oben zu treiben und in Japan Arbeitslosigkeit hervorzurufen.

In der Ginza sah man Hakenkreuze und Texte, die »jüdische multinationale Unternehmen« beschuldigten, hinter den steigenden Grundstückspreisen in Tokio zu stehen. Als amerikanische Reporter auf diesen erstaunlichen Trend eingingen, sahen einige Japaner hinter der Tatsache, daß die Presse nun über das japanische Gerede von einer jüdischen Verschwörung berichtete, wiederum eine jüdische Verschwörung. Nachdem die *New York Times* über den Trend berichtet hatte, lud sie ausländische Journalisten zu einem Abendessen ein. Dabei wollte ein japanischer Korrespondent wissen, »wie viele jüdische Herausgeber bei der *New York Times* beschäftigt seien« und warum die Zeitung überhaupt so judenfreundlich sei.[14]

Trotz des ständigen Geredes über die »Internationalisierung« warnten viele Japaner davor, Ausländern zuviel Zugang zu Japan zu gestatten. Von den 1,6 Millionen Verbrechen, die jedes Jahr begangen werden, gehen 0,1 Prozent auf das Konto von Ausländern. Der Leiter einer neugebildeten Polizeieinheit zur Bekämpfung der Ausländerkriminalität meinte allerdings, dieser winzige Anteil habe »große Auswirkungen auf die Sicherheit in Tokio«. Die Zeitung *Mainichi Shimbun* erklärte, »man müsse im Zeitalter der Internationalisierung vorsichtig sein gegenüber Ausländern«.[15]

Unter all den beunruhigenden Statements, die in jener Zeit aus Japan zu hören waren, stammte das wichtigste von Premierminister Yasuhiro Nakasone selbst. Wichtig war es deswegen, weil Nakasone nicht ein obskurer Fanatiker oder ein komischer Intellektueller, sondern die überzeugendste und leistungsstärkste japanische Leitfigur der Gegenwart war. Er galt als guter Freund Amerikas. Er hatte mit Ronald Reagan so viel gemeinsam, daß ihr Dialog einen eigenen Namen erhielt: »Ron-Yasu connection«. Der Westen erhoffte von ihm, er könne Japan zur Öffnung seiner Märkte bewegen und dessen Gesellschaft etwas pluralistischer gestalten.

Nakasone hatte jedoch auch eine andere Seite. Er enthüllte sie in einem einzigen Satz, der im September 1986 um die Welt ging, kurz bevor er vor den Vereinten Nationen und dem US-Kongreß Japans neue Rolle in der Weltpolitik skizzieren sollte. In einer Rede vor LDP-Mitgliedern erklärte Nakasone, er glaube, »das Bildungsniveau in den Vereinigten Staaten sei niedriger als in Japan, weil es dort zuviele Schwarze, Mexikaner und Puertoricaner gebe«.[16]

Dieser Kommentar spiegelte die weitverbreitete japanische Ansicht wider, dunkelhäutige Völker, seien sie nun in Amerika, Afrika oder anderswo in der Dritten Welt, seien einfach minderwertig. Nakasones Bemerkung führte in den Vereinigten Staaten zu einem Aufschrei der Empörung, doch die meisten Japaner fanden nichts dabei, weil sie ebenso dachten.

Als 35 Kongreßabgeordnete der schwarzen und hispanischen Minderheiten eine Entschuldigung verlangten, gab ihnen Nakasone nach. Doch wie bereits in anderen Fällen, in denen sich Japan amerikanischem Druck beugte, war die Abhilfe schlimmer als das ursprüngliche Problem. Bei seiner »Entschuldigung« machte er eine bejammernswerte Figur. Er sagte, er wolle »alles erklären« - und tat es auch. In Wirklichkeit habe er gemeint, Japan sei da erfolgreich, wo Amerika scheitere, weil Japan eine Gesellschaft verkörpere, die aus »einer Rasse« bestünde, während die Vereinigten Staaten durch das Vorhandensein »vieler Nationalitäten« niedergedrückt werde. Er wolle nicht die den schwarzen und hispanischen Minderheiten angehörenden Bürger Amerikas diskriminieren, sondern sehe nur die Tatsache, daß die reinrassige japanische Gesellschaft effizienter funktioniere als das gemischtrassige Amerika.[17]

Amerikaner, die einen Augenblick über diesen Zwischenfall nachdachten, spürten ein kaltes Schaudern auf dem Rücken. Nakasones Kommentar war mehr als ein selbstgestrickter Rassismus - er war ein Echo der Lehre von der Herrenrasse. Je mehr Nakasone sich entschuldigte, um so mehr erinnerte seine Argumentation an die Reden des Zweiten Weltkriegs.

Der Zeitpunkt, zu dem Nakasone die »Reinrassigkeit« der japanischen Gesellschaft betonte, war durchaus von Bedeutung. Die Vereinigten Staaten und Japan standen gerade in einem hitzigen, rhetorisch ausgefochtenen Handelskrieg, Japan war gerade zur führenden Gläubigernation der Welt aufgestiegen, und Nakasone hatte soeben Gastgeber für den Weltwirtschaftsgipfel in Tokio gespielt. Er hatte wiederholt den Regierenden der übrigen demokratischen Industrienationen gelobt, sein Land wolle von nun an die Bürde der führenden Rolle in der Welt mittragen. War das ein Vorgeschmack dessen gewesen, was er unter »Führerschaft« verstand?

Nakasones Kommentar war alles andere als ein zufälliger Versprecher. Er glaubte, was er sagte. Und obwohl die Amerikaner als erste auf den rassistischen Inhalt seiner Rede reagierten, konnten doch nur wenige leugnen, daß darin ein Körnchen Wahrheit enthalten war, das einen verrückt machen konnte. Das japanische Erziehungssystem funktioniert in vieler Hinsicht einfach besser als das amerikanische. Unter den erwachsenen Amerikanern befinden sich schätzungsweise acht Prozent Analphabeten, während Japan weltweit die niedrigste Zahl aufweist: nur ein Prozent. In Amerika beenden 70 Prozent erfolgreich die High-School, in Japan sind es 95 Prozent. Was die mathematischen Fertigkeiten anbelangt, so stehen amerikanische High-School-Absolventen in der Weltrangliste an zwölfter Stelle, während die Japaner den zweiten Platz einnehmen. In der letzten Generation stieg der durchschnittliche IQ der Japaner auf 111 im Vergleich zur US-Norm von 100.[18]

Da das Informationszeitalter voranschreitet und sich die Konkurrenz zwischen den USA und Japan auf wissensintensive Industrien zu konzentrieren beginnt, hat Japan mit den sieben Prozent weniger Analphabeten, den 25 Prozent mehr High-School-Absolventen, den nachweisbar besseren mathematischen Fähigkeiten und den durchschnittlich elf zusätzlichen IQ-Punkten einen Bildungsvorteil, den es in einen wirtschaftlichen Vorteil ummünzen kann. Nakasone schrieb dies irrtümlich einem ethnischen Grund zu. Er hatte jedoch darin recht, daß das Erziehungssystem in der homogenen japanischen Gesellschaft besser funktioniert als in Amerika. Dort, in der heterogensten Gesellschaft der Welt, muß das Erziehungssystem mit vielfältigsten, einander widersprechenden Ansprüchen zu Rande kommen. Die Wahrheit, auf die Nakasone die Aufmerksamkeit richtete, ist folgende: Wenn die pluralistisch gesinnten Amerikaner gegenüber dem homogenen Japan konkurrenzfähig bleiben wollen, so reicht es nicht aus, wenn sie sich auf den moralischen Lorbeeren des Pluralismus ausruhen. Die Amerikaner müssen Bildungswege für ihre vielen verschiedenen Bevölkerungsgruppen finden, damit sie in Zukunft intellektuell mit den Japanern Schritt halten können. Im Augenblick sieht es so aus, als ob wir diesen Kampf verlieren, aber nicht wegen unseres Völkergemischs, sondern wegen nationaler Prioritäten.

In derselben Rede sagte Nakasone in noch provozierenderer Weise – allerdings weitgehend unbemerkt –, die Welt müsse gerettet werden, indem die überlegene japanische Philosophie im Ausland stärker verbreitet werde. Die gesamte Rede galt in ihrem Kontext für viele Beobachter als repräsentativ für das Wiederaufleben des »Yamatoismus«, der Doktrin von der Reinheit der japanischen Seele, abgeleitet von der Bevölkerungsgruppe der Yamato, die vor 1500 Jahren Japan einten.

Während des Zweiten Weltkriegs bildete der Yamatoismus das Gegenstück zur Lehre von der Überlegenheit der arischen Rasse. Er lieferte die Rechtfertigung für die Ausdehnung des japanischen Machtbereichs über ganz Asien. In seinem Buch *War without Mercy* dokumentiert John Dower, mit welcher Geschwindigkeit und Unerbittlichkeit sich der Rassismus auf beiden Seiten des Pazifiks ausbreitete, als die Vereinigten Staaten und Japan in den Krieg eingetreten waren. Der Yamatoismus war nach Dower nicht weniger virulent als Hitlers Rassendoktrin, allerdings bedeutend raffinierter.

»Es ist falsch, jene als gleichberechtigt anzusehen, die doch ihrem Wesen nach ungleichwertig sind«, lautete der japanische Kriegsreport »Weltweite Politik mit der Yamato-Rasse als Zentrum«, den Dower zitiert. Und im Report hieß es weiter: »Es bedeutet, Gleichheit zu praktizieren, wenn man jene als ungleichwertig behandelt, die tatsächlich auch ungleichwertig sind.«

Der Report umreißt die Strategie für den japanischen Triumph im Pazifik und stellt fest, die Japaner übernähmen nun »die finanzielle und wirtschaftliche Führungsrolle, die früher die europäischen und amerikanischen Kolonialmächte eingenommen« hätten. Der Krieg würde so lange weitergehen, »bis die angloamerikanische imperialistische Demokratie völlig besiegt und an ihrer Stelle eine neue Weltordnung errichtet« sei. Nach dem Krieg würden zwölf Millionen Japaner in andere Teile Asiens entsandt werden, um die Entwicklung des »umfassenden ostasiatischen Reichs gemeinsamen Wohlstandes« zu überwachen. Die Japaner würden dabei ihre Version des deutschen Begriffs vom Lebensraum verwirklichen – »ein größerer Lebensraum für die Yamato-Rasse«.[19]

Es war keineswegs ein zufälliges Zusammentreffen, daß Nakasone vierzig Jahre später ein »Japanology Institute« mit öffentlichen Mitteln unterstützte. Seine Aufgabe besteht darin, die Einzigartigkeit der japanischen Rasse zu begründen. Während seiner Amtszeit befürwortete Nakasone oft eine »Lösung der Nachkriegsprobleme«. Damit meinte er, Japan solle mit seinen Selbstvorwürfen aufhören und sich auf seine nationale Identität besinnen. Um dazu beitragen zu können, ließ sich Nakasone regelmäßig durch Gespräche mit einer Gruppe ultranationalistischer Intellektueller, der »Kyoto School«, inspirieren. In diesem Zirkel predigten einige, man solle offen die Überlegenheit der Yamato kundtun und die japanische Kultur von allen westlichen Einflüssen reinigen. Nakasones Unterredungen mit der Kyoto School, so der Japan-Experte Ian Buruma, seien ungefähr so zu werten, als wenn der deutsche Bundeskanzler einen Dialog mit Münchner Intellektuellen aufrechterhielte, die von den Ideen von Nazitheoretikern wie Julius Streicher oder Alfred Rosenberg inspiriert seien.[20]

Der japanische Nationalismus und die Militarisierung waren zu keiner Zeit stärker miteinander verflochten als in den dreißiger Jahren. Die Verbindung zwischen den beiden Kräften ist aber keineswegs zufällig. Trotz mächtiger nationaler und internationaler Widerstände besuchte Nakasone als erster Nachkriegspremier auf Druck des rechten Flügels den Yasukuni-Schrein. Diese mit heftigen Emotionen verbundene Gedenkstätte erinnert an all jene, die für das Kaiserreich starben, darunter auch viele Kriegsverbrecher der Klasse A, die für viele von den Japanern begangene Grausamkeiten verantwortlich waren. Die meisten führenden Politiker, darunter auch der heutige Premierminister Noboru Takeshita, haben diesem Schrein seither ebenfalls einen Besuch abgestattet.

Weder Nakasone noch Takeshita noch ein anderer führender Politiker der LDP befürworten bewußt ein Anknüpfen an die von Japan während des Zweiten Weltkriegs vertretene Politik. Aber das neue Japan, das nun zum erstenmal seit dem Zweiten Weltkrieg eine Rolle als große internationale Macht übernimmt, hat nie die Wurzeln der Philosophie ausgerottet, die in der Vergangenheit zu dem bekannten Desaster führte. Die wahre Bedeutung von Nakasones Worten ist diese: Die ursprüngliche Antriebskraft zur Bildung eines japanischen Weltreichs ist immer noch lebendig, und das gilt auch für den intellektuellen Boden, der für die Ausführung und Unterstützung dieser Idee notwendig ist.

3.
Warnsignale: Das große japanische Erpresserspiel mit amerikanischen Schuldverschreibungen

»Wir laufen eindeutig Gefahr, die Kontrolle über unser eigenes wirtschaftliches Schicksal zu verlieren.«

Paul Volcker
am Ende seiner Amtszeit als Präsident der amerikanischen Zentralbank[1]

Das Horten der Februar-2016-Anleihen

Im Jahr 1986 bekam die Wall Street eine erste Vorstellung von der Macht, die japanische Anleger inzwischen auf dem amerikanischen Finanzmarkt gewonnen hatten. Und das Erdbeben war schon zur Hälfte vorbei, als die meisten Finanzleute überhaupt mitbekamen, was da vor sich ging.

Es begann gegen Ende April. Überall in der Wall Street starrten hochbezahlte Wertpapierhändler ungläubig auf ihre Computerterminals. Irgend jemand tat dem größten, liquidesten und sichersten Finanzmarkt der Welt etwas Geheimnisvolles an: den Schatzanleihen, die die Schulden der US-Regierung repräsentieren.

Die entsprechenden Spezialabteilungen der größeren Wall-Street-Firmen hatten eine Menge zu verlieren. Händler hatten entdeckt, daß sie mit den Schatzanleihen ebenso beliebig handeln konnten wie ihre Kollegen mit Aktien. Und zu den Standard-Eröffnungszügen dieses Spiels gehörten die vierteljährlichen Auktionen von US-Schatzanleihen, besonders von jenen mit dreißigjähriger Laufzeit, die unter dem Namen *long bond* bekannt sind.

Über die Jahre hinweg waren *long bonds* äußerst attraktive Anlagepapiere für Institutionen mit hohem Bargeldbestand gewesen, etwa für Pensionskassen und Versicherungsgesellschaften. Trotz der massiven amerikanischen Verschuldung glaubt die Finanzwelt immer noch, es gebe keine bessere Garantie als jene, welche die US-Regierung mit ihrer historisch verbürgten Stabilität biete, da sie vermutlich selbst in einer verheerenden Panik auch weiterhin Obligationen einlösen würde. Das glaubte bis dahin zumindest die große Mehrheit der weltweit operierenden Anleger und stützte sich dabei auf die Tatsache, daß Washington trotz aller Stürme in der Geschichte der Weltwirtschaft bis heute im Ruf steht, seine Schulden bisher noch immer ohne Fehl und Tadel zurückbezahlt zu haben.[2]

Die Zinssätze für Schatzanleihen gelten auf der ganzen Welt als diejenigen, die am stärksten vom Wettbewerb bestimmt werden. Der Grund liegt darin, daß sie auf einer Auktion versteigert werden: Händler machen Angebote, wie viele Anleihen sie zu welchen Zinssätzen kaufen wollen. Da die Schulden der US-Regierung riesengroß sind, sie aber als besonders kreditwürdig gilt, handelt es sich um einen riesenhaften, weltumspannenden und konstanten Markt. Die Besitzer können einem Interessenten auf dem Sekundärmarkt einen *long bond* oft innerhalb von Minuten verkaufen, ohne daß es zu größeren Preisbewegungen kommt.

Die einzigartigen Eigenschaften der *long bonds* haben zur Folge, daß sie zu den meistbeobachteten Barometern der Zinssatzentwicklung gehören. Die Bewegungen für ihren Zinssatz spiegeln sich im Handel kurzfristiger Wechsel und Regierungsanleihen wider. Zusammen beeinflussen diese Instrumente direkt den Vorzugszins für erstklassige Kreditnehmer, die Hypotheken, die Kreditzinsen für den Autokauf und die übrigen finanziellen Bezugspunkte, die sich am Ende ganz beträchtlich auf das tägliche Leben der meisten Menschen auswirken.

Seit Ende 1984 waren die Japaner die enthusiastischsten Käufer der Schatzanleihen. Als der japanische Handelsüberschuß auf unerreichte Höhen kletterte, hatten japanische Banken, Versicherungsgesellschaften und Industriekonzerne wenig Zeit für eine vernünftige Planung, wie sie die Gewinne am besten anlegen sollten. Wie Zauberlehrlinge liefen sie dahin und dorthin, um Auslandsmärkte zu finden, die so groß waren, daß sie den außergewöhnlichen japanischen Dollarüberschuß aufnehmen konnten. »Unsere Philosophie gegenüber Schatzanleihen war in jenen Tagen sehr einfach«, erinnert sich Masahiro Dozen, Chef der Abteilung Anleihen des Tokioer Hauptsitzes der Daiwa Securities. »Man konnte sie so zusammenfassen: ›Kaufen! Kaufen! Kaufen!‹«

Und sie kauften. Die »Vier Großen« unter den japanischen Wertpapierfirmen, Nomura, Daiwa, Nikko und Yamaichi, kauften in dieser Zeit routinemäßig ein Drittel bis die Hälfte aller neuen *long bonds*. Auf einer Auktion des Jahres 1986 erstanden japanische Anleger sogar 80 Prozent der ausgegebenen Anleihen. Damit wurde Japan für die Reagan-Administration zum führenden Bankier und zum wichtigsten Finanzier für das explodierende US-Budgetdefizit. Mit anderen Worten: Washington wurde süchtig nach ausländischem Kapital. Amerika war ein verzweifelter Junkie geworden, und Japan war sein Dealer.

Das Weiße Haus schien sich in dieser Situation ganz wohl zu fühlen. Da sich leicht japanische Käufer für US-Schatzanleihen fanden, konnten die Zinssätze von 1985 bis 1986 dauernd fallen. Niedrigere Zinsraten erlaubten es wiederum Millionen von Amerikanern, ihren bereits aufgegebenen Wünschen nach einem eigenen Haus wieder freien Lauf zu lassen. Handel und Industrie sahen eine Chance zur Expansion ohne die zweistelligen Kapitalkosten, welche die Wirtschaft des Landes im vorhergehenden Jahrzehnt gelähmt hatten. Sinkende Zinssätze gaben dem damals tobenden Markt an der Wall Street weiteren Auftrieb, da Investoren Wertpapiere konservativer Geldmärkte und Depotscheine zugunsten des ekstatischen New Yorker Börsen-Tickers aufgaben.

Die japanische Bereitschaft, den Handelsüberschuß leihweise wieder in die Vereinigten Staaten zurückzuführen (anstatt ihn im eigenen Land oder in andere Länder zu investieren), war wesentlich schuld daran, daß Ronald Reagan die Militärausgaben und das Budgetdefizit ausdehnen und die Wirtschaft ankurbeln konnte - und all dies noch bei Steuerkürzungen. Die wenigsten Amerikaner durchschauten den Taschenspielertrick des Illusionisten Reagan: daß es nämlich alle drei Monate, wenn das Schatzamt wieder Geld brauchte, Ausländer waren, welche die Rechnung bezahlten. Hätten japanische Anleger 1986 nicht für 90 Milliarden Dollar US-Regierungsschulden gekauft, so hätte sich das Budgetdefizit schmerzlich auf das Leben der Amerikaner ausgewirkt - in Form deutlich höherer Hypotheken, höherer Steuern und tieferer Einschnitte in die Regierungsprogramme mit starken sozialen Auswirkungen.

Zu Beginn fanden Anleihenhändler nichts besonders Beunruhigendes daran, daß japanische Anleger nun den Anleihenmarkt anführten. Sie folgten nur ihren Instinkten und richteten ihren Blick nach Tokio aus. »Jeden Morgen erhebt sich die Frage: Was tun die Japaner gerade?« bemerkte ein Topspezialist über das Treiben in der Anleihenabteilung der First Boston's Bank.[3] Wer die Antwort auf diese Frage wußte, konnte einen Haufen Geld damit verdienen.

Die Händler bemerkten, daß die Japaner zuvor gekaufte *long bonds* kurz vor einer neuen Anleihenauktion verkauften, um neue Bonds zu erstehen. Dieses Verhalten erklärte man sich damit, daß die Japaner als langfristige Planer so langfristig wie möglich investieren wollten, und wenn es nur drei Monate mehr waren. Als die Anleihenauktion im Mai 1986 näherrückte, waren sich die Händler an der Wall Street sicher, daß die japanischen Investoren sich weiterhin wie bisher verhalten würden: Sie würden große Teile ihrer Bestände an *long bonds,* die im Februar des Jahres 2016 fällig würden, verkaufen und durch neue Anleihen ersetzen, die im Mai 2016 fällig wurden.

Arbitrage-Händler von Anleihen hatten gelernt, darauf richtig zu reagieren. Im April begannen sie wie immer mit einer Aktion, die in den Augen der meisten todsicheren Gewinn bringen würde. Sie erzeugten auf dem Markt eine Verknappung der Februar-2016-Anleihen – das heißt, sie verkauften Anleihen, die sie selber noch nicht besaßen. Sie erwarteten, daß sie zu dem Zeitpunkt, zu dem sie die Anleihen dann aushändigen mußten, keinerlei Probleme haben würden, sie zu einem etwas geringeren Preis von japanischen Anlegern zu bekommen, die sie vor der nächsten Auktion abstoßen wollten. Selbst wenn der Preisunterschied zwischen dem Verkauf einer heute knappen Anleihe und dem Rückkauf in der nächsten Woche nur einige wenige Hundertstelprozent ausmacht, so entscheiden diese Dezimalstellen im Börsenhandel doch über Leben und Tod. Händler, die jeden Tag mit Geldmengen in Milliardenhöhe umgehen, wissen genau, wie man mit scheinbar unendlich kleinen Prozentanteilen sehr schnell sehr reich werden kann.

Diesesmal geriet ihre Strategie jedoch durcheinander. Anstatt zu fallen, stiegen die Preise für die alten Anleihen. Die Händler rissen sich wie die Wahnsinnigen darum und versuchten, die Anleihen, die sie »verknappt« hatten, zurückzukaufen. Das trieb die Preise weiter in die Höhe. Wenn Angebote angenommen werden, erscheint das Wort »HIT« auf dem Computerschirm des Händlers, wie bei einem Videospiel. Doch nirgendwo war ein Volltreffer zu landen.

Da saßen sie in der Klemme, und ein großer Teil der Wall Street fühlte sich wie im Schraubstock. Irgendwo wurden die US-Schatzanleihen gehortet, die im Februar 2016 fällig wurden. Irgendwo weigerten sich ihre Besitzer, diese Anleihen zu verkaufen, selbst für einen kräftigen Aufschlag zum Marktwert.

Dieses »Irgendwo« war Tokio, wie die Wall Street am Ende herausfand. Die Japaner, die die meisten Bond-Händler für konservativ, berechenbar und unerfahren auf den US-Finanzmärkten gehalten hatten, waren dabei, eine ebenso brillante wie kühne Strategie in die Tat umzusetzen, die kein amerikanischer Profi vorausgesehen hatte. »Die Japaner taten uns bei den *long bonds* das an, was sie uns schon in Pearl Harbor angetan haben«, tobte ein Tophändler. Ein anderer verglich die wilden Preistreibereien mit dem Versuch der Hunt-Brüder, den internationalen Silbermarkt in die Hand zu bekommen.[4]

Der Aderlaß wurde von Tag zu Tag schlimmer. Die Gesamtverluste an der Wall Street erreichten 350 Millionen Dollar. Erfahrene Händler, die sechsstellige Saläre bezogen, sahen ihre Jobs plötzlich gefährdet, als die Direktorien plötzlich das Ausmaß des Schadens begriffen. »Beschaffen Sie diese Bonds irgendwo!« hieß es. »Tun Sie es jetzt, oder Sie sind erledigt!« Doch trotz all ihrer Wall-Street-Cleverness konnte nichts, was die Händler auch immer versuchten, bewirken, daß der Druck des Schraubstocks geringer wurde.

Als die Rettung endlich nahte, kam sie von Tokio. Wie ein weißer Ritter auf einem Pferderücken hielt Nomura Securities aus Japan Einzug in Amerika und bot den amerikanischen Händlern für 500 Millionen Dollar gehortete Anleihen an. Als diese Bonds in das System zu fließen begannen, ging die kostspielige Krise vorbei.

Als alles vorüber war und die Wall Street ihre Taschen geleert hatte, herrschte immer noch Verwirrung darüber, was überhaupt geschehen war und warum. Wenn es ein konzertierter Versuch gewesen war, den Markt à la Hunt-Brüder in die Enge zu treiben, warum war dann Nomura so ritterlich auf der Szene erschienen, als der Schraubstock gerade am besten arbeitete? Wenn sie den Markt nicht in ihre Hand bekommen wollten, was hatten die Japaner dann zu beweisen versucht?

Eine Theorie lautete, die Japaner und besonders Nomura hätten sich miteinander verschworen und die Bonds gehortet, um den Amerikanern eine Lektion zu erteilen. »Sie spürten, daß sie von den US-Händlern schlecht bedient wurden und klägliche Preise erhielten«, berichtete ein New Yorker Banker. »Nomura wollte sie damit wissen lassen, daß sie sich damit nicht zufriedengeben würden.«[5]

Einer anderen Theorie zufolge war der Druck ein Machtspiel, das einige oder alle der vier großen japanischen Unternehmen spielten, weil sie in den exklusiven Club der *primary dealers* aufgenommen werden wollten. Diese Gruppe von ungefähr vierzig Wertpapierfirmen hat das Recht, Geschäfte direkt mit der Federal Reserve Bank in New York zu machen. Zu den *primary dealers* zu gehören bedeutet, etwas höhere Gewinne beim Handel mit Anleihen zu machen, weil Mittlerfirmen ausgeschlossen sind. Damit ist auch eine Menge Prestige verbunden. Selbst nachdem eine Welle skandalbeladener Bankrotte das Anleihengeschäft in den frühen achtziger Jahren erschüttert hat, bestehen viele Spitzenkäufer immer noch darauf, ihre Geschäfte ausschließlich mit Primärhändlern zu machen.

Japanische Firmen mit ihrem kulturell begründeten Hunger nach

Ansehen verfolgten dabei eine Geschäftsstrategie, die darauf abzielte, auf dem amerikanischen Markt akzeptiert zu werden. Sie wünschten sich nichts sehnlicher, als *primary dealers* zu werden. Ihr Geschäftsvolumen rechtfertigte einen solchen Status. Rivalisierende amerikanische Wertpapierfirmen hatten Angst, Marktanteile zu verlieren, und wollten die Japaner ausschließen. Mehr gefühlsmäßig betont war der Widerstand der Politiker, die der Meinung waren, man solle den Japanern diese Sonderstellung so lange nicht gewähren, bis Tokio einer Öffnung seiner Finanzmärkte für eine umfangreichere amerikanische Beteiligung zugestimmt hatte.

Der Druck konnte also durchaus von japanischen Firmen ausgegangen sein, die damit zeigen wollten, daß sie zu mächtig waren, als daß man ihnen ihren berechtigten Platz hätte streitig machen können. Wenn dies zutrifft, so funktionierte ihre Taktik: Sechs Monate darauf ließ die Federal Reserve Bank die beiden größten japanischen Firmen, Nomura und Daiwa, als *primary dealers* zu.

Die wahre Erklärung ist aber vielleicht in einem Phänomen zu suchen, das zwar prosaischer ist, aber doch zugleich auch tiefer reicht: Die Amerikaner verstehen das japanische Finanzsystem nicht. Insidern von Nomura zufolge hatte der Aufruhr seinen Grund nicht in einem großen Wurf, sondern war eher das logische Ergebnis japanischer Steuergesetze. Der Druck wurde in einem Augenblick ausgeübt, als sich die amerikanischen Zinssätze im freien Fall befanden. Die Anleihenauktion im Februar hatte 9 ¼ Prozent ergeben, die Maiauktion nur 7 ¼ Prozent. Ein derart massiver Unterschied in derart kurzer Zeit schuf ein Steuerproblem und hinderte große japanische institutionelle Investoren daran, ihre alte Strategie zu befolgen, alte Anleihen zu verkaufen und neue zu kaufen.

Die älteren 9 ¼-Prozent-Anleihen waren plötzlich sehr wertvoll geworden, weil ihr *Kupon* sehr viel höher war als die damals marktüblichen Sätze. Wenn japanische Unternehmen die 9 ¼-Prozent-Anleihen verkauft hätten, hätten sie hohe Kapitalgewinne gemacht. Das wäre Musik gewesen für amerikanische Ohren, denn unter dem früheren US-Steuergesetz genossen Kapitalgewinne eine Vorzugsbehandlung. In Japan sind solche Buchgewinne der Unternehmen nicht immer gute Nachrichten. Im Gegensatz zu den regelmäßigen Einkommen aus den Erträgen der Anleihe kann ein Kapitalgewinn in vielen Fällen den Anteilseignern nicht als steuerfreie Dividende ausbezahlt werden. Dieses Mal war es sinnvoller, die Anleihen zu behalten, die Steuer zu umgehen und weiterhin den hohen Ertrag zu ernten.

»Hätten sich die Händler die Zeit und Mühe genommen, um das japanische Steuergesetz zu studieren, so hätten sie dies vorausgesehen und sich nicht selbst in diese Zwangslage gebracht«, meint ein Amerikaner, der bei einer japanischen Wertpapierfirma arbeitet.

Wenn die japanische Steuergesetzgebung tatsächlich diese Zwangslage erklärt - was aber keineswegs feststeht -, dann war das Problem heimtückischer, als es schien. Wenn Tokio einen bösartigen »Pearl Harbor«-Angriff auf die amerikanischen Märkte versucht haben sollte, so würde dies eine direkte, alarmierende Herausforderung bedeuten. Eine Investment-Gemeinschaft, die aber immer noch nicht begriffen hat, bis zu welchem Grad die amerikanischen Finanzen inzwischen vom Ausland kontrolliert werden - und die deswegen einseitig nur von amerikanischem Denken ausgeht -, ist auch imstande, die Apokalypse zu verschlafen und erst dann aufzuwachen, wenn es wirklich zu spät ist.

Der Druck auf die Anleihen von 1986 war ein zukunftweisendes Ereignis. Der Kongreßabgeordnete Schumer stellte als Mitglied des House Banking Committee einige schneidende Fragen an E. Gerald Corrigan von der Federal Reserve Bank, was aus diesem Ereignis zu folgern sei. Die Antwort lautete im wesentlichen, daß die Japaner nichts Illegales getan hatten.

Niemand hatte erwartet, daß Corrigan etwas anderes behaupten würde. Die Aufgabe seiner Bank ist es, zu den geringstmöglichen Kosten Gelder für die US-Regierung zu beschaffen. Eine starke japanische Beteiligung am amerikanischen Anleihenmarkt hilft dabei. Er wollte dem geschenkten japanischen Gaul nicht ins Maul sehen.

Diejenigen, die im Mai 1986 die Chance verpaßten, die warnende Lektion zu lernen, erhielten genau ein Jahr später eine zweite Möglichkeit dazu, die viel mehr enthüllte.

Alles ruhig an der Front in Tokio

Es war am 7. Mai 1987 um 12.25 Uhr in den Büros von Nomura Securities in einem Wolkenkratzer hoch über der Maiden Lane von New York. Robin Koskinen, ein kleinwüchsiges Energiepaket und Spezialist für den Handel mit Anleihen, zog nervös an seinen Hosenträgern. Seine durchdringenden grünen Augen durchmusterten die Abteilung für Regierungsanleihen, die er für Nomuras Tochtergesellschaft in New York hatte aufbauen helfen.

Noch vor zwei Jahren hatte die gesamte Abteilung aus Koskinen und einer Sekretärin bestanden. Heute zählte sie 55 Angestellte und handelte jeden Tag mit US-Anleihen im Wert von über 2,5 Milliarden Dollar. Diese Firma, deren Hauptabnehmer 12000 Meilen weit entfernt lebten, verfügte inzwischen mehr als jede andere amerikanische Firma über die Fähigkeit, den Zinssatz zu beeinflussen, den die Regierung der Vereinigten Staaten in den nächsten dreißig Jahren für die Schatzanleihen zahlen würde, die im Mai 2017 fällig würden. Die Auktion stand kurz bevor.

Eine Uhr über ihm sagte Koskinen, daß es in Tokio 1.25 Uhr war. In der Hauptzentrale in Nihonbashi (der Tokioer Version der Wall Street) waren die Entscheider von Nomura wach und übernachteten im Büro, wie jedesmal in Auktionsnächten. Normalerweise rauchten die stehenden Telefonleitungen, weil Tokio New York in letzter Minute Order gab und dabei eine höllische Hektik erzeugte. Doch diesmal herrschte ein unheimliches Schweigen.

Koskinen arbeitete mit John Niehenke zusammen, einem früheren Beamten des US-Finanzministeriums, der seine Erfahrung mit festverzinslichen Wertpapieren nun Nomura zur Verfügung stellte. Niehenke war der durch und durch amerikanische Typ, den japanische Unternehmen so gerne einstellen: groß, blond und blauäugig. Er arbeitete noch vor kurzem in der strategischen Planung für die US-Regierung, einem beliebten Talentpool für Headhunter, die in japanischem Auftrag tätig sind.[6] Niehenke befragte seine drei japanischsprechenden Manager über den Stand der Gespräche zwischen New York und Tokio und berichtete dann Koskinen.

Als Koskinen von seinem Treffen im Börsensaal mit Niehenke zurückkam, wirkte er wie jemand, der sich am liebsten vor etwas drücken würde. Doch schließlich sprach er laut aus, was auf der Hand lag: »Es ist ruhig. Das Interesse aus Japan ist gering. Sehr gering.«

Als scharfdenkender Intellektueller, der die Weltgeschichte ebenso versteht wie die Ertragskurven von Schatzanleihen, fühlte sich Koskinen etwas unbehaglich. Er hatte einen Job bei einer japanischen Firma angenommen, weil er gespürt hatte, daß hier die Zukunft der Finanzdienstleistung lag. In der Theorie vertrat er optimistische Ansichten über den Niedergang Amerikas und den Aufstieg Japans. »Blättern Sie in der Geschichte zurück«, meinte er. »Wer die Macht hat, will immer daran glauben, daß irgendein Zug des Nationalcharakters zu dieser Größe geführt hat. Tatsache ist jedoch, daß eine Nation nur kurzfristig eine weltweite Dominanz ausüben kann. Amerika stieg zur Weltmachtstellung auf, während Großbritannien sie verlor. Japan steigt auf, Amerika geht unter. Aus der Sicht der Geschichte ist das wirklich nicht sehr überraschend.«

An diesem besonderen Tag jedoch erschien ihm der Gedanke, daß Japan Amerika ein Messer an die Kehle gesetzt hatte, auch nicht gerade als Grund zum Feiern.

In 35 Minuten würde die Frist für die Abgabe versiegelter Angebote für Anleihen im Wert von 9,25 Milliarden Dollar bei der Federal Reserve Bank einige Häuserblocks weiter ablaufen. Amerikas steigende Schuldenlast (weil mehr ausgegeben als produziert wurde) und Japans wachsender Reichtum (ein Ergebnis des Sparwillens und nicht des Konsums) hatten sich in den vergangenen zwei Jahren an Auktionstagen stets getroffen, wie zwei Flüsse, die ineinander münden und die Weltwirtschaft bewässern. An diesem Tag jedoch drohte eine Dürre.

In der ganzen Stadt fragte jeder Anleihenhändler jeden möglichen Informanten, um zu erfahren, ob sich die Japaner am Auktionstag interessiert zeigen würden oder nicht. Ähnlich wie Koskinen berichteten alle, die den Japanern nahestanden, ihren amerikanischen Gesprächspartnern, daß die Japaner sicher nicht soviel kaufen würden wie auf früheren Auktionen. Das hatte einige Nervosität auf dem Anleihenmarkt ausgelöst.

Wenn man verstehen will, was hier geschah, muß man das politische Umfeld betrachten. Und dieses Umfeld kann man nur verstehen, wenn man um die rauhen Winde weiß, die im US-japanischen Handelskrieg eben zu blasen begonnen hatten.

Chips, Zölle und Anleihen

Die Beziehung zwischen den Vereinigten Staaten und Japan verschlechterte sich im Frühjahr 1987 erheblich. Im Capitol prügelte man fieberhaft auf die Japaner ein. Politiker wie der Kongreßabgeordnete Richard Gephardt aus Missouri machten Japan für das Handelsdefizit verantwortlich und weckten das emotionale Interesse der Amerikaner an Wirtschaftsfragen. »Die gelbe Gefahr könnte nach Ansicht vieler 1988 das Weiße Haus erobern«, berichtete *Barron's.*[7] Das erwies sich zwar als falsch, doch war es eine treffende Zusammenfassung einer vorherrschenden Stimmungslage innerhalb der demokratischen Partei.

Die Demokraten standen hiermit aber nicht allein. Kongreßabgeordnete aus beiden Parteien waren gerade dabei, der schärfsten protektionistischen Handelsgesetzgebung seit den katastrophalen Smoot-Hawley-Zollbestimmungen zuzustimmen, die mitgeholfen hatten, die Weltwirtschaft in die Depression der dreißiger Jahre zu stürzen. Die simple Haltung, man könne Japan für den unvermindert anhaltenden Verlust der amerikanischen Wettbewerbsfähigkeit verantwortlich machen, übte auf beide Parteien eine solche Anziehungskraft aus, daß sie sich der Irrationalität ihrer Argumentation gar nicht bewußt wurden.

Diejenigen, die am härtesten drauflosschlugen, hielten noch nicht einmal so lange inne, um erklären zu können, warum die Vereinigten Staaten nicht nur gegenüber den Japanern, sondern auch gegenüber allen anderen Handelspartnern ein erstaunliches Handelsdefizit aufwiesen. Wenn die japanischen Märkte so hermetisch abgeschlossen waren, wie behauptet wurde, wie konnten dann die Japaner jedes Jahr amerikanische Produkte für fast 30 Milliarden Dollar einführen – mehr als irgendein anderes Land mit Ausnahme Kanadas? Ohne Zweifel bewirkten grundsätzliche Probleme, die nichts mit der japanischen »Unfairness« zu tun hatten, den Verlust der amerikanischen Wettbewerbsfähigkeit. Aber die Unfairness konnten die Politiker eben am besten verkaufen.[8]

Innerhalb von zwei Jahren, während des Angriffs der Reagan-Regierung auf den Dollar, hatte der japanische Yen im Vergleich zur amerikanischen Währung schockierende 80 Prozent an Wert gewonnen. Das blieb ohne spürbare Auswirkungen auf das Handelsdefizit, obwohl der schwache Dollar gerade dieses Problem hatte lösen sollen. Die Amerikaner hatten den Yen einst als eine Art Spielgeld mit zu vielen Nullen betrachtet, als daß man ihn noch hätte ernst nehmen können. Der Yen stieg aber damals auf den Nachkriegsrekord von 137 Yen für einen Dollar. Damit war er fast soviel wert wie ein amerikanischer Cent. Nun war er wirklich kein Spielgeld mehr.

Nach einem geringfügigen Abbau des US-Defizits, mit dem das Weiße Haus »beweisen« wollte, daß seine unbedachte Dollarpolitik tatsächlich funktionierte, war die Statistik für den Februar, die Mitte April veröffentlicht wurde, noch einmal aufgebläht. Sie wies für diesen Monat ein Handelsdefizit von 15 Milliarden Dollar auf, eines der schlimmsten in der Geschichte. Der Aktienmarkt reagierte sofort darauf und gab einen Vorgeschmack dessen, was später, aber noch im selben Jahr eintreffen sollte. Mangelnder Abbau der Handels- und Budgetdefizite galt als auslösender Faktor beim Börsenkrach vom 19. Oktober, bei dem der Dow-Jones-Index an einem Tag um 508 Punkte absank.

Das Magazin *Time* stellte das augenblickliche Nationalgefühl auf der Titelseite dar – Handelskrieg: Die USA im Clinch mit Japan. Auf dem Titelbild waren ein mächtiger Sumoringer abgebildet und daneben ein zwergenhafter Uncle Sam. Uncle Sam krempelte jedoch die Ärmel auf und bereitete sich auf einen Faustkampf vor. Pete Wilson, der Senator von Kalifornien, erklärte: »Wir stehen mit Japan schon im Krieg.«[9]

Die Reagan-Regierung hielt nach außen hin am »freien Handel« fest und widersetzte sich einem Protektionismus, von dem sie behauptete, er sei von der demokratischen Partei inspiriert. Der Präsident erklärte andauernd, er würde gegen jedes protektionistische Gesetz, das auf seinem Schreibtisch lande, sein Veto einlegen. Seine Berater hielten es jedoch für lebenswichtig, daß die Regierung einen weithin sichtbaren Schritt gegen Japan unternahm, um zu verhindern, daß die Demokraten zu weit vorpreschten. Hierzu gingen Handelsminister Malcolm Baldrige, Verteidigungsminister Weinberger und Spitzenbeamte des CIA im Namen der Regierung gemeinsam vor, um den japanischen Elektronikgiganten Fujitsu an seinem Plan zu hindern, den kalifornischen Chip-Hersteller Fairchild Semiconductor für 200 Millionen Dollar aufzukaufen.

Es gab in der Vergangenheit japanische Aufkäufe von US-Unternehmen, die eine strategiebewußtere amerikanische Regierung durchaus hätte verhindern sollen. Doch Fairchild gehörte nicht dazu. Die Regierung aber stellte den Vorgang so dar, als würde hier ein Zulieferer hochentwickelter Technologiebausteine für das US-Militär in verräterische ausländische Hände fallen. Doch die Wirklichkeit sah ganz anders aus. Fairchild befand sich bereits in ausländischen Händen, weil es nämlich schon Jahre zuvor von Schlumberger aufgekauft worden war, einer weitgehend französischen Gesellschaft. Auf technologischem Gebiet hatte Fairchild stagniert, was dazu führte, daß 20000 von 30000 Angestellten entlassen wurden und ein Gesamtverlust von 1,5 Milliarden Dollar entstand. Ein Reporter, der regelmäßig über das Silicon Valley berichtete, stellte die Frage: »Wenn die US-Regierung sich so um den strategischen Wert von Fairchild Sorgen machte - wo war sie dann in den vergangenen sieben Jahren?«[10] Es sei nicht so, daß amerikanische Technologie in japanische Hände falle, sondern der »Technologiefluß würde bei dieser Verbindung eindeutig von Japan zu Fairchild strömen«. Ihrem Präsidenten, Donald Brooks, zufolge könnte das Unternehmen dann »in stärkerem Umfang militärische Einzelteile liefern«.[11]

Die öffentliche Meinung in Japan nahm die Meldung nicht sehr freundlich auf, der Ankauf von Fairchild sei untersagt worden. »Erst greifen uns die Amerikaner an, weil wir mit dem Export von Computerchips made in Japan angeblich Amerikanern den Job wegnehmen«, bemerkte ein Beamter des japanischen Außenministeriums, nachdem Fujitsu gezwungen worden war, sich von dem Geschäft zurückzuziehen. »Wenn ein japanisches Unternehmen dann aber sein eigenes Kapital investieren will, um amerikanische Jobs in Amerika zu erhalten, so greifen sie uns noch schärfer an. Das ist Heuchelei. Sie sagen uns, sie seien für den freien Handel, doch sie versuchen ein Geschäft zu unterbinden, weil der Käufer ein Japaner ist. Das macht uns auf eine sehr emotionale Weise sehr zornig.«

Dem Fujitsu-Fairchild-Deal ein Ende zu bereiten, war jedoch nur eine Aufwärmübung für den Hauptschachzug der Reagan-Administration - nämlich die Entscheidung, die Zolltarife für japanische Produkte zu erhöhen, sozusagen als Vergeltungsmaßnahme dafür, daß Japan sich nicht an die 1986 geschlossene amerikanisch-japanische Halbleiter-Vereinbarung gehalten hatte. Die Zölle waren wie ein Knochen, der dem amerikanischen Kongreß hingeworfen wurde. Er beklagte sich nämlich lauthals darüber, daß die Regierung zu sanft mit Japan umging. In einer seltenen Einigkeit der beiden Parteien passierte eine einstimmige Resolution den Senat, die Maßnahmen gegen die Dumping-Verkäufe der Japaner auf dem Gebiet der Halbleiter forderte.

Kurz nach der Veröffentlichung der verheerenden Zahlen des amerikanischen Handelsdefizits Mitte April nahm Präsident Reagan, das ideologische *Sine qua non* des freien Handels, seinen bösesten Hollywood-Zorn zusammen, beklagte sich öffentlich über die unfairen Praktiken der Japaner und verlangte Vergeltung. Er wählte Verletzungen des amerikanisch-japanischen Halbleiterabkommens aus und belegte importierte japanische Laptop-Computer, Farbfernseher und strombetriebene Geräte mit einem Zoll von 100 Prozent. 1986 wurden solche Produkte für 300 Millionen Dollar eingeführt. Die Reagan-Zölle galten als die schlimmsten Vergeltungsmaßnahmen, die seit dem Zweiten Weltkrieg gegen Japan ergriffen worden waren.

Obwohl die Zolltarife nur symbolischen Wert hatten, wurden sie von Anfang an als politisches Druckmittel bei der Lösung von Handelsproblemen oder bei der Verringerung von Handelsstreitigkeiten verurteilt. Selbst die Reagan-Administration muß dies gewußt haben, denn neun Tage nach der Verhängung der neuen Zölle deutete das Weiße Haus bereits an, sie würden bald wieder aufgegeben werden. Sechs Wochen nach dieser angeblichen Kampfaktion hob Reagan den Zoll für Farbfernseher auf, obwohl in den Handelsbeziehungen zwischen USA und Japan keine einzige substantielle Veränderung eingetreten war.[12]

Es war auch hinsichtlich der zwei Punkte des Halbleiter-Abkommens, das die Japaner angeblich verletzten, keine Änderung zu erwarten. Die eine Anschuldigung lautete, die amerikanischen Chiphersteller bekämen nicht genügend Zugang zum Binnenmarkt in Japan. Dieses historisch begründete und komplexe Problem, das sowohl den Bereich der Kultur als auch den der Technologie betraf, konnte nach allgemeiner Auffassung nicht so schnell gelöst werden - vor allem nicht angesichts der weltweiten Marktübersättigung der Halbleiterkapazitäten. Selbst amerikanische Unterhändler, die dafür kämpften, daß diese Klausel in die Übereinkunft aufgenommen wurde, betrachteten sie als symbolische Verpflichtung, nicht als ein Heilmittel, das zu einer unverzüglichen Besserung der Situation führen konnte.

Der zweite und viel wichtigere Vorwurf besagte, die Japaner würden für Computerchips Dumpingpreise verlangen, die unter den Produktionskosten lagen. Sie hatten jedoch in Wirklichkeit Maßnahmen ergriffen, um ihre Firmen, die Chips nach Amerika exportierten, am schlimmsten Dumping zu hindern. Dumpingpreise gab es aber weiterhin in anderen asiatischen Ländern. Dort entstand ein »grauer Markt«, auf dem die Amerikaner japanische Chips kaufen konnten, die unter den Produktionskosten lagen.

Wer geglaubt hatte, japanische Hersteller würden nun kein Dumping mehr betreiben, einfach weil ihre Regierung ein entsprechendes Abkommen unterzeichnet hatte, der hatte die japanische Geschäftsmentalität völlig mißverstanden. Die Amerikaner betrachten das Dumping als moralisch verwerflich. In Japan hat es keinen so schlechten Ruf. Es erfüllt schließlich zwei wichtige Zwecke der Industrie: In Zeiten der Überkapazität verlieren Angestellte nicht ihren Arbeitsplatz und fördern damit die Firmenloyalität für Zeiten, in denen Geld verdient wird, und es baut Marktanteile aus durch Ausschaltung von Konkurrenten.

Nach Auffassung japanischer Geschäftsleute fördert das Dumping den Wettbewerb und unterbindet ihn nicht. Das ist die Logik der Samurai: Beginnen wir beide mit Preissenkungen. Wer die tiefsten Einschnitte überstehen kann, ist der Stärkste und soll gewinnen. Während japanische Chiphersteller meist zu schwerreichen Elektronikgiganten gehören, sind ihre amerikanischen Konkurrenten meist Einzelfirmen, die sich auf Halbleiter spezialisiert haben. Damit ist klar, welche Seite Verluste besser verkraften kann. Als die heftigen Preiskriege vorüber waren, waren die drei größten Chiphersteller der Welt plötzlich Japaner. Und das in einem Industriezweig, in dem ein Jahrzehnt zuvor nicht nur die Amerikaner dominierten, sondern der sogar als Stützpfeiler der US-Wirtschaft für das 21. Jahrhundert gepriesen worden war.

Selbst wenn wir von einer japanischen Neigung zu Dumpingpreisen ausgehen, so braucht es doch zwei dazu, einen Verkäufer und einen Käufer. Amerikanische Unternehmen, die beim Einkauf der billigsten und weitaus besten Chips der Welt von japanischen Lieferanten abhingen, machten aggressiv beim Dumping auf dem grauen Markt mit. In Kalifornien wurde immer wieder darüber berichtet, daß Geschäftsleute mit ein paar hunderttausend Dollar im Koffer nach

Asien flogen, um beim nächsten Flug mit demselben Koffer voller DRAM-Chips zurückzukehren.

Die Reagan-Administration versuchte der Realität zu entkommen, daß Japan den »Chipkrieg« bereits gewonnen hatte - mindestens auf dem vom Halbleiter-Abkommen vorgesehenen Gebiet der massenhaft hergestellten Chips für Gebrauchsgüter. Die meisten der einst weltweit führenden US-Hersteller - Unternehmen wie Intel, Motorola und National Semiconductor - hatten sich schon lange zuvor aus dem Rennen um Speicherchips für Gebrauchsgüter zurückgezogen. Höhere Preise allein konnten eine amerikanische Industrie nicht wiederbeleben, die fast aufgehört hatte zu existieren.[13] Richard Shaffer, der Herausgeber der *Technologic Computer Letter*, bemerkte dazu: »Um das Geschäft mit den Speichern zu retten, hätten wir vor fünf Jahren Sanktionen ergreifen müssen.«[14] Als das japanische Dumping mit den Chips auf dem grauen Markt schließlich zurückging, lag dies mehr an der zunehmenden weltweiten Nachfrage, welche die Preise nach oben trieb, als an einem amerikanischen Druck. Die Nachfrage wuchs tatsächlich so stark an, daß es 1988 zu massiven Chip-Engpässen kam. In ihrer Verzweiflung behaupteten viele führende Manager der amerikanischen Computerindustrie, das Halbleiter-Abkommen und Washingtons Beharren auf seiner Einhaltung seien die Gründe für das sinkende Angebot.

In Wahrheit waren die Zölle, die Reagan im April 1987 verabschiedet hatte, untragbar und nicht durchführbar. Gelang es damit aber wenigstens, eine symbolische Botschaft zu übermitteln? Die Antwort lautet ja, doch sie führte nicht zu dem Ergebnis, auf das Washington gehofft hatte. Die Japaner kamen nicht, wie die Reagan-Leute gehofft hatten, zu der Überzeugung, Amerika trete nun zum Kampf an und Tokio müsse jetzt mehr tun, um das Handelsdefizit zu verringern und sich an die amerikanische Version vom freien und gerechten Handel halten.

Statt dessen wuchsen in Japan der Zorn und die Verbitterung über die Vereinigten Staaten. Die Tokioer Unterhändler in Handelsfragen lächelten und verbeugten sich nicht mehr. Zum erstenmal in der Nachkriegsgeschichte des Handels provozierten und verspotteten sie die Amerikaner. Diesen Stilwechsel verkörperte am deutlichsten Makoto Kurodas, der Vizeminister des MITI. Er erwies sich als Weichensteller für den neuen Weg der Japaner. Der stämmige, untersetzte Kuroda sprach fließend Englisch, hielt sich in den intellektuellen Kreisen um seine amerikanischen Gegenspieler auf, trug Pierre-Cardin-Krawatten, um zu bekunden, daß er ausländische Waren hoher Qualität importieren wolle, und gab beim Sprechen zu erkennen, was er dachte.

»Ihr Amerikaner seid so stürmisch. Ihr seid wie kleine Kinder. Versuchen Sie, erwachsen zu werden«, erklärte Kuroda bei einer Gelegenheit.[15] Dieser Elefant im Porzellanladen der bilateralen Verhandlungen kündete auch an, er wolle die Zölle nicht durch den Begriff »Sanktionen« aufwerten. Er meinte, man müsse sie richtigerweise als »törichte amerikanische Handlungen« bezeichnen, die internationale Handelsabkommen verletzten.

Es war eine Tatsache, daß die Nakasone-Regierung 1987 wichtige Schritte unternommen hatte, um die japanischen Märkte zu öffnen, die Zölle zu verringern und die unfairsten japanischen Geschäftspraktiken zu unterbinden. Damit waren sie zumindest äußerlich den Wünschen der Vereinigten Staaten entgegengekommen. Aber gerade in dem Augenblick, als die japanische Regierung alles tat, um den amerikanischen Bedürfnissen innerhalb ihrer kulturellen und zeitlichen Möglichkeiten entgegenzukommen, schlug der Washingtoner Freihandels-Präsident Japan mit den feindlichsten protektionistischen Maßnahmen ins Gesicht, die es seit einem halben Jahrhundert gegeben hatte, also seit jener Zeit, als sich die beiden Länder als Todfeinde gegenübergestanden hatten.

Kuroda sah die Situation ganz klar. Reagan, so meinte er, greife Japan an, um zu Hause Stimmen für sich zu gewinnen. Was Reagan allerdings nicht begreife, sei die Tatsache, daß Japan nicht mehr der Prügelknabe Amerikas sei. »Wenn Amerika weiterhin sinnlos Druck auf Japan ausübt«, warnte er, »so könnte dies eine äußerst extreme Reaktion hervorrufen.«

Für viele Japaner waren Reagans Zolltarife der Tropfen, der das Faß zum Überlaufen brachte. Ein Teil der öffentlichen Meinung begann sich um einige neonationalistische Ideen herum zu gruppieren. So hieß es beispielsweise, daß Japan nun genügend Druck und öffentliche Demütigungen von den Vereinigten Staaten hingenommen und Amerika den Höhepunkt seiner Macht überschritten habe. Daß das irrationale Einprügeln auf Japan, das die Sünde begehe, dort erfolgreich zu sein, wo Amerika scheitere, ein typisches Kennzeichen für Amerikas Niedergang sei. Daß die Japaner anfangs bereit gewesen seien, sich ernsthaft mit dem Vorwurf auseinanderzusetzen, ihre Handelspraktiken seien unfair, und daß sie versucht hätten, Abhilfe zu schaffen. Daß es jetzt aber vollkommen klar sei, daß Washingtons Argumentationsweise nur ein Vorwand für Amerikas Weigerung sei, durch harte Arbeit und Verzicht wieder auf die Beine zu kommen. Daß Amerika, einst Lehrer und Vorbild, an die Stelle hehrer Bekenntnisse zu Internationalismus und freiem Handel nun den Protektionismus und den Eigennutz stelle; damit verrate es jene Japaner, die sich einst vom Beispiel Amerikas hätten inspirieren lassen. Daß nun die Zeit gekommen sei, den richtigen Weg zu finden, um Japans Enttäuschung Ausdruck zu verleihen. Daß die Zeit für Vergeltungsmaßnahmen gekommen sei.

»Japans Waffe ist das Geld«

Clayton Yeutter, der Chefunterhändler der USA, hing einem Wunschdenken an, als er an dem Tag, als die Zolltarife in Kraft traten, erklärte: »Für Japan ist diese Beziehung viel zu wichtig, als daß es sich leisten könnte, ernsthaft an Vergeltungsmaßnahmen zu denken.«[16]

Es ist wahr, Japan kündigte das Halbleiter-Abkommen nicht, wie einige Beamte vermutet hatten. Es erhob auch keine neuen Zölle auf amerikanische Produkte oder ergriff irgendwelche anderen offenen Vergeltungsmaßnahmen, die zu einer Eskalation des Handelskriegs hätten führen können. Ob die japanischen Behörden einen Mangel an Computerchips in den USA provozieren wollten oder nicht, bleibt unklar. Es gab Berichte, wonach das MITI das Halbleiter-Abkommen bis an die Grenzen seiner Interpretationsmöglichkeiten auslegte, so daß es in der Tat »den Nachschub von Chips unterbinde, um damit die amerikanischen Computerhersteller zu treffen«.[17]

Zu einem bestimmten Zeitpunkt reifte in den Köpfen der japanischen Elite der Gedanke, der wirkungsvollste Weg, die Reagan-Administration zu einem Rückzug zu bewegen, bestehe im Boykott der Schatzanleihen-Auktion im Mai. Das sei eine heimliche Vergeltungsmaßnahme, da theoretisch Privatinvestoren über den Kauf dieser Bonds entscheiden und nicht die japanische Regierung. Es würde eine verborgene und schwer zu beweisende Vergeltungsmaßnahme sein, weil die US-Regierung in ihrer fatalen Rückwärtsgerichtetheit keine exakte Statistik darüber führe, wer ihre Anleihen kauft und besitzt.[18]

Sich von den Schatzanleihen fernzuhalten, sei auch eine Maßnahme, die sich aufgrund ihrer mikroökonomischen Grundlagen gänzlich rechtfertigen ließ. Die Abwertung des Dollars hatte bewirkt, daß japanische Versicherungsgesellschaften allein 13 Milliarden Dollar durch amerikanische Anleihen verloren. Solange sich der Dollar in freiem Fall befand, konnte man keinen japanischen Anleger dafür kritisieren, daß er vor der Teilnahme an der Auktion zurückscheute – und viele würden das wahrscheinlich ohnehin tun. Amerikanische Experten sagten bereits voraus, daß sich die japanischen Anleger anderen weltweit gehandelten Währungen zuwenden würden, um nicht dauernd dem Dollarrisiko ausgesetzt zu sein. Robert Brusca, der amerikanische Topwirtschaftsfachmann von Nikko Securities, bestätigte diesen Trend und meinte dazu: »Seit Jahresbeginn wurde fast jede Investition der Japaner in US-Anleihen zu Mist, und das führt nicht gerade zu einer Ausweitung der Investitionen.«[19]

In Tokio wurde eine geheime Sitzung des Parteiblocks um Tanaka vereinbart. Es ist die größte Machtgruppierung innerhalb der LDP und vereint auch einige der mehr nationalistisch und antiamerikanisch ausgerichteten Stimmen. Japanischen Presseberichten zufolge verlief der Dialog etwa so:

»Wir müssen keine US-Regierungsanleihen mehr kaufen«, behauptete Masaharu Gotoda, der oberste Kabinettssekretär mit dem unheilverkündenden Spitznamen »der gewalttätige Sekretär«. Dann fügte er hinzu: »Wir wurden von den Vereinigten Staaten oft genug verurteilt. Wir wären völlig verrückt, wenn wir weiterhin kauften.«

Gotoda wurde von Hajime Tamura, dem Chef des MITI, unterstützt:

»Er hat recht. Japans Waffe ist das Geld. Wir sollten die Vereinigten Staaten wissen lassen, was geschieht, wenn Japan sich weigert, US-Regierungsanleihen zu kaufen.«[20]

In der ganzen zweiten Aprilhälfte und in der ersten Maiwoche kursierten auf dem Anleihenmarkt widersprüchliche Nachrichten darüber, was die Japaner während der nächsten Auktion tun würden. Wall Street schenkte den Berichten über einen japanischen Investitionsstreik kaum Glauben und glaubte lieber, Amerika habe noch immer die Oberhand. »Die Japaner haben gar keinen anderen Markt für ihr Geld«, lautete die gängige Begründung. »Kein anderer Markt auf der Welt kann so viel Bargeld absorbieren. Überdies liegen die Erträge aus den US-Schatzanleihen um fünf Prozentpunkte höher als die aus japanischen Bonds. Kein professioneller Anleger kann über einen solchen Gewinn einfach hinweggehen.«

Diese Art des Denkens mag tröstlich gewesen sein, weil sie die Rolle Japans für die amerikanische Wirtschaft leugnete, doch sie enthielt mehrere Fehleinschätzungen. Es stimmt: Der US-Anleihenmarkt macht 57 Prozent des Weltmarkts aus. Doch damit bleiben immer noch 43 Prozent verfügbar - genug, um mindestens kurzfristig japanisches Geld aufzunehmen, ohne daß die Japaner gezwungen waren, auf den Aktienmarkt und andere Parkplätze für überschüssiges Bargeld auszuweichen.

Die Vorstellung, ein japanischer Anleger könne der Versuchung einer Gewinnspanne von fünf Prozent nicht widerstehen, ist eine naive amerikanische Art, die Dinge zu sehen. Erst jetzt, in den späten achtziger Jahren, hat sich die Vorstellung, man müsse sich bei seinen

Investitionen stets nach dem größtmöglichen Ertrag richten, in Nihonbashi ausgebreitet. In der Geschichte der Tokioer Wertpapierbörse wurde die Investition immer als Mittel zur Zementierung, Ausdehnung und Vernetzung von Geschäftsbeziehungen, nicht als eines zur Erzielung von direktem Geldgewinn betrachtet. Die Geschichte des Tokioer Marktes für Regierungsanleihen ist die Geschichte von Finanzinstituten, die der Regierung zu niedrigen Zinsen Geld liehen und dafür den wohlwollenden Schutz der Regierung genossen. Geldmanager brauchen nicht um ihren Job zu fürchten, wenn ein Konkurrenzunternehmen am Ende des Jahres bessere Ergebnisse erzielt hat. Deshalb waren fünf Prozent nichts, über das man sich schrecklich aufregen mußte - besonders nachdem japanische Wirtschaftswissenschaftler einen Fall des Dollars vorausgesagt hatten, der die Gewinnspanne zwischen amerikanischen und japanischen Regierungsanleihen ohnehin verkleinern würde.

Wer an der japanischen Willenskraft zweifelte, der Anleihenauktion zu widerstehen, mußte seine Meinung bald ändern, nachdem ein Manager der Sumitomo-Lebensversicherung angekündigt hatte, sein Unternehmen - das normalerweise viel kaufte - würde nicht daran teilnehmen. In der Tokioer Finanzpresse gab es Gerüchte, institutionelle Anleger würden einen vollen Boykott durchziehen. Diese Gerüchte führten dazu, daß die Preise für Anleihen sanken und die Zinssätze stiegen. »Die Eskalation der Handelsschwierigkeiten zwischen den USA und Japan läßt uns von neuem daran zweifeln, ob wir auch weiterhin japanisches Kapital in dieses Land fließen lassen können«, bemerkte der Chef-Volkswirt von Nomura in New York.[21]

Die Märkte, die empfindlich auf Zinsveränderungen reagieren, warteten nicht ab, um herauszufinden, ob an den Gerüchten etwas Wahres war. Selbst ein geringfügiger Rückgang der japanischen Kapitalinvestitionen hatte große Auswirkungen zur Folge. Die Hypothekenzinsen, die zwei Jahre lang fast kontinuierlich zurückgegangen waren, stagnierten plötzlich, um dann eine Kehrtwendung zu machen und noch vor Ende April um zwei Prozentpunkte nach oben zu schießen. »Chaos«, »Panik« und »Aufruhr«, mit diesen Worten beschrieb man das, was sich in jenen flüchtigen Wochen unter den kaufwilligen Amerikanern abspielte, die den Traum vom eigenen Haus träumten. In Sekundenschnelle vollzogen sich enorme Sprünge, wie der Präsident einer Hypothekenbank feststellte. »Ich habe in meinen vierzehn Jahren Berufserfahrung nie etwas Ähnliches erlebt.«[22]

Welchen Einfluß hatte Japan auf das tägliche Leben der amerikanischen Wirtschaft gewonnen? *Forbes* lieferte ein passendes Beispiel: Der Anstieg der Zinssätze aufgrund des japanischen Rückzugs aus dem Anleihenmarkt war direkt verantwortlich für den Rückgang von Hauskäufen in Peoria.[23]

Beunruhigt über die Folgewirkungen eines japanischen Rückzugs aus dem amerikanischen Markt, berief Paul Volcker, der Präsident der Federal Reserve Bank, eine geheime, dringliche Telefonkonferenz seines politischen Ausschusses ein. Er erhielt dessen Unterstützung für eine Veränderung der Zinssätze für kurzfristige Geldgeschäfte mit dem Ziel, den Dollar zu festigen und damit die amerikanischen Regierungsanleihen für die Japaner wieder attraktiver zu gestalten. »Die Politik der Federal Reserve Bank wird heute zunehmend von den Bedürfnissen unserer ausländischen Gläubiger beeinflußt und sogar diktiert«, erklärte der Spitzenmann für Wirtschaftsfragen der Mellon Bank.[24]

Anleihenauktionen finden normalerweise während dreier Tage statt. Die beiden ersten Tage sind kurzfristigen Schatzwechseln gewidmet, während der letzte Tag für das Drama der Schatzanweisungen mit dreißig Jahren Laufzeit reserviert ist. Diesmal traten die Japaner in den ersten beiden Tagen so wenig wie möglich in Erscheinung. »Es gab fast kein japanisches Interesse«, verriet *The Wall Street Journal* seinen Lesern.[25] In der *New York Times* erschien ein düsterer Bericht unter der Schlagzeile: »Talfahrt der Anleihen wegen japanischer Zurückhaltung; Spannung steigt«.[26]

Angesichts der Stimmung, die an der Wall Street um sich gegriffen hatte, warteten die amerikanischen Anleger auf ein Zeichen der Japaner, bevor sie sich ein eigenes Urteil über die Vertrauenswürdigkeit des amerikanischen Anleihenmarktes bildeten. »Angenommen, das Schatzamt hielte eine Anleihenauktion ab und keiner käme«[27], schrieb *Newsweek* mit einem Anflug schwarzen Humors. Dies zeigte, wie sehr diese Auktion zu einem Thema der Massenmedien geworden war – und dabei mußte sie in dieser Woche mit viel pikanteren Geschichten um den Rang kämpfen, etwa mit Gary Harts Seitensprung mit dem Modell Donna Rice und dem Tod des Ex-CIA-Chefs William Casey.

Der Wetteinsatz stieg, während der Auktionstag der *long bonds* heraufzog. Je geringer die Nachfrage aus Japan war, um so höher mußte der Zinssatz steigen, damit die Bonds verkauft werden konnten. Jeder zusätzliche Prozentpunkt würde das amerikanische Finanzministerium in den nächsten dreißig Jahren ungefähr drei Milliarden Dollar kosten. Die Erhöhung um einen einzigen Prozentpunkt würde auch die Konsumenten und die Geschäftswelt unzählige Milliarden an höheren Zinsen kosten. Die Japaner waren in der Lage, den Amerikanern eine sehr teure Lektion zu erteilen.

Was dann geschah, bleibt ein Rätsel. Obwohl mächtige Mitglieder

der japanischen Regierung dazu geraten hatten, die Auktion als politische Waffe zu verwenden, änderte Nakasones Kabinett nun seine Haltung. Es sickerten Berichte durch, wonach der Finanzminister seinen Einfluß bei den Finanzinstituten geltend machte, um sicherzugehen, daß sie sich in der Auktion wie bisher verhielten. Amerikanische Beamte des Finanzministeriums wurden dahingehend beruhigt, Tokio würde einen Boykott verhindern.

Für die Veränderung der offiziellen Haltung war wahrscheinlich der Finanzminister Kiichi Miyazawa verantwortlich, ein brillanter Wirtschaftswissenschaftler und einer der am globalsten denkenden Politiker Japans. Nach Miyazawas Ansicht befand sich die Weltwirtschaft in einem zu labilen Gleichgewicht, um eine schwere Belastung des Anleihenmarktes verkraften zu können. Die »Antiamerikaner« im Parteiblock um Tanaka hätten wohl keine Vorstellung von ihrer eigenen Stärke. Ein zu massiver japanischer Rückzug von den US-Schatzanleihen könne zu einer Rezession in der amerikanischen Wirtschaft führen. Das hätte ernsthafte internationale Auswirkungen, die dazu führen würden, daß die Weltnachfrage für japanische Produkte sänke und schließlich auch die Binnenwirtschaft Japans unterminiert werden würde.

Das Angstklima auf dem amerikanischen Anleihenmarkt hatte die japanische Stellung all jenen in der Reagan-Administration hinreichend klar gemacht, die zu einem solchen Verständnis überhaupt fähig waren, so daß sich weitere Maßnahmen erübrigten. Japan, so zeigte sich, hatte durch die bestehende Angst vor japanischen Vergeltungsmaßnahmen mehr Einfluß auf die Vereinigten Staaten, als diese auf Japan ausüben konnten, indem sie tatsächlich Vergeltungsmaßnahmen durchführten. Das war alles sehr nach Art des Zen.

Ein Uhr

Ungefähr um 12.45 Uhr am Auktionstag in New York nahm die Aktivität im Börsensaal von Nomura deutlich zu. In letzter Minute trafen einige größere Order ein. Robin Koskinen, John Niehenke und andere japanische und amerikanische Topmanager beeilten sich, um Nomuras Angebot fertigzustellen und es ihrem bei der Federal Reserve Bank wartenden Vertreter noch 90 Sekunden vor Ablauf der Frist mitzuteilen. Von Hand gekritzelte Berechnungen auf gelben Formularen - eine überraschende Ausnahme in diesem computerintensiven Geschäft - gingen zwischen den Tophändlern hin und her. Ein letzter Check mit Tokio. Durch den Raum zog eine elektrisierende Welle. Die Händler standen auf. Das Angebot wurde durchgegeben. Alle verspürten ein Gefühl der Erleichterung.

Am Ende des Tages hatte Nomura für ungefähr eine Milliarde Dollar Schatzanweisungen gekauft. Das war die geringste Beteiligung dieser Firma an einer Anleihenauktion seit mehr als einem Jahr, und dennoch eine schwergewichtige im Vergleich zu den übrigen. Direkt gegenüber, am anderen Ende von Manhattan Island, hatte sich Daiwa einen ähnlich großen Anteil bei der Auktion gesichert, auch wenn er ebenfalls geringer war als üblich. Dort betrachtete der stets höfliche Bill Brachfeld, ein hochaufgeschossener Veteran in oxfordblauem Hemd, der 21 Jahre Erfahrung im Anleihenhandel bei Salomon aufzuweisen hatte, das Auktionsergebnis - es wies einen durchschnittlichen Zinsertrag von 8 3/4 Prozent aus und lag damit mehr als einen Prozentpunkt höher als bei der letzten Auktion vor drei Monaten. Dies stellte eine dramatische Zunahme dar, die für die Zinssätze gefährlich werden konnte. Diese Aufwärtsbewegung würde den amerikanischen Wirtschaftsaufschwung nicht zwangsläufig zum Erliegen bringen, doch würde sie sicher einen Schatten darüber werfen.

»Das Problem«, sagte Brachfeld, ermüdet vom Tumult des langen Tages, »sind nicht die Japaner.« Und er fuhr fort, wobei er sich sogleich für seine Wortwahl entschuldigte: »Das Problem ist darin zu suchen, daß wir eine gottverdammte Schuldnernation sind, und wenn wir eine gottverdammte Schuldnernation sind, dann sind wir unseren gottverdammten Gläubigern ausgeliefert.«

Als alles vorbei war, schwankten die Schätzungen der Beteiligung der japanischen Investoren zwischen einem Viertel und einem Drittel des Gesamtvolumens - nicht gerade ein Zeichen allergrößter Begeisterung der Japaner für den amerikanischen Anleihenmarkt, aber unter den gegebenen Umständen auch nicht schlecht. Japan hatte Amerika nicht den Schaden zugefügt, der mit einem vollständigen Boykott möglich gewesen wäre. Diesmal war nur eine empfindliche Strafe für die US-Regierung in Form deutlich höherer Zinssätze herausgekommen. Diese höheren Sätze würden den Wert der Anleihen für die japanischen Investoren erhalten, wenn der Dollar weiter fallen sollte. Doch das war nur ein Nebenprodukt zweier viel wichtigerer Siege, die am 7. Mai auf dem Schlachtfeld des Anleihenmarktes errungen wurden.

Der erste Sieg war ein stillschweigend geschlossener Waffenstillstand im laufenden Handelskrieg mit Washington, ohne daß die Japaner noch etwas dazu tun mußten - und trotz eines Rekordhandelsdefizits der Vereinigten Staaten von fast 18 Milliarden Dollar im Monat Juli und einem weiteren Rekord im Oktober. Selbst die Hysterie, die im Juni in Washington ausbrach, als bekannt wurde, daß ein Tochterunternehmen von Toshiba illegal militärisch bedeutsame Technologie zur Schalldämpfung von Unterseebooten an die Sowjets verkauft hatte, flaute überraschend schnell wieder ab. Die flagrante Verletzung der COCOM-Exportbestimmungen durch die Firma Toshiba Machine kostete die Vereinigten Staaten auf dem Gebiet des Rüstungswettlaufs mit der Sowjetunion viel mehr als jedes japanische Dumping auf dem Chip-Markt. Aber nach einigen Wochen heftiger Debatten und der Zertrümmerung von Toshiba-Geräten durch Kongreßabgeordnete legte sich der Tumult. Für den Rest des Jahres 1987 griff eine geläuterte Reagan-Administration zu keinen weiteren Handelssanktionen mehr gegen Japan. Die einzige Handlung des Präsidenten bestand darin, noch weitere der Zollbestimmungen vom April aufzuheben.

Das zweite und viel weitreichendere Ergebnis der Geschehnisse vom 7. Mai war, daß der Öffentlichkeit schlagartig bewußt wurde, daß die Vereinigten Staaten als Schuldnernation von fremdem Kapital abhängig waren. Obwohl das Wirtschaftswachstum der USA statistisch gesehen noch viele weitere Monate lang anhielt, stellte das Ansteigen des Zinssatzes aufgrund der Maiauktion den Umkehrpunkt in der Bewegung des Pendels dar. Nun begann es wieder zurückzuschwingen. Selbst die verbissensten Reagan-Anhänger begannen zu spüren, daß mit der amerikanischen Wirtschaft etwas erschreckend falsch lief. Sie fuhr auf dem doppelspurigen Gleis des Budget- und Handelsdefizits und wurde von ausländischen Investoren aufgeblasen. Wer sich Zeit nahm, darüber nachzudenken, dem zeigten die Ereignisse des Mai genau das, was die Japaner den Amerikanern deutlich machen wollten: daß ihnen die Japaner den Boden unter den Füßen wegziehen konnten, wenn sie es zu weit trieben.

Die Angst, welche diese einmal erlebte Todesangst der US-Wirtschaft einflößte, erfuhr nach drei Monaten Inaktivität der Reagan-Administration schließlich ihre Feuertaufe in Form des Börsenkrachs vom Oktober 1987. Einflußreiche Köpfe der amerikanischen Geschäftswelt, wenn nicht die Regierung im Weißen Haus selbst, begannen nun die alptraumhafte Tatsache zu begreifen, daß sich die Hypotheken des Traumschlosses der Reaganomics in dem Besitz von Ausländern befanden.

Teil II

GLÄUBIGER UND SCHULDNER, ÜBERSCHÜSSE UND DEFIZITE

4.
Zaitek!
Von Toyotas zu Schatzwechseln. Der erstaunliche Übergang Japans vom Güter- zum Kapitalexport

»Zu Beginn meiner Karriere standen wir noch unter amerikanischer Besatzung und besaßen nahezu keine Auslandsgelder. Die japanischen Spinnereien benötigten amerikanische Baumwolle. Doch die Amerikaner sagten uns, keine Handelsbank genieße soviel Kredit, als daß sie die 40 Millionen Dollar ausleihen könne, die dafür notwendig waren. Die Bank of Japan, unsere Zentralbank, war als einzige kreditwürdig genug, daß sie das Geld von der Export-Import-Bank in den Vereinigten Staaten leihen konnte.

Die Verhandlungen waren schwierig. Ich fuhr so oft zur Exim Bank in Washington, daß ich mich nach 35 Jahren noch immer an ihre Adresse erinnere: 811 Vermont Avenue. Am Ende erhielten wir den Kredit. Der Vertragstext war in Englisch abgefaßt, und als Währung wurden US-Dollars festgelegt.

Am Ende meiner Karriere stiegen unsere Reserven an ausländischer Währung deutlich an. Wir wollten einen Teil unseres Reichtums zum Nutzen für die Welt verwenden. Wir entschlossen uns, der Weltbank das damals größte Einzeldarlehen zu gewähren: 100 Milliarden Yen. Mr. Brochas, der Chefbeauftragte der Weltbank, flog nach Tokio und unterzeichnete das Abkommen. Es war auf Japanisch abgefaßt, und er verstand kein Wort davon. Die Währung waren natürlich japanische Yen.«

Shiro Inoue,
der frühere Direktor der Bank of Japan

Samuel Smiles einfache Ideen

Yoshitoki Chino, der Präsident der Daiwa Securities, stand neben einem großen, in westlichem Stil gehaltenen Gemälde eines japanischen Künstlers. Es bedeckte den größten Teil der Wand in Daiwas Hauptsitz in Nihonbashi. Das Bild zeigte den Raub der Europa: Eine wundervolle dralle, nackte Frau mit flachsblondem Haar wurde auf dem Rücken eines großen braunen Bullens davongetragen. Das war eine erstaunliche Dekoration für das Sitzungszimmer des weltoffensten japanischen Brokerhauses.

Chino ist der einzige unter den obersten Führungskräften der vier großen japanischen Wertpapierfirmen, der fließend Englisch spricht. Er beschäftigte sich wohl am intensivsten von allen mit dem internationalen Aspekt des japanischen Finanzwesens. »Vor fünfzehn Jahren herrschte unter den japanischen Wertpapierfirmen ein intensiver Wettbewerb auf dem Binnenmarkt«, erinnerte er sich. »Die übrigen Unternehmen kämpften in den abgelegensten Winkeln Japans um Marktanteile. Wir untersuchten die internationale Arena und sahen, daß die Japaner hier überhaupt nicht tätig waren. So entschieden wir, diese Lücke zu füllen.«

Daiwa war einst die Nummer vier in Japan gewesen. Vor allem ihrem innovativen Engagement im Ausland ist es zu verdanken, daß sie zur Nummer zwei wurde. Zu diesen Innovationen gehören die Entdeckung des asiatischen Dollarmarkts in Singapur (der heute ein Volumen von 200 Milliarden Dollar hat) und des Euroyen-Markts in Europa (wo Yen-Anleihen heute einen Großteil aller Emissionen ausmachen). Daiwa führte als erste eine amerikanische Gesellschaft an der Tokioer Wertpapierbörse ein; sie gab als erstes japanisches Haus eine US-Dollar-Anleihe für ein amerikanisches Unternehmen (General Telephone) aus, und als erstes Unternehmen nahm Daiwa in seinen Beratungsausschuß einen früheren westlichen Regierungschef auf, nämlich Helmut Schmidt.

Daiwa begann vor über achtzig Jahren ganz bescheiden als Fujimoto Bill Broker Co. und hat seither einen weiten Weg zurückgelegt. Heute ist sie weltweit die zweitgrößte Wertpapierfirma hinsichtlich ihres Börsenwerts und wird nur von der Firma Nomura übertroffen, die ihren Hauptsitz nur wenige Blocks entfernt hat. In einem Jahr, in dem sich amerikanische Brokerfirmen glücklich wähnten, wenn sie überhaupt einen Gewinn aufweisen konnten, machte Daiwa einen Reingewinn von über einer Milliarde Dollar. Daiwa beschäftigt 9000 Menschen in 120 Büros im In- und Ausland. An jeder größeren Aktienbörse der Welt ist Daiwa vertreten. Die Firma ist Primärhändler in US-Schatzanweisungen, und ihre Aktivitäten reichen weltweit, angefangen von der Suche nach Risikokapital für China bis hin zur Vermögensverwaltung der Pensionskasse der Staatsangestellten von Oregon.

Chino ist ebenso ein Philosoph wie ein Finanzpionier. Auf die Frage, wie Japan so schnell so reich werden konnte, meinte er, er könne das meiste davon mit zwei einfachen Begriffen erklären. Beide beziehen sich auf die Geschichte Großbritanniens, in der sich Chino ziemlich gut auskennt.[1]

Der erste umfaßt harte Arbeit und Selbstvertrauen. Das komme in dem Sprichwort »Hilf dir selbst, so hilft dir Gott« zum Ausdruck – es wurde vor allem im 19. Jahrhundert durch den Klassiker *Self-Help* von Samuel Smiles berühmt. Das Buch übte unmittelbar nach der Meiji-Revolution von 1868 eine enorme Wirkung auf Japan aus. Während der Meiji-Zeit öffnete sich Japan in großem Maß ausländischen Ideen. Sie markiert den Beginn des japanischen Bemühens, den Westen in industrieller, wissenschaftlicher und militärischer Hinsicht einzuholen. Übersetzungen ausländischer Bücher überschwemmten das Land. Am populärsten war *Self-Help*, eine wahre Bibel britischer viktorianischer Wirtschaftsideen. Einer ganzen Generation von Japanern, die dem britischen Erfolg nacheiferten, diente das Buch von Samuel Smiles als Ratgeber. Er betonte die Bedeutung der Sparsamkeit und des Pflichtbewußtseins und behauptete, nichts sei unmöglich, wenn harte Arbeit und Selbstvertrauen die Basis unternehmerischer Aktivitäten bildeten. In Smiles Buch fanden die Japaner traditionelle asiatische Tugenden in moderner Umsetzung wieder, und es wurde zu ihrem Evangelium. Von diesem Buch wurden über eine Million Exemplare verkauft, und das bei einer Bevölkerung von damals etwa 30 Millionen. Chinos Urgroßvater las es und wurde ein Anhänger. Der heutige Reichtum, so meint Chino, ist das Ergebnis kollektiver harter Arbeit, des Selbstvertrauens und der Sparsamkeit einer gesamten Nation.

Chinos zweites Prinzip war: »Führe keinen Krieg«. Er glaubte, Japan habe Glück gehabt, daß es über vierzig Jahre lang davon verschont blieb. Wiederum mit Blick auf die Erfahrungen Großbritanniens wies Chino darauf hin, daß Frankreich reicher war als England, als Robert Walpole Premierminister wurde. Während seiner 21jährigen Amtszeit legte er das Schwergewicht auf Handel und Industrie und auf die Vermeidung von Kriegen. Während Europa in Konflikte verwickelt war, holte Walpoles England Frankreich wirtschaftlich bald ein. Japan, so meinte Chino, habe den Frieden doppelt solange genießen können. »Wenn sie ihre Wirtschaft nicht im Krieg zerstört und ihre Produktionsressourcen nicht in der Rüstung verpulvert, wird eine hart arbeitende Nation am Ende reich.«

Trotz der Einfachheit von Chinos »zwei Ideen« sagen sie doch eine Menge über die japanische Wettbewerbsfähigkeit aus. Die Amerikaner rühmen sich, daß sie gerne hart arbeiten. Die Japaner schuften aber 500 Stunden mehr pro Jahr. Erst vor kurzem begannen japanische Unternehmen darüber nachzudenken, ob sie den Samstag freigeben sollten. Die Zahl der Arbeitslosen lag während der achtziger Jahre in den Vereinigten Staaten im Mittel bei fünf bis zehn Prozent der arbeitenden Bevölkerung; in Japan liegt die Zahl bei zwei bis drei

Prozent. Während die soziale Sicherheit und andere Programme, die jeder Bürger in Anspruch nehmen kann, einen großen Teil des US-Budgets ausmachen, hat Japan erst in den letzten paar Jahren damit begonnen, einen spürbaren Anteil seiner nationalen Ressourcen für solche Zwecke einzusetzen. Selbst heute wird von den meisten Japanern erwartet, daß sie während ihres Arbeitslebens genügend sparen, um im Alter unabhängig zu sein. Die Japaner halten an Prinzipien fest, die denen von Samuel Smiles ähneln und die der anglo-amerikanischen Kultur schon längst verlorengegangen sind. Die Japaner arbeiten einfach länger und härter als die Amerikaner.

Douglas MacArthur wußte sehr wohl um den Wettbewerbsvorteil, der in der japanischen Haltung zur Arbeit lag. 1951 warnte er davor, die japanische Arbeitswut könne am Ende bewirken, daß Japan Amerika überflügle, weil man hier weniger arbeiten und mehr Luxus genießen wolle.[2] Das war eine prophetische Bemerkung. Obwohl die Freizeitindustrie jetzt eine Blütezeit hat, treffen die Japaner noch nicht jene scharfe Unterscheidung zwischen Arbeit und Freizeit, wie es die Amerikaner tun. In vielerlei Hinsicht gilt die Arbeit dort heute noch als Sinn des Lebens.

Stellen Sie sich vor, wie die US-Wirtschaft heute aussähe, wenn die Amerikaner so viele Stunden arbeiteten wie die Japaner, und wenn große Teile des US-Wohlfahrtsstaates wegen einer fast lückenlosen Vollbeschäftigung unnötig wären. Fügen Sie diesem Bild die sechs Prozent Unterschied (im Vergleich zum Bruttosozialprodukt) zwischen dem amerikanischen und dem japanischen Verteidigungsbudget hinzu, und stellen Sie sich vor, sie würden dem Wiederaufbau der industriellen Basis der USA dienen. Unter solchen Umständen könnte man zweifeln, ob die Vereinigten Staaten ein Wettbewerbsproblem hätten.

Dieser Weg stellt zum jetzigen Zeitpunkt natürlich nicht eine politische Alternative dar, die man sofort realisieren könnte. Die Geschichte hindert uns daran, einseitig unsere militärischen Verpflichtungen oder unsere Sozialprogramme aufzugeben. Wir müssen jedoch erkennen, daß Japan in dieser Hinsicht eine viel leichtere Bürde trägt und daraus einen größeren Wettbewerbsvorteil zieht. Der Grund, warum die Spielfelder der wirtschaftlichen Konkurrenz zwischen den USA und Japan nicht auf gleicher Ebene liegen, haben weniger mit der japanischen Unfairness als mit den grundlegenden Tatsachen des Lebens zu tun, wie sie Chino aufzeigte.

Die wirtschaftlichen Probleme Amerikas dadurch zu lösen, daß man den Japanern mit der Keule auf den Kopf schlägt, bis sie weniger sparen, mehr konsumieren und weniger hart arbeiten – mit anderen

Worten: das Land auf dasselbe Niveau hinabzuziehen und ihm dabei dieselben sozialen Krankheiten einzuimpfen, mit denen die Vereinigten Staaten zu kämpfen haben - das wäre eine Karikierung der amerikanischen Wertvorstellungen. Aber genau das tun viele in Washington, wenn sie Tokio dazu auffordern, eine bereits expansive japanische Wirtschaft weiter auszudehnen, die bereits mikroskopisch niedrigen japanischen Zinssätze weiterhin zu senken und die japanischen Bürger mehr zum Ausgeben als zum Sparen zu bewegen. Das wird niemals funktionieren. Zu viele kluge Männer wie Chino wissen nur allzu gut, woher der Reichtum Japans stammt, und sie werden seine Grundlagen nicht zerstören, solange sie nicht eine Alternative dafür gefunden haben.

Das Wunder im Kaninchenstall

Das wichtigste Gut, das Japan in die Vereinigten Staaten einführt, besteht nicht mehr aus Automobilen oder Elektronik, sondern aus Kapital. In diesem ganzen Jahrzehnt exportierte Japan den Kapitalüberschuß, den es durch den Handel mit Amerika anhäufte, wieder zurück in die Vereinigten Staaten. Mit diesen Milliarden gewährten die Japaner Anleihen und langfristige Kredite, kauften Aktien und tätigten unzählige Direktinvestitionen.

In der Vergangenheit konzentrierten sich die Japaner darauf, ihr Geld auf »altmodische« Weise zu verdienen - mit harter Arbeit, diszipliniertem Sparen und viel Handel. Auf diese Weise häuften sie ein Vermögen an. Mit ihm durchstreifen sie nun den Globus, kaufen von allem das Beste und stellen den Rest der Welt an, für sie zu arbeiten. Diese alte Geschichte kennen die Amerikaner sehr wohl, denn sie taten in der Vergangenheit genau dasselbe.

Es wurden viele gute Bücher darüber geschrieben, wodurch den Japanern ihr großer wirtschaftlicher Erfolg gelungen ist. Es wäre eine Zeitverschwendung, sich lange dabei aufzuhalten. Wir müssen aber einige strukturelle Eigenschaften der japanischen Wirtschaft betrachten, um die wachsende Rolle Japans als Weltbankier verstehen zu können. Was die meisten Menschen im Westen als Wirtschaftswunder bestaunten, sollte zu einem Finanzwunder heranreifen. Der Grund dafür ist in der Art und Weise der Industrialisierung Japans verborgen.

Die Anzeichen dafür, daß Japan zu einem bestimmten Zeitpunkt zum führenden Kapitalexporteur der Welt werden würde, waren lange Zeit sichtbar, besonders für jene, die sich die Mühe machten, genau hinzusehen. Vor fast zwanzig Jahren deutete Herman Kahn in seinem

Buch *The Emerging Japanese Superstate* eine solche Möglichkeit an. Er und sein Kollege Thomas Pepper machten 1978 im Hinblick darauf eine viel spezifischere Voraussage: »Bis zum Ende des Jahrhunderts wird Japan fast sicher ... der größte Kapitalexporteur der Welt sein, wobei jedes Jahr Nettokapital in der Höhe von Dutzenden von Milliarden Dollar abfließt.«[3]

Daß dies bereits in den achtziger Jahren und nicht erst in den neunziger Jahren geschah, ist das Ergebnis eines zufälligen Zusammentreffens internationaler Ereignisse, die perfekt mit der japanischen Politik zusammenpaßten. Eine besondere Bedeutung kam hier dem Aufstieg der Reaganomics in den Vereinigten Staaten zu. Wir werden allerdings erst etwas später auf diese geschichtlichen Ereignisse aus jüngster Zeit eingehen. Kehren wir hier zuerst zu den Grundlagen des japanischen Wirtschaftswunders zurück. Chinos Vorstellungen von der Arbeit und vom Frieden sollte man drei Zusätze hinzufügen:

1. Japan kann das besser, was der Westen bereits gut macht.[4] Früher importierten die Japaner ihre Schrift und ihre Kultur aus China und Korea. Später führten sie dann geschäftliches und technisches Knowhow aus dem Westen ein. Es steckt schon etwas Wahrheit in der westlichen Auffassung, die Japaner seien eher überaus gute Nachahmer als echte Schöpfer von Neuem. Diese weitverbreitete Vorstellung sollte man aber mit Vorsicht genießen. Die amerikanische Business-Theorie vergöttert die Kreativität zu Unrecht und gibt der Anpassungsfähigkeit einen schlechten Beigeschmack. In Wirklichkeit können erfolgreiche Anpassungen genauso wichtig sein wie originäre Schöpfungen. Die amerikanische Erfahrung selbst bestätigt das: Henry Ford erfand sehr wenig, was das Automobil selbst betrifft. Steve Jobs erfand nichts von der grundlegenden Technologie des Apple-Computers. Beide Unternehmer taten genau das, was die Japaner so gut können: etwas anpassen, Massen davon produzieren und es besser vermarkten, was andere vor ihnen bereits erfunden haben.

Angefangen vom Transistor bis zum Computerchip, von der Laser- bis zur Biotechnologie, war das Vorgehen der Japaner immer ähnlich: Sie entwickelten ein fertiges Produkt, kauften Lizenzen und stahlen gelegentlich auch bahnbrechende technische Ideen der Amerikaner. Dann paßten sie sie an, verbesserten den Produktionsprozeß, hoben die Qualität, senkten die Kosten und drängten am Ende die Erfinder aus dem Geschäft. Obwohl dieses Vorgehen Japan nicht mehr viel weiterhelfen wird, da dessen Industrien in fast allen Bereichen Anschluß an den westlichen Standard gefunden haben, war dies bis heute doch ein sehr kostensparender Weg der industriellen Entwicklung.

In ähnlicher Weise übernahmen die Japaner Managementtechniken aus dem Westen. Die heute berühmte Neigung der Japaner zur Qualitätskontrolle orientierte sich beispielsweise am Werk von W. Edwards Deming, einem amerikanischen Wirtschaftstheoretiker. Er wurde in Japan zur Leitfigur, während er in seiner Heimat nahezu unbekannt blieb. Andere Elemente der vielgerühmten japanischen Managementtheorie wurden ebenfalls dem amerikanischen Vorbild abgesehen, das die Japaner in den fünfziger Jahren studierten. Heute werden diese Ideen von Japan wieder nach Amerika zurückimportiert.

2. Japans Erfolg läßt sich auch einem Umstand zuschreiben, der im Westen nicht sonderlich beachtet wurde: Japan hat einen Ausgleich zwischen der gesunden, reinigenden Wirkung des freien Marktes und den wichtigeren, längerfristigen gesellschaftlichen Bedürfnissen gefunden, die eine nationale Planung und eine auf Konsens beruhende Kooperation verlangen.

Obwohl der Westen die japanische Industrie als eine Gruppe riesenhafter konspirativer Kartelle betrachtet, herrscht auf dem Binnenmarkt ein unerbittlicher Konkurrenzkampf. Nur wenige Industrien in der Welt haben schon einen derart verbissenen Wettbewerb erlebt, wie er für die japanische Automobil- und Elektronikindustrie typisch ist. Die Gewinnspannen werden auf das äußerste reduziert, und die Unternehmen stehen in einem totalen Krieg miteinander, um ihre Produkte zu verbessern und die Herstellung noch weiter zu vereinfachen. Wenn die Überlebenden dann in die Vereinigten Staaten kommen, fassen die Amerikaner sie als Neulinge auf. In Wirklichkeit jedoch sind es geschickte, erfahrene Riesen, vom Darwinschen Dschungel ihres Binnenmarktes ausgelesen für den Erfolg.

Selbst wenn die japanische Wirtschaft von solchen Auswirkungen des freien Marktes geprägt ist, macht sie doch auch in großem Umfang Gebrauch von Wirtschaftsplanung und Industriepolitik. Über sie bestimmen die beiden Machtzentren MITI und Finanzministerium[5]. Die großen nationalen Programme wie der Vollbeschäftigungsplan des Jahres 1956 und der Plan zur Verdopplung des Volkseinkommens, den Premierminister Ikeda 1960 umsetzte, erwiesen sich als Lehrmodelle der Regierung für erfolgreiches makroökonomisches Management. Auch heutige Anstrengungen für die geplante, ausgewogene Stimulierung der einheimischen Wirtschaft scheinen Erfolg zu haben. Die Wahl der Industrien, die für den Export entwickelt werden sollen, welche Bereiche von Forschung und Entwicklung förderwürdig sind, wann Zölle festzulegen und wann sie aufzuheben sind, all das beruht auf wohlüberlegter Planung. Das MITI, das Finanzministerium und andere Regierungsinstitutionen üben sehr viel mehr Kontrolle über die Wirtschaft aus, als man von weitem annehmen möchte, denn viel von dem, was sie unternehmen, ist nicht in Gesetzen festgelegt oder irgendwo niedergeschrieben. Die Art dieses Einflusses wird höflich mit »Anleitung durch die Verwaltung« und »moralische Überzeugungsarbeit« umschrieben. Diese angenehm klingenden Begriffe sind oft die Hauptwerkzeuge der Regierung, wenn es darum geht, daß japanische Firmen ihr Streben nach Gewinnen und Anlagerenditen mit dem nationalen Interesse in Einklang bringen.

Die direkte Intervention der Regierung in die Belange der japanischen Wirtschaft ist nun am Schwinden, da Tokio eine Reihe von Liberalisierungsmaßnahmen ergriffen hat. Doch im Gegensatz zur Reduzierung von Verwaltungsmaßnahmen amerikanischen Stils verlief der Prozeß der Veränderung langsam und wohlgeordnet. Die Entwicklung zu einer weniger stark gesteuerten Wirtschaft hin ist ebenfalls genauestens geplant worden.

Wenn Japan das besser kann, was der Westen schon gut macht, so kann es auch das besser, was der sozialistische Osten zwar immer versprochen, aber nie erreicht hat. »Japan gibt der Welt das beste Beispiel für den Sozialismus«, bemerkte einst ein Investmentbanker von Nomura. »Die Russen und die Chinesen sollten nach Tokio kommen und hier studieren, wie man Planwirtschaft und Marktwirtschaft miteinander verbinden kann.«

3. Schließlich kommen wir zum japanischen Erfolg, der am stärksten von Japans einzigartiger kultureller Erfahrung geprägt wurde. Denn der japanische Erfolg basiert darauf, daß Japan fähig ist, eine breite nationale Unterstützung für seine wirtschaftlichen Ziele zu finden. Dabei wird auch öffentlich akzeptiert, daß Privatleute wie Unternehmen Opfer bringen müssen, um sie zu erreichen. Amerika und die übrigen westlichen Länder haben diese Stärke nur zu Kriegszeiten aufgebracht. Die Japaner hingegen haben diese Haltung für eine lange Zeit der Entwicklung während des Friedens beibehalten.

Das war einzigartig in der modernen Geschichte: In den beiden Jahrzehnten vor 1986 konnte Japan hervorragende Produkte herstellen und auf den Weltmärkten zu relativ hohen Preisen verkaufen, während die Arbeiter zu Hause Löhne wie in einem unterentwickelten Land erhielten. In Abständen versuchten die Gewerkschaften natürlich, ein etwas dickeres Stück von diesem wunderbaren Kuchen abzubekommen. Doch insgesamt gelang es Japan in der Zeit des ungezügelten Wachstums in den sechziger und siebziger Jahren mit patriotischen Aufrufen und Ermahnungen zu Einfachheit und nationaler Opferbereitschaft, die Revolution der steigenden Erwartung zu unterdrücken. Am Ende stiegen die Löhne, und der Lebensstandard verbesserte sich - doch lange Zeit, nachdem die Arbeiter sich dies durch ihre Produktionssteigerungen schon längst verdient hatten.

Als einziges Land unter den heutigen demokratischen Industrienationen behält Japan sich das Recht vor, offen von seinen Einwohnern Opfer zu verlangen. Wenn Japan einen Abschwung der Konjunktur erlebt, dann versuchen die Arbeitgeber die Arbeitnehmer davon zu überzeugen, niedrigere Löhne zu akzeptieren, bis die Krise vorbei ist. Normalerweise gelingt ihnen das. Indem Japan die Löhne künstlich niedrig hielt, konnte es zwanzig Jahre lang immer größere Anteile des Weltmarktes für seine Exportwirtschaft gewinnen. Der Kult des Marktanteils funktionierte: Selbst heute, da Japan zu einem Hochlohnland geworden ist, halten die Exportunternehmen ihre Marktanteile zäher fest, als amerikanische Wirtschaftswissenschaftler dies eigentlich erwartet hatten.

Vereinfachen wir die Dinge einmal: Der Unterschied zwischen dem, was die japanischen Arbeiter in den sechziger und siebziger Jahren entsprechend dem westlichen Standard hätten verdienen müssen und dem, was sie wirklich bekamen, sammelte sich in den Kassen der japanischen Unternehmen als Bargeld an. Dieser Trend wurde in den frühen achtziger Jahren wegen der Stärke des Dollars noch verstärkt. Die Amerikaner waren verrückt nach Importen und bezahlten mit starken Dollars, während die japanischen Arbeiter nur schwache Yen dafür bekamen. Diese Dollars erschienen unausweichlich in den Bilanzen. Kazuo Nukazawa, der führende Wirtschaftswissenschaftler der Keidanren (des mächtigen Zusammenschlusses von Wirtschaftsorganisationen) bemerkt dazu: »Traditionelle Industrieunternehmen wie Toyota und Matsushita sind heute in Japan unter der Bezeichnung ›Toyota-Bank‹ und ›Matsushita-Bank‹ bekannt.«

Japans Fähigkeit, seine Landsleute zu mobilisieren, hängt ohne Zweifel mit den kulturellen und geographischen Gegebenheiten zusammen. Die Amerikaner sehen in ihrem Drang, nach Westen zu ziehen, um neue Gebiete zu erobern, die Wurzel für die Offenheit und den Optimismus ihres Nationalcharakters. In ähnlicher Weise glauben die Japaner, ihre geschlossene Inselkultur gehe auf die drei Jahrhunderte der Autarkie zurück, die sie erlebt haben, bevor Commodore Perry mit seinen »schwarzen Schiffen« 1853 eintraf und das Land zur Öffnung zwang.

»Wir sind ein kleines, überbevölkertes Inselreich mit wenigen natürlichen Ressourcen, das nur eine kurze Zeit lang der Außenwelt offenstand«, erfahren die Ausländer immer wieder in Japan. Damit wird alles erklärt, was Japan von den Vereinigten Staaten unterscheidet: Daß die Japaner immer noch glauben, sie seien arm, obwohl sie nun zu Reichtum gekommen sind; daß die Erwachsenen Workaholics und die Kinder Studyholics sind; daß in Japan das Gruppeninteresse über dem Interesse des einzelnen steht, die Zukunft mehr als die Gegenwart zählt, der Export den Import übertrifft und viel mehr gespart als konsumiert wird.

Praktisch jeder Japaner lernt von früh an so zu denken. Im dichtest bevölkerten Land kann man sich nicht bewegen, ohne stets an die Gruppe zu denken. Diese allgemeine Überzeugung, die in Formulierungen wie »wir Japaner«, »Japan gegen die Welt« und »Opfer zum Besten der Nation«, ihren Ausdruck findet, ist eine ungeheure Kraft, die jedes Schulkind sozusagen auf osmotischem Weg aufnimmt, das lernen muß, in den Stoßzeiten in den Menschenmassen der Tokioer Untergrundbahn zu überleben.

Zur japanischen Kultur gehören auch langfristige Zeitvorstellungen. Japanische Unternehmen können weit entfernte Ziele verfolgen und kennen nicht den Druck der Amerikaner, die ihre Ziele von Vierteljahr zu Vierteljahr erfüllen müssen. Auch japanische Premierminister und Wirtschaftsplaner stehen nicht unter dem Druck, gleich Erfolge vorweisen zu müssen. Japan ist in jeder Hinsicht ein Einparteienstaat. Die LDP ist seit der Mitte der fünfziger Jahre ununterbrochen an der Macht. Obwohl es innerhalb der Partei oft zu Streitigkeiten zwischen organisierten Parteiblöcken kommt, war deren Wirtschaftspolitik bei weitem homogener als die Amerikas, wo das politische Pendel immer wieder für einen Umschwung sorgte. In Japan wird eine bestimmte Politik im allgemeinen so lange verfolgt, bis sie Früchte trägt. Veränderungen gehen langsam vonstatten, um Verwirrungen zu vermeiden. Japan kann es sich noch erlauben, große Visionen zu pflegen, wie es sie im Westen überhaupt nicht mehr gibt, mit Ausnahme der Märchen, die Präsidentschaftskandidaten während ihrer Wahlkampagne auftischen.

Die japanische Wirtschaft ist gewiß nicht immun gegenüber ernsthaften Problemen. Ihre Stärken sind Stärken hauptsächlich in bezug auf die amerikanischen Schwächen, nicht in einem absoluten Sinn. Wenn sich die Regierung etwas stärker zurücknimmt und sich die Wirtschaft an ihre weltweite Bedeutung anpaßt, so mögen auch einige traditionelle japanische Tugenden verkümmern oder ganz verschwinden. Die Hypothese, Japan komme mit den Anforderungen einer Systemveränderung besser zurecht als die Vereinigten Staaten, wird in den kommenden Jahren einem schwierigen Test ausgesetzt werden. Wir dürfen aber unter keinen Umständen eine Schwäche im japanischen System annehmen, nur weil wir an der betreffenden Stelle einen Schwachpunkt haben.

Die amerikanische Presse hat beispielsweise beträchtliche Energien darauf verwandt, den armen japanischen Angestellten zu bemitleiden, der zu hart arbeitet und trotz des neuen Wohlstandes zuwenig konsumiert. Uns erscheint dies als offensichtliche Schwachstelle in der japanischen Ordnung. Manche Ausländer in Japan freuen sich über diesen Unterschied; damit behalten sie ihre geistige Gesundheit in dem sonst alles umfassenden Meer des japanischen Erfolges.

»Den Antrag für die Zulassung einer Wertpapierfirma zu stellen, war ein Alptraum, etwas Kafkaeskes«, gestand der Chef einer ausländischen Brokerfirma in Tokio. »Ich kann nicht mehr zählen, wie oft ich ins Finanzministerium gehen und vor einem kleinlichen Bürokraten kriechen mußte, der darüber entschied, ob wir durch die goldene Tür der Tokioer Börse treten durften oder nicht. Der einzige Weg, um diese Qual zu überstehen, bestand darin, daß ich immer wieder daran dachte, daß ich, wenn alles vorüber war, zu Hause wie ein König leben würde, während der Typ immer noch in einem Kaninchenstall wohnte.«

Wer die Wahl hat, würde auf jeden Fall lieber wie ein König leben als in einer durchschnittlichen japanischen Wohnung, die ein Beamter der Europäischen Wirtschaftsgemeinschaft vor einigen Jahren als »Kaninchenstall« verhöhnte. Ist aber die Tatsache, daß der pflichtbewußte, gut ausgebildete und geschickte Finanzbeamte in einer Wohnung lebt, die man wirklich nur als Kaninchenstall bezeichnen kann, eine Schwäche der nationalen Wirtschaftsstrategie? Der soziale Kontrakt, der hinter diesem Einverständnis steht (selbst wenn die Klagen darüber heute stärker sind als je zuvor), stellt eine der größten Quellen der Stärke des japanischen Systems dar.

Tatsache ist, daß Japan seinen Bürgern weniger verspricht und mehr von ihnen erwartet als jedes andere Industrieland. Ein Vierteljahrhundert lang wuchs die japanische Wirtschaft weitaus schneller als die amerikanische. Während dieser ganzen Zeit wurde von den Japanern erwartet, daß sie mehr sparen als die Amerikaner. Das sind zwei mächtige Faktoren, die sich verstärken. Früher, als die japanische Industrie einen Großteil des Gewinns in ihr zukünftiges Wachstum reinvestieren mußte, zeigte sich nur ein Wachstum der Kapitalbildung. Heute gehen die Kapitalbedürfnisse Japans zurück, doch dieselbe Gleichung ist immer noch in Kraft. Deswegen wachsen die enormen ersparten Gelder im Innern der japanischen Wirtschaft weiter an.

Aus politischen Gründen bot die japanische Regierung in der Nachkriegszeit keine Steuervergünstigungen an, um den Hauskauf zu fördern - auch nicht, um irgendwelche Konsumschulden zu unterstützen. Statt dessen machte es die Regierung den Leuten schwer, Häuser zu kaufen, ohne beträchtliche Bargeldmengen angespart zu haben. In der Folge schoß der gesparte Anteil am persönlichen Einkommen in die Höhe, und es wurden Kapitalreserven frei, die man in die Entwicklung neuer Industrien stecken konnte. (Diese Maßnahmen waren natürlich diametral entgegengesetzt zu der US-Nachkriegspolitik, die Hausbesitzer durch großzügige Steuererleichterungen dazu aufforderte, Hypotheken aufzunehmen.)

Die Wohnverhältnisse stellen denn auch eines der größten Opfer dar, das die Japaner für ihr Wirtschaftswunder gebracht haben. Oft leben drei Generationen auf einem Raum zusammen, welcher der Hälfte des durchschnittlichen amerikanischen Hauses entspricht. Damit gaben die Menschen nicht nur Lebensraum auf. In derart engen Wohnungen konnten sie gar keinen materiellen Besitz anhäufen und genießen, selbst nachdem sich Japan schon längst von seiner Sparsamkeitskampagne während der Nachkriegszeit verabschiedet hatte.

Wichtig ist, daß man versteht, daß die Kaninchenställe nicht ein Zufallsprodukt des Immobilienmarktes darstellen, sondern einer Wahl entsprechen, die die Japaner getroffen haben. Sie sind ein Teil des Preises für eine umfassendere wirtschaftliche Strategie.

Heute erntet man die Früchte dieser Wahl. Die japanische Industrie braucht nicht mehr wie früher Kapitalinfusionen. In den Bilanzen von Industrieunternehmen taucht so viel Bargeld auf, daß sie es sich leisten können, ihren Angestellten für den Hauskauf Geld zu niedrigen Zinsen zu leihen. Obwohl die Immobilienpreise in und um Tokio in die Höhe geschossen sind, sind die Zinssätze immer noch so niedrig, daß es zur Zeit zum größten Wohnungsbauboom in der Geschichte des Landes kommt. Jedes Jahr wird der Bau von zwei Millionen Wohneinheiten in Angriff genommen. Das bedeutet, daß im Vergleich mehr Häuser gebaut werden als in den doppelt so volkreichen Vereinigten Staaten. Die meisten sind immer noch klein, aber immerhin größer als früher. Die Zeit der Großfamilie, in der sich mehrere Generationen eine Wohnung teilten, geht dem Ende zu. In den Vorstädten werden Häuser nach amerikanischem Vorbild errichtet, in den Innenstädten sind es modernste Eigentumswohnungen, die nach dem letzten Schrei entworfen wurden. Ironischerweise findet dieser Boom auf dem Wohnungsmarkt zu einer Zeit statt, da es junge Amerikaner zunehmend schwer haben, ein Haus zu kaufen.

Die Japaner haben ihr Geld gespart und den Konsum zurückgestellt. Die Amerikaner haben ihr Geld ausgegeben und Schulden angehäuft. Japan konsumiert ungefähr 20 Prozent weniger, als es produziert – dabei bleiben riesige Summen übrig. Amerika konsumiert zuviel und gibt jedes Jahr drei Prozent mehr aus, als es produziert; dadurch sammeln sich hohe öffentliche und private Schulden an.

Ziehen wir einen Vergleich auf dem Immobiliensektor. Die Wirtschaft der Vereinigten Staaten ist heute in der Lage eines Mannes, der für ein Haus Hypotheken in Höhe von 250 000 Dollar mit schwankendem Zinssatz aufnimmt. Dieser steigt nach oben, und er muß sich sehr bemühen, wenn er seinen Zahlungsverpflichtungen nachkommen will. Wenn er diese Qual durchsteht, wird er am Ende feststellen, daß er seiner Bank fast eine Million Dollar bezahlt hat.

Japan wiederum gleicht einem Mann, der bereits eine Million Dollar angespart hat, während dieser Zeit allerdings in einem Kaninchenstall leben mußte. Nun kauft auch er ein Haus für 250 000 Dollar. Er zahlt es bar und bringt die restlichen 750 000 Dollar auf die Bank, wo sie hohe Zinsen tragen. Gehen die Zinssätze nach oben, so werden seine Ersparnisse immer stattlicher. Mit diesem unerwarteten Gewinn baut er sein Haus aus und beginnt Geld in andere Immobilien anzulegen.

Es ist wie das Rennen zwischen Hase und Igel und wie das Märchen von der Grille und der Ameise. Wir alle wissen, wer dabei gewinnt. Es fällt uns westlichen Menschen leicht, über die beengten Wohnungen in japanischen Kaninchenställen die Nase zu rümpfen. Doch zeigt es sich, daß sie mehr Respekt verdienen. Sie bilden die Grundlagen des japanischen Wirtschaftswunders.

Eine Nation von Sparern

Die Architekten der japanischen Nachkriegswirtschaft wollten ihr Land ursprünglich gar nicht unbedingt zur führenden Finanznation machen. Doch im Rückblick setzte der Weg, den sie für die Erholung der japanischen Industrie wählten, jenen Vorgang zwangsläufig in Bewegung.

Nach den Wirren des Zweiten Weltkriegs boten sich drei Möglichkeiten des Wiederaufbaus an. Japan konnte wieder auf die Beine kommen, indem es eine ausländische Nation (das heißt Amerika) zu direkten Investitionen aufforderte. Es konnte im Ausland viel Geld leihen, oder es konnte die noch erhaltenen Reste der Industrie nationalisieren und einem zentralistischen staatskapitalistischen Modell folgen. Die meisten westeuropäischen Länder bedienten sich, abgesehen vom amerikanischen Marshallplan, eines oder aller dieser Mechanismen, um ihre verwüstete Wirtschaft wieder aufzubauen.

Japan schlug keinen dieser Wege ein. Ausländisches Kapital war nicht leicht zu bekommen. Die Amerikaner leisteten umfangreiche Wiederaufbauhilfe, doch gab es für Japan keinen Marshallplan. Noch am Ende der sechziger Jahre waren amerikanische Finanzleute ziemlich skeptisch hinsichtlich der Kreditwürdigkeit Japans. Nobuya Hagura, der Präsident der Dai-Ichi-Kangyo-Bank (der größten Bank der Welt mit über einer Viertelbillion Dollar Aktiva), erinnert sich an die Jahre 1965 bis 1968, als er in New York lebte: Zu jener Zeit »war es meine wichtigste Aufgabe, von den großen Geschäftsbanken Geld zu leihen. Das war nicht einfach. Ich mußte sie dauernd davon überzeugen, daß damit kein Risiko verbunden war.«

Doch selbst wenn mehr ausländisches Kapital verfügbar gewesen wäre, steht nicht fest, ob sich Japan davon abhängig gemacht hätte. Die Japaner wollten nicht, daß Ausländer zuviel Einfluß auf ihre Wirtschaft bekamen. Sie waren auch nicht besonders begierig darauf, den Reichtum in ferner Zukunft zu teilen, wenn sie nämlich, wie sie fest glaubten, wieder wohlhabend sein würden. Bis in die achtziger Jahre war Japan einer der unwirtlichsten Plätze der Welt für ausländisches Kapital. Ausländische Unternehmen wurden zu Joint ventures gezwungen und zahllosen Kontrollen unterworfen. Ihre Gewinne durften sie nicht ins Ausland abführen. Unter diesen Bedingungen konnten selbst jene amerikanischen Unternehmen nicht mehr Fuß fassen, die im Vorkriegsjapan eine wichtige Rolle gespielt hatten, zum Beispiel Ford und General Motors, die in den dreißiger Jahren den japanischen Automobilmarkt dominiert hatten.

Anstatt sich von ausländischem Kapital abhängig zu machen, zogen es die Nachkriegsplaner vor, Maßnahmen zu ergreifen, die Japan dazu brachten, durch Sparen und Handel seinen eigenen Kapitalüberschuß zu produzieren. Als die japanische Industrie langsam die technologische Leiter hinaufstieg und mit den führenden Industrien der Welt in Konkurrenz trat, mußte dieser Überschuß angezapft werden. Selbst heute, da wir wissen, daß dies alles gelang, erscheint es noch wie ein unmöglicher Traum. Die Kühnheit dieser Vision, den Übergang vom Stahlexport zum Export von Videorecordern innerhalb von 25 Jahren, beschrieb der Historiker und Gewinner des Pulitzer-Preises Thomas McCraw in seinem Buch *America versus Japan*:

»Stahl in die Vereinigten Staaten mit ihren reichen Erz- und Kohlevorkommen und den riesigen Hochöfen um Gary, Pittsburgh und Birmingham exportieren? Japanische Autos exportieren, damit sie mit den weltberühmten Produkten von General Motors, Ford und Chrysler konkurrieren? ... Motorräder auf einen Weltmarkt werfen, der seit langem von Giganten aus den Vereinigten Staaten (Harley-

Davidson), Deutschland (BMW) und Großbritannien (Triumph) dominiert wird?

Oder Kameras? Wie könnte sich Japan einen Anteil am Weltmarkt erobern, der von Eastman Kodak und Polaroid mit billigen und von Leica und anderen deutschen Firmen mit teuren, hochentwickelten Geräten lückenlos beliefert wird? Uhren? Timex und ähnliche Unternehmen hatten wiederum den Markt für Billigprodukte fest im Griff. Der Markt für hochwertige Ware war fest in der Hand der Schweizer, die seit mehreren Jahrhunderten von keinem Mitbewerber verdrängt werden konnten. Sollte man Fernsehgeräte, Tonbandgeräte und Videorecorder nach Amerika exportieren, ausgerechnet jener Nation, deren Unternehmen diese Geräte erfunden hatten und immer noch im Besitz der Rechte für die benötigte Technologie waren?«[6]

Um verstehen zu können, wieso es die Japaner überhaupt wagten, diesen unmöglichen Traum zu träumen, muß man die weitverbreitete Meinung aufgeben, das japanische Wirtschaftswunder sei ausschließlich das Ergebnis der letzten vierzig Jahre. Die Industrialisierung begann in Wahrheit im 19. Jahrhundert mit der Meiji-Revolution. In den dreißiger Jahren war Japan eine der größten Industriemächte und eine Gläubigernation. Selbst die Briten verurteilten die steigenden Exporte Japans nach Indien. Und Frankreich war schockiert, als es mit ansehen mußte, wie japanische Händler in ihrem kolonialen Hinterhof im Maghreb als Konkurrenten auftraten. Auch damals argwöhnte der Westen, eine japanische Wirtschaftsverschwörung komme in Gestalt der monopolistischen Großkonzerne daher, der *zaibatsu* - Mitsui, Mitsubishi, Sumitomo und Yasuda. Damals war Japan nicht gerade unerfahren in der Herstellung von High-Tech-Produkten. Die Rüstungsindustrie beispielsweise war imstande, große Mengen hochentwickelter Kampfflugzeuge auszustoßen.

Obwohl ein Großteil der japanischen Industrieanlagen nach dem Zweiten Weltkrieg zerstört war, waren die Kenntnisse über wirtschaftliche Organisation, Herstellung, Handel und Finanzen noch vorhanden. Die *zaibatsu*, die man für den Aufstieg des japanischen Militarismus verantwortlich machte, wurden dem Namen nach aufgelöst. Doch dieselben alten Namen und Gesichter tauchten danach in Form locker assoziierter Gruppierungen wieder auf; heute heißen sie *keiretsu*. Weniger als ein Prozent jener Geschäftsleute, die während des Krieges eine führende Stellung innehatten, verloren ihren Posten. In einer Hinsicht waren die neuen Bedingungen günstiger: Die japanische Geschäftswelt konnte sich mit ganzer Kraft auf die Erhöhung der Produktion konzentrieren und empfand nicht mehr die schwere Last, eine militärische Wirtschaft in Gang halten zu müssen.

Genaugenommen brauchten die Japaner für ihr Wirtschaftswunder ein Jahrhundert, abzüglich einer schwerwiegenden Unterbrechung während des Krieges. Damit wollen wir nicht die Anstrengungen herabsetzen, die notwendig waren, um Japan wieder auf die Füße zu stellen und in weniger als vierzig Jahren wieder mit dem Westen gleichzuziehen. Vielmehr soll gesagt werden, daß diejenigen Männer, die diesen Kurs wählten, genau wußten, warum sie es taten. Daß Japan sich nach dem Krieg erholte, beruhte nicht auf einem wilden Spiel, sondern auf einem genau kalkulierten Plan.

Aus heutiger Sicht bestand der wichtigste Teil dieses Plans in der Entscheidung, das Kapital, das für die industrielle Wiedergeburt notwendig war, im Inland zu erringen. Und um das zu erreichen, mußte Japan zunächst den Mechanismus erfinden, der heute unter den vielen Triumphen der Ingenieurkunst als der größte gilt - die nationale Sparmaschinerie, die in der Wirtschaftsgeschichte keine Parallelen kennt.

Die konfuzianische Neigung zum Sparen bildete eine gute Grundlage für die Wirtschaftsarchitekten. Darauf konnten sie ihre Politik der Sparmaßnahmen aufbauen. Die Sparrate japanischer Haushalte lag in den achtziger Jahren im Mittel bei 15 Prozent der privaten Einkommen. Die Amerikaner brachten es in derselben Zeit nur auf ein erbärmliches Mittel von sechs Prozent. Die nationale Sparrate (die alle Formen des Sparens umfaßt - von Privatleuten, Unternehmen und der Regierung) war mit 30 Prozent doppelt so hoch wie die der Vereinigten Staaten. Dieser Unterschied läßt sich allerdings nicht allein der japanischen Kultur zuschreiben. Vor dem Zweiten Weltkrieg waren nämlich die nationalen Sparraten Amerikas und Japans ungefähr gleich. Auch die Amerikaner glaubten früher einmal, »ein gesparter Penny« sei »ein verdienter Penny«.

Grillen und Ameisen:
Die Sparrate der USA und Japans im Vergleich

	USA	Japan
1980	7,3	17,9
1981	7,7	18,3
1982	7,0	16,5
1983	5,5	16,3
1984	6,5	16,0
1985	5,2	16,0
1986	4,0	16,5

Die Unterschiede zwischen den Sparraten - und der daraus resultierende exponentielle Unterschied in der Kapitalbildung - hat seinen Hauptgrund in der japanischen Politik, die das Sparen bewußt förderte. Die amerikanische Nachkriegspolitik zielte hingegen bewußt darauf ab, den Konsum auf Kosten der Ersparnisse anzukurbeln.

Wir haben bereits gesehen, wie die japanische Wohnungspolitik das Sparen in der Vergangenheit förderte. Aber auch andere politische Maßnahmen dienten demselben Zweck. Während die Vereinigten Staaten nach dem Krieg in die goldene Ära des »Kaufe jetzt, zahle später« aufbrachen, hat sich Japan noch nicht sehr weit von dem »Zahle jetzt« der Bargeld-Gesellschaft wegbewegt. Schecks sind fast unbekannt. Kreditkarten tauchen erst seit kurzem auf, und viele unter ihnen sind in Wirklichkeit Soll-Karten, weil das Bankkonto des Karteninhabers sofort belastet wird. Die disziplinierte Sitte, mit hartem Bargeld und nicht auf leichten Kredit zu kaufen, ist ein Stützpfeiler zur Aufrechterhaltung der Sparrate.

Eine weitere Maßnahme zugunsten des Sparens ist das »Bonus-System«. Dabei erhalten die Arbeiter 25 bis 50 Prozent ihres Lohnes in größeren Summen bei jährlichen oder halbjährlichen Zahlungen. Amerikaner, die von der Wochen- oder Monatslohntüte etwas sparen wollen, fragen sich irgendwann einmal: »Wozu das?«, denn der Betrag erscheint ihnen lächerlich niedrig. Die japanischen Arbeiter hingegen haben es da viel leichter, den größten Teil ihres beeindruckenden Bonus nach Erhalt auf die Bank zu bringen. In schlechten Jahren kürzen die Unternehmen diesen Bonus. Das Opfer, das sie damit von ihren Angestellten verlangen, ist erträglich, denn dabei gehen eher Ersparnisse als wirkliches Einkommen verloren.

Auch durch Steuervergünstigungen ging den Japanern das Sparen ins Blut über. In den Vereinigten Staaten bestraft die Steuerverwaltung jene Amerikaner, die sparen, weil sie die Zinsen als Kapitalgewinn besteuern. In Japan hingegen unterliegen individuelle Sparkonten zu einem großen Teil keiner Steuer. Erst heute wirken sich Maßnahmen zur Besteuerung von Kapitalgewinnen aus. Das japanische Postsparsystem *maruyu* bietet steuerfreie Sparkonten an den Schaltern von 22000 Postämtern und zahlt etwas höhere Zinsen, als man für ein entsprechendes Konto bei Privatbanken erhält. Dadurch ist *maruyu* mit Ausnahme der Zentralbanken (eine Billion Aktiva) zum größten Finanzinstitut der Welt geworden. Die steuerfreien Ersparnisse wurden allerdings durch Höchstgrenzen für individuelle Sparkonten eingeschränkt. Doch die Sparer umgingen dieses Problem jahrelang, indem sie einfach mehrere Konten eröffneten. Die normalerweise statistikbegeisterten Japaner hoben resignierend die Hände und meinten, es gebe keine Möglichkeit festzustellen, wer wie viele *maruyu*-Konten besaß. Die Geschichte hörte sich gut an! Doch bis vor kurzem war der wahre Grund ein anderer: Tokio verfolgte eine Politik nahezu unbegrenzter, nicht besteuerter Haushaltsersparnisse. Es gibt kein besseres Beispiel für die direkte Beziehung zwischen einer hohen nationalen Sparrate und der Finanzierung des Wirtschaftswachstums als das staatliche Programm zur Förderung von Investitionen und Darlehen. Dabei verwendet die Regierung jedes Jahr einen Teil der Postspareinlagen nach eigenem Gutdünken zur Finanzierung bestimmter Industriezweige und Projekte.

Japan steht jetzt eine Steuerreform bevor. Durch die Aussicht auf neue Kapitalgewinnsteuern und durch die Betonung des Konsums kann die Sparrate fallen. Doch nur wenige erwarten einen drastischen Abfall. »Es ist die Rede davon, daß die jüngere Generation weniger hart arbeitet als ihre Eltern und mehr ausgibt«, sagte ein Beamter des Finanzministeriums. »Daß sie nicht so hart arbeiten wollen, ist uns, die wir der älteren Generation angehören, ganz klar. Die Statistik zeigt aber, daß sie mehr als ihre Eltern sparen.«

Wo Zinssätze wie Druckfehler aussehen

Eine hohe Sparquote ist nur eine der fein abgestimmten Komponenten in der japanischen Finanzmaschinerie. Die Ersparnisse sind vor allem deshalb von so großem Nutzen, weil das Finanzministerium und die Bank of Japan es schaffen, die Zinssätze auf dem Minimum zu halten. Von gewissen zyklischen Ausnahmen abgesehen, war die Regierung stets imstande, die Zinsen mit einer Fülle von Maßnahmen zu drücken. Die Zinssätze, die überall in den Schaufenstern der Banken zu lesen sind, machen sich in unseren westlichen Augen wie Druckfehler aus. Ein Durchschnittsertrag von nur 1,76 Prozent für ein gewöhnliches privates Sparkonto bei den Handelsbanken konnte im Winter 1987/88 die Sparer ohne Schwierigkeiten anlocken.

Das ist eine weitere einzigartige Klausel des japanischen Sozialkontrakts: Der Bürger ist nicht nur aufgerufen, den höchsten Anteil seines verfügbaren Einkommens auf die hohe Kante zu legen, man erwartet auch noch von ihm, daß er dafür auch einen minimalen Gewinn akzeptiert. Weil die Einzahler derart niedrige Zinsen erhalten, können es sich die Bankinstitute leisten, ihr Geld den Unternehmen und der Regierung zu besonders günstigen Bedingungen zu leihen.

Wenn die Kapitalkosten in einer Wirtschaft deutlich niedriger liegen als sonst auf der Welt, so bringt dies beträchtliche Vorteile mit sich:

- Wenn die Industrie für ihr Wachstum billig an Geld kommt, so ist der Weg für Neuinvestitionen geebnet. Niedrige Kreditkosten reduzieren das Risiko, das japanische Unternehmen eingehen, wenn sie neue Fabriken bauen, in Maschinen investieren und sich neue Geschäftsbereiche erschließen. Die Amerikaner hingegen müssen oft auf neue Investitionen verzichten; nicht etwa, weil diese keinen Gewinn brächten, sondern weil sie den Finanzexperten nicht beweisen können, daß sie genug Profit erwirtschaften, um die hohen Kreditkosten zu rechtfertigen. Die günstigen Kapitalkosten für die japanische Industrie waren stets von Bedeutung. Heute haben sie jedoch eine neue Dimension angenommen: Die Japaner können von ihren Bankiers in Tokio und Osaka zu geringen Kosten Geld für die Expansion ihrer Geschäfte in den Vereinigten Staaten bekommen.

  Eine der klassischen Erklärungen für die Wettbewerbsfähigkeit Japans nach dem Zweiten Weltkrieg lautet, die Japaner hätten durch den völligen Wiederaufbau ihrer zerbombten Wirtschaft ihre Industrie mit den modernsten Maschinen ausgerüstet, während die amerikanischen Betriebe ohne Kriegszerstörungen einfach mit ihrer altmodischen Ausrüstung weitergewurstelt hätten. Jahrzehnte später begegnen wir diesem technologischen Unterschied wieder - doch beide Seiten treffen sich auf amerikanischem Boden. Wenn US-Autofirmen ihren Marktanteil gegen die Toyota-Hersteller in Kentucky, gegen Nissan in Tennessee und gegen Honda in Ohio halten wollen, so müssen sie gegen Unternehmen antreten, die die jeweilige Modernisierung ihrer Maschinenparks mit deutlichem Kostenvorteil finanzieren können.

- Wie die Industrie kann sich auch die japanische Regierung zu niedrigeren Zinsen Geld leihen als die Regierungen der meisten anderen Länder. Selbst wenn die Schulden Tokios am prozentualen Anteil am Bruttosozialprodukt gemessen ähnlich hoch sind wie die Washingtons, so führt dieses Defizit doch nicht in die Krise, was zum Teil darauf zurückzuführen ist, daß die Kosten dafür viel niedriger liegen. Das Finanzministerium finanziert das Staatsdefizit mit langfristigen Anleihen, die fünf Prozent einbringen. Das Finanzministerium der USA muß neun Prozent bieten, um Investoren für ihre langfristigen Staatsanleihen zu begeistern. Dieser Unterschied und seine Folgen wirken besonders im Hinblick auf die Zukunft ernüchternd, in der große Investitionen in Wissenschaft, Forschung und Infrastruktur erforderlich sein werden. Dazu gehören kostspielige Projekte, die nur noch von den Regierungen in Angriff genommen werden können. Das Gleichgewicht in der Technologie wird sich grundlegend ändern, wenn Japan sein Space Shuttle, die praktische Anwendung von Supraleitern und die Genkartierung mit Fünf-Prozent-Geldern finanziert, während die Vereinigten Staaten sich ihr Geld für doppelt so hohe Zinsen beschaffen müssen.

- Da japanische Finanzinstitute weltweit expandieren, kompensieren die Vorteile bei den Kapitalkosten den Mangel an Kenntnissen in diesen neuen, risikoreichen Gebieten der Weltfinanz, in die sie sich zum erstenmal begeben. Weil sich die japanischen Brokerhäuser zu Hause leicht Geld zu niedrigen Zinsen leihen und es im Ausland mit hohen Zinsaufschlägen wieder verleihen können, haben sie viel Zeit, die Kunst des Geschäftsabschlusses zu lernen, denn die Kosten für ihre mangelnde Erfahrung sind gedeckt. Japanische Wertpapierhäuser werden bereits des Dumpings bei finanziellen Dienstleistungen beschuldigt, weil sie sogenannte Harakiri-Angebote zeichnen - nicht mit minimalen Gewinnen, sondern mit Verlusten, die natürlich vom Mutterhaus getragen werden. Das ist ein sehr gutes Verfahren, um einige der wichtigsten Kunden der Welt anzulocken.

Die niedrigen Kapitalkosten in Japan hätte man ohne scharfe Kontrollen nicht aufrechterhalten können. Wenn ausländische Banken frei auf dem Tokioer Markt hätten operieren dürfen oder wenn japanische Gesellschaften ihre Ersparnisse nach Belieben im Ausland hätten investieren können, so hätten das Finanzministerium und die Bank of Japan ihre Macht verloren, die Zinssätze zu diktieren. Bis vor kurzem unterlagen daher die Geschäfte der japanischen Finanzwelt mit ausländischen Partnern strengen Bestimmungen.

Erst in den vergangenen paar Jahren konnten Ausländer ihre Rolle auf dem Finanzplatz Tokio ein wenig ausbauen, und erst seit kurzem können die Japaner einen bedeutenden Teil ihrer Geldmittel ins Ausland exportieren. Erst seit Beginn der achtziger Jahre durften japanische Versicherungsgesellschaften größere Summen im Ausland anlegen. Nach mehreren Liberalisierungsphasen müssen sie noch immer 70 Prozent ihres Kapitals im Inland belassen, obwohl sie die 30 Prozent, die sie im Ausland investieren dürfen, zu den größten Käufern von US-Schatzanleihen und amerikanischen Immobilien machten.

Die Regierung kontrollierte nicht nur die Höhe der Zinssätze und verhinderte, daß japanisches Kapital durch lukrative Geschäfte ins Ausland gelockt wurde. Auch eine scharfe Unterscheidung zwischen den japanischen Finanzinstituten hielt den Geldfluß Japans in einem stabilen Zustand. Als Beitrag zum Wiederaufbau des japanischen Finanzsystems kopierte die Regierung den amerikanischen Glass-Steagall Act, der eine genaue Trennlinie zwischen den Banken und den Versicherungsgesellschaften zog. Die Japaner gingen jedoch noch einen Schritt weiter. Die Banken mußten sich jeweils auf ganz spezifische Tätigkeitsbereiche beschränken, so daß sie sich nicht in die Quere kamen. Diesen unterschiedlichen Kategorien sind auch die mächtigen City Banks (von denen die meisten die Liste der größten Banken der Welt anführen: Day-Ichi Kangyo, Fuji, Sumitomo, Mitsubishi, Mitsui usw.) unterworfen. Das gleiche gilt auch für Banken für langfristige Kredite, Treuhandbanken, Regionalbanken. Die City Banks durften Kredite vergeben, aber nur kurzfristige. Die Banken für langfristige Kredite durften Unternehmen langfristige Kredite gewähren, aber keine öffentlichen Einzahlungen akzeptieren wie die City Banks. Nur die Bank of Japan durfte mit fremden Währungen handeln; nur Treuhandbanken durften Pensionskassen verwalten usw. Diese sorgfältigen Grenzziehungen werden heute in fast allen Bereichen liberaler gehandhabt.

Auf dem Gebiet der Wertpapiergeschäfte unternahm man ähnliche Anstrengungen, um die Stabilität zu gewährleisten und das Wachstum zu kontrollieren. Das Fast-Bankrott von Yamaichi in den sechziger Jahren - und die Rettung durch die Bank of Japan in letzter Minute - wird noch heute als Grund zitiert, warum man die scharfen Kontrollen beibehalten muß. Die Maklergebühren sind noch immer bei fetten Gewinnmargen festgeschrieben, wie dies bis 1975 auch in den Vereinigten Staaten der Fall war, und sind erst heute verstärkt den Marktgesetzen unterworfen. Bis 1985 blieben ausländische Firmen von der Tokioer Wertpapierbörse ausgeschlossen. Doch auch die Zahl der japanischen Mitgliedsfirmen ist ziemlich niedrig - es sind weniger als hundert. Die »Großen Vier« kontrollieren fast die Hälfte des Aktienhandels, und sie kontrollieren indirekt auch viele kleinere Firmen.

Neue Arten von Finanzgeschäften kommen nach und nach hinzu. Der Markt für Regierungsanleihen beispielsweise wurde erst in den siebziger Jahren ins Leben gerufen. Noch heute liegen die Anleihenemissionen in den Händen eines scharf kontrollierten Syndikats. Nur äußerst gut eingeführte Kleinunternehmen erhalten die Erlaubnis, Aktien auszugeben. Erst 1987 wurde das erste Handelspapier ausgegeben. Sogar heute noch zögert Tokio dabei, Praktiken im Aktienhandel zu nutzen, die anderswo längst Standard sind, zum Beispiel Indexanleihen. Wenn Sie eine Option auf den Nikkei-Index erwerben wollen, so können Sie das nur in Singapur tun, nicht in Tokio.

Wie andere Bereiche des Lebens in Japan wird auch das Wertpapiergeschäft nicht nur durch explizite Vereinbarungen, sondern ebenso durch Abmachungen geregelt. Die Gesetze für Insidergeschäfte sind so vage abgefaßt, daß sie fast bedeutungslos sind und für einen Verstoß bisher auch noch keine Strafe festgelegt wurde. Obwohl dies die Börsenaufsicht in Tokio beunruhigt, herrscht doch die allgemeine Übereinstimmung, daß »es besser ist, ein System zu haben, in dem die allgemeinen geschäftlichen Konventionen einen Regelverstoß von vornherein unterbinden, als ein System, das erst jeden möglichen Mißbrauch ins Auge fassen muß, um dann Regeln dagegen aufzustellen«, meinte ein Geschäftsführer von Nikko.

Dividenden auf japanische Aktien betragen im Durchschnitt weniger als ein Prozent. Blankoverkäufe waren bis vor kurzem nicht gestattet und gelten auch heute noch als Aktivitäten von zweifelhafter Legitimität. Deshalb werden Aktienkäufe auch vorwiegend als Beteiligungen verstanden. Banken halten größere Anteile von Firmen, denen sie Geld leihen. Typisch ist auch, daß Unternehmen, die miteinander Geschäfte machen, gegenseitig Aktien voneinander besitzen. Diese Anteile, die rund die Hälfte des Tokioer Aktienkapitals ausmachen, gelangen fast nie in den Handel. An der Börse selbst sorgt ein komplexes System von Preisgrenzen dafür, daß die Wertpapierpreise nicht zu heftig schwanken. Trotz aller Schwierigkeiten haben diese Kontrollen bisher funktioniert und die stetige Aufwärtsentwicklung der japanischen Aktienpreise unterstützt.

Die Abgrenzung der Geschäftsbereiche und die strengen Kontrollen der japanischen Finanzwelt benachteiligten den Konsumenten, da die Zinssätze auf dem freien Markt weit höher lagen, zwangen die meisten japanischen Unternehmen in die Abhängigkeit von einer einzigen Hausbank und verzögerten die finanzielle Vielfalt in vieler Hinsicht. Andererseits dienten sie der Stabilität: Bankzusammenbrüche sind in Japan nahezu unbekannt, obwohl die japanischen Banken nach westlichen Begriffen mit erschreckend hohen Risiken arbeiten. Das einheimische Kapital vermehrte sich, doch Japan brauchte sich vor einem der schlimmsten Probleme der Entwicklungsländer nicht zu fürchten, nämlich der Kapitalflucht in Märkte mit höheren Renditen. Kleine Wertpapierfirmen und Unternehmen mögen die Organisation der Tokioer Wertpapierbörse nicht recht. Aber die großen Häuser, die ihre Tätigkeit in Tokio zu den größten der Welt gemacht

Die Tokioer Wertpapierbörse:
eine Einbahnstraße nach oben
Der Jahresdurchschnittswert des Tokio Stock Price Index (TOPIX)

1950	11,5
1955	32,9
1960	97,3
1965	91,6
1970	163,3
1975	312,0
1980	474,0
1981	552,2
1982	548,2
1983	647,4
1984	815,4
1985	997,7
1986	1324,2
1987	1828,1

hat, führende Aktiengesellschaften, deren Wert sich im letzten Jahrzehnt vervierfacht hat, und Anleger, die auf die wachsenden Werte des bestfunktionierenden Aktienmarktes der Welt schauen, können sich wohl kaum beklagen.

Die Liberalisierung wird zu einigen Veränderungen führen. Kein Zweifel, die japanischen Sparer würden günstigere Zinssätze bevorzugen, und als sich die Palette der Investitionsmöglichkeiten vergrößerte, zeigten sie wenig Hemmungen, sich an die höheren Renditen zu halten - zum Beispiel von neueingeführten Regierungsanleihen, Investmentfonds oder ausländischen Investitionen. Vier Jahre nach dem Beginn einer ernsthaften Liberalisierung in Tokio - und obwohl gewaltige Geldmittel in diese Bereiche mit höherer Rendite abgewandert waren - ist der japanische Diskontsatz der niedrigste in der Geschichte Japans und auch der niedrigste auf der ganzen Welt. Selbst wenn alle geplanten Reformen durchgeführt werden, werden die japanischen Zinssätze frühestens von 1995 an gänzlich von den internationalen Marktgesetzen bestimmt werden.

Eine Nation von Händlern

Die explosivste Kraft, die zum japanischen Kapitalüberschuß in den vergangenen Jahren führte, war der überraschende Außenhandelsüberschuß Japans.

Von Anfang an planten die japanischen Wirtschaftsführer eine »importfeindliche und exportfördernde« Wirtschaft. Ein höherer Beamter erinnert sich an die fünfziger Jahre: »Wir wußten, daß es ein langer Weg bis zu einem Handelsüberschuß werden würde, denn wir mußten alle unsere Rohstoffe einführen. Aber wenn wir nur jene Dinge importierten, die wir unbedingt brauchten, und für den Rest selber sorgten, so konnte es uns am Ende gelingen, eine einheimische Industrie aufzubauen, die international konkurrenzfähig war. Zu gegebener Zeit würden wir auch einen Überschuß erzeugen. Diesen Überschuß würden wir dann reinvestieren, um einen noch größeren Überschuß zu erzeugen.«

So schwer wir uns das heute vorstellen können: Von 1955 bis 1964 hatte Japan jedes Jahr ein Defizit im Handel mit den Vereinigten Staaten. 1957 veröffentlichte der Bewilligungsausschuß des US-Kongresses sogar einen Bericht über die »Handelskrise« zwischen den Vereinigten Staaten und Japan, wobei die Ausschußmitglieder sich natürlich auf das massive Handelsdefizit Japans mit den Vereinigten Staaten bezogen. 1964 kam der Umschwung. Die olympische Flamme brannte in Tokio und signalisierte damit, daß Japan wieder in die Reihe der Industrieländer zurückgekehrt war. 1965 erreichte Japan einen kleinen Handelsüberschuß. 1972 hatte Japan einen Handelsüberschuß von insgesamt fünf Milliarden Dollar erreicht, und die gesamte Handelsbilanz des Landes für die Nachkriegszeit bewegte sich nun in den schwarzen Zahlen. Nun verdienten die Japaner am Verkauf ihrer Exporte mehr, als sie seit 1955 für Importe ausgegeben hatten.

Bei einem Handelsüberschuß von fünf Milliarden Dollar vertrat die Öffentlichkeit nun die Ansicht, es sei für Japan an der Zeit, »sich zu entspannen und das Leben zu genießen«. Der frühere »Kult des Bruttosozialprodukts« habe, so wurde geklagt, die japanische Gesellschaft völlig verdreht und bewirkt, daß sie als Volk von »Transistorverkäufern« verrufen war, wie Charles de Gaulle sie verächtlich genannt hatte. Gerade als aber die starrköpfigen Pessimisten unter den Planern endlich bereit waren, ihren Widerstand aufzugeben, stürzte der erste »Ölschock« Japan in jene Krise, die seine Wettbewerbsfähigkeit stärkte. Von 1973 bis 1975 zwangen die steigenden Kosten für das bedeutendste Importprodukt Japans, das Erdöl, die Handelsbilanz wieder ins Defizit zurück. Das Wirtschaftswunder, das sich damals auf die Schwerindustrie wie den Stahl und den Schiffbau konzentriert hatte, war unter der Last der steigenden Energiekosten plötzlich vom Zusammenbruch bedroht. Japan brauchte einen neuen Wirtschaftsplan für die teure Energie.

Die führenden Köpfe des MITI stellten einen solchen Plan auf. Zu seinen hellseherischen Kernpunkten gehörte auch die Entscheidung, die Autohersteller zu verstärkten Exporten in den amerikanischen Markt aufzufordern. Dort bestand nämlich plötzlich eine verzweifelte Nachfrage nach treibstoffsparenden Autos. Das MITI schlug auch vor, die japanische Industrie solle sich auf die High-Technology-Gebiete begeben, weil diese weniger fossilen Brennstoff für ihre Produktion brauchten. Bis zu jenem Zeitpunkt hatte Japan nur nach einem bescheidenen Handelsüberschuß gestrebt, den es für das Binnenwachstum anlegte. Die Ölkrise ließ diese Denkweise als überholt erscheinen. Von nun an würde Japan massive Handelsüberschüsse benötigen, um mit den steigenden Ölkosten Schritt halten zu können.

Jimmy Carter verglich die Energiekrise in den Vereinigten Staaten einmal mit »einem moralischen Äquivalent des Krieges«, es gelang ihm aber nie, die Amerikaner von dieser Ansicht zu überzeugen. Die Japaner hingegen, die stets wußten, daß sie eine »arme Inselnation mit wenig natürlichen Ressourcen« waren, mußten nicht besonders angespornt werden, um die geforderten Opfer zu erbringen. Sie reduzierten ihren Energiekonsum drastisch, akzeptierten niedrigere Löhne von Arbeitgebern, deren Energierechnungen explodiert waren, und machten Überstunden, um neue Produkte zu entwickeln, die den Export ausweiten und damit die steigenden Energiekosten kompensieren konnten. In der Folge erholte sich Japan schnell. 1978 betrug der Handelsüberschuß allein mit den Vereinigten Staaten zehn Milliarden Dollar und mit der ganzen Welt 18 Milliarden Dollar. Dieser Überschuß war dreimal so hoch wie der höchste, den die Vereinigten Staaten in ihrer wirtschaftlichen Blütezeit in den fünfziger Jahren erreicht hatten.

Kaum hatte das MITI beruhigt aufgeatmet, als in den Jahren 1979 und 1980 der zweite »Ölschock« kam. Wiederum paßte sich Japan schnell mit derselben Art von Dringlichkeitsmaßnahmen an. Trotz eines Rekord-Handelsdefizits von fast elf Milliarden Dollar im Jahr 1980 erreichte das Land 1981 wieder einen Überschuß. Die Neuausrichtung der Wirtschaft aufgrund der beiden Ölschocks bildete die Basis für das spätere japanische Finanzwunder. Die japanische Industrie war nun zur konkurrenzstärksten Kraft im Welthandel geworden, nicht nur im Bereich der Schwerindustrie, sondern über ein breites Spektrum hinweg, zu dem auch die Hochtechnologie zählte. Endlich standen die Zeichen der Zeit günstig für Japan. Eine Reihe internationaler Ereignisse erlaubte es den Japanern, den größtmöglichen Gewinn aus ihrer Stellung zu ziehen, die sie auf eine Art und Weise erreicht hatten, die ihre kühnsten Träume übertraf und die auch die übrige Welt in Erstaunen versetzte.

Der erste Segen für die Japaner waren die Reaganomics. Wenn es sie nicht gegeben hätte, hätten die Japaner sie erfinden müssen. Wahrscheinlich hätten sie allerdings befürchtet, sie seien auf eine zu offenkundige Weise vorteilhaft für Japan und schädlich für Amerika. Die anfängliche Politik der Reagan-Administration stimulierte die Binnenmarktnachfrage durch Steuerkürzungen und schnell steigende Regierungsausgaben. Diese Nachfrage konnte die amerikanische Industrie angesichts mangelnder Produktionskapazität nicht völlig befriedigen.

Die japanischen Wirtschaftswissenschaftler fanden es zutiefst befremdlich, daß ein amerikanischer Präsident, der sich verbal zu konservativen Prinzipien bekannte, eine offensichtlich »noch nie dagewesene Nachfragebelebung nach keynesianischer Art« in Gang setzte, wie es der Wirtschaftsfachmann Jiro Tokuyama nannte.[7] Noch mehr befremdete die Tatsache, daß die Vereinigten Staaten eine solche Nachfrage - welche die ganze Welt mitriß - zu einem Zeitpunkt ankurbelten, als die eigene Industrie gar nicht darauf vorbereitet war, um aus der Gelegenheit Kapital zu schlagen. Japan hingegen war sehr wohl in der Lage, alles zu beschaffen, was die überhitzte amerikanische Wirtschaft verlangte: Werkzeugmaschinen für die amerikanische Industrie, damit auch sie an der Expansion teilnehmen konnte, neue Automobile für den angestauten Bedarf von Millionen Amerikanern, Haushaltsgeräte für Millionen, die sich ein neues Haus kauften, Computerchips für die neuen Waffensysteme des Pentagons, elektronische Ausstattungen zur Befriedigung der blühenden Computerrevolution und den modernsten Schnickschnack auf dem Audio- und Videogebiet für die anwachsende Yuppie-Bevölkerung.

Die japanischen Produzenten wußten, daß sie sich ihre amerikanischen Konkurrenten mit dieser Güterschwemme, welche die Docks überfluteten, zum Gegner machten. Doch Ronald Reagan versicherte ihnen, er würde sein Veto gegen jedes protektionistische Gesetz einlegen, das auf seinem Schreibtisch landete! Und überdies finanzierte der amerikanische Präsident seine neo-keynesianische Expansion mit dem größten Schuldenberg, den je ein Land angehäuft hatte. Damit verschaffte er Japan den perfekten Parkplatz für all das Bargeld, das aus dessen Handelsüberschuß stammte. Es ist richtig, daß sich die US-Wirtschaft in den Jahren der Reagan-Administration erholte. Doch später in der Geschichte wird man sich wahrscheinlich nur noch daran erinnern, wie Amerika seine Vorherrschaft als wirtschaftliche Weltmacht verlor und an Japan abtrat.

Die Reaganomics waren eine Goldader für Japan. Damit war das Glück der Japaner aber noch nicht zu Ende. Ein zweiter günstiger Wind wehte in der Mitte des Jahrzehnts, dank der OPEC und des Zusammenbruchs der Erdölpreise. Die japanische Geschäftswelt, die zwei zerstörerische Ölschocks überlebt hatte, war von der Annahme ausgegangen, das Öl würde weiterhin 40 Dollar pro Barrel kosten. Als der Preis unter 13 Dollar schlitterte und sich lange Zeit stabil bei 18 Dollar hielt, sparte Japan Milliarden von Dollar, die es eigentlich für den Kauf von ausländischem Öl vorgesehen hatte. Die japanische Wirtschaft, die stets gegen Importe eingestellt war, konnte plötzlich weniger für ihren größten Importposten ausgeben.

Japan wäre schon allein durch die Kombination von außerordentlich hoher Sparquote und außerordentlich massivem Handelsüberschuß reich geworden. Wie wir aber in Kapitel 5 sehen werden, bescherte Ronald Reagan Japan von 1985 bis 1987 auch noch die Attacke auf den Dollar. Das hatte zur Folge, daß jeder einzelne Yen, den Japan in vierzig Jahren des Sparens und des Handels angehäuft hatte, über Nacht seinen Wert verdoppelte. Am besten erkennt man diese dramatische Veränderung während der Reagan-Jahre in dem folgenden Schaubild, in der die Netto-Vermögenswerte im Ausland der Vereinigten Staaten und Japans aufgeführt sind.

In den Händen eines anderen Landes hätte der Handelsüberschuß von 300 Milliarden Dollar, den Japan in den Jahren 1981 bis 1987 anhäufte, wohl zu einer enormen Inflation und zu einem Mehrverbrauch im Land geführt. Die führenden Köpfe des Finanzministeriums und der Bank of Japan hatten jedoch eine panische Angst vor der Inflation, wobei die Inflationsrate zeitweilig kaum mehr als ein Prozent

Ein japanischer Philosoph aus dem 18. Jahrhundert sagte einmal: »Der Handel mit dem Ausland ist ein Krieg, bei dem jede Seite versucht, den Wohlstand der anderen Seite abzuzapfen.«[8]

	Der weltweite Handelsüberschuß Japans:	*Das weltweite Handelsdefizit der USA:*
1981	8,7 Milliarden $	-28,0 Milliarden $
1982	6,9	-36,4
1983	20,6	-62,0
1984	33,6	-107,8
1985	46,1	-132,1
1986	82,7	-152,7
1987	96,5	-160,7

Für Reichere und Ärmere
(Netto-Vermögenswerte im Ausland: Amerika gegen Japan)

Die einen werden immer reicher, die anderen immer ärmer: Japan und Amerika

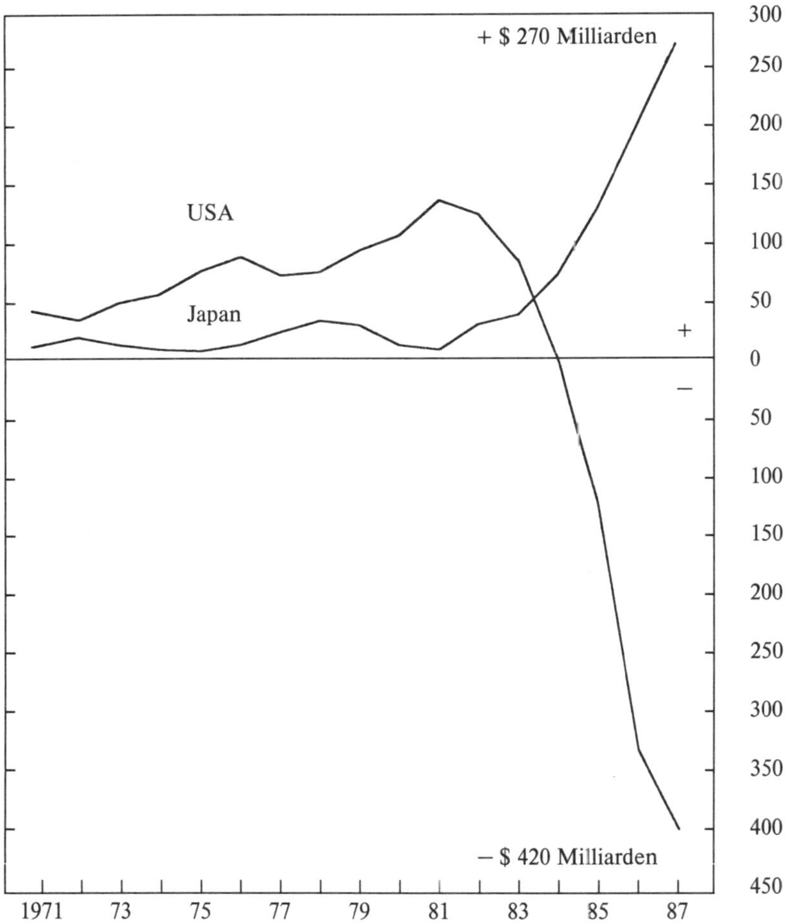

Das Schaubild zeigt den plötzlichen Umbruch Amerikas vom größten Gläubiger zum größten Schuldner der Welt und Japans erstaunlichen Aufstieg. Gegen Ende 1987 beliefen sich die geschätzten Auslandsschulden Amerikas auf 420 Milliarden Dollar, das geschätzte Auslandsguthaben Japans hingegen auf 270 Milliarden Dollar.

betrug. Neue politische Richtlinien sorgten dafür, daß nahezu das gesamte Kapital aus dem Handelsüberschuß ins Ausland abfloß. Dadurch wurden unerwünschte Auswirkungen für die Binnenwirtschaft vermieden, und im Ausland gewann man strategische Vorteile.

Indem Tokio die 300 Milliarden Dollar in die Wirtschaft zurückflie-

Wo sich das Geld der Welt ansammelt

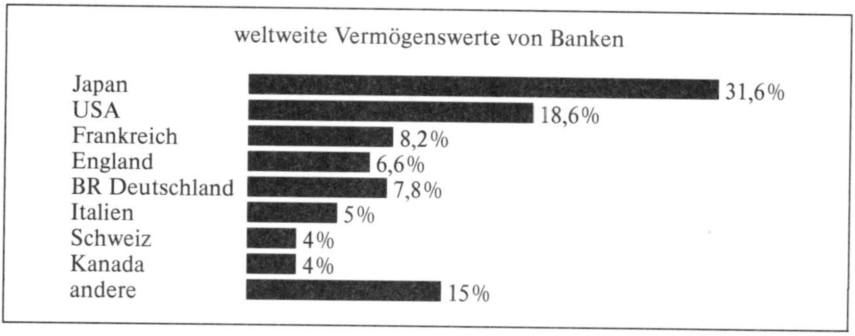

Wohin das Geld der Welt fließt
Vermögenswerte von Banken auf der ganzen Welt (1986)

Die zehn größten Banken der Welt, 1982 und 1986

1982		1986	
1 Citicarp	USA	1 Dai-Ichi-Kangyo-Bank	Japan
2 Bankamerica Corp.	USA	2 Fuji-Bank	Japan
3 Bank Nationale de Paris	Frankreich	3 Sumitomo-Bank	Japan
4 Credit Agricole	Frankreich	4 Mitsubishi-Bank	Japan
5 Credit Lyonnais	Frankreich	5 Sanwa-Bank	Japan
6 Barclays Group	England	6 Citicorp	USA
7 National Westminster	England	7 Norinchukin-Bank	Japan
8 Dai-Ichi-Kangyo-Bank	Japan	8 Industrial Bank of Japan	Japan
9 Sociéte Générale	Frankreich	9 Credit Agricole	Frankreich
10 Fuji-Bank	Japan	10 Bank Nationale de Paris	Frankreich

ßen ließ, aus der sie entnommen wurden, wurden neue politische Freunde gewonnen, die einen Ausgleich zu den Feinden bildeten, die sich die japanische Wirtschaft eingehandelt hatte. Die Investitionen der Handelsüberschüsse haben aber noch drei weitere bedeutsame Auswirkungen:

- Einen Teil des Geldes verwenden japanische Industrieunternehmen dazu, ihre Fertigungskapazität im Ausland auszubauen. Damit sind sie für jenen Tag abgesichert, an dem vielleicht protektionistische Maßnahmen gegen den Güterfluß aus dem Ausland ergriffen werden. Sie gewinnen außerdem zusätzlich enorm an Wettbewerbskraft, weil sie so die Produktion je nach Bedarf auf die eine oder andere Seite des Atlantiks verlegen können.

- Mit einem großen Teil des Überschusses kaufen japanische Banken, Brokerfirmen, Versicherungsgesellschaften und Immobilienmagnate die feinsten, meistversprechenden Aktien und Immobilien auf. Durch diese weitverstreuten Besitztümer geben sie der japanischen Wirtschaft das, was ihr durch die japanische Armut an Land und Ressourcen fehlt.
- In der Zwischenzeit fließen größte Summen in das Recycling-System des amerikanischen Schatzanleihenmarktes. Japan versorgt dadurch die vom Defizit geplagte amerikanische Wirtschaft mit dem benötigten Kapital und tut damit Amerika scheinbar einen Gefallen. In Wirklichkeit ermuntert Japan in seiner Rolle als erstklassiger Kreditgeber Washington dazu, das Budgetdefizit weiterhin nicht in Ordnung zu bringen. Dadurch wiederum gewinnt Japan an Reichtum, während Amerika an Stärke verliert. Zusammen mit den Zinsen von neun Prozent, die japanische Anleger auf amerikanische Schatzbriefe erhalten, führt die finanzielle Abhängigkeit Amerikas heute dazu, daß Japan für die Zukunft ein materielles Übergewicht bekommt, das sich auch politisch sehr gut nutzen läßt.

Gegen den Strom, mit dem Strom

Weder das Finanzministerium noch das MITI werden zugeben, daß sie die finanziellen Dienstleistungen Japans als Exportprodukt vorgesehen haben. Tatsache ist aber, daß japanische Banken und Wertpapierfirmen wie ihre Vorläufer auf dem Industriesektor sich im eigenen Lande vor ausländischer Konkurrenz geschützt entwickeln konnten. Heute haben sie Größenvorteile und einen Geltungsbereich entwikkelt, der in Amerika unvorstellbar ist. Und nun begeben sie sich ins Ausland, um mit den etablierten Führern der Weltfinanz direkt in Wettbewerb zu treten.

Während japanische Industriegiganten wie Toyota insgesamt immer noch kleiner sind als ein vergleichbares amerikanisches Unternehmen wie General Motors, sind die japanischen Firmen, die Finanzdienstleistungen anbieten, nicht nur etwas größer als ihre amerikanischen Rivalen - sie sind viel größer. Mindestens fünf japanische Banken verfügen über höhere Aktivposten als Citicorp, das größte Bankinstitut der USA. Nomura ist nicht nur die Wertpapierfirma mit der höchsten Kapitalausstattung am Markt und dem größten

Nettogewinn in der Welt; ihr Marktanteil am weltweiten Handel mit Aktien ist zwanzigmal so groß wie der der führenden amerikanischen Firma.

Zwei verschiedene Trends verflechten sich hier. Mit ihrer unglaublichen Sparkraft, dem umfangreichen Handelsüberschuß und den strikt kontrollierten Kapitalkosten sammelt die japanische Wirtschaft einen immer größeren Teil der Kapitalressourcen der Welt an. In der Zwischenzeit begeben sich japanische Banken, Wertpapierfirmen und Versicherungsgesellschaften auf der ganzen Welt auf die Suche nach weiteren Anlagemöglichkeiten. Japan gewinnt dabei einen nie dagewesenen Einfluß über die globalen Kapitalressourcen.

5.

Wie die Reaganomics das amerikanische Geburtsrecht für einen Schuldenberg verkauften und wie Japan zum Weltbankier wurde

»Da ist nichts faul an der Wirtschaft.«

Präsident Ronald Reagans Reaktion
zum »Schwarzen Montag« des Börsenkrachs

Ein Haussespekulant geht nach Tokio

Finanzminister Donald Regan kam im März 1984 nach Tokio, um hart mit den Japanern zu verhandeln. Bevor Regan dem Kabinett von Ronald Reagan beigetreten war, war er Chef von Merrill Lynch gewesen. Er war es müde, mitansehen zu müssen, daß Japan keinerlei Anstalten zeigte, den Yen aufzuwerten, die Zinssätze zu liberalisieren und die Finanzmärkte Tokios einer amerikanischen Beteiligung zu öffnen.

Regan war auf diesem Gebiet stark engagiert. Während seiner Wall-Street-Karriere war er einer jener Haussespekulanten gewesen, die die Ansicht vertraten, die Regierung solle den Weg der Finanzgemeinschaften verlassen. Er kämpfte und gewann diesen Kampf um die Deregulierung und begann nun mit derselben Kampagne auf der ganzen Welt. Er vertrat die Überzeugung, weltweite Finanzmärkte entsprächen den Interessen Amerikas am ehesten.

Seit ihrer Machtübernahme im Jahre 1981 hatte die Reagan-Administration eine Politik des starken Dollars vertreten. Der Finanzminister selbst war für seine Meinung bekannt, ein starker Dollar bedeute auch ein starkes Amerika. Nun meinten aber amerikanische Geschäftsleute, der Dollar sei einfach zu stark geworden. Das Business Roundtable und andere institutionelle Vertretungen der amerikanischen Industrie traten in Washington nachdrücklich für diese

Ansicht ein und wünschten eine Anpassung des Dollars, damit die Produzenten besser mit dem Ausland konkurrieren konnten.

Gegen Ende 1983 begann das Gespenst des japanischen Handelsüberschusses sogar das Team im Weißen Haus zu beunruhigen, das sonst als Befürworter des freien Handels und eines starken Dollars auftrat. Der Präsident weigerte sich zu glauben, die amerikanische Industrie sei nicht mehr wettbewerbsfähig, und weigerte sich auch, dem protektionistischen Gerede der Demokraten im Kongreß Gehör zu schenken. Er wünschte eine Erklärung und einen Maßnahmeplan, der mehr mit seinem Weltbild übereinstimmte. Am Ende sagte ihm sein Wirtschaftsbeirat, was er zu hören wünschte: Der Erfolg der japanischen Exporteure gründe sich auf den billigen Yen und den überstarken Dollar. Sie zeigten dem Präsidenten, wie sich das Handelsdefizit auflösen ließe, wenn es gelänge, Japan zu einer Aufwertung seiner Währung zu zwingen.

Der Präsident besprach diese Idee gegen Ende 1983 erstmals mit dem Premierminister Nakasone. Und Donald Regan besprach das Thema in den Einzelheiten mit Finanzminister Noboru Takeshita. Die beiden Männer setzten eine »Yen-Dollar-Arbeitsgruppe« ein, die aus Wirtschaftswissenschaftlern und Regierungsbeamten beider Seiten bestand. Aus amerikanischer Sicht hatte die Gruppe die Aufgabe, die bestehende Handelskrise zwischen den USA und Japan durch Änderung des Wechselkurses von Dollar und Yen zu beseitigen. Das, so behaupteten die Amerikaner, war das Kernproblem. Die Arbeitsgruppe trat sechsmal zusammen, aber Fortschritte gab es keine. Das Handelsdefizit der USA wurde noch größer, und der Yen blieb schwach.

Nun gelobte Don Regan, er wolle sich persönlich um diese Angelegenheit kümmern. Seinen Begleitern auf der Reise nach Tokio machte er klar, daß er nicht auf Samtpfötchen einhergehen wolle. Er werde den Japanern einfach klarmachen, daß sie nun zu handeln hatten.

Und er tat es. Bei einem Meeting, das vom Industrieverband Keidanren gesponsert wurde, tadelte er japanische Topleute mit harschen Worten und stellte nachdrücklich Forderungen. »Ihre Märkte sind für unsere finanziellen Institutionen nicht offen«, sagte er. »Ihre Märkte stehen dem Kapital aus der übrigen Welt nicht offen wie der Markt der Vereinigten Staaten. Und das ist die Botschaft, die ich Ihrem Finanzministerium überbringe: Tun Sie was, tun Sie was, tun Sie was, das ist es, was ich jetzt will. Ich bin mit meiner Geduld am Ende ...«

Immer wieder unterstrich der Finanzminister seine Hauptforderung, Japan solle den Yen aufwerten. »Wir sind der Ansicht, daß der

Yen wahrscheinlich deswegen im Verhältnis zum Dollar schwächer ist, weil er nicht international gehandelt wird. Gäbe es mehr Nachfrage für den Yen, so wäre er auch stärker im Verhältnis zum Dollar ... In Amerika haben wir zwei große Autovermietungen. Wir haben die Nummer eins und wir haben die Nummer zwei. Und die Nummer zwei, die Avis, hat einen Slogan: Die Nummer zwei bemüht sich mehr. Und ich sage: Wenn Japan die Nummer zwei ist, so sollte es sich auch mehr bemühen.«[2]

Die verbalen Attacken Regans wurden durch alle möglichen Versuche, Druck auszuüben, unterstrichen, die sich die Vereinigten Staaten leisten konnten. »Commodore Perry war sicher kein welkes Veilchen, doch selbst er hätte am Auftreten der Gruppe um Regan schwer zu beißen gehabt«, erinnert sich Jeffrey Garten, der die Asian Investment Bank von Shearson Lehman in Japan leitete. »Wenn Tokio seine Kapitalmärkte nicht weiter öffnete, drohte Washington damit, dem protektionistischen Kongreß freie Zügel zu lassen. Washington versprach, vom Vetorecht Gebrauch zu machen, wenn es darum ging, Japan bei der Weltbank einen höheren Stimmrechtsstatus einzuräumen. Die amerikanische Regierung deutete Vergeltungsmaßnahmen gegen japanische Banken in den USA an.«[3]

Wie der Präsident, dem er diente, war Don Regan bei seinem Glauben an die amerikanische Unbesiegbarkeit so arrogant, daß er den fatalen Fehler nicht bemerkte, der in seinen Vorschlägen steckte. Es fehlte ihm die Einsicht, zu erkennen, daß schon bald nicht mehr klar sein würde, wem Hertz und wem Avis gehörte.

Regan nahm an, die Öffnung der Tokioer Finanzmärkte biete Amerika die Gelegenheit für dynamische, neue Geschäfte. Doch selbst der Londoner *»Big Bang«* – überhaupt die dramatischste Öffnung eines Finanzmarktes – erwies sich für die Amerikaner als von zweifelhaftem Nutzen. Dort konnten in Amerika beheimatete Firmen so tief eintauchen wie sie wollten, Topspezialisten anheuern und traditionelle britische Häuser auf deren eigenem Terrain überflügeln. Heute zieht jedoch nur noch eine Handvoll amerikanischer Finanzunternehmen signifikante Profite aus ihrer Geschäftstätigkeit in Großbritannien. Viele ziehen sich zurück, und einige stellen dabei offen in Frage, ob sich die Kosten für die Eroberung weltweiter Märkte überhaupt lohnen.

Daß amerikanische Firmen in London nur einen teilweisen Erfolg feiern konnten, wo sie nicht einmal sprachliche und kulturelle Barrieren wie in Japan überwinden mußten, belegt den grundlegenden Fehler in der Argumentationsweise von Regan. In London trafen auf einem verhältnismäßig kleinen, aber wirklich offenen Markt gut ausgestattete Amerikaner auf weniger gut ausgestattete Briten. In Tokio jedoch stehen amerikanische Firmen (selbst nach ihren großen Fortschritten bei dem Abbau rechtlicher Normen) vor der Aufgabe, gegen viel reichere japanische Unternehmen in einem scharf kontrollierten und kulturgebundenen Markt anzutreten, wo niemand glaubt, daß die Amerikaner mehr als einen winzigen Bruchteil des Binnengeschäfts erringen können.

Die »Öffnung« des kapitalstarken Tokioer Marktes implizierte aber definitionsgemäß, daß der Kapitalfluß von Japan in die restliche Welt größer sein würde als umgekehrt. Diesen Faktor wußten die amerikanischen Finanzbeamten sehr wohl. Und sie hielten dies auch für äußerst wünschenswert. Sie suchten nämlich nach Mitteln und Wegen, wie sie das Budgetdefizit der Reaganomics finanzieren konnten, das sich jetzt zu zeigen begann. Da erschien die Öffnung der Tokioer Kapitalmärkte als durchaus vernünftiger Verband für eine Wunde, die sonst sehr geblutet hätte. Damit konnten die japanischen Handelsüberschüsse leicht in die Vereinigten Staaten zurückfließen.

Die langfristigen Folgen dieser Politik wurde von jenen vernachlässigt, die sich bemühten, das nach ihrer Auffassung nur kurzfristige Defizitproblem zu lösen. »Ich sagte den amerikanischen Bankiers immer wieder, daß das allerletzte, was sie tun sollten, dies sei, auf einer Öffnung des Tokioer Finanzmarktes zu bestehen«, meinte Lester Thurow vom Massachusetts Institute of Technology. »Gäbe es keine japanischen Beschränkungen für den Kapitalfluß, so hätte Tokio bereits die Rolle New Yorks als des führenden Finanzmarktes der Welt übernommen.«

Doch Don Regan duldete keine genaueren Überlegungen. Die Geschichte hatte ihn zu einer Wiederholung der Geschichte von Commodore Perry ausersehen, und nichts konnte ihn davon abhalten, die zweite Öffnung Japans zu erzwingen.

Vielleicht waren die amerikanischen Unterhändler kühn geworden, weil sie Berichte über das *gaiatsu* gelesen hatten – die japanische Tradition, die den Druck von außen als besten Weg zur Veränderung des Landes gutheißt. Wenn dem so ist, dann entgingen ihnen allerdings die Feinheiten. In Wirklichkeit verwenden die Japaner beim *gaiatsu* Ausländer als Werkzeuge für ihre eigenen Ziele. Lange bevor Commodore Perry 1853 das Land betreten hatte, hatte schon eine einheimische politische Bewegung zur Öffnung Japans bestanden. Perrys schwarze Schiffe mit all der Dramatik, die in ihrem Anblick lag, als sie am Horizont erschienen, dienten in Wirklichkeit nur als Katalysatoren für den Übergang von der alten Ordnung zur Meiji-Reform.

Wie die Revolutionäre zur Meiji-Zeit erkannten auch mächtige

Gruppen der japanischen Finanzgemeinschaft die Gelegenheit, Don Regans Wünsche für ihre eigenen Ziele zu nutzen. So sinnvoll der geschützte Finanzmarkt für das vergangene Wachstum Japans gewesen sein mochte, zu diesem Zeitpunkt hemmte er die ehrgeizigen Träume der großen Finanzinstitute. Männer wie Tabuchi von Nomura, Komatsu von der Sumitomo-Bank und Kurosawa von IBJ, der International Bank of Japan, erkannten, daß Japan nun zu einer Weltfinanzmacht werden konnte. Ihre Unternehmen konnten an der Frontlinie der Weltfinanz stehen, wenn es ihnen nur gelang, einige rechtliche Schranken einzureißen, die das japanische Geld vom restlichen Geld der Welt trennten. Um dies zu verwirklichen, mußten sie jedoch eine konservative Opposition im eigenen Land überstimmen, die den Übergang von einer industriellen zu einer postindustriellen Wirtschaft fürchtete und diese Veränderung so lange wie möglich hinausschieben wollte.

Im amerikanischen Druck auf Tokio, die Märkte zu liberalisieren und den Yen zu internationalisieren, fanden die japanischen Superbanker und Finanziers den richtigen Hebel gegen all jene, die den Status quo möglichst lange beibehalten wollten. Dieser Grund war es und weniger das bleifüßige Auftreten der Amerikaner, warum die Unterhändler auf finanziellem Gebiet so schnelle Fortschritte machten, während sich die beiden Seiten bei den endlosen Debatten über Handelsprobleme anscheinend nie einig werden konnten. »Die Reagan-Administration hat die Liberalisierungsmaßnahmen der Japaner eilfertig als grundlegenden Durchbruch bezeichnet«, schrieb der niederländische Journalist Karel van Wolferen, der 25 Jahre über Tokio berichtete. Was die Japaner allerdings tatsächlich zugestanden hatten, war eine Reihe von Schritten, »die darauf abzielten, den japanischen Finanzinstituten international mehr Durchschlagskraft zu verleihen. Das bedeutete nicht, ausländischen Finanzinstituten einen größeren Anteil am japanischen Markt zu überlassen.«[4]

Innerhalb weniger Wochen nach Regans Besuch in Tokio kam man zu einem »Yen/Dollar-Abkommen«, bei dem »die USA fast alles bekamen, was sie gefordert hatten«, wie Jeffrey Frankel meinte, der Wechselkursspezialist, der die amerikanische Seite für die Verhandlungen vorbereitet hatte.[5] Die Japaner würden die Schranken entfernen, die den freien Kapitalfluß behinderten, sie würden zulassen, daß der Yen international eine größere Rolle spielte und damit an Wert gewann, sie würden den Tokioer Finanzmarkt für eine größere Beteiligung von amerikanischen Finanzinstituten öffnen, und sie würden sogar einige Schritte unternehmen, damit die Zinssätze von den Marktgesetzen bestimmt werden konnten.

Schon innerhalb der nächsten Jahre erwiesen sich die Ergebnisse des Yen/Dollar-Abkommens als das genaue Gegenteil von dem, was die Amerikaner 1984 von ihm erwartet hatten. Der Yen wurde zwar stärker, das Handelsdefizit aber größer. Der starke Yen und der schwache Dollar verschärften alle anderen Ungleichgewichte, die Don Regan ins Lot bringen wollte. Die japanischen Finanzinstitute, die auf Yenbasis arbeiteten, errangen auf den Weltfinanzmärkten eine viel gewichtigere Rolle als die amerikanischen Firmen in Tokio, selbst nachdem amerikanische Firmen schließlich eine größere Freiheit in Japan genossen. Die Schwäche des Dollars und die überwältigende Stärke des Yen vergrößerten am Ende nur die seit langem bestehende Ungleichheit zwischen den Zinssätzen in den beiden Ländern. Oder, wie Jeffrey Garten meinte: »Tokio, nicht Washington, wird wohl als Gewinner aus der Yen/Dollar-Vereinbarung hervorgehen ... Der Witz wird am Ende sein, daß Japan Amerika mit seinen eigenen Waffen im Finanzwesen ebenso wie im Handel schlagen wird.«[6]

Im Frühjahr 1984 war jedoch keine Zeit für negative Gedanken über die amerikanische Wirtschaft. Der Präsident hatte seine Zukunft der großen Feuerprobe des freien Marktes anvertraut, und sein Vertrauen trug nun Früchte. Aus der Rezession während der ersten Jahre seiner Regierungszeit wurde eine drauflosstürmende Wirtschaftsentwicklung, und das Weiße Haus sonnte sich im Licht dessen, was als vollständige Rechtfertigung seiner Politik erschien. Die Produktion war ganz oben, das Monster der Inflation gezähmt, die Arbeitslosigkeit unten. Junge Neureiche kamen aus Computerfabriken und Wall-Street-Büros hervorgerollt, als ob die Wirtschaft plötzlich entdeckt hätte, wie man Millionäre in Massen produziert. Das amerikanische Geschäftsleben erhielt einen neuen Energiestoß und eine neue Struktur durch die Wunder des Investment Banking, durch Risikokapital und Firmenübernahmen - angeführt von einer Gruppe einzigartiger amerikanischer Charaktere, deren dreiste Gier das Publikum im Augenblick verdrängte, weil es von ihrem Cowboystil und ihrer Goldgräberart fasziniert war. Die Oberklasse und die obere Mittelklasse der amerikanischen Gesellschaft kam in den wilden Achtzigern zu Wohlstand, und man hatte den Eindruck einer grenzenlosen Prosperität, die niemals enden würde.

Zum erstenmal seit den zwanziger Jahren schlug der nackte Glanz des Geldes die Gesellschaft wieder derart in den Bann. Seit den vierziger Jahren hatte das Volk nicht mehr so sehr an einen amerikanischen Präsidenten geglaubt. Und nie seit den fünfziger Jahren hatte der Rest der Welt die Kapazitäten der amerikanischen Wirtschaft, ihre Fähigkeit zur technologischen Innovation und die Stärke des amerikanischen Glaubens an die Heiligkeit des Kapitalismus so sehr beneidet wie gerade jetzt.

Immer wieder mußten Reagans Gegner angesichts seiner politischen Stärke klein beigeben und einsehen, daß es nutzlos war, ihn herauszufordern. Wer die Politik des Weißen Hauses weiterhin kritisierte, hatte seine liebe Mühe, Gehör zu finden, selbst wenn er die Aufmerksamkeit auf große soziale Probleme lenken wollte, etwa das anschwellende Budgetdefizit, die Kosten des riesenhaften Wettrüstens, die unbekümmerten Exzesse im Namen der Deregulierung und die systematische Schwächung des sozialen Netzes für die Ärmeren und weniger Begünstigten. Amerika fühlte sich wieder gut. Der Song des republikanischen Parteitags zur Aufstellung des Präsidentschaftskandidaten im Jahr 1984 drückte dies treffend aus: »Happy Days Are Here Again« (Nun herrschen wieder glückliche Tage).

Ja, es gab ein paar Probleme mit diesem sonst magischen Präsidenten. Bisweilen wurde zu deutlich, daß seine Politik die besonderen Interessen der Reichen auf Kosten der ärmeren Bevölkerung und der Mittelklasse unterstützte. Zu einem Weißen Haus, das sich verzweifelt um den äußeren Schein mühte, zu seinen Partys im Dinnerdress und den neuen Designermoden, die in Washington gerade en vogue waren, wollte die zunehmende Zahl der obdachlosen und hungrigen Amerikaner nicht recht passen.

Ja, die meisten Menschen wußten, daß ihr Präsident zur Hauptsache ein Schauspieler und den anstehenden Problemen intellektuell wenig gewachsen war. Aber das war in Ordnung, denn die Leute liebten sein Auftreten und vertrauten seiner Intuition. Wenn er die Neigung hatte, Fakten zu zitieren, die keine waren, oder unbedacht erschreckende unterbewußte Gedanken äußerte, so wurde dies von seiner vertrauenerweckenden Fröhlichkeit mehr als kompensiert.

Ja, er war ein Bündel von Widersprüchen auf den unterschiedlichsten Gebieten, angefangen von seinen persönlichen bis zu seinen politischen Ansichten. Er sagte, er sei für ein ausgeglichenes Budget, schlug aber immer größere Defizite vor. Er sagte, er sei für die »drei R« (gemeint sind Lesen, Schreiben und Rechnen), doch er strich alle Erziehungs- und Bildungsprogramme der Regierung erbarmungslos zusammen. Er sagte, die Familie sollte der Eckstein des amerikanischen Lebens sein, doch hatte er sich seinem eigenen Leben sichtlich entfremdet.

Es stimmte, Reagans lockerer Managementstil war etwas zu lokker. Bei Treffen mit anderen führenden Politikern schlief er etwas zu oft ein, und er nahm auch zu viele lange Ferien. Seine Bereitschaft, Entscheidungen zu delegieren, war eine willkommene Erholung von

Jimmy Carters »Mikromanagement«. Doch dieser Präsident hatte die bedenkliche Gewohnheit, besonders problematische Angelegenheiten einer Beamtenclique zu überlassen, die glaubte, weder allgemeine Gesetze noch die Verfassung der Vereinigten Staaten gelte für sie persönlich.

Trotz solcher Probleme hatte Ronald Reagan Erfolg. Er war unschlagbar und nicht zu stoppen. Berechtigterweise nannte man ihn den »Teflon-Präsidenten«. Was für schlimme Mißgriffe er auch tat, nichts schien an ihm hängenzubleiben.

Es war gerade zu dieser Zeit (1983/84), als das Weiße Haus unter Reagan eine unkontrollierte und unverhüllte Macht auszuüben begann, die an Nixons »Imperiale Präsidentschaft« erinnerte. Die Männer, die über seinen Terminkalender bestimmten – besonders Don Regan (der in der zweiten Amtszeit Stabschef wurde und eine solche Macht gewann, daß manche ihn für den wirklichen Präsidenten hielten) –, begannen nach Wegen zu suchen, um die von Reagan aufgestellte Definition der »Freiheit« für jenen ideologischen Kampf zu nutzen, den sie schon immer gerne gekämpft hätten.

Sie entsandten die Marines nach Grenada und wurden allenthalben gelobt für einen Akt, den man zu einem anderen Zeitpunkt sehr wohl als chauvinistisches Abenteuer gegen eine kleine Inselnation hätte werten können. Sie brachten den Präsidenten dazu, öffentlich das zu erklären, was viele Amerikaner schon seit langem glaubten – daß nämlich die Sowjetunion ein Reich des Bösen sei und daß die amerikanische Politik Moskau gegenüber viel eher von Kriegsvorbereitungen ausgehen solle, anstatt sich im Hinblick auf Rüstungsabkommen und Gipfeltreffen einem politischen Druck zu beugen.

In jener Zeit wandte sich das Weiße Haus an den zweiten alten Wall-Street-Mann neben Don Regan, nämlich William Casey, den CIA-Chef, der einst Vorsitzender der Börsenaufsichtsbehörde gewesen war. Er sollte die Möglichkeit für verdeckte Operationen außerhalb Amerikas schaffen. Das darauffolgende Drama mit iranischen Terroristen und nicaraguanischen Contras, mit dem, was der Präsident wußte und was er vergaß, mit der nationalen Sicherheitsbehörde und Oliver North, mit den Untersuchungen des Kongresses und den ganzen Verwicklungen, die er aufdeckte, all das interessiert uns hier nicht direkt, doch der Zusammenhang, in dem sich all dies abspielte, ist wichtig.

Niemand kann daran zweifeln, daß Ronald Reagan und seine Berater den iranischen Terrorismus verabscheuten. Niemand kann daran zweifeln, daß sie leidenschaftlich an die Sache der Contras glaubten. Ihre komplizierten Machenschaften, die auf irrtümlichen Annahmen über ihre eigene Stärke, einer provinziellen amerikanischen Sicht, wie die Welt funktioniere, und einer beschämenden Ignoranz über die wirklichen Bedingungen im Iran beruhten, bewirkten am Ende das exakte Gegenteil dessen, was eigentlich geplant war. Am Ende versorgte der Antiterrorist Ronald Reagan notorische Terroristen mit weiteren Terrorwaffen! Was die Contras anbelangt (die der Präsident mit den amerikanischen Gründervätern verglich), so sahen sie nicht viel von dem Geld, das sie eigentlich über den verwickelten iranischen Kanal hätten bekommen sollen. Am Ende verloren sie ihre Glaubwürdigkeit, und ihr Guerillakrieg wurde vom betrügerischen Netz erwürgt, das die Männer des Präsidenten im Weißen Haus um sie woben.

Die Yen/Dollar-Übereinkunft führte zu keinem Skandal wie die Iran-Contra-Affäre, obwohl sich wahrscheinlich zeigen wird, daß sie eine größere historische Bedeutung hat. Sie entsprang aber derselben irrtümlichen Annahme von der amerikanischen Stärke, derselben provinziellen amerikanischen Sicht, wie die Welt funktioniert, und derselben beschämenden Ignoranz über die wirklichen Verhältnisse im Ausland - in diesem Fall über die japanische Wirtschaft.

Die Bemühungen Washingtons, das Wechselkursverhältnis zwischen Yen und Dollar zu verändern, erfolgten mit derselben Heimlichkeit, die auch den Iran-Contra-Skandal kennzeichnete. 1985 tauschten James Baker und Donald Regan die Jobs. Baker übernahm die Aufgabe des Finanzministeriums, den Dollar zu schwächen, und ergriff sogleich Maßnahmen, um den Ausschuß für Wirtschaftspolitik (zu dessen Mitgliedern alle höheren Beamten mit einem Interesse an der Wirtschaft zählten) zu umgehen. Statt dessen richtete er innerhalb der Administration einen »besonderen Kanal« für die Wirtschaftspolitik ein. »Die Markenzeichen der neuen Gruppe waren Heimlichkeit, verstohlene Operationen und das Fehlen eines Dissenses im Innern, der bisweilen zu neuen Lecks führt.«[7] Auf David Mulford, jenen obskuren Beamten, den Baker angeworben hatte, um die Attacke auf den Dollar anzuführen, war die Wahl unter anderem deswegen gefallen, weil er Geheimnisse für sich behalten konnte. Diese Fähigkeit hatte er während neun Jahren bewiesen, in denen er die saudiarabische Regierung bei Investmentfragen beraten hatte.

In diesem Zusammenhang überrascht es nicht, daß die Washingtoner Japanpolitik dieselbe Ironie des Schicksals ereilte wie die Politik, die Oliver North gestaltete. Don Regan erhielt, was er in Tokio verlangte. Aber wie die amerikanischen Unterhändler, die mit ihren Waffenverkäufen in Teheran die Freilassung einiger Geiseln erreichten, so zeigte sich auch in diesem Fall, daß letztlich genau das Gegenteil von dem erreicht worden war, was für die Vereinigten Staaten hatte erreicht werden sollen.

Das doppelte Desaster

Um zu erklären, wie die Vereinigten Staaten und Japan ihre Stellung in der Welt in den acht Jahren der Präsidentschaft von Ronald Reagan verändert haben, muß man damit beginnen, den Japanern für ihren Weitblick, ihre harte Arbeit und die schnelle Anpassung an neue Bedingungen Anerkennung zu zollen. Um aber das gesamte Geschehen verstehen zu können, muß man die katastrophale Wendung Washingtons gebührend berücksichtigen - besonders das doppelte Desaster, das die Reagan-Administration den künftigen Amerikanern als Denkmal hinterlassen hat: das Budget- und Handelsdefizit.

Das Budgetdefizit der Reaganomics bezeichnet der Investmentbanker Felix Rohatyn treffenderweise als »bewußte Poitik des nationalökonomischen Selbstmords«. Wer Rohatyns Bezeichnung »bewußt« anzweifelt, sollte David Stockmans Insiderbericht *The Triumph of Politics* lesen. Darin beschreibt der frühere Budgetdirektor Reagans Widerstand gegen alle bedeutsamen Budgetkürzungen und seine Weigerung, Veränderungen in seiner Prioritätenliste zu akzeptieren. Gegen Ende seiner Amtszeit war Reagans Verschwendungssucht so groß, daß »das Defizit 1986 acht Prozent des Bruttosozialprodukts oder 350 Milliarden Dollar überschritten hätte«, wenn ihn nicht andere republikanische Führer im Zaum gehalten hätten. Dies, so meint Stockman, hätte die US-Wirtschaft in eine »Bananenrepublik« verwandelt. Reagans Politik, die in »Hunderten von Entscheidungen« wurzelte, »die er und sein innerster Kreis seit August 1981 getroffen hatten«, waren genauso überlegt und berechnet wie falsch, so erzählt uns Stockman. Die amerikanische Wirtschaft sei »durch die erschrekkende Halsstarrigkeit des 40. Präsidenten als Geisel genommen« worden, der es in dem kurzen Zeitraum von acht Jahren schaffte, die Schulden, die seine 39 Vorgänger angehäuft hatten, zu verdreifachen.[8]

Die gefährlichen Folgen einer solchen Verschuldung für die Zukunft der US-Wirtschaft werden nun endlich öffentlich diskutiert. Aber abgesehen von der allgemeinen Gefahr für den amerikanischen Lebensstandard wirkt sich das Erbe des billionenschweren Dollardefizits, das Reagan angehäuft hat, in ganz bestimmter Weise auf das wirtschaftliche Verhältnis zwischen den Vereinigten Staaten und Japan aus.

Die Tatsache, daß ein derart hoher Anteil der Schulden durch japanische Kredite finanziert wurde, hat die Auswirkungen einer tickenden Zeitbombe. Mit der Drohung, daß sich die Japaner aus dem Markt der US-Schatzanleihen zurückziehen, hat Tokio bei bilateralen Verhandlungen ein wichtiges Druckmittel in der Hand, und Japan beginnt dies bereits zu nutzen. Das internationale Unbehagen über die Kreditwürdigkeit Amerikas dämpft den Enthusiasmus, Vermögenswerte in Dollar anzulegen. Weltweit operierende Bankiers fragen sich schon, ob man den Dollar weiterhin als die Schlüsselwährung der Welt verwenden sollte.

Selbst wenn man von den besten Bedingungen ausgeht, wird das Wirtschaftswachstum der USA aufgrund des hohen Prozentsatzes des Bruttosozialprodukts, der zur Schuldentilgung ins Ausland fließen muß, für den Rest unseres Jahrhunderts eingeschränkt bleiben. Doch das ist noch nicht alles. Wirtschaftswissenschaftler, die den Reagan-Rekord zu verteidigen suchen, haben richtigerweise darauf hingewiesen, daß die Vereinigten Staaten zu verschiedenen Zeiten bereits noch größere Defizite im Verhältnis zum Bruttosozialprodukt hatten. Das galt zu anderen Zeiten auch für weitere Länder, Japan eingeschlossen.

Am Ende entscheidet aber nicht so sehr die Größe des Defizits, sondern was man daraus macht. Defizitäre Ausgaben, die zu einem realen Wachstum in der Zukunft führen, lassen sich dadurch rechtfertigen, daß die Rückzahlungen bei expandierender Wirtschaft leichter werden. Im Fall der Reaganomics gab es jedoch gar kein spezifisches Programm zur Wirtschaftsförderung. Das überließ man der Privatinitiative einzelner. Die Steuerkürzungen auf der Angebotsseite, die eine riesenhafte Kluft zwischen den Einnahmen und den Ausgaben der Regierung aufreißen halfen, lösten im Inland nicht die versprochene Investitionswelle aus. Tatsächlich hatte Amerika in den achtziger Jahren unter allen Industrieländern eine der niedrigsten Investitionsraten für den Kauf von neuen Anlagen und Ausrüstungen. Washington zog sich auch von seiner historischen Rolle als führender Investor in die Infrastruktur des Landes zurück. Es tadelte Ausgaben für »Hardware« (Straßen, Brücken, Transportmöglichkeiten usw.) wie für »Software« (Erziehung und Weiterbildung).

Während reiche Amerikaner ihre Steuerersparnisse in weitgehend nichtproduktive Effekten investierten, hielt die japanische Geschäftswelt (die an sich der Spekulation nicht abgeneigt ist) an der altbewährten Politik fest, in großem Umfang in die Produktion zu investieren. Die japanischen Produktionsanlagen sind deswegen im Mittel den amerikanischen um zwei Jahre voraus, Japan hat fünfmal so viele Roboter wie Amerika, und die japanische Forschung und Entwicklung auf zivilem Gebiet ist führend auf der Welt. Das Wachstum der Produktivität der japanischen Industrie ist weiterhin größer als das der Vereinigten Staaten, auch wenn es mit der amerikanischen Produktivität während der Reagan-Jahre wieder aufwärtsging.

»Dieser Anblick müßte eigentlich die Amerikaner schockieren«, meint Peter Peterson, und bezieht sich auf die Tatsache, daß die japanischen Nettoinvestitionen im Jahr 1986 um 30 Milliarden Dollar höher lagen als die entsprechende Zahl der Vereinigten Staaten: 300 Milliarden Dollar gegen 270 Milliarden Dollar. »Eine Bevölkerung, die nur halb so groß ist wie die unsrige, die auf einer Inselgruppe von der Größe Kaliforniens lebt, gibt jedes Jahr - in absoluten Zahlen - mehr Geld für ihre Fabriken, Häuser, Brücken und Laboratorien aus. Und dabei hat Japan noch Ersparnisse übrig, 1986 ungefähr 80 Milliarden Dollar, die es verschwendungssüchtigen Ausländern leiht.«[9]

Hätte die amerikanische Regierung eine Billion Dollar geliehen, um wichtige Industrien mit neuen Werkzeugen auszustatten, um neue Industrien zu entwickeln, um amerikanische Arbeiter weiterzubilden und ihnen neue technologische Kenntnisse beizubringen oder um systematisch Exportprodukte für die Zukunft zu fördern, so hätte die Schuldenlast einen wirtschaftlich vertretbaren Grund gehabt. Das war aber nicht der Fall. Die Reaganomics machten enorme Schulden. Erstens für ein kurzes Zwischenspiel übermäßigen Konsums der oberen Gesellschaftsschichten und zweitens für eine enorme Expansion von Waffensystemen. Sie nützten dem Weltfrieden am Ende aber weniger als die Initiative, die Reagan schließlich gegen Ende seiner Amtszeit ergriff, um mit den Sowjets einen Vertrag zur Begrenzung des Angriffspotentials abzuschließen.

Reagan hatte eine letzte Chance, den Schaden der Schuldenbombe mit der Steuerreform von 1986 zu begrenzen. Er bot mit seinem Bestehen auf einer »einnahmeneutralen« Berechnung ein merkwürdiges Schauspiel. Schlachtlinien wurden aufgebaut und abgebaut, beide Parteien spuckten emotionale Rhetorik aus, und es fand ein Kuhhandel in historischer Größenordnung statt. Der Präsident blieb fest und »siegte« am Ende. Worin bestand der Sieg? Daß er die Steuergesetzgebung »vereinfacht« hatte - ein zweifelhafter Erfolg angesichts der 2704 Veränderungen der Steuergesetzgebung, welche die Reform verursachte.[10]

Reagans wirklicher Sieg bestand darin, daß er es schaffte, zwei Jahre mit dem Kongreß über die Steuern zu streiten, ohne jemals zugeben zu müssen, wie verfehlt vor allem seine Ausgabenpolitik war. Der Kongreß hatte zwar die Möglichkeit, eine längere nationale Debatte über die Steuern in Gang zu setzen, nicht aber den Mut, darauf zu bestehen, daß der Präsident entweder die Steuern erhöhte oder die Ausgaben kürzte.

Als die Reagan-Ära vorbei war, hatte das Land 2,5 Billionen Dollar Schulden und ein jährliches Defizit von 150 Milliarden Dollar. Wir gaben viel aus, erhielten dafür aber wenig zurück. Insbesondere kann es keinen Zweifel darüber geben, daß Amerika im Hinblick auf Japan, unseren hauptsächlichen Wirtschaftskonkurrenten und gleichzeitig unseren Chefbankier, viel weniger wettbewerbsfähig geworden ist als es noch vor acht Jahren war.

Schwacher Dollar, starker Yen

Das Budgetdefizit der Reagan-Administration verursachte auf dem Körper der amerikanischen Wirtschaft eine schwärende Wunde und erlaubte den Zutritt japanischen Geldes. Aber vielleicht noch mörderischer vom Standpunkt der weltweiten Wettbewerbsfähigkeit war der Entschluß des Weißen Hauses, das Handelsproblem dadurch zu lösen, daß es dem starken Dollar Blut abzapfte und dieses dem Yen übertrug.[11]

Der Glaube, das Handelsdefizit mit Japan ließe sich durch eine Korrektur des Kursverhältnisses lösen, war falsch, verächtlich und entsprach der typischen Art der Reaganomics, ein ernsthaftes Problem anzugehen. Washington versuchte, die seit zwei Jahrzehnten andauernde japanische Überlegenheit in der Fertigungstechnik bei gleichzeitigem amerikanischem Mißmanagement auf diesem Gebiet mit einem kosmetischen Buchhaltertrick aus der Welt zu räumen, statt den Amerikanern die notwendige Anstrengung abzuverlangen, neue Wege dafür zu finden, wie das Land leben, arbeiten, Geschäfte machen und regiert werden kann.

Zu unterstellen, die japanischen Exportprodukte würden sich hauptsächlich deswegen gut verkaufen, weil der Yen unterbewertet ist, wie die Reagan-Administration dies in den letzten fünf Jahren behauptete, bedeutet, nicht zu wissen, wie Japan seine Wirtschaft seit den Erfahrungen mit dem Ölschock umstrukturiert hat. Früher einmal hing Japan von billigen Arbeitskräften und einem billigen Yen ab, um Anteile am Exportmarkt erobern zu können. Heute jedoch ist ein zunehmend größerer Teil der japanischen Industrie wettbewerbsfähig, weil sie über eine überlegene Technologie und Wirtschaftsplanung verfügt. Der Grund für den japanischen Handelsüberschuß liegt nicht im günstigen Kursverhältnis - obwohl der billige Yen dabei natürlich behilflich war -, sondern in der Wirtschaftsstruktur Japans.

Die japanische Maschinenwerkzeugindustrie braucht weniger als zwei Monate bis zur Verschiffung eines Auftrags, während die mittlere Lieferzeit bei den Amerikanern nahezu sechs Monate beträgt. Qualitätsmängel an den amerikanischen Produkten belaufen sich auf acht bis zehn Prozent bei jeder Produktion, in Japan dagegen nur auf ein Prozent. Amerikanische Betriebe investieren nur 2600 Dollar pro Arbeiter im Jahr, während Japans Ausgaben für neue Ausrüstungen, Ausbildung und Verbesserungen im Produktionsprozeß zweieinhalbmal so groß sind.

Auf dramatische Weise illustrieren dies die beiden folgenden Tabellen:

Probleme, die auch der billige Dollar nicht lösen kann. Die Produktion von 256 Kilobyte RAM/Direktzugriffsspeicher-Computerchips, ein Vergleich zwischen den USA und Japan[2]
(Prozentsatz brauchbarer Chips pro Siliziumscheibe [Wafer])[1]

	USA	Japan
Beginn der Wafer-Herstellung	100%	100%
nach der ersten Qualitätskontrolle	66	88
nach dem abschließenden Wafer-Test	20	57
verkäufliche Chips nach Montage	17	54

Kosten und Produktion, General Motors im Vergleich zu Toyota[13]

	GM	Toyota
Anzahl Personenwagen pro Angestellten	11,7	57,7
Arbeitskosten pro Wagen	$ 4.148	$ 630
Gewinn pro Wagen	$ 343	$ 466

Nun ist es zweifellos so, daß Automobile und Computerchips die beiden Gebiete darstellen, auf denen die japanische Fertigungstechnologie am weitesten fortgeschritten ist. Auf diesen Sektoren wurde ein Qualitäts- und Automationsstandard erreicht, der für andere Industrien noch lange nicht gilt. Doch immerhin bewegen sie sich in diese Richtung. Autos und Computerchips sind überdies genau jene Exportprodukte, die mit amerikanischen Produkten auf dem US-Markt konkurrieren.

Die Folgerungen aus den obigen Zahlen für die Chips sind überraschend, selbst wenn sie einen extremen Fall repräsentieren: Wenn nur 17 Prozent der Chips, die in amerikanischen Wafer-Fabriken produziert werden, ohne Fehl und Tadel sind, im Vergleich zu den 54 Prozent in Japan, dann müßte der Versuch, die amerikanischen Chip-Hersteller allein durch Wechselkursveränderungen wieder konkurrenzfähig zu machen, zu einem Kurs von rund 60 Yen pro Dollar führen. Bei der Autoindustrie liegt der Fall etwas weniger extrem: 90 Yen pro Dollar könnten General Motors zu einer echten Konkurrenzfähigkeit gegenüber Toyota verhelfen.

Lassen wir einmal die weltweite Finanzpanik und die hurrikanartige Inflation beiseite, die ein Fall des Dollars in diese Tiefe hervorrufen würde. Eine solche Wechselkursgaukelei würde zu einem Teufelskreis führen. Bei einem Dollarkurs von 60 Yen könnte ein japanischer Chip-Gigant wie NEC leicht die gesamte amerikanische Chip-Industrie aufkaufen. Und Toyota würde einfach General Motors übernehmen.

Die Reagan-Administration ignorierte diese Realität und glaubte, sie habe die Macht, ihre wirtschaftlichen Ziele durchzusetzen. So stürzte sie sich in den tückenreichen Sumpf der Dollarschwächung. Sie ging von der Annahme aus, amerikanische Güter seien dann im Wettbewerb weit überlegen und würden die japanischen Produkte aufgrund ihrer Preise vom Markt werfen.

Fast ein Jahr lang nach dem Yen/Dollar-Übereinkommen blieb der Yen schwach. Doch im Februar 1985, als der Dollar zu 260 Yen gehandelt wurde, kamen sogar viele japanische Geschäftsleute zur Ansicht, der Dollar sei zu stark. Deswegen lockerte die Bank of Japan ihren Widerstand gegenüber dem Druck der Amerikaner, den Dollar zu schwächen, und damit begann der große finanzielle Rollentausch. Im Sommer jenes Jahres hatte der Yen um 30 Prozent an Wert zugenommen.

Selbst das war aber zu wenig für James Baker, den neuen US-Finanzminister. Im New Yorker Plaza-Hotel traf sich Baker mit den Finanzministern der führenden Nationen der Welt. Er schmeichelte ihnen und drohte ihnen und überzeugte sie am Ende davon, sich den Vereinigten Staaten zu einer koordinierten Attacke auf den Dollar anzuschließen. Sechs Monate später lag der Dollar bei 180 Yen. Der freie Fall hatte seinen Anfang genommen. Gelegentlich wurde er von einem Ast aufgehalten, wenn die Japaner oder andere Industrieländer dessen Fall zu bremsen versuchten. Doch es dauerte nicht lange, bis der Sturz wieder weiterging. Weil Washington beim Budget- und Handelsdefizit untätig blieb, wurden die Weltwährungshändler jedesmal, wenn neue Zahlen veröffentlicht wurden, zu Schleuderverkäufen von Dollars getrieben. Bis zum Ende 1987 war der Dollar auf ein Niveau gesunken, von dem viele geglaubt hatten, daß es niemals erreicht werden würde: auf ungefähr 123 Yen.

Die japanischen Reaktionen auf dieses neue Verhältnis zwischen Dollar und Yen waren auf eine interessante Weise schizophren. Zu Beginn stellten die japanischen Medien es als Katastrophe dar, die die

Wirtschaft zermalmen konnte. Die japanischen Regierungssprecher taten, als sei der steigende Yen eine grausame und unübliche Bestrafung, die die Vereinigten Staaten Japan zugedacht hätten, und dies wegen des geringfügigen Vergehens Japans, seine Handelsüberschüsse auf die Spitze getrieben zu haben. Sie meinten, das Land müsse sich auf Jahre niedrigen Wachstums, hoher Arbeitslosigkeit und niedriger Gewinne einrichten. Allerdings enthielten diese Äußerungen auch Hinweise darauf, daß viele japanische Geschäftsleute nicht an ein Desaster wegen des starken Yen glaubten. Solche Reden klangen daher oft nach Heuchelei.[14]

Im Gegensatz zu ihren amerikanischen Kollegen hatten die japanischen Finanzbeamten ein gutes Gedächtnis. Toyoo Gyohten, der sich im Finanzministerium mit internationalen Angelegenheiten befaßte, hatte dies alles 1971 schon einmal durchgemacht, als man den »Nixon-Schock« erlebte: Der Dollar wurde vom Gold abgekoppelt, was den Dollar im Verhältnis zu anderen Weltwährungen abwertete. Auf einen Dollar kamen damals 360 Yen. Unter dem Druck der Vereinigten Staaten akzeptierten die japanischen Unterhändler eine Aufwertung des Yen um nahezu 17 Prozent auf 308 Yen pro Dollar.

»Damals herrschte in Japan allgemein die feste Überzeugung, eine Anhebung des Yen um mehr als zehn Prozent würde sofort zu Rezession, Stagnation oder Depression führen«, erinnert sich Gyohten. Wer aber wirklich Sachverstand besaß, dachte anders. Rückblickend betrachtet gab es viele Leute, die das nicht wirklich glaubten - denn der Aktienmarkt verzeichnete einen Aufschwung, als die Nachricht bekannt wurde, daß sich der Yen bei 308 einpendelt. Tatsächlich wurde der Yen seit jener Zeit immer stärker, und Japan hatte seit jener Zeit immer Erfolg.

Gyohten verstand auch viel von der Großmäuligkeit der amerikanischen Finanzminister. Beim Treffen im Smithsonian Institut im Jahr 1971 erzählte er, »war John Connally der Star der Show ... Er glaubte, die Verhandlungen auf eine hochmütige Art führen zu müssen ... Die Diskussionen vermittelten den Eindruck, Connally habe gewonnen. Doch im nachhinein betrachtet wird deutlich, daß Connally nicht sehr viel herausholte.«[15] Vierzehn Jahre nach dem Smithsonian-Treffen wiederholte sich das gleiche Spiel im Plaza-Hotel, nur daß an der Stelle von John Connally diesmal Jim Baker stand.

Die Gnome von Nihonbashi machten sich ernsthaft Sorgen um die künftige Ertragskraft exportabhängiger japanischer Unternehmen. Sie hatten wirklich Angst, die auf dem Dollar beruhenden japanischen Investitionen im Ausland würden an Wert verlieren. Sie zweifelten tatsächlich, ob der Yen die internationale Rolle übernehmen konnte, die seiner neuen Stärke entsprach; ob Tokio wirklich dazu in der Lage war, als internationales Finanzzentrum zu dienen, zu dem es schnell heranwuchs und ob Japan selbst bereit war, jene führende internationale Rolle zu spielen, die die Vereinigten Staaten mit ihrer Politik des Kannibalismus gegenüber ihrem eigenen Dollar aufgaben. Aber trotz dieser Vorbehalte sahen sie auch phantastische Möglichkeiten am Horizont heraufziehen.

Solche gemischten Gefühle spiegelten sich nicht nur in den unterschiedlichen Meinungen an den Schaltern der Währungshändler wider, sondern kamen auch in den labyrinthähnlichen Gebäuden zum Vorschein, in denen das Finanzministerium die Politik festlegte und die Bank of Japan Strategien für deren Durchführung entwickelte. An einigen Tagen hatte es den Anschein, als sei die Bank of Japan die einzige Kraft auf dem Planeten, die den Wert des Dollars hochhielt. An anderen Tagen ermutigte das Fehlen einer Intervention von seiten der japanischen Zentralbank zur offenen Jagd auf den Dollar. Wenn die Bank of Japan frenetisch Dollars kaufte und Yen abstieß, war man versucht zu glauben, die Dollarpolitik der Reaganomics funktioniere. Denn, so argumentierte man, wenn die besten japanischen Geldspezialisten intervenierten, um den Fall des Dollars abzuschwächen, so taten sie dies logischerweise, weil Japan an Konkurrenzkraft verlor und die Vereinigten Staaten die ihre wieder zurückgewannen.

Es war aber die amerikanische Logik, die zu diesem Schluß kam, nicht die japanische. Die Amerikaner neigten dazu, das Problem in starren, absoluten Kategorien zu sehen - entweder ein starker Dollar oder ein starker Yen. Die Japaner hingegen sahen die Zwischentöne. Sie interessierte mehr die Geschwindigkeit der Veränderung als die Veränderung selbst. Wenn die Vereinigten Staaten darauf bestanden, den Yen zu stärken und den Dollar zu schwächen, so konnte man sie nach Ansicht der meisten japanischen Wirtschaftsexperten nicht daran hindern. Man konnte den ganzen Vorgang jedoch steuern. »Wir fürchten uns nicht vor irgendeinem abstrakten Kursverhältnis«, bemerkte Yoshio Suzuki, ein Nationalökonom der Bank of Japan, nachdem der Dollar bereits unter 140 Yen gerutscht war. »Was wir fürchten, ist, daß wir zu wenig Zeit haben, uns anzupassen.«

So kaufte denn die Bank of Japan Zeit für die japanischen Exporteure, sich der Entwicklung anzupassen. Sie mußten ihre Kosten senken, die Produktion ins Ausland verlegen, Einzelteile, die sie im Inland nicht mehr zu einem konkurrenzfähigen Preis herstellen konnten, von anderswo beziehen, nicht gewinnträchtige Sektoren aufgeben und neue Technologien entwickeln. Als die Dollarabwertung 1988 voll zur Auswirkung kam, unterschied sich die japanische Industrie grundlegend von derjenigen, die das Weiße Haus vor vier Jahren mit seinen Maßnahmen hatte treffen wollen, als Don Regan seine schicksalsschwere Reise nach Tokio antrat. Die japanischen Geschäftsmethoden hatten sich derart verändert, daß es nun der Leiter der Bank of Japan, Satoshi Sumita, und seine Kollegen öffentlich zuzugeben wagten, daß »der starke Yen zahlreiche Vorteile mit sich brachte«.[16]

Präsident Reagan und dem Weißen Haus entging es jedoch völlig, daß sich die Welt geändert hatte.

J-Kurve oder Heisenbergs Unschärferelation?

Wenn James Baker und Ronald Reagan glaubten, Amerika brauche einen schwachen Dollar und einen starken Yen, so hatten sie bis Ende 1987 sicher bekommen, was sie wollten. Jetzt kamen die schockierenden Nachrichten: Obwohl der Yen um 100 Prozent an Wert gewonnen hatte (die Deutsche Mark hatte eine ähnlich dramatische Wertsteigerung erfahren), hatte sich für das US-Handelsdefizit nichts Grundlegendes verbessert; die japanischen und deutschen Überschüsse waren auch nicht annähernd in dem Maße gesunken, wie man es erwartet hatte.

Dem Weißen Haus gegenüber positiv eingestellte Nationalökonomen hatten ihre Voraussagen von Anfang an mit einem Vorbehalt versehen und vor den Auswirkungen der »J-Kurve« gewarnt. Das Handelsdefizit, so sagten sie, würde zunächst steigen und erst anschließend eine Besserung aufweisen, weil dasselbe Importvolumen, das mit dem plötzlich billigeren Dollar eingekauft wurde, zeitweilig die Importkosten erhöhen würde. Mit der Zeit, so behaupteten sie, würden die amerikanischen Konsumenten auf billigere, im Inland hergestellte Produkte umsteigen, und die amerikanischen Exporteure würden von ihrem neuen Preisvorteil im Ausland profitieren. Damit würde das Handelsdefizit parallel zur Veränderung des Wechselkursverhältnisses zurückgehen. Die optimistischsten der »J-Kurven«-Theoretiker behaupteten, das Handelsdefizit würde sich bereits nach sechs Monaten deutlich verbessern, die Vorsichtigeren unter ihnen meinten, man müsse schon mit einem Jahr rechnen. Und ein paar waren der Ansicht, es könne achtzehn Monate dauern, bevor sich eine spürbare Verbesserung zeige.

Sie alle lagen unglaublich falsch, um es gelinde auszudrücken. 25 Monate nach der Übereinkunft im Plaza-Hotel wies die Handelsbilanz für den Monat Oktober 1987 ein absolutes Rekorddefizit von 17,6 Milliarden Dollar auf. Mit dieser Rekordzahl hatten die Vereinigten Staaten Japan gegenüber ein monatliches Defizit von fast sechs Milliarden Dollar, im Vergleich zum durchschnittlichen Defizit von drei Milliarden Dollar pro Monat im Jahr 1984. Die Politik der Reaganomics war nicht nur falsch, sie hatten wieder einmal genau das Gegenteil von dem erreicht, was sie wollten. Der Wert des Dollars war halbiert worden, doch das Handelsdefizit mit Japan hatte sich verdoppelt.

Das Weiße Haus verkündete trotzdem den Sieg und klopfte sich in jenen Monaten selbst auf die Schultern, in denen sich kleinere Verbesserungen der Handelsbilanz zeigten. Jede neue Zunahme des Defizits bezeichneten sie hingegen als »Abweichung«, die sich durch die Schwankungen der »J-Kurve« erklären ließ. Ronald Reagan selbst redete den Dollar weiterhin nach unten. Er tat dies allerdings oft in halben Sätzen, die er bei Fototerminen von sich gab und deren Zusammenhang zum wirtschaftlichen Weltgeschehen häufig schleierhaft blieb. Jim Baker hingegen machte klar, daß er den Dollar weiterhin schwächen wollte, um Deutschland und Japan zu einer größeren Anpassung an die amerikanische Wirtschaftspolitik zu zwingen. Er sagte das in der Tat so deutlich, daß einige ihm zur Last legten, er habe die Lunte für den Börsenkrach an der Wall Street im Oktober 1987 gezündet, die das Ergebnis seiner am vorausgegangenen Wochenende geäußerten Drohung gewesen sei, den Dollar noch weiter abzuwerten.

Die Administration blieb bei ihrer Haltung des »Nichts Böses sehen, nichts Böses hören«. Selbst in der offiziellen Verlautbarung des Weißen Hauses zum Debakel am Aktienmarkt wurde behauptet: »Das Handelsdefizit verbessert sich stetig, wenn es den Kursänderungen entsprechend berichtigt wird.«[17]

Jener kleine Nebensatz: ». . . wenn es den Kursänderungen entsprechend berichtigt wird«, ließ tief blicken. Es war, als würde das Weiße Haus sagen: »Wenn wir die Zeit zurückdrehen könnten und das heutige Import- und Exportvolumen zum Wechselkurs von vor zwei Jahren, also vor der Attacke auf den Dollar und der Stärkung des Yens und anderer Währungen, bewerten könnten, dann würde man eine stetige Verbesserung des Handelsdefizits erkennen.« Die Formulierung »den Kursänderungen entsprechend berichtigt« verwies darauf, daß das Weiße Haus etwas nicht glaubte: daß wir nämlich wirklich in einer neuen Weltwirtschaftsordnung lebten, die durch seine eigene Politik des schwachen Dollars erschaffen worden war. Es war eine Welt, in der die Amerikaner weniger importierten und mehr exportierten, in der ihrer Wirtschaft jedoch genausoviel Geld abgepumpt wurde wie zuvor.

In der Traumwelt der Reaganomics konnte man den Nutzen des schwachen Dollars genießen, ohne die Konsequenzen dafür zu spüren, daß die ausländischen Währungen stärker waren. In der realen Welt gab es dieses Glück nicht. Von Anfang an erinnerten die Bemühungen zur Beseitigung des Handelsdefizits durch Manipulation der Wechselkurse an einen Physikprofessor, der die Aerodynamik des Baseballs studiert und dann in einem Spitzenteam auftreten will. Das war theoretisch ja ganz schön, aber für die Praxis wenig tauglich.

Von entscheidender Bedeutung war weniger die »J-Kurve« als vielmehr Heisenbergs Unschärferelation, die besagt, daß sich ein Problem durch die Analyse eben dieses Problems selbst ändert. In unserem Fall führten grundlegend andere Reaktionen der Geschäftswelt zu beiden Seiten des Pazifiks auf den geänderten Wechselkurs von Dollar und Yen zu völlig neuen Größen im Gleichgewicht des Handels.

Nach dem Treffen im Plaza-Hotel gingen die Japaner in ihre Unterstände. Die großen Unternehmen rechneten mit dem Schlimmsten. Sie bereiteten sich auf schmerzhafte strukturelle Veränderungen vor, um mit einer langen Phase des schwachen Dollars und des starken Yen fertig zu werden. Noch bevor sich das neue Währungsverhältnis in der Statistik bemerkbar machte, warnten japanische Politiker vor einer nationalen Krise und befürworteten Rationalisierungsmaßnahmen, die noch schärfer sein sollten als jene, die während der Ölschocks ergriffen wurden.

Die japanischen Exporteure wußten, daß ein noch viel zäherer Preiskrieg mit der amerikanischen Binnenwirtschaft vor ihnen lag. Sie bissen die Zähne zusammen und schafften es dranzubleiben. Der Yen würde um zehn Prozent steigen, doch die japanischen Exportpreise würden sich nicht von der Stelle rühren. Bei einer weiteren zehnprozentigen Kurssteigerung würden die Japaner ihre Preise widerwillig um drei Prozent erhöhen. Und so weiter. Anstatt den amerikanischen Konsumenten einfach einen höheren Dollarpreis weiterzureichen, wie es die amerikanischen Wirtschaftstheoretiker annahmen, rissen sie all ihre Kraft zusammen, sparten Kosten, verringerten die Profite und akzeptierten sogar Verluste, um ihren Marktanteil zu behaupten. Nissan beispielsweise reduzierte die jährlichen Kosten um 1,5 Milliarden Dollar, ohne den Ausstoß zu verringern.

Infolge des starken Yen waren japanische Produzenten auch imstande, ihre Betriebsverluste durch Gewinne aus Investitionen nach *zaitek*-Art zu verringern. Auf der Betriebsseite geriet Nissan in der ersten Hälfte 1986 in die roten Zahlen, bevor sich die kostensenkenden Maßnahmen auswirken konnten. Aber als das Jahr vorüber war, hatte das Unternehmen trotzdem Gewinn gemacht, wobei ungefähr drei Viertel aus Anlagegewinnen stammten. Das half der Firma, die Preiserhöhungen in den USA auf ein Minimum zu beschränken. Ein Wagen der Marke Nissan, der 1984 in den Vereinigten Staaten 9000 Dollar kostete, sollte nach den Kursveränderungen zwischen Dollar und Yen 1987 eigentlich 18000 Dollar kosten, wurde aber in Wirklichkeit für nur 11000 Dollar verkauft. Hätte der Preis wirklich 18000 Dollar betragen, so wäre Nissan wohl vom Markt verdrängt worden. Bei einem Preis von 11000 Dollar war die Marke Nissan vielleicht nicht mehr so populär wie zuvor, lag aber immer noch sehr gut im Rennen. Tatsächlich gingen die gesamten Verkäufe von Nissan in den USA 1987 nur um drei Prozent im Vergleich zum Vorjahr zurück – und das war beträchtlich weniger als der Rückgang bei Chrysler oder General Motors, die theoretisch beide kolossale Wettbewerbsvorteile aus dem veränderten Devisenkurs hätten ziehen sollen. Honda erhöhte in den zwei Jahren des freien Falls des Dollars seine Preise in neun Einzelschritten um insgesamt ein bis drei Prozent, steigerte seinen Anteil auf dem US-Automarkt aber von sechs auf über sieben Prozent.

Viele Fakten deuten darauf hin, daß die einheimischen US-Autofirmen ihre Preise bewußt erhöhten und damit ihre Gewinne auf Kosten des Konsumenten in die Höhe trieben, anstatt zu versuchen, aufgrund des neuen Devisenvorteils Marktanteile von den Japanern zurückzuerobern. Die Firma J. D. Power & Co., die sich mit Marktforschung auf dem Automobilsektor beschäftigt, bestätigt, daß die japanischen Hersteller von 1985 bis 1988 ihre US-Preise im Mittel um neun bis 13 Prozent anhoben. General Motors, Ford und Chrysler hingegen schlugen sogar mit zwölf bis 15 Prozent zu. Der »Dollarprotektionismus« der Reagan-Administration kam also nur kurzfristigen Unternehmensprofiten zugute, während die japanischen Autogiganten weiterhin an Durchschlagskraft und Marktanteilen gewannen.

Dies galt aber nicht nur für die Autoindustrie. Es zahlte sich nun aus, daß sich die unterschiedlichsten japanischen Exporteure über viele Jahre hinweg eine solide Basis auf dem amerikanischen Markt erarbeitet hatten. Ihre Strategie, sich Marktanteile aufzubauen, hatte zu mehreren fast vollständigen Monopolen geführt, die sie trotz erhöhter Preise weiter nutzen konnten. Bürokopierer, Viedeokamerarecorder, DRAM-Chips und Computerdrucker waren solche Bereiche, von denen sich die amerikanischen Hersteller fast vollständig zurückgezogen hatten. Und gebrannte Kinder fürchten das Feuer: Anders als in der Theorie waren nur wenige Firmen willens, wieder in den Ring zu steigen, egal, wie groß der Devisenvorteil auch sein mochte.

Hilfreich für die Japaner war auch ihre Reputation im Hinblick auf Qualität und Wert. Automobile, Kameras, Fernsehgeräte und eine

Reihe weiterer japanischer Produkte, die einst wegen ihres niedrigen Preises die Aufmerksamkeit der amerikanischen Konsumenten auf sich gezogen hatten, galten nun in qualitativer Hinsicht als die Marktführer, die sehr wohl etwas mehr kosten konnten als vergleichbare amerikanische Produkte. Die Marketingexperten sprachen nun davon, daß ein wachsender Teil der amerikanischen Konsumenten Importprodukte bevorzugte, weil sie nur auf diesem Weg die gewünschte Qualität bekamen. Washington übersah dies wohl, doch war diese Tatsache in den Shoppingcentern und Autogaragen quer durch Amerika bekannt. »General Motors und Toyota produzieren auf ihren Joint-venture-Montagebändern in Kalifornien identische Autos, doch das Auto von General Motors muß in den Verkaufsräumen Hunderte von Dollars billiger sein, weil es einen amerikanischen Namen trägt«, bemerkte ein Automechaniker aus Maryland.[18]

Die von den Amerikanern erzwungene Änderung des Wechselkurses lieferte der japanischen Exportindustrie auch den Vorwand, überfällige Umstrukturierungen vorzunehmen, die bis dahin niemand toleriert hätte. Die neuen Bedingungen erlaubten es den Unternehmen beispielsweise, die vielgerühmte japanische Garantie der »Anstellung auf Lebenszeit« aufzuheben. Sie entließen Arbeiter, schlossen Betriebe und verlegten de Produktion ins Ausland, wo der neu erstarkte Yen außergewöhnlich günstige Geschäfte ermöglichte. In Korea, Taiwan, Hongkong und Singapur, wo die Lohnkosten bereits niedrig lagen, gewannen die japanischen Arbeitgeber bei jedem weiteren Fall des Dollars zusätzliche Vorteile, weil die Währungen dieser asiatischen Schwellenländer eng an den US-Dollar gebunden waren. Während Washington davon ausging, Japan könne durch einen doppelt so starken Yen zur Unterwürfigkeit gezwungen werden, entzog sich die japanische Wirtschaft dem amerikanischen Druck – und gewann in einigen Fällen sogar an Boden –, indem sie ins nahegelegene Korea auswich. Dort konnten fleißige und geschickte Arbeiter für ein Achtel des normalen japanischen Stundenlohns angeworben werden.

Dieser Trend barg die Gefahr in sich, daß die japanische Industrie »ausgehöhlt würde«, wie dies mit der amerikanischen Wirtschaft durch die Flucht multinationaler Unternehmen in Niedriglohnländer in den siebziger und achtziger Jahren geschehen war. Die japanische Industrie ist sich dieser Gefahr bewußt. Industrie und Regierung setzen die Drohung, Korea könne Japan das antun, was Japan den Vereinigten Staaten angetan habe, gezielt ein, um eine Atmosphäre der Wachsamkeit und Genügsamkeit unter den Arbeitern zu fördern. Diese »Aushöhlung« kann sich möglicherweise in der Zukunft als ernsthaftes Problem erweisen. Bisher scheint die neue Entwicklung für Japan jedoch weniger verderblich zu sein, als amerikanische und japanische Experten bei der Aufwertung des Yen voraussagten.[19]

Die Arbeitsplätze, die bisher verlorengingen, waren zur Hauptsache in ineffizienten Betrieben angesiedelt, die mit Hilfe billiger Arbeitskräfte immer noch »Vor-Ölschock«-Produkte herstellten. Die Eliminierung solcher Arbeitsplätze trägt zur Wettbewerbsfähigkeit des Landes bei, besonders, da für viele Arbeitslose Umschulungsprogramme zur Verfügung stehen. Trotz offiziellen Wehklagens über die seit drei Jahrzehnten erste ernsthaft zu erwartende Arbeitslosenkrise lag die entsprechende Zahl 1987 knapp über drei Prozent und ging seither zurück.

Gut besuchte japanische Wirtschaftsforen beschäftigten sich mit möglichen Überlebensstrategien angesichts der Abwertung des Dollars und führten zu spezifischen Wirtschaftshilfen durch die Regierung. Doch in den Vereinigten Staaten wurden keine entsprechenden Programme entwickelt, etwa unter dem Titel: »Nutzen ziehen aus dem schwachen Dollar«. Viele amerikanische Geschäftsleute waren sich nicht einmal dessen bewußt, daß ihnen die Reagan-Administration durch die Schwächung des Dollars »helfen« wollte. Noch weniger hatten sie irgendeine Vorstellung davon, bei welchem Wert der Fall des Dollars zum Stillstand kommen sollte und was das für ihr Geschäft bedeutete. Statt den neuen Währungsvorteil zu nutzen, ließen ihn viele US-Unternehmen völlig beiseite und erhöhten ihre eigenen Preise, sobald die Japaner endlich gezwungen waren, ihre Waren zu verteuern.

Es war wie eine Ironie des Schicksals, daß kleine und mittelgroße amerikanische Unternehmen, die ganz bewußt mit Hilfe des schwächeren Dollars in den japanischen Markt eindringen wollten, sich selbst nun plötzlich exorbitanten, auf dem Yen beruhenden Kosten ausgesetzt sahen. Obwohl billige Dollars einige ihrer Produkte wirklich attraktiver machten, mußten sie doch entdecken, daß der Preis allein keinesfalls das erste Anliegen der japanischen Konsumenten war. Viel wichtiger für den Erfolg eines Produkts war die spezifische Anpassung an japanische Bedürfnisse. Werbung, Serviceleistungen und das Marketing amerikanischer Produkte »auf japanische Art« bedeuteten, daß Kosten in starken Yen anfielen. Egal wie verlockend ein Markt auch sein mochte, nur wenige amerikanische Gesellschaften konnten sich für Gedanken an Exporte in ein Land erwärmen, wo allein die Wohnung für einen einzigen leitenden Angestellten jährlich eine sechsstellige Summe kosten konnte.

Für Amerikaner, die in vielen Teilen der Welt operierten, stellte nicht der Preis das größte Problem im Konkurrenzkampf mit den Japanern dar, sondern die günstigen Finanzierungsbedingungen, die japanische Unternehmen aufgrund ihrer niedrigen Kapitalkosten und der Regierungsgarantien gewähren können. Die Reagan-Administration konnte auf diesem Gebiet nicht mehr weiterhelfen. Nachdem die Export-Import-Bank bereits Sicherheitsleistungen in Höhe von drei Milliarden Dollar forderte, wagte es niemand in Washington, neue Regierungsprogramme zur Stützung der Exportfinanzierung vorzuschlagen.

Weil manche amerikanische Unternehmen nicht wußten, wie lange die Regierung am Kurs des schwachen Dollars festhalten würde, hatten sie einfach keine Lust auf das Risiko weltweiter Exporte. Dazu bemerkte der Vizepräsident der Eaton Corporation, Stephen Hardis: »Unsere Erfahrung hat uns gezeigt, daß der Vorteil, den man aus einer schwachen Währung zieht, nur wenige Jahre anhält. Man setzt sich nicht für einen hübschen, aber vorübergehenden Vorteil in Bewegung und baut Kapazitäten aus.«[20]

Ein Teil des Reagan-Programms übte Druck auf Japan aus, damit es seine eigene Binnenwirtschaft stimulierte. In einem expansionistischen Japan konnten billige amerikanische Güter theoretisch zu bedeutenden Exportverkäufen führen. Das war ein weiterer Trugschluß der amerikanischen Logik im Hinblick auf die Realitäten in Japan. Was Tokio tat, war, die japanische Wirtschaft anzukurbeln. Im dritten Quartal des Jahres 1987 stieg das japanische Bruttosozialprodukt um phänomenale acht Prozent. Das erschien schockierend für ein Land, von dem man glaubte, es hinge von Exporten ab und schwanke angesichts der Bedrohung, diesen Exportvorteil zu verlieren. Die amerikanischen Exporte stiegen etwas, doch zogen die amerikanischen Exporteure daraus kaum Nutzen im großen Maßstab. Für hochwertige Importe richteten die Japaner ihren Blick nach Europa.[21] Für Exporte minderer Qualität schauten sie nach Südostasien und China. Die Exporte der asiatischen Schwellenländer nach Japan wuchsen um 400 Prozent schneller als die amerikanischen.

Nachdem bei den Japanern der Konsum nach westlicher Art lange Zeit verpönt gewesen war, gab es in der japanischen Produktpalette sehr viele Lücken, die amerikanische Unternehmen sehr wohl hätten ausfüllen können. Doch erneut waren Theorie und Praxis zwei verschiedene Dinge. Als Tokio Washingtons Rat annahm und das Wirtschaftswachstum ankurbelte, bauten japanische Unternehmen, die Exportmärkte verloren, schnell überflüssige Betriebe um und produzierten mit ihren Arbeitskräften Konsumgüter.

Die japanischen Konsumenten stellten eben nicht den Exportmarkt dar, wie es sich Washington ausgedacht hatte. Symbolisch dafür war die Geschichte des Bestsellers unter den neuen elektronischen Produkten von 1987 in Japan - eines kleinen, computerisierten Brotbackgeräts, das die Zutaten mischen, kneten und automatisch einen kleinen, frischen Weißbrotlaib backen konnte. Brot ist eigentlich ein amerikanisches Produkt, das erst vor kurzem in das sonst Reis essende Japan importiert wurde. Man hätte eigentlich annehmen müssen, daß die Amerikaner den Markt für Weißbrot und Brotbackapparate hätten erobern müssen, wenn es ihn denn überhaupt gegeben hätte. Aber nein. Matsushita, Sanyo und andere japanische Unternehmen kamen mit der Idee auf den Markt und verkauften gleich im ersten Jahr fast eine Million Stück - bei Preisen um je 300 Dollar. Die japanischen Brotbackapparate sieht man nun sogar in amerikanischen Geschäften. In der Zwischenzeit erklärten die japanischen Elektronikfirmen das Weißbrot, das ihre Maschinen backen, zum definitiven Standard, der mehr dem japanischen Geschmack angepaßt sei als das importierte amerikanische Brot.

Daß viele erwartete Auswirkungen des fallenden Dollars der amerikanischen Wirtschaft noch nicht zugute gekommen sind, überrascht keineswegs, wenn man einmal betrachtet, wie die Politik durchgeführt wurde. Reagans Attacke auf den Dollar stellte eine schwungvolle Initiative mit hohem Einsatz dar, wurde aber ohne Planung, ohne unterstützende Maßnahmen, ohne Konsens, ohne weitere politische Maßnahmen zur Nutzung der neuen Situation, ohne Sicherungsmaßnahmen zur Begrenzung des Schadens im Fall eines Mißerfolgs, ohne Vorstellungen, wie die Dollarabwertung zu kontrollieren und auch zu beendigen sei - kurz: ohne jeglichen strategischen Plan vorgenommen. Die Abwertung des Dollars hätte ein mächtiges Instrument zur Förderung der amerikanischen Wettbewerbsfähigkeit sein können, wenn damit eine Unterstützung der Exportindustrien durch die Regierung, Kredite für die Finanzierung von Handelsgeschäften, steuerliche Anreize zur Neustrukturierung der Binnenindustrie und Kontrollmechanismen verbunden gewesen wären, welche die Unternehmen daran gehindert hätten, den Währungsvorteil durch eigene Preiserhöhungen zu verschenken. Doch solche Vorstellungen standen im Gegensatz zum ersten Glaubensartikel der Reagan-Administration: Lassen wir den freien Markt darüber entscheiden.

Da der freie Markt eine wichtige Kraft im Welthandel darstellt - allerdings nicht jene allmächtige, wie die Ideologen der Reagan-Administration meinten -, hilft der schwache Dollar unvermeidlich vielen amerikanischen Geschäftsleuten. Amerikaner, die etwa Erdnüsse oder Zitrusfrüchte verkaufen, haben bereits einen Aufschwung erfahren, weil diese Güter keine oder geringe Anpassungen an ausländische Märkte verlangen. Einige traditionell exportorientierte Unternehmen, die vom starken Dollar gelähmt waren, begannen, Marktanteile zurückzugewinnen - und zwar so viel, daß einige Nationalökonomen voraussagen, das Wachstum der USA konzentriere sich in den nächsten Jahren weitgehend auf den Exportsektor. Hewlett-Packard und Caterpillar beispielsweise wurden häufig von der Wirtschaftspresse zitiert, weil sie ihr Exportgeschäft wiederbelebten. Diese Unternehmen bilden aber die Spitze der amerikanischen Industrie, keineswegs die Norm. Sie gehören zu jenen, die Peters und Waterman suchen mußten, als sie ihr Buch »Auf der Suche nach Spitzenleistungen« schrieben.

Die Kosten für diese Vorteile können sich aber als katastrophal erweisen. Das monatliche Handelsdefizit, von dem 1988 behauptet wurde, sein Abbau zeige »große Fortschritte«, ist immer noch deutlich höher als das vierteljährliche Handelsdefizit zu Beginn der Reagan-Jahre. Trotz Preiserhöhungen geben die amerikanischen Konsumenten heute mehr Geld für Importgüter aus als vor dem Fall des Dollars. Nachdem sich immer noch ausländische Importe in die Vereinigten Staaten ergießen - allerdings zu deutlich höheren Preisen - und nachdem der schwache Dollar den Enthusiasmus der Ausländer für Investitionen in amerikanische Regierungsanleihen dämpft, wächst erneut die Wahrscheinlichkeit einer zweistelligen Inflationsrate. »Wie die Droge gibt ihnen die Abwertung eine Atempause, einen kleinen Kick«, meinte der britische Finanzmann Sir James Goldsmith, der in den siebziger Jahren die Talfahrt des britischen Pfundes durchgemacht hatte. »Dann wird daraus ein inflationäres Höllenkarussell.«[22]

So häßlich die Inflation sein mag, sie verblaßt im Vergleich zu den viel schlimmeren, längerfristig wirkenden Kräften, welche die Attacke auf den Dollar in Gang gesetzt hat.

Der Krieg zu Hause

Der Wert von Dollar und Yen, mit dem die Reagan-Administration jonglierte, beeinflußte den Handel beider Länder. Der Außenhandel umfaßt jedoch in beiden Ländern weniger als ein Viertel der gesamten Wirtschaftsaktivität. Washingtons Verdopplungsspiel konnte natürlich nicht zwischen den verschiedenen wirtschaftlichen Verwendungsweisen des Yen unterscheiden. Wenn der Yen gestärkt wurde, der im japanischen Außenhandel eine Rolle spielte, dann wurde auch der

Wert jedes einzelnen Yen in ganz Japan gestärkt. In der Folge wurden gewöhnliche Hausfrauen in Tokio zu Käufern und Verkäufern nicht unerheblicher Pakete amerikanischer Aktien. Mittelreiche japanische Unternehmen wurden nach Weltstandard plötzlich zu Finanzgiganten. Einzelne reiche Japaner wurden zu mächtigen internationalen Tycoons, und japanische Konzerne und Finanzinstitute, die gerade Auslandsinvestitionen in größerem Umfang in Betracht zogen, erhielten einen unerhörten Auftrieb, weil sich ihre bereits erstaunlichen Guthaben verdoppelten.

Der Kapitalvorteil ist der Wettbewerbsvorteil der Zukunft. Mit ihrer Dollarpolitik verzichtete die Reagan-Administration freiwillig darauf. Die Weltwirtschaft wird von jenen dominiert werden, die am besten in jeden einzelnen Markt eindringen, die Produktion und den Vertrieb ihrer Produkte kontrollieren und aus besonderen finanziellen Gelegenheiten Kapital schlagen. Japanischen Unternehmen zum Reichtum zu verhelfen und sie dazu zu zwingen, im Ausland solche Gelegenheiten wahrzunehmen, während man gleichzeitig amerikanische Unternehmen verarmen läßt und Schranken für ihr internationales Wachstum errichtet, ist so ziemlich die dümmste Wettbewerbsstrategie, die man sich vorstellen kann. Um den Dollar soweit zu schwächen, daß Produkte der amerikanischen Landwirtschaft und Schwerindustrie wieder weltweit wettbewerbsfähig wurden, mußte man dem Yen und anderen ausländischen Währungen den Rücken stärken. Dies ging so weit, daß die Nationen, mit denen wir angeblich in Wettbewerb stehen, nun imstande sind, sich in die am weitesten entwickelten High-Technology-Unternehmen einzukaufen, die feinsten Immobilien Amerikas zu erwerben und im Innern der Vereinigten Staaten die modernsten Fabriken für ihre eigenen Zwecke zu errichten - und das alles zu Preisen, die sie als Geschenk empfinden.

Dieselben Nationalökonomen, die einst voraussagten, die »J-Kurve« sei nach sechs oder zwölf Monaten am Ende angelangt, sagen heute, das Handelsdefizit werde 1989 und 1990 dramatisch abgebaut werden. Diesmal werden sie vielleicht recht haben - aber aus den falschen Gründen.

Im Augenblick ist der Hauptfaktor, der das amerikanische Handelsdefizit mit Japan signifikant verringern kann, nicht die Erhöhung amerikanischer Exporte oder die Tatsache, daß ausländische Importe wegen ihres Preises aus dem amerikanischen Markt herausfallen, obwohl man beide Trends beobachten kann. Es ist statt dessen die Strategie japanischer Exportunternehmen, die ihre verdoppelten finanziellen Ressourcen vermehrt dazu verwenden, ihre Produktion in die Vereinigten Staaten zu verlegen.

Während Caterpillar aus der Schwäche des Dollars einen kurzfristigen Wettbewerbsvorteil zog (Lee Morgan von Caterpillar war einer jener Geschäftsleute, die das Weiße Haus 1983 davon überzeugten, daß der starke Dollar schwächer werden müsse), brauchte das Unternehmen keinen derart schockierenden Dollarsturz, um gegenüber den Japanern konkurrenzfähig zu sein. Heute erweist sich, daß Komatsu, der Erzrivale von Caterpillar in Japan, größere Vorteile aus der Reagan-Politik zog. Kurzfristig verlor Komatsu nordamerikanische Marktanteile an Caterpillar. Doch mit dem starken Yen investierte Komatsu in eine funkelnagelneue Betriebsanlage in Chattanooga in Tennessee und begann mit der Verlegung der Produktion. Dazu ging Komatsu mit den in Dallas angesiedelten Dresser Industries ein Joint venture ein, um in vier bereits existierenden US-Betrieben Bauausrüstungen zu produzieren und zu vermarkten - einer davon befindet sich in der Heimat von Caterpillar, in Peoria in Illinois. Wenn Caterpillar glaubte, der starke Yen habe »der Bedrohung durch Komatsu ihre Schärfe genommen«, so *Business Week,* dann zeige dies, »daß das Duell noch bis weit in die neunziger Jahre hinein weitergehen wird«.[23]

Caterpillar mag gesund genug sein, um diese Herausforderung zu überleben. Für einen Großteil der amerikanischen Industrie trifft dies aber nicht zu. Selbst für das Unternehmen Caterpillar, das in den Vereinigten Staaten Kopf an Kopf mit Komatsu liegt, bedeutet es nicht notwendigerweise, daß der Wettbewerb auf gleicher Ebene ausgetragen wird. Komatsu hat Zutritt zu günstigerem Kapital, steht unter weniger kurzfristigem Druck von seiten der Aktieninhaber, kämpft mit weniger Gewerkschaftsproblemen und erhält sogar öffentliche Gelder, um seine Arbeiter im neuen amerikanischen Betrieb zu schulen.

Bulldozer von Komatsu, die in Chattanooga gebaut wurden, Hondas, die von den Montagebändern in Ohio rollen, NEC-Desktop-Computer, die in Massachusetts zusammengebaut wurden - keines dieser Produkte erscheint in der Handelsstatistik als japanischer Export, denn sie sind »Made in USA«.[24] Die elektronischen Bausteine, die in einer Fabrik von Matsushita in Tijuana hergestellt werden, tauchen in der Handelsstatistik zwischen den USA und Japan nicht auf. Sie überqueren die Grenze nicht mit dem Vermerk »Made in Japan«, sondern »Hecho en Mexico« und gehören damit zur Handelsbilanz zwischen den USA und Mexiko. Da kann es nicht wundern, daß Japan inzwischen der expansivste ausländische Investor in Mexiko ist.

Geld ist heute für japanische Unternehmen, die auf die ganze Welt expandieren wollen, kein Hinderungsgrund mehr. Was sie einst nur in Japan erreichen konnten, können sie nun in Amerika oder in dessen

Nähe wiederholen. Sie drängen in das Epizentrum des Marktes und haben damit nicht mehr die großen Wettbewerbsnachteile, unter denen sie all diese Jahre gelitten haben. Sie brauchen nun nicht mehr die amerikanischen Bedürfnisse aus 10000 Meilen Entfernung abzuschätzen und ihre Exporte quer über den Ozean zu verschiffen.

Wir kommen nun endlich zum erschreckendsten Aspekt der Dollarpolitik Reagans. Es ist nicht nur so, daß die Schwächung des Dollars sehr wenig zur Wiederherstellung des US-Handelsgleichgewichts beigetragen hat. Viel schlimmer ist, daß dieses immer noch weitgehend äußere Problem nun auf das Innere des Landes übergegriffen hat. Tatsächlich brachte Reagan den Handelskrieg ins eigene Land. Japan gewann ungehindert und in einem noch nie dagewesenen Maß Zugang zum amerikanischen Markt, mußte als Gegenleistung dafür aber nur wenig aufgeben.

»Die Vereinigten Staaten heißen ausländische Direktinvestitionen willkommen«, sagte einmal der stets übersprudelnde Ronald Reagan. »Wir glauben, daß es nur Gewinner gibt, keine Verlierer.«[25] Bei seiner Sicht unterstützten den Präsidenten viele Ökonomen, die erklärten, der Transfer großer Sektoren der japanischen Produktion in die Vereinigten Staaten sei ein Segen für die amerikanische Wirtschaft, weil neue Arbeitsstellen entstünden, mehr Steuern an den Staat flössen und der Wettbewerb schärfer werde. Zur japanischen Herausforderung in den Vereinigten Staaten meinte Edward Lincoln, ein Forscher des Brookings-Instituts: »Wenn wir nicht mithalten können, nun, dann verdienen wir es, für die Japaner zu arbeiten.« Lincoln ist der Ansicht, der Nutzen für die Vereinigten Staaten sei so groß, daß man »darüber eigentlich gar nicht reden müßte«.[26]

Wer aber nur die Sonnenseiten dieser Frage sehen will, dem entgehen natürlich die entscheidenden Nachteile: Was für eine Art Arbeit wird es durch die Japaner geben? Wohin gehen die Gewinne? Was bedeutet es für die amerikanische Wirtschaft, wenn sie eine japanische Maschine an ihrem eigenen Herzen hat? Bei der Beantwortung dieser Fragen zeigt es sich, daß es bei der Japanisierung der amerikanischen Wirtschaft ganz klare Gewinner und Verlierer gibt.

Die Expansionsgeschwindigkeit der japanischen Autobauer hat bereits zur Voraussage geführt, daß japanische Unternehmen 1995 die Hälfte des US-Automarktes kontrollieren werden, entweder durch Exporte von Japan aus oder durch die Produktion direkt in den Vereinigten Staaten. Selbst heute liegen amerikanische Autofirmen so weit abgeschlagen hinter den japanischen Produktionsstandards zurück, daß General Motors, Ford und Chrysler dahingehende Übereinkünfte geschlossen haben, daß sie ihre Namen auf Autos setzen dürfen, die in den Vereinigten Staaten von japanischen Herstellern gebaut wurden.

Aus der Tröpfchenfolge, die Ökonomen bereits vor langer Zeit im Zusammenhang mit der Autoindustrie beschrieben haben, ist nun ein japanischer Strom geworden, der sich über das amerikanische Kerngebiet ergießt. Anstatt von einheimischen amerikanischen Zulieferern zu kaufen, erleichtern es japanische Autohersteller ihren eigenen japanischen Zulieferfirmen, gleich neben ihnen ein Unternehmen zu eröffnen. Amerikanische Zulieferfirmen berichten, daß es nun genauso schwierig geworden ist, Airconditiongeräte, Lenkräder und Motorteile an japanische Autobauer in den Vereinigten Staaten wie an die in Japan zu verkaufen. Die neu angekommenen japanischen Zulieferfirmen verkaufen hingegen erfolgreich an amerikanische Autofirmen.

Marcy Kaptur, eine Kongreßabgeordnete aus Ohio, wirft den Japanern vor, sie würden »ein völlig geschlossenes System« betreiben und »zusammen mit ihren Zulieferern richtige Kolonien in den Vereinigten Staaten« errichten.[27] Manche Experten glauben, die einheimische Autozulieferindustrie mit ihren jährlich 60 Milliarden Dollar Umsatz sei gefährdet und möglicherweise von der japanischen Konkurrenz zum Untergang verurteilt.

Was die Jobs betrifft, die die Japaner schaffen, so erkennt der Volkswirtschaftler Robert Reich von Harvard darin das bewußte und absolut verständliche Bemühen, die strategisch wichtigsten Teile des Produktionsprozesses zu Hause zu lassen und nur jene Teile der Herstellung zu exportieren, »für die verhältnismäßig wenig Arbeiter gebraucht werden oder die Fähigkeiten verlangen, die in der Wirtschaft von geringem Wert sind«.[28] Wenn dies zutrifft, dann werden die Vereinigten Staaten aus der japanischen Produktion vermutlich nicht mehr Nutzen ziehen als andere Niedriglohnländer in der Geschichte. Natürlich werden dabei einige Arbeitsplätze geschaffen, doch bringt es die US-Wirtschaft sicher nicht weiter auf ihrem Weg zu einer führenden Stellung in der Welt von morgen. Wer nun glaubt, die amerikanische Gewerkschaftsbewegung sei eine wertvolle soziale Triebfeder, muß auch zur Kenntnis nehmen, daß die Japaner die Gewerkschaften sehr erfolgreich ausschließen, indem sie zum Beispiel ihre Produktionsbetriebe in weitgehend nicht von Gewerkschaften beherrschten Gebieten errichten. Andererseits wundern sich die Geschäftsführer der drei großen Autofirmen darüber, daß sie mit der Gewerkschaft United Automobile Workers verhandeln müssen, während es ihre japanischen Konkurrenten gemäß Bestimmung I-75 nicht tun müssen. Mag man dies nun aus der Sicht des Arbeiters oder des

Managements betrachten, Tatsache bleibt, daß die Japaner in den Vereinigten Staaten Dinge tun dürfen, die den Amerikanern weitgehend verwehrt sind.

Ungefähr 2000 japanische Unternehmen sind bereits in die Vereinigten Staaten gekommen. Über dreißig unter ihnen würden heute zu den 500 größten US-Kapitalgesellschaften zählen, wenn sie als Einzelfirmen gälten. Die Wurzeln dieses Trends reichen aber tiefer, als die sichtbare Oberfläche der japanischen Unternehmen mit wohlbekannten Namen zeigt. Obskure regionale Banken aus Japan eröffnen Büros, um ihren Kunden bei der Diversifizierung auf dem amerikanischen Markt zu helfen. Die Hokuriku-Bank beispielsweise, die von allen Banken der Welt an die neunzehnte Stelle gerückt ist, einfach indem sie die Yenkonten von Kunden in abgelegenen ländlichen Gebieten Japans anhäufte, veröffentlichte kürzlich eine Hochglanzbroschüre mit ihrem Jahresbericht in englischer Sprache. Darin beschreibt sie ihre Bemühungen für jene Kunden, die nun Tochtergesellschaften in den Vereinigten Staaten eröffnen, etwa die Ise America Inc., eine Geflügelfirma mit zwölf Millionen Hühnern in neun Betrieben im Osten der Vereinigten Staaten.

Japanisches Geld kann sehr wohl die nächste Welle von Fusionen und Aufkäufen großer amerikanischer Firmen auslösen. Yamaichi, die japanische Brokerfirma mit der größten Erfahrung auf dem Gebiet der Fusionen, vergrößerte die Belegschaft ihres amerikanischen Tochterunternehmens zwischen 1986 und 1987 von zwei auf fünfzehn. Dazu meint Masaaki Yoshida, der Generalmanager für Fusion und Aufkauf bei Yamaichi in Tokio: »Die Leute sagen, die Japaner betrieben kein Geschäft mit Fusionen und Aufkäufen. Das ist falsch. Die Japaner kennen keine feindlichen Übernahmen wie die Amerikaner. Japanische Unternehmen übernehmen jedoch viele Firmen auf freundliche Weise.« Während sich Yamaichi früher fast ausschließlich auf innerjapanische Transaktionen beschränkte, kommen heute zu 50 Prozent japanische Investitionen im Ausland dazu.

Die Linie zwischen feindlich und freundlich zu ziehen, ist natürlich nicht so leicht. Hideki Mitani, ein Investmentbanker von Goldman Sachs, der japanische Kunden bei der Expansion in den Vereinigten Staaten berät, vertritt eine ernüchternde Sicht von der Zukunft: »Wenn die Japaner weiterhin mit erstklassigen Produktionsanlagen in die Vereinigten Staaten kommen, wird die Ertragskraft der US-Unternehmen abnehmen, und sie könnten sich Übernahmeangeboten ausgesetzt sehen, die dazu führen, daß das amerikanische Management ausgetauscht wird.« Er fährt fort: »US-Unternehmen müssen entscheiden, ob sie allein operieren und das Risiko einer Übernahme auf sich nehmen oder ob sie mit japanischen Unternehmen zusammenarbeiten wollen.«

Wer eine gute Miene zu all dem aufsetzen will, was gerade vor sich geht, besteht darauf, daß die wachsende japanische Präsenz nicht gleichbedeutend ist mit einer ökonomischen Invasion, sondern Teil eines umfassenderen Vorgangs, bei dem die Weltwirtschaft immer weiter zusammenwächst, so daß nationale Grenzen als Einheiten für die Buchhaltung unnütz werden. In diesem Argument steckt einige Wahrheit. Genauso wie Hondas, die in den Vereinigten Staaten gebaut wurden, nicht als japanische Exporte erscheinen, so wenig sind in Japan gebaute IBM-Computer als amerikanische Exporte kenntlich. Wenn die Wirtschaft die ganze Welt umfaßt, wirken die tausend Einfälle zur Aufrechterhaltung der alten Handelsstatistik nur verwirrend. Wie sollte man am besten den Fluß der Dienstleistungen und der Güter in Rechnung bringen? Wie soll man »unsichtbares« Einkommen aus Investitionen, Patenten und Copyrights berechnen? Was fängt man mit der japanischen Produktion jener mexikanischer Fabriken an und was mit den Gütern, die IBM aus seinen Fabriken in Japan in andere asiatische Länder exportiert? Wenn sich Käufer und Verkäufer in weltumspannenden elektronischen Netzen treffen, wo wird der Gewinn dann eigentlich gemacht?

Diese Art Fragen verraten etwas von der Unzulänglichkeit der Handelsstatistik. In seinem provozierenden Buch *Beyond National Borders* geht Kenichi Ohmae so weit zu behaupten, es gebe »kein Ungleichgewicht zwischen den Vereinigten Staaten und Japan«, wenn man in seine Berechnungen jene Güter mit einbeziehe, die amerikanische Unternehmen in Japan und umgekehrt produzieren.[29]

Eine zutiefst einfache makroökonomische Realität steht jedoch über all diesen Statistiken. In Japan sammeln sich Dollars an, Yen hingegen nicht in den Vereinigten Staaten. In der neuen Welt der globalen Märkte können Amerikaner sehr wohl in Japan investieren, während Japaner in Amerika investieren, doch dabei zeigt sich ganz klar ein überwältigendes Ungleichgewicht. Der Teil der amerikanischen Wirtschaft, der Japanern gehört, wächst viermal so schnell wie die US-Wirtschaft insgesamt. Der Teil der japanischen Wirtschaft, der Amerikanern gehört, schrumpft zur Zeit. Japan tätigte 1987 auf der ganzen Welt Direktinvestitionen in Höhe von 34 Milliarden Dollar; die übrige Welt investierte in Japan in derselben Zeit für weniger als eine Milliarde Dollar. In den sechziger Jahren besaßen die Amerikaner fast die Hälfte der Aktien von Sony. Heute kauft Sony ein großes amerikanisches Unternehmen wie CBS Records einfach auf. Die Sumitomo-Bank erwirbt bei Goldman Sachs eine signifikante Minderheitsbeteiligung und macht dabei in einem viel stärkeren Maß als bisher amerikanische Firmen von ihren Einflußmöglichkeiten Gebrauch. Im Gegenzug gelingt es keiner amerikanischen Bank, Aktienpartner bei angesehenen japanischen Investmentfirmen zu werden.

Dieses neue Ungleichgewicht kann in Zukunft gefährlicher werden als das Handelsdefizit. Wenn der japanischen Wirtschaft ein beachtlicher Teil der amerikanischen Wirtschaft gehört, gewinnt es damit viel größeren Einfluß, als es beim Handel jemals möglich wäre. Japanische Lobbyisten haben im Capitol bereits beträchtlichen Einfluß; einige sagen, sie spezialisierten sich auf die »Macht der Drohung«. Senator Tom Harkin aus Iowa meint, »wenn mit der Zeit das Eigentumsrecht an unseren Guthaben ins Ausland wandert, so geschieht dasselbe mit der Macht, wichtige geschäftliche und wirtschaftliche Entscheidungen zu treffen, die den Wohlstand und die Unabhängigkeit unserer Nation betreffen«.[30]

Schwarzer Montag und schrecklicher Dienstag

Die Geschichte wird vielleicht die unterschiedslose Deregulierung des US-Finanzsystems durch die Reagan-Administration als ebensogroßes nationales Desaster beurteilen wie das Budgetdefizit und die Dollarpolitik.

Alles begann schon lange vor der Reagan-Ära. Die Administrationen von Nixon, Ford und Carter entfernten nacheinander Steinchen um Steinchen aus dem Mosaik gesetzlicher Bestimmungen. Das führte an der Wall Street zu jenem schicksalsschweren 1. Mai 1975, als die Brokerfirmen die festen Provisionen aufgaben. Die Anforderungen der hohen Inflation, der floatenden Devisenkurse der wiederangelegten Petrodollars und neue computerisierte Informationssysteme, nicht zu vergessen die sich verändernden Auffassungen darüber, wie und wo in Zukunft Werte produziert werden, all dies unterminierte das Gebäude von Bestimmungen, dessen tragende Wände als Antwort auf die Ereignisse vor einem halben Jahrhundert errichtet worden waren.

Die meisten Auffassungen, die hinter dem Abbau von Finanzbestimmungen stehen, haben ihre Rechtfertigung. Doch wie es auf so vielen Gebieten während der Reagan-Jahre der Fall war, zeigte sich die Regierung nicht willens, das Prinzip der Deregulierung mit Mechanismen zu koppeln, welche die Gefahren auf ein Minimum beschränken und den Nutzen daraus maximieren konnten. Das hatte zur Folge, daß der amerikanische Kapitalismus in den achtziger Jahren von *Business Week* als »Spielcasinowirtschaft« bezeichnet wurde.

Schockierende Mißbräuche des neuen Systems machten Schlagzeilen, besonders die Skandale des Insiderhandels. Doch wichtiger als die illegalen Handlungen einiger weniger war die neuerdings legalisierte und sogar empfohlene Richtung, welche die Finanzwelt insgesamt einschlug. Es wurden Wertpapiere mit schwer erkennbaren Risiken und fraglichem ökonomischem Nutzen auf den Markt geworfen. Investmentbanker, Arbitragehändler und Spezialisten für den Kauf von Unternehmen mit Hilfe von Krediten gewannen überproportional viel Macht und verbreiteten den Krebs des »Managements für kurzfristige Kapitalerträge« auf Kosten des Aufbaus vernünftiger, langfristiger Geschäfte. Die Wall Street gab ihre historische Rolle als Broker und Ratgeber für die amerikanischen Unternehmen auf und wurde statt dessen Herr über das Schicksal von Corporate America. Die allgemeine *raison d'être* war nicht die Minimierung des Risikos, wie oft behauptet wurde, sondern dessen Vergrößerung. War das Risiko hoch, so versuchte man den größtmöglichen Nutzen daraus zu ziehen. Von Risikopapieren und neuen Wertpapieren, die durch Hypotheken gesichert sind, bis zu neuen Wertpapieren, die durch Kreditkartenforderungen gesichert sind, der Schwerpunkt des amerikanischen Finanzsystems verlegte sich vom Eigenkapital auf die Schulden, wobei der Schuldenanteil immer mehr ins Chaotische wuchs.

Als sich die gesetzlichen Unterschiede zwischen Banken und Brokern lockerten und die historischen Grenzlinien zwischen den Tätigkeitsbereichen verschiedenartiger Finanzinstitute fielen, waren jene, die im Geschäft bleiben wollten, gezwungen, ihre althergebrachte konservative Philosophie zugunsten einer spekulativeren aufzugeben. Neulinge wie Veteranen wetteiferten nun um höhere Einsätze. Dazu brauchten sie viel größere Kapitalmengen. Der beste Platz für Kapital war Tokio, wie Goldman Sachs, Shearson Lehman, Paine Webber und eine ganze Reihe weiterer Unternehmen entdeckten.

»Die Deregulierung ist eine gute Idee, doch gibt es dabei ein Problem«, bemerkt Perrin Long, der Analytiker der Wall Street. »Niemand bemerkte, daß in der Zeit, in der die Deregulierung ins Rollen kam, die USA gleichzeitig zur größten Schuldnernation der Welt wurden. Wenn man das System auf den Kopf stellt, den Kapitalbedarf verdoppelt, verdreifacht und vervierfacht und neue Möglichkeiten für die allergrößten Spielernaturen schafft - und wenn man das alles tut, während man gleichzeitig zu einer Schuldnernation wird - dann hat man in Wirklichkeit nur eines getan: den Tisch gedeckt für die Freunde in der Gläubigernation, damit sie es sich wohlsein lassen können.«

Aus der Art und Weise, wie die Debatte über die finanzielle Deregulierung geführt wurde, ist nicht zu schließen, daß Washington sich Japans als einer konkurrierenden Finanzmacht bewußt gewesen ist. Wenn man die Tätigkeit der amerikanischen Seite des Yen/Dollar-Ausschusses auf dem Spielfeld der globalen wirtschaftlichen Strategie betrachtet, so wird man an Casey Stengels Frage an die New York Mets erinnert: »Kann niemand hier dieses Spiel?« Die Forderungen, die die Amerikaner so hart stellten und denen die Japaner ebenso hart Widerstand leisteten, bis sie schließlich nachgaben, schienen nachher stets nur für die japanische Seite von Nutzen zu sein.

Die amerikanischen Märkte weiter zu öffnen, als dies für Finanzmärkte jemals in der Weltgeschichte der Fall gewesen ist, sie einer verstärkten Unbeständigkeit und einem höheren Risiko jeglicher Art auszusetzen und selbst den Anschein einer koordinierten Übersicht zu vermeiden, das war schon für sich ein schlecht beratener Kurs. Doch das Zusammentreffen dieser Politik mit dem Aufstieg Japans als einer finanziellen Supermacht hatte zur Folge, daß Amerika seine finanzielle Führerrolle verlor.

Amerikanische Unterhändler konnten Nakasone, Takeshita und Miyazawa wohl die Zustimmung abringen, sich den Vereinigten Staaten bei der Deregulierung anzuschließen. Die japanische Seite machte aber stets klar, daß sie dies langsam, sorgfältig und in Abstimmung auf ihre eigene Finanzkultur tun würde. Der amerikanische Unterhändler Beryl Sprinkel versuchte einmal, Toyoo Gyohten vom Finanzministerium davon zu überzeugen, daß man den Schwanz eines Hundes am besten mit einem Schlag und nicht Zentimeter für Zentimeter abschneidet. Gyohten meinte darauf, bei der Herstellung eines Holzrades sei es notwendig, das Holz langsam und stetig in die richtige Form zu biegen.

Dieser Mentalitätsunterschied ist entscheidend. Dem berühmtesten Ökonomen der Wall Street, Henry Kaufman, zufolge haben die Vereinigten Staaten heute »spezialisierte Aufsichtsbehörden, die Marktsegmente beobachten, und keine umfassende Aufsichtsbehörde mehr, die alle Finanzinstitute und alle Märkte überwacht.«[31] Das japanische Finanzministerium muß auf der anderen Seite immer noch mit Aufsichtsbehörden auskommen, die das Ganze im Auge haben. Diese Kontrolle, welche die japanischen Behörden über die lebenswichtigen finanziellen Funktionen ihrer Nation beibehalten haben, ist selbst bei einer Deregulierung ein strategischer Vorteil in einer instabilen Welt.

Die globalen Folgen des Börsenkrachs am »Schwarzen Montag«, dem 19. Oktober 1987 (oder »Schrecklicher Dienstag«, wie er auf der asiatischen Seite jenseits der Datumsgrenze heißt), erlauben uns einen Blick auf diesen Unterschied.

Die Vereinigten Staaten - eine Schuldnernation mit kolossalen Budget- und Handelsdefiziten, einer schwachen Währung und einer großen Vielfalt neuer, flüchtiger, kaum regulierter Finanzstrategien auf ihren Märkten - erfuhren den Schwarzen Montag als zerstörerische »Kernschmelze« des Systems, die über Nacht zu einer monströsen Vernichtung von Vermögenswerten führte. Die New Yorker Börse verzehrte bei ihrem freien Fall kannibalische 30 Prozent ihres Spitzenwerts.

In Tokio trafen sich unmittelbar nach dem Börsenkrach an der Wall Street Beamte des Finanzministeriums mit den großen Wertpapierfirmen. Die Herren sprachen über ihre Vorstellungen, wie man die Stabilität auf dem Markt am besten gewährleisten könne. Es fanden große Preisveränderungen nach unten statt, aber ohne katastrophale Auswirkungen. Unter den vielen Bestimmungen der Tokioer Börse gab es auch jene, die nicht zulassen, daß ein Aktienpreis innerhalb bestimmter Handelsperioden zu tief sinkt. Ein Absturz war deswegen unmöglich - auch wegen des Fehlens von Optionen, Termingeschäften, des Indexhandels und von Blankoverkäufen. Am Ende fiel die Tokioer Börse - von der viele amerikanische Experten zuvor geglaubt hatten, sie sei auf eine viel schlimmere Weise überbewertet als der amerikanische Markt - nur halb so tief wie die in New York.

In den Vereinigten Staaten war das Vertrauen, der Schlüssel zur Finanzmacht, schwer erschüttert, nicht aber in Japan, wo Finanzminister Miyazawa öffentlich erklärte, Tokio habe vom Börsenkrach der Wall Street nichts zu befürchten, nur ein paar unbequeme »Nachbeben«. Einer von Nomuras Topmanagern beschrieb die Stimmung folgendermaßen: »Was dem Rest der Welt auch geschieht, der japanische Markt wird es verkraften.«[32]

Ein Manager einer Tokioer Vermögensverwaltungsfirma drückte es am treffendsten aus: »Japan ist die führende Gläubigernation der Welt. Wir haben das Geld; wir sollten es leicht nehmen und Aktien kaufen. Das wird einen sehr positiven Einfluß auf die Weltmärkte haben.«[33] Wall Street selbst schaute hoffnungsvoll auf Tokio, und als der Nikkei-Index wieder stieg, half er, den Dow-Index der Londoner *Financial Times* und damit auch den Rest der Welt nach oben zu ziehen. Zum erstenmal in der Geschichte nahm Nihonbashi die Führerstellung ein. Und Wall Street reagierte.

Als sich der Rauch des Schwarzen Montags verzogen hatte, plazierte Nomura eine ganzseitige Anzeige im *Wall Street Journal*. Darin zeigten drei große Graphiken, um wieviel flexibler und elastischer der Markt in Tokio im Verhältnis zu New York und London reagiert hatte:

Tokio	-17,8%	vom Höchststand 1987, in der Woche des Börsenkrachs
New York	-32,1%	
London	-36,1%	

»Als der Börsenkrach kam, reagierten nicht alle Märkte gleich«, verkündete die Anzeige von Nomura mit hämischer Freude. »Die grundsätzliche Stärke der japanischen Wirtschaft flößte individuellen wie institutionellen Investoren Vertrauen ein. Das wiederum führte zur Stabilität in sonst flüchtigen Finanzmärkten. Das Vertrauen der Anleger und die Stärke der Wirtschaft machen Tokio zum sichersten Markt in schwierigen Zeiten.«[34]

Und in der Tat, sechs Monate nach dem Crash stieg der Tokioer Nikkei-Index in neue, noch nie dagewesene Rekordhöhen, während der Dow-Jones-Index von New York immer noch mehrere hundert Punkte unter dem Niveau von vor dem Börsenkrach dahinsiechte.

Der Börsenkrach zeigte auch, daß sich die japanischen Investoren und nicht die Amerikaner am meisten den globalen Märkten verpflichtet fühlten. Es waren zum größten Teil Amerikaner, die während des Börsenkrachs in Tokio sehr viel verkauften. Sie zogen hektisch aus jenem Markt Geld ab, um ihre Verluste in New York zu decken. Die Japaner in New York jedoch blieben in ihren Stellungen, verkauften ganz wenig und tätigten nachher billige Einkäufe. Als das Jahr 1987 schließlich zu Ende ging, hielten japanische Investoren einen Rekordanteil an Aktien der New Yorker Börse. Amerikanische Anleger hingegen hielten an der Tokioer Börse weniger Aktien als jemals nach den siebziger Jahren.

Amerikanische Brokerfirmen, die durch Verluste auf eigene Rechnung ins Taumeln geraten waren, begannen am Morgen nach dem Börsenkrach Leute zu entlassen. Zum Jahresende hatten über 15000 Angestellte ihre Jobs bei US-Finanzfirmen verloren. Die *New York Times* schrieb, einige Wall-Street-Firmen seien nach dem Crash in einen »Bürgerkrieg geschlittert«, weil sie darüber stritten, wen die Schuld treffe. Es kam sogar zu Spaltungen in den höchsten Rängen von Häusern, die bis vor kurzem an der Spitze der Finanzwelt gestanden hatten.[35] Es wurde auch eine Rezession der Wirtschaft von New York City als Folge der Verkleinerung der Finanzwelt vorausgesagt.

Japanische Brokerfirmen dagegen entließen nur sehr wenig Leute. Tokio machte keine Abstriche bei seinen Plänen, die Innenstadt zu renovieren und daraus die Finanzhauptstadt der Welt zu machen. Ganz allgemein bewegten sich die japanischen Firmen nach dem Börsenkrach vorsichtig vorwärts - überlegt, wie immer.

Tokio mag in künftigen schlechten Zeiten vielleicht von anderen Krisen erschüttert werden. Kein Finanzmarkt ist gegen ein solches Ereignis gefeit. Der Unterschied liegt darin, daß die Japaner bewußt versucht haben, Tokio möglichst sicher zu machen. Die Reagan-Administration ergriff mit der Deregulierung der amerikanischen Märkte keine solchen Vorsichtsmaßnahmen.

Die beunruhigendste Meinung äußerte ein halbes Jahr nach dem Börsenkrach Nicholas Brady in einer Rede. Als einer der Spitzenleute von Dillon, Read & Co. und als Vertrauter des damaligen Vizepräsidenten George Bush leitete Brady die vom Präsidenten eingesetzte Sonderkommission, die die Gründe für dieses Debakel erforschen sollte. Lange Zeit, nachdem er seinen Bericht abgeliefert hatte (den das Weiße Haus, obwohl es ihn bestellt hatte, einfach ignorierte), sprach Brady vor institutionellen Investoren in Washington. Er nahm die Gelegenheit wahr, um einige Dinge ganz deutlich zu sagen, die er in seinem schriftlichen Bericht weggelassen hatte - nämlich seine persönliche Meinung über das, was den Crash wirklich ausgelöst hatte. Seine Worte erregten einiges Aufsehen:

»Die Leute fragen mich: Was löste dies alles aus am 19. Oktober? - Waren es die beiden Defizite, die Rostenkowski-Gesetze, was war es? Der wirkliche Auslöser war, daß die Japaner aus eigenen Gründen enorme Mengen von US-Regierungsanleihen verkauften und die *long bonds* mit dreißigjähriger Laufzeit über zehn Prozent trieben. Und als sie darüber lagen, dachten eine Menge Leute: ›Donnerwetter, das ist viermal soviel, als man sonst bekommen kann. Da haben wir sie wieder, die Inflation.‹ Das ist für mich der eigentliche Auslöser für den Crash am 19. Oktober - die Japaner machten sich Sorgen über die US-Währung.«[36]

Wieder einmal lag die Botschaft für diejenigen, die hören wollten, klar auf der Hand: Selbst ohne irgendwelche schlechten Intentionen von seiten ausländischer Investoren konnte das durchlöcherte Wirtschaftssystem der USA ganz zufällig in ein finanzielles Desaster schlittern, dessen Ausmaße man früher für völlig unmöglich gehalten hatte und das beispielsweise dadurch ausgelöst werden konnte, daß das japanische Kapital einfach nur in seinem eigenen Interesse handelte.

Teil III

SCHNAPPSCHÜSSE AUS DEN SCHÜTZENGRÄBEN DES ZUKÜNFTIGEN FINANZKRIEGS

6.
Zwanzigmal so groß wie Merrill Lynch: Ein Blick ins Innere von Nomura Securities

»Amerikanische Freunde erzählen mir bisweilen von ihren überragenden neuen Entwicklungen und wie vorzüglich doch ihre Forschung sei. Und wenn sie dann weiterreden, wie rückständig doch die Japaner seien, dann frage ich sie, wer am Ende den Krieg zwischen Athen und Sparta gewonnen hat. Das ist nur eine rhetorische Frage, obwohl ich bemerkt habe, daß viele von ihnen die richtige Antwort nicht kennen.«

Ein britischer Broker in Tokio

Sie plazieren alles

Um genau 7.45 Uhr fand die Sitzung statt. Zehn verhältnismäßig junge Männer, im Tokioer Sommer alle ohne Jacke, trafen sich um ein paar einfache Klapptische herum. Sieben trugen weiße Hemden, drei hellblaue. Ihre Gesichter waren ordentlich gewaschen, ihre Haare kurzgeschnitten. Jeder hatte einen Stift und ein Notizbuch vor sich liegen. Sie hatten bis zwei Stunden in überfüllten Zügen oder in der Untergrundbahn hinter sich, ließen aber keinerlei Ermüdung erkennen. Ganz im Gegenteil. Sie versprühten eine Energie, wie sie in der Mannschaftskabine vor einem Meisterschaftsspiel üblich ist.

Es waren die Gruppenleiter der Shinjuku-Filiale von Nomura Securities Co., Ltd. – der Spitzenfiliale der Spitzen-Wertpapierfirma der Welt. Ihr Geschäftsführer war Masahiro Aozono, ein stämmiger Mann mit tonnenförmigem Brustkorb. Es war ihm im vergangenen Jahr gelungen, für diese Zweigstelle 3000 kleine Firmen-Portfolios zu akquirieren und deren Gesamtwert um 350 Milliarden Yen zu steigern. Das hatte ihm die Bezeichnung »junger Löwe von Nomura« eingetragen.

Aozono wurde bald eines der jüngsten Mitglieder im Direktorium von Nomura. An diesem Tag schwitzte er sich jedoch noch die Erfolgsleiter des Unternehmens hoch. Das galt für jeden anderen im Büro und für 12000 weitere Männer, die sich im selben Augenblick zu ihrem morgendlichen Meeting in den 131 Zweigstellen von Nomura auf dem ganzen japanischen Archipel trafen.

Wenn man die japanische Finanzwelt schildern will, so kann die Statistik nur einen groben Rahmen liefern. Um zu verstehen, wie sie funktioniert, muß man nahe rangehen. Und dafür gibt es keinen besseren Ort als Nomura, die größte und kühnste aller japanischen Finanzfirmen. Nomura hat viel Gesichter. Nomura ist ein riesenhaftes Brokerhaus für Einzelkunden, wie in den Vereinigten Staaten Merrill Lynch. Nomura ist eine weltweit operierende Firma im Anleihenhandel, wie etwa Salomon Brothers. Nomura übernimmt Effektenemissionen und ist wie Goldman Sachs ein Partner der Industrie beim Investment Banking. Der Zweig, der sich mit dem Management von Investmentfonds beschäftigt, wird bald zum größten Fondsverwalter der Welt. Das Nomura Research Institute ist die führende japanische Denkfabrik auf wirtschaftlichem Gebiet; sie ist dafür bekannt, daß viele neue wirtschaftliche Initiativen der LDP dort erst einmal auf Herz und Nieren geprüft werden. Andere Zweige von Nomura beschäftigen sich mit Immobilien, Risikokapital und dem Handel mit China. Unter der Bezeichnung Nomura laufen sogar Projekte zum Bioengineering und zur Entwicklung von Computer-Software. Diese Tätigkeitsfelder lassen die Umrisse der Unternehmensstrategie von Nomura erkennen.

Finanzfirmen auf der ganzen Welt reden darüber, daß sie als globale finanzielle Supermärkte dienen. Nomura ist eine der ganz wenigen, die dies aufgrund ihrer Ressourcen ernsthaft behaupten kann. Nomura ist das gewinnträchtigste Einzelunternehmen für Finanzdienstleistungen. Im Jahr 1987 verdiente es nach Steuern verblüffende zwei Milliarden Dollar. Natürlich war dies ein außergewöhnliches Jahr gewesen. Doch selbst unter weniger günstigen Wachstumsbedingungen sind die Gewinne vor Steuern ungefähr so hoch wie die Gewinne vor Steuern aller amerikanischen Brokerfirmen zusammengenommen. Die ihr zur Verwahrung überlassenen Guthaben – ungefähr eine Viertelbillion Dollar – sind größer als die Guthaben irgendeiner Bank auf dem privaten Sektor. Dem Marktwert der Aktien nach ist Nomura mindestens zwanzigmal so groß wie Merrill Lynch.

Nomura unterhält in 21 Ländern Büros und spielt dabei auf jedem internationalen Markt eine wichtige Rolle. In entlegenen Ecken der Welt führen Nomura-Männer alle möglichen Transaktionen durch, die Schlagzeilen machen. Sie sind Primärhändler in US-Schatzanleihen, bestimmen den Markt mit britischen Aktien und übernehmen die Emission von Eurobonds.

Das Herz und die Seele des Geschäfts liegt aber immer noch im

Verkauf von Aktien und Anleihen an eine japanische Nation mit anscheinend unstillbarem Hunger nach Aktien und Anleihen. Nomura hat die erstaunliche Fähigkeit, immer zu plazieren, und keine Emission ist zu groß für das Unternehmen - selbst die größte Aktienemission in der Weltgeschichte nicht, selbst die 20-Milliarden-Dollar-Erstplazierung von Aktien von NTT nicht. »Nomura«, so sagte ein neidischer ausländischer Broker, »kann bei seinen japanischen Kunden alles plazieren. Buchstäblich alles.«

Diese Fähigkeit, »alles plazieren zu können«, hat ihren Grund im Netz der Filialen. Jeden Tag besuchen 50000 Kunden die Zweigstellen. Jeden Tag fordert das Management die Verkäufer auf, 100 Telefongespräche zu führen. Und hier, in der Zweigstelle Shinjuku, heulte der Motor von Nomura zum Beginn eines typischen neuen Tages gerade auf.

Wie ein Exerzierfeldwebel, der Befehle an seine Mannschaft herausbellt, gab Masahiro Aozono einen Überblick darüber, was in New York und London in den wenigen Stunden geschehen war, die ein Gruppenleiter schlafend zubringen darf. Die Immobilienkarte von Manhattan hinter ihm war mit Magnetstickern übersät, die japanische Investitionen darstellten. Bildschirmen konnte man die letzten Dollar/Yen-Notierungen entnehmen, den Londoner Interbanken-Angebotssatz und die Federal fund rates der letzten Nacht, die Goldparität, die Erträge von US-Schatzanleihen und die ganze übrige Palette von Investment-Barometern. Auf einer elektronischen Anzeigetafel daneben standen die Schlußkurse der am meisten gehandelten Unternehmen an der Tokioer Börse. Die Tafel flackerte, als erwarte sie die Hektik, die um neun Uhr ihren Anfang nehmen würde, wenn die Tokioer Börse für die üblichen zwei Stunden am Morgen geöffnet wurde.

Der junge Löwe von Nomura ermahnte seine Truppe, nicht zu vergessen, daß der Gründer des Unternehmens sie alle zum Sammeln und Auswerten von Informationen verpflichtet habe. Tokushichi Nomura II, Sohn eines Geldwechslers in Osaka, hatte 1908 die Welt bereist. Nach einem Besuch in der Forschungsabteilung der Wall Street Firma Post & Flagg kehrte er nach Japan zurück und schwor sich, er wolle die Forschung zum Eckpfeiler des Finanzimperiums machen, das er aufbauen wollte. Später veröffentlichte er die ersten Informationsblätter über die Vorgänge auf den Finanzmärkten und die ersten Forschungsberichte Japans. Die Aufgabe der Firma, so sagte er, sei es, »den Wert nicht nur der spekulativen Aktien, über die unter Anlegern am meisten gesprochen wurde, sondern überhaupt aller Aktien auf dem Markt wissenschaftlich zu analysieren - um dann sagen zu können, ob sie sich für Investitionen eignen oder nicht«.[1] Von dieser Basis ausgehend, machte er Nomura zu einem der riesenhaften japanischen *zaibatsu* vor dem Zweiten Weltkrieg. Obwohl die Unternehmensgruppe nach dem Krieg aufgeteilt und umstrukturiert wurde, blieb die Forschung ein zentraler Bestandteil der neuerstandenen, modernen Version von Nomura.

»Es fällt schwer, soviel Geld zu managen, wie diese Zweigstelle nun verwahrt«, sagte Aozono den Gruppenleitern. »Sie müssen ihre Kenntnisse erweitern und neue Gelegenheiten für unsere Kunden finden. Forschung, Forschung, Forschung. Studieren Sie sorgfältig jeden Bericht.« Dann dankte er ihnen, weil jeder von ihnen die gestrige Quote von 200 Millionen Yen für einen neuen von Nomura finanzierten Investmentfonds erreicht hatte. Dann informierte er sie, daß in der Zweigstelle ein Vortrag für Kunden stattfinden würde, die Interesse an einem der momentanen heißen finanziellen Produkte hätten, nämlich Wandelanleihen. Dann entließ er sie. Die ganze Sitzung war in wenigen Minuten zu Ende.

Wie bei den meisten japanischen Unternehmen ist die innere Hierarchie von Nomura nicht nur auf dem Papier vorhanden, sondern auch äußerlich spürbar. Jeder Mann in der Zweigstelle Shinjuku arbeitet im selben großen, düsteren, schmucklosen Raum, in dem Aozono den Vorsitz hat. Jeder Gruppenleiter führt eine Reihe ihm untergeordneter Gruppen an. Die Abteilungsleiter verließen geschlossen das Sitzungszimmer und beraumten sofort eigene Treffen mit untergeordneten Leuten an, um ihnen die Marschordnung des Tages persönlich zu übermitteln. Danach versammelte sich die gesamte Gruppe in der Mitte des Raums für einige letzte Gedanken und ermunternde Worte von einem der Gruppenführer.

»In der letzten Woche zeigte der Markt einen Abwärtstrend«, sagte er. »Erklären Sie das Ihren Kunden. Zeigen Sie ihnen, warum dies nur zeitweilige Erscheinung ist. Und sagen Sie ihnen, wir würden Aktien von Chemie- und Pharmazieunternehmen empfehlen!«

Danach ging eine Art Jauchzen durch den Raum. Jeder Angestellte eilte zu einem Schreibtisch, um zu telefonieren. Junge Frauen, alle unter Dreißig und alle in der Sommeruniform mit gestreiften Blusen und blauen Röcken, verteilten in aller Eile Berichte über chemische Unternehmen, die via Telefax vom Nomura-Hauptquartier in Nihonbashi eingetroffen waren.

Wenn Nomura spricht, hören die Leute zu. Unternehmenssprecher leugnen aber jeden übermäßigen Einfluß auf den Markt. Doch selbst ein nur proportionaler Einfluß von Nomura stellt die stärkste monopolistische Kraft an allen Börsen der Welt dar. Mit vier Millionen

Kunden in Japan und einer direkten Kontrolle über rund 20 Prozent des gesamten japanischen Aktien- und Anleihenhandels reicht es normalerweise aus, daß Nomura eine Aktie empfiehlt, um deren Preis in die Höhe zu treiben, selbst wenn dies gegen die Tendenz eines abwärtsgerichteten Marktes erfolgt. Nomuras Anteil am Handel an der Tokioer Börse ist größer als der Handelsanteil sieben führender amerikanischer Firmen an der New Yorker Börse zusammengenommen. Und dabei ist das Handelsvolumen von ungefähr fünfzehn kleineren Maklerfirmen noch nicht berücksichtigt, bei denen Nomura eine Minderheitsbeteiligung besitzt. »Wenn Nomura eine deutliche Empfehlung ausspricht, so ist das, als wenn Merrill, Salomon und Goldman alle in derselben Minute mit derselben Idee an die Öffentlichkeit treten.«[2]

Nomura übernimmt 40 Prozent aller öffentlichen Aktienerstplazierungen in Japan und über 50 Prozent der Wandelanleihen. Die Firma ist der größte Einzelfinanzier langfristiger Schulden der japanischen Regierung; sie hält einen zweieinhalbmal so großen Anteil am Syndikat, das Regierungsanleihen übernimmt, als seine Rivalen auf dem Banksektor.

Nomura hatte sich sehr günstig über die Möglichkeiten ausgesprochen, die sich im Zeitalter der Deregulierung für die japanische Finanzwelt eröffnen. Die eigenen Aktien wurden deswegen zu Lieblingskindern japanischer Anleger. Im Jahrzehnt von 1977 bis 1987 stiegen sie um fast 2000 Prozent. Dadurch wurden Hunderte gewinnbeteiligte Nomura-Angestellte zu Millionären; sie hatten jahrelang für niedrige Löhne gearbeitet, aber unerschütterlich an ihrem Aktienbesitz festgehalten.

Unzählige Kunden von Nomura wurden beim letzten Aktienmarktboom Millionäre, einfach weil sie sich an Nomuras Empfehlungen für die »Aktie der Woche« hielten. Alle japanischen Maklerfirmen praktizieren diese supermarktähnliche Jagd nach »Sonderangeboten der Woche«. Ihre Auswahl richtet sich normalerweise nach bestimmten Wirtschaftszweigen, auf die sich die künftige Wirtschaft konzentriert. – Immobilienaktien sind eine Zeitlang heiße Tips, dann ist Biotechnologie an der Reihe, Freizeitindustrien usw. Wenn Nomura eine Aktie empfiehlt, so kann sie deren Preis bis in die Höhe treiben, wo er nach Ansicht der Forschung stehen sollte.

»Bei anziehenden Kursen erfüllen sich die Empfehlungen von Nomura von selbst«, sagte ein Geschäftsführer. »In Japan herrscht eine derart große Liquidität, und sehr viele junge, unerfahrene Leute müssen damit umgehen. Sie tun einfach, was die Maklerfirmen ihnen sagen. Steigt die Aktie, so kommen sie wieder und wollen mehr davon. Es bewegt sich richtig im Kreis.«

Sehr gute Kunden von Nomura erfahren oft schon vorher, welche Aktie die Firma als nächste empfiehlt. In Japan gilt dies nicht wie in den Vereinigten Staaten als Insidergeschäft. Statt dessen gehört es zum endlosen Zyklus des »Aufbaus von Beziehungen«, die Kunden loyal an ihre Verkäufer binden. Die Verkäufer wiederum arbeiten hart für ihre Kunden, und fremde Makler haben kaum Chancen, sich dazwischenzuschalten. Wenn ein wichtiger Kunde bei einer Investition Geld verloren hat, die Nomura empfahl, so kann der Verkäufer »zum Manager der Zweigstelle gehen und ihm vorschlagen, er solle zum Ausgleich die nächste vielversprechende Empfehlung im voraus verraten«.[3]

Wie andere Zweige des japanischen Business nimmt auch Nomura den »Dienst am Kunden« sehr ernst. Es ist die erste Lektion, die man den Neuanfängern beibringt. Nach dem morgendlichen Zusammentreffen in der Zweigstelle Shinjuku gingen die jüngsten Rekruten nacheinander durch die Haupttür hinaus. Zuvor aber drehte sich jeder zu seiner Abteilung um und brüllte aus vollem Hals einen japanischen Satz, dessen Übersetzung ungefähr so lautet: »Ich bin hier, um den Kunden zu dienen und sie über die letzten Trends zu informieren!« Dann verneigten sie sich tief vor ihren Kollegen, sprinteten aus der Tür und sahen dabei wie Kamikazepiloten aus, die zu ihren Flugzeugen rannten.

»Draußen werden sie lernen müssen, welche Anstrengung es bedeutet, das Wichtigste zu sein, was man bei Nomura sein kann: ein Verkäufer«, bemerkte Aozono über seine Newcomertruppe. Er wußte, daß sie einen frustrierenden Tag vor sich hatten. Auf der Suche nach ihrem ersten Kunden mußten sie auf die Straße gehen, an Haustüren klingeln und die Besitzer von Geschäften immer wieder aufsuchen. Junge Verkäufer gelten als faul, wenn sie in einem Monat nicht ein Paar Schuhe durchlaufen. Selbst im sonst höflichen Japan werden ihnen die Türen vor der Nase zugeknallt. Doch im Vergleich zu ihren legendären Vorgängern bei Nomura haben sie es leicht. Minoru Segawa, der in den fünfziger Jahren Präsident von Nomura war, erinnerte sich daran, daß er in jenen Tagen, da Nomura sich einen ersten Ruf erwerben wollte, einmal einen führenden Industriellen zu Hause aufsuchte. Man befahl Segawa, durch die Küchentür einzutreten, denn man schätzte ihn nicht besser als einen Bettler ein.[4]

Die Erinnerung an diese Geschichte hält Nomura mit Bedacht lebendig; Zähigkeit gilt dort als Schliff, und die Bezeichnung »Aggressivität« ist eher ein Kompliment als eine Beleidigung. Im Gegensatz zu den meisten japanischen Unternehmen hat Nomura keine Angst davor, bei der Eigenwerbung unbescheiden zu erscheinen. Die Firma veröffentlicht jedes Jahr Berichte und zeigt darin auf, auf wie viele Weisen sie die japanischen Finanzmärkte - und in zunehmendem Maße auch die internationalen - beherrscht. In seinen Veröffentlichungen erklärt sich Nomura zur größten, innovativsten und hervorragendsten Firma.

Nomura ist arrogant, aber nicht anmaßend. In Tokio sind es die amerikanischen Firmen, deren Büros so aussehen, wie man es eigentlich von Nomura erwartete: ausgestattet mit wunderschönen japanischen Wandschirmen, Keramiken, Holzschnitten und eleganten antiken Einrichtungsgegenständen, geschickt kombiniert mit dem unumgänglichen Minimum dezenter High-Tech-Elektronik. Die Büros von Nomura hingegen sind spartanisch, überfüllt, mit Linoleumböden ausgekleidet und schmucklos. Eine Ausnahme bilden hier nur die Geschäftsführer im Hauptquartier in Nihonbashi, die einen Teppich und ein paar echte europäische Gemälde besitzen.

Bei Nomura halten sich die Makler im Einzelhandelsgeschäft für das, was sie sind, nämlich hart arbeitende Verkäufer. Ihre Finanzprodukte verkaufen sie nicht »Käufern«, sondern »Kunden«. Hochtrabende Titel wie »account executive« oder »personal financial consultant« werden nur selten verwendet. Im Gegensatz zu den amerikanischen Finanzfirmen, wo es Vizepräsidenten schon in dreistelliger Zahl gibt, kann man die Vizepräsidenten von Nomura an einer Hand abzählen. Die Firma braucht ihre Tätigkeit nicht über die auf der Hand liegende Realität hinaus zu glorifizieren. Man hat dem Nomura-Mann beigebracht, daß Gewinn für den Kunden und Gewinn für das Unternehmen genug Lohn und Ruhm sind.

Eine Kriegerkultur

An jedem ersten April stoßen ungefähr 300 neue Rekruten zu Nomura. Die meisten erwarten, daß sie ihr gesamtes Berufsleben bei Nomura verbringen. Im Prinzip wird dies nicht so schwierig sein, denn als einzige wirkliche Entlassungsgründe gelten Spielchen mit Kundengeldern und mit verheirateten Frauen. Der Leistungsdruck ist aber sehr stark, und für berufliche Schwächen gibt es kein Pardon. Die ersten Jahre bei der Firma sind wie die Jahre an einer Rekrutenschule, und in dieser Zeit geben viele freiwillig auf. Wer die Anforderungen später nicht erfüllt (oder wer einen der immer wiederkehrenden Machtkämpfe verliert), wird höflich auf bedeutungslose Posten, in unwichtige Büros oder in Zweigstellen abgeschoben, die Sackgassen darstellen. Der Mehrheit der Nomura-Männer steht jedoch ein sicherer Weg durch die Hierarchie bis auf verantwortungsvolle Posten offen. Mit dauernder harter Arbeit, Loyalität zum Unternehmen und Selbstverleugnung kommt man am Ende dort an.

Echte Superstars werden in jüngerem Alter als dies bei den meisten übrigen japanischen Firmen üblich ist, bis an die Spitze befördert. Voraussetzung ist natürlich, daß sie in ihrem Feuereifer nicht ihren Chefs auf die Zehen treten. Viele Direktoren sind zwischen 40 und 50 und der Präsident ist zwischen 50 und 60 Jahre alt. Damit bietet Nomura ein Beispiel für eine jugendliche Führungsspitze im Vergleich zur sonst traditionell überalterten Hierarchie der japanischen Geschäftswelt. Und selbst der Präsident wird in seinem Büro nicht alt werden. Er darf die Firma ein paar Jahre führen und zieht sich dann auf den ehrenvollen Posten des Chairman zurück. Sein Nachfolger ist wieder ein jüngerer Mann.

Bei Nomura wird man von der Wiege bis zur Bahre betreut. Junge Rekruten leben häufig in Unterkünften, die die Firma zur Verfügung stellt. Als Ausgleich für die völlige Hingabe, die man von den Nomura-Männern erwartet - sie ist so vollständig, daß sie nicht einmal Zeit haben, sich außerhalb des Büros mit Mädchen zu treffen -, wählt die Personalabteilung der Firma bewußt die schönsten Frauen als OLs (office ladies) aus. »Nomura-Girls«, haben an den besten japanischen Universitäten studiert, erhalten aber kaum die Möglichkeit, ihre Ausbildung auch zu nutzen. Ein ausländischer Besucher begegnet im Hauptsitz einem Dutzend Nomura-Girls, die ihm den Weg zur Geschäftsleitung weisen. Jede verbeugt sich und zeigt den Weg zum nächsten Nomura-Girl. Einige Jahre verbringen sie damit, Besucher zu begrüßen, Aufzüge zu bedienen, Tee und Kaffee zuzubereiten und leichte Sekretariatsarbeiten auszuführen, bis sie einen Nomura-Mann finden. Dann heiraten sie ihn und gehen nach Hause, um den Haushalt und die Familie zu betreuen. Die Hälfte aller Manager sind heute mit Nomura-Girls verheiratet, die sie zu Beginn ihrer Karriere hier kennenlernten.

Damit sich die Paare schneller finden, hat Nomura seinen eigenen Heiratsservice. Auch Abteilungschefs helfen dabei mit und betrachten es als selbstverständliche Aufgabe, für die ihnen untergeordneten Leute eine Frau zu finden. Wenn es nach Jahren Schwierigkeiten in der Ehe gibt, sucht das Paar wieder den Mentor auf, der sie zusammengebracht hat, und bittet ihn um Schlichtung bei Streitigkeiten.

Nur wenige Frauen machen heute eine Berufskarriere bei Nomura. Aber merkwürdigerweise stellen die 3500 »midis« - Hausfrauen in mittlerem Alter - eine sehr wichtige Stütze des Unternehmens dar. Sie machen nur Teilzeitarbeit, sind also »nur« von 9 bis 17 Uhr beschäftigt. Nomura setzte sie erstmals 1953 im Rahmen einer Kampagne zur Förderung des öffentlichen Interesses am Aktienmarkt ein. In ganz Japan verteilten sie eine Art Sparschweinchen, die *rio*, für die Nomura den Schlüssel behielt. Wenn sich in den *rio* 5000 Yen angesammelt hatten, kam die Vertreterin und tauschte das Geld gegen eine Aktie einer Kapitalanlagengesellschaft ein. Auf diesem Weg gelang es, eine Million neue Teilnehmer auf den japanischen Aktienmarkt zu locken. Das war der Auslöser für den Tokioer Börsenboom der sechziger Jahre.

Heute geht man bei Nomura natürlich moderner vor, doch das Team der »midis« ist heute immer noch das, was die Firma als ihre »Frontlinie des Kundendienstes« bezeichnet. Heute organisieren die Verkäuferinnen Partys nach Art der Firma Tupperware. Sie informieren dabei kleine Gruppen von Hausfrauen über die Angebote der Firma - Anleihen, Investmentfonds und andere neue Produkte. Es ist weitgehend diesen Anstrengungen zu verdanken, daß einer von sechs japanischen Haushalten Kunde von Nomura ist.

Die Tatsache, daß Nomura seine Wurzeln in Osaka hat, bedeutet etwas auf dem stürmischen und lauten Aktienmarkt. »Leute aus Tokio lieben Titel und Raffinesse, Leute aus Osaka kümmern sich ums Geldverdienen«, meinte ein Insider. Der Vorbehalt der japanischen Gesellschaft gegenüber dem Maklerberuf war nie Nomuras Sache. Selbst heute noch würde es eine bedeutende Tokioer Familie lieber sehen, wenn ihr Sohn zur statusbewußten Mitsubishi Bank ginge als zu Nomura. Berichten zufolge ist die kaiserliche Familie immer noch dagegen, daß Prinzessinnen Journalisten oder Aktienmakler heiraten. Gerade aufgrund dieses Vorurteils rekrutierte Nomura in der Vergangenheit hart arbeitende »Landburschen«. Sie wurden als »unbeschriebene Blätter« nach Tokio gebracht und mit der Aussicht auf eine Lebenskarriere nach den Vorstellungen des Unternehmens geformt. Damit flößte ihnen Nomura einen Grad der Loyalität ein, der noch stärker ist als im sonst schon loyalitätsbewußten japanischen Geschäftsleben. Hierdurch entwickelte sich teilweise die Meinung, Nomura sei wie eine fanatische Religion: Sie belohne eifrig ihre eigenen Anhänger und schlage wütend auf jene, die ihr entgegentreten.

Heute sind die meisten jungen Rekruten Absolventen eines Colleges. Aber im Gegensatz zu anderen führenden Unternehmen, die nur Studenten der besten Universitäten einstellen, legt Nomura mehr Wert auf den Leistungswillen des zukünftigen Kandidaten als auf die Universität, an der er seinen Grad erworben hat. Physische Kraft ist eine der wichtigsten Eigenschaften, welche die Firma verlangt.

»Nomura-Männer haben ein hartes Leben. Wir brauchen Männer, die dem Streß und den Anstrengungen gewachsen sind«, sagt ein Sprecher des Unternehmens.

Obwohl das Unternehmen jedes Jahr viele aufsteigende Stars an die Harvard Business School, nach Wharton, Cambridge, an die London School of Economics oder an andere angesehene westliche Universitäten schickt, folgen viele nur widerwillig. Sie wissen, daß selbst heutzutage, trotz aller Anstrengungen von Nomura, als raffinierte Weltfirma zu gelten, ein erfolgreiches Studium in Harvard im Innern der Organisation nur wenig bringt. Ja, es ist wahrscheinlich, daß sich irgendwann der Verdacht erhebt, sie seien zu weich oder zu sehr vom Ausland beeinflußt. Die obersten Posten sind mit gewissen bemerkenswerten Ausnahmen für jene bestimmt, die sich durch das tägliche Einerlei des Einzelkundengeschäfts nach oben gearbeitet haben.

Die Rekruten verbringen normalerweise einige Jahre damit, alles kennenzulernen: Verkauf, Handel, Analyse, Einzel- und Großhandel, Aktien und Anleihen, Außendienst und Innendienst. Generalisten stehen hoch im Kurs. Spezialisierung ist nicht erwünscht. Das Ziel besteht darin, eine Firma zu schaffen, die der japanischen Süßigkeit *kintaro-ame* gleicht – einem stammförmigen Zuckerstück, dessen Füllung die Umrisse eines Gesichts zeigt. »Wo man die Süßigkeit auch anschneidet, immer zeigt sie dasselbe Gesicht«, sagt einer, der das Trainingsprogramm von Nomura absolviert hat.

Selbst die Superstars müssen aus demselben Firmenholz geschnitten sein. Man nehme als Beispiel Koji Higashi, den Topverkäufer der Zweigstelle Shinjuku. Er ist Anfang Dreißig und arbeitet seit zehn Jahren für Nomura. Er betreut viele Millionen Dollar schwere Portfolios von zahlreichen Firmenkunden. Einer dieser Kunden ist Promise, selbst eine blühende Gruppe erfolgreicher Händler mit Haushaltsfinanzgeschäft. Wenn Promise ihr 14 Millionen Dollar betragendes Eigenkapital investieren will, wendet sich das Unternehmen an Nomura und Higashi. Der Präsident von Promise ist dermaßen angetan von Higashis guten Ratschlägen, daß er ihm den Titel »Henry, Kaufmann von Shinjuku« verliehen hat.

Ein amerikanischer Börsenmakler an der Wall Street, der ähnlich große Portfolios betreut, würde insgesamt wahrscheinlich 200000 bis 500000 Dollar verdienen. Bei Nomura gibt es nur eine bescheidene Lohnskala, die allein auf Dienstalter beruht. Leistungsbezogene Vergütungen kennt man nicht. Es gibt einen Gewinnanteil – doch dessen Höhe hängt fast ausschließlich vom Gesamtergebnis der Firma ab, nicht von den Leistungen des einzelnen. »Henry, Kaufmann von Shinjuku« kommt im Jahr auf ungefähr 35000 Dollar. Higashi kann sich weder Ferraris noch Kokain leisten. Für ihn ist es aufregend genug, daß er genug Geld hat, um sich ein Ticket für das Konzert von Whitney Houston leisten zu können. Häufig erhält er Telefonanrufe von Headhuntern, die ihn für eine der amerikanischen Firmen in Tokio abwerben möchten. Man bot ihm schon bis das Zehnfache seines heutigen Gehalts an. Seine Antwort: »Natürlich würde ich gerne mehr Geld verdienen, doch Geld ist nicht das Wichtigste im Leben. Die Loyalität zu Nomura ist wichtiger.«

Nomura ist die gut geölte Kampfmaschine einer Kriegerkultur. Ihre Männer sind wirkliche Samurai der Aktien und Anleihen.

Ausländische Kassandras, ausländische Pollyannas

Wie jede Armee hat auch Nomura ihre Schwachstellen. Sie hat sogar eine Reihe von Deserteuren. Nicht alle Nomura-Männer können sich ihrer Zukunft im Unternehmen so sicher sein wie Higashi. Früher bedeutete ein Weggang von Nomura, daß der Betreffende sich einen Posten weit weg suchen mußte, denn nur unter besonderen Bedingungen stellte einer der Großen Vier einen Angestellten wieder ein, der so unloyal war, daß er auf einen Arbeitsplatz bei Nomura verzichtete. Die besonderen Umstände spielten dabei keine Rolle, der Akt der Illoyalität selbst genügte.

Die Ankunft vieler ausländischer Wertpapierfirmen in Tokio, die alle verzweifelt japanische Mitarbeiter suchten, führte dazu, daß japanische Firmen Arbeitskräfte verloren. Wer mit der erstickenden Atmosphäre von Nomura nicht zurechtkommt (einem bissigen Beobachter zufolge ist dies »jedermann, der den Hirntod vermeiden will, und jede Frau, die sehen will, was sie sonst noch zu tun vermag außer Tee servieren«), kann nun zu einer anderen Firma gehen, wo er besser bezahlt wird und mehr Verantwortung erhält.

Wer genug Mut hat, um durch das Verlassen von Nomura die Verbannung zu riskieren, der bricht dennoch die Brücken hinter sich ungern völlig ab, indem er öffentlich über seine Erfahrungen spricht. Aber eine andere Gruppe von Ex-Nomura-Männern ist im Wachsen begriffen: Es sind die Ausländer, die Nomura bei ihrer schwindelerregend schnellen Internationalisierung anwarb und die letztlich nicht mit der Kultur dieses Unternehmens zurechtkommen. Abtrünnige Ausländer plaudern leichter. Mit ihrer zunehmenden Zahl sind auch die Horrorgeschichten über das Leben im Innern der Firma angestiegen.

Über den jüngsten Machtkampf zwischen Masaaki Kurokawa und

Yoshio Terasawa haben wir schon im ersten Kapitel berichtet. Es ging darum, in welchem Maß man den traditionellen »Nomura-Weg« auch auf ausländischen Finanzmärkten beschreiten will. In der Folge verließen einige prominente Amerikaner die Firma, weil sie mit Kurokawas ganz nach Tokio ausgerichteter Politik nicht einverstanden waren. Nomura versprach zwar, »lokale« Organisationen in seinen Büros in London und den Vereinigten Staaten aufzubauen. Doch obwohl weniger als zehn Prozent der Nomura-Angestellten im Ausland Japaner sind, verlieren die Amerikaner, Briten und andere »Ausländer« im Dienste der Firma nun das bißchen Entscheidungskompetenz, das sie früher besaßen.

Die Internationalisierung wird an die große Glocke gehängt, doch das Herz der Firma ist japanischer denn je. Erschreckend sei, so meinen jene, die sich in der Szene auskennen, daß die Neuausrichtung funktioniere. »Terasawa war sehr geachtet, doch Nomura Securities International (die US-Tochterfirma) war nicht sonderlich erfolgreich. Nun ist sie es«, sagte ein Beobachter und fügte hinzu: »Terasawa war sehr geeignet für eine Zeit, als Nomura versuchte, mit den amerikanischen Firmen in guter Nachbarschaft und Partnerschaft auszukommen. Kurokawa ist für die neue Ordnung der Dinge aber besser geeignet, da Nomura seinen Weg jetzt allein gehen kann und die Amerikaner auf ihrem eigenen Feld schlägt.«

Die Berichte amerikanischer Nomura-Männer über ihren Arbeitgeber reichen vom Erhabenen bis zum Lächerlichen:

Eine Gruppe von Amerikanern im New Yorker Büro setzte einmal einen »Streik« in Szene, der viel öffentliche Aufmerksamkeit fand und mit dem sie ihrer Unzufriedenheit Ausdruck verleihen wollten, daß Nomura keine Saläre und Zusatzvergütungen zahlen will, wie sie an der Wall Street üblich sind.

Man hört häufig die Klage, Ausländer würden zu hochkarätigen Sitzungen eingeladen, doch dabei würde nur über alltägliche Dinge geplaudert. Wenn die Ausländer gehen, scheint die eigentliche Sitzung erst zu beginnen.

Börsenmakler sagen, sie würden gezwungen, institutionellen amerikanischen Anlegern, die eigentlich gar nicht wollen, wiederholte Angebote zu machen und sie selbst mehrmals am Tag anzurufen. In Japan, so erfuhren sie, zeigt man seine Aufrichtigkeit dadurch, daß man übermäßig viele Kontakte hält, selbst wenn man dauernd abgewiesen wird. Japanische Manager glaubten, das würde auch in den Vereinigten Staaten funktionieren. Als sich die Amerikaner nicht daran hielten, wurden sie als »faul« beschimpft.

Ein ausländischer Wissenschaftler schrieb für Nomura in englischer Sprache einen kritischen Bericht über ein japanisches Unternehmen. Als dieser ins Japanische übertragen wurde, las er sich wie eine enthusiastische Kaufempfehlung. Offensichtlich glaubte jemand im Hauptsitz, es sei wichtig, das betroffene Unternehmen nicht zu verprellen.

Ein Amerikaner in Tokio wurde angewiesen, er solle ein kurzes Dankschreiben an einen Kunden senden, der Englisch sprach. Der Text wurde von seinem japanischen Chef nicht nur einmal kritisiert, sondern wurde sechsmal auf seine Grammatik und die Nuancen hin überarbeitet. Am Ende befahl man dem Amerikaner, einen Brief abzuschicken, der eindeutige Schreibfehler und grammatikalische Irrtümer enthielt, der aber von seinem japanischen Vorgesetzten, der nur über beschränkte Englischkenntnisse verfügte, gutgeheißen wurde.

So persönlich diese Erfahrungen auch sein mögen, sie werden von ausländischen Kritikern doch als typisch angesehen. Nomura werde, so meinen sie, nie sein Ziel erreichen und auf dem Gebiet des internationalen Investment Banking keine solche Machtstellung erringen wie zu Hause, wenn die Firma weiterhin an ihrem »Nomura-Weg« festhält. Der Firma fehle es an Innovation, Flexibilität und Sensibilität Partnern gegenüber, die entscheidend sind für den Erfolg im Emissionsgeschäft. Ausländische Kassandras sehen andere Probleme auftauchen, wenn Nomura in der deregulierten Tokioer Finanzwelt weniger auf Größe denn auf Gewandtheit angewiesen ist. Was wird Nomura tun, wenn die Hauptquelle der jetzigen Gewinne - Kommissionen im Inland - durch die Deregulierung gekappt wird? Was wird aus der führenden Stellung von Nomura bei der Übernahme von Effektenemissionen, wenn Artikel 65 gelockert wird und die mächtigen japanischen Citybanken in diesem lukrativen Geschäftsbereich ebenfalls tätig werden dürfen? Was die großsprecherische Art von Nomura im Hinblick auf die Forschung und die Marktanteile anbelangt, so meinen Kritiker, diese Praxis werde zur Folge haben, daß japanische Geldmanager eher mit unabhängigeren ausländischen Häusern Geschäftsbeziehungen suchen. Selbst die Weltläufigkeit des jetzigen Präsidenten von Nomura, Yoshihisa Tabuchi, ist eine Zielscheibe des ausländischen Spotts. Ein früherer Nomura-Mann meint: »Tabuchi redet 15 Minuten lang ganz gut über internationale Finanzen. Doch dann wird klar, daß er durch und durch ein japanischer Einzelhändler ist und sonst nicht mehr viel weiß.«

In der amerikanischen Wirtschaftspresse liest man immer wieder, Nomura als japanischer Riese könne auf dem weltweiten Markt nur einen kosmetischen Durchbruch feiern: »Nomura hat Muskelkraft, aber nicht Gehirn genug, um sich die Rosinen vom Wall-Street-Geschäft zu holen ... Nomura ist eine Firma mit einem einzigen Produkt – einem mächtigen Vertrieb in Japan und nicht viel mehr.«[5] ... »Nomura ist schwach auf dem Gebiet der Unternehmensfinanz. Sie können Anleihen in Japan plazieren, aber keine Geschäfte einfädeln.«[6]... »Nomura fehlen die Flexibilität und Vorstellungskraft, die richtige Weltfirmen brauchen. Das Unternehmen verfügt zwar über die neueste Computertechnologie, doch die Handelsmentalität hält damit nicht Schritt.«[7] ... »Die Inselbezogenheit und die Inzuchtkultur von Nomura haben Manager hervorgebracht, die den größten Teil ihres Lebens in Japan verbrachten und die in Sitzungszimmern, Nudelrestaurants und Bars nur mit anderen Japanern sprechen.«[8] ... »Die größte Firma auf der Welt zu sein ist nicht unbedingt ein Vorteil in New York, wo der Erfolg von Schnelligkeit, Kreativität und der Fähigkeit, komplizierte Geschäfte durchzuführen, abhängt.«[9]

Kurz gesagt: Die Amerikaner sind sich darin einig, daß Nomura, bei allem Respekt, den man der enormen Macht dieser Firma in Japan zollt, mit seiner Unternehmenskultur und Vorgehensweise bei Auslandsgeschäften nicht mithalten kann. Die heutige bedeutende Rolle von Nomura auf dem Gebiet der Weltfinanz hat ihren Grund nur in den japanischen Kapitalüberschüssen. Gehen diese zurück, so wird auch die globale Bedeutung von Nomura schrumpfen. Die Leute von Wall Street gestehen zu, daß sich amerikanische Pensionskassen an Nomura wenden, damit diese Firma den geringen Teil ihrer Guthaben betreut, den sie in Japan anlegen möchten. Die Möglichkeit aber, daß sie auch ihre amerikanischen Vermögensbestände von der amerikanischen Tochtergesellschaft von Nomura verwalten lassen, wird als gering eingeschätzt.

Die amerikanische Kritik an Nomura wird durch Fakten gestützt. Das überstürzte Urteil jedoch, Nomura könne auf dem Gebiet der Finanzdienstleistungen kaum eine direkte Bedrohung für amerikanische und europäische Firmen in ihrem eigenen Land darstellen, ist tollkühn und naiv. Es ist das hoffnungslos optimistische Denken von Männern, die man eigentlich für ausgekochte Pragmatiker halten müßte.

»Nomura ist ein Unternehmen mit einem Haufen von Problemen«, bemerkt ein Amerikaner, der längere Zeit im New Yorker Büro gearbeitet hatte. »Es besteht jedoch aus einem Material, bei dem die amerikanischen Konkurrenten nicht mithalten können: Muskeln, reinen Muskeln. Ich habe all die Fehler gesehen, die sie machen. Ich habe ihnen beim Stil die Note ›schlecht‹ und beim Inhalt keine bessere Note als ›gut‹ gegeben. Aber sie sind so stark und so entschieden, und ich sehe nicht, daß sie jemand aufhalten wird.«

Game in London, Set in New York, Matchball in Tokio

Im Jahr 2000 wird der Hauptsitz von Nomura nicht in Tokio sein, sondern in einem Satelliten, der um die Erde kreist und Informationen sowie elektronische Transaktionen ohne Verzug auf der Weltachse London–New York–Tokio empfängt und sendet. So sah der letzte abgetretene Präsident und jetzige Chairman von Nomura, Setsuya Tabuchi (unter der Bezeichnung »Big Tabuchi« bekannt, um ihn vom jetzigen Präsidenten Yoshihisa Tabuchi zu unterscheiden, mit dem er nicht verwandt ist), die Zukunft. Der »große Tabuchi« legte einen Großteil der Fundamente für die internationale Expansion, und der »kleine Tabuchi« führt die Arbeiten weiter.

Trotz seines Spitznamens hat der »kleine Tabuchi« nichts Kleines an sich. Der stämmige, zähe Mann ist der Inbegriff des Verkäufers. Er arbeitete sich durch die Hierarchie bis auf den Präsidentenstuhl hoch. Heute verströmt er Vertrauen und Macht, ohne eine Spur jener mild gedämpften Erwartungen, die seit dem Schwarzen Montag aus der Redeweise seiner amerikanischen Konkurrenten herauszuhören sind. Eine frühere Führungskraft von Nomura sagt über Tabuchi: »Wenn er in einer anderen Zeit gelebt hätte, wäre er sicher Shogun geworden.« Andere Insider bezeichnen ihn als den »Mao Zedong von Nomura« – teilweise wegen einer gewissen körperlichen Ähnlichkeit mit dem früheren Vorsitzenden der Chinesen, wahrscheinlich aber mehr noch, weil Tabuchi wie Mao Macht erbarmungslos und strategisch nutzt. Mao machte bei seiner Revolution in China Anleihen bei Sun Tzus alten Schriften über die Kriegskunst. Tabuchi machte es ähnlich, um Nomura bei der globalen finanziellen Umwälzung in die führende Stellung zu bringen.

In gebieterischem, elektrisch knisterndem Japanisch erklärt Tabuchi die Strategie von Nomura. Dabei ist er bisweilen weit schneller als der Übersetzer, versetzt aber seine Rede mit genügend Anglizismen, so daß der Zuhörer, der nur Englisch versteht, mindestens begreift, wovon die Rede ist: »expansion«, »world investors«, »investment banking supermarket« und »Londonnewyorktokyo«, als ob es sich um ein einziges Wort handle. Tabuchi sitzt neben einem Gemälde von Marc Chagall, auf dem eine rote Sonne zu sehen ist, und hält sich aufrecht, jede Sehne sprungbereit gespannt. Er raucht ohne Unterlaß, vernebelt bisweilen sein Gesicht mit mysteriösen Rauchringen und erklärt dabei:

»Wir wollen alle Kunden. Wir sind darauf aus, alle Nationalitäten, alle Kreditnehmer, alle Emittenten, alle Investoren zu bedienen. Wir möchten wie japanische Herstellerfirmen sein, die ihre Produkte auf der ganzen Welt verkaufen. Ich glaube, meine Freunde wie John Gutfreund von Salomon und Bill Schreyer von Merrill Lynch haben denselben Ehrgeiz wie ich. Heute kann man schwer sagen, wer die Nase vorne hat. In der Zukunft wird dies deutlicher werden.

Das Wachstum unseres Unternehmens beruht darauf, daß sich der japanische Kapitalmarkt öffnet und liberalisiert wird. Die Geschichte zeigt, daß Geld von einer Nation mit Kapitalüberschuß in die Weltwirtschaft abfließen muß. Die Londoner Handelsbankiers spielten diese Rolle, als sich Kapital in London anhäufte. Während des größten Teils des zwanzigsten Jahrhunderts übernahmen die Amerikaner diese Rolle. Nun ist die Zeit gekommen, da die Japaner diese Verantwortung auf sich nehmen müssen. Auf diesem Gebiet findet Nomura seine Daseinsberechtigung.«

Die Betrachtungsweise ist nicht neu. Bereits der Gründer Tokushichi Nomura II versuchte die japanischen Maklerfirmen über das Niveau der Spieler, der Pfandleiher und der Essiggurkenhändler zu erheben, die damals alle in einen Topf geworfen wurden. Er träumte davon, aus Nomura eine Firma zu machen, die »Seite an Seite neben den Investmentbanken der Wall Street stehen kann«.[10] Bereits 1927, nur zwei Jahre nach der offiziellen Gründung von Nomura Securities, wurde ein Büro im New Yorker Finanzdistrikt eröffnet.

Ein Wendepunkt für den japanischen Finanzmarkt der Nachkriegszeit kam 1961, als Sony als erste japanische Firma ihre Aktien in Form von American Depository Receipts ausgab. Damit konnten sie leicht an der New Yorker Börse gehandelt werden. Nomura war bei der Vorbereitung dieses Handels stark beteiligt. Er bot den Amerikanern einen praktischen Weg, erstmals Aktien des japanischen Wirtschaftswunders zu kaufen. Hier galten die Kräfte des freien Marktes, während die Tokioer Börse sonst stark kontrolliert und langweilig war. In der Folge würden die Preise aber auch hier dramatisch zu steigen beginnen. Die Firma Smith Barney, die die Aktien von Sony plazierte, war gegenüber der Teilnahme von Nomura skeptisch. Doch Sony und Nomura bestanden darauf, und am Ende waren die Gentlemen von Smith Barney soweit überzeugt, daß sie Nomura das ADR-Angebot in den Vereinigten Staaten mitmanagen ließ.

In Nomuras offizieller Firmengeschichte steht: »Sobald der eigentliche Verkauf begann, läuteten die Telefonapparate im New Yorker Büro von Nomura ohne aufzuhören. Wer anrief, erhielt nur einen kurzen Bescheid: ›Tut uns leid, Sony ist ausverkauft.‹ Bis Ende September überstiegen die Kauforder die Verkäufe im Verhältnis von 30:1 ... ›Nomura of Japan‹ war dabei, ›Nomura der Welt‹ zu werden. Da war kein Blick zurück mehr erlaubt.«[11]

In den sechziger Jahren expandierte Nomura aggressiv im Ausland, hauptsächlich mit der Absicht, aus dem neuerwachten Interesse der Ausländer am Tokioer Markt Kapital zu schlagen. In der Zwischenzeit studierten Nomura-Männer das Funktionieren des amerikanischen Marktes. Insbesondere widmeten sie sich Merrill Lynch. Das war die Firma, die sie am meisten bewunderten, und gleichzeitig die bekannteste, weil sie als erste Wertpapierfirma ein Büro in Tokio eröffnet hatte. Man sagt, Nomura habe Merrill bis ins letzte Detail studiert, bis hin zu den Zentimetermaßen der Schreibtische in den Büros.

1965 brach die Firma Yamaichi Securities, zu jener Zeit der japanische Marktführer, bei der Spekulationswelle an der Tokioer Börse fast zusammen. Nomura rückte in der Folge auf den ersten Platz vor. Die Nummer eins zu sein ist in Japan sehr wichtig. Wer die Nummer eins auf seinem Gebiet ist, macht nur Geschäfte mit der Nummer eins auf anderen Gebieten. Nur selten kommt es vor, daß eine große Firma innovative Lösungen oder einen aufmerksameren Service bei einer kleinen Firma sucht - wie dies in den Vereinigten Staaten oft geschieht. Als in den sechziger Jahren die große Exportwelle in Japan anrollte, bestanden die größten Firmen auf Dienstleistungen von Nomura. Damit halfen sie, daß Nomura immer weiter und tiefer in das weltumspannende Finanzwesen eindrang.

Japanischen Industriegesellschaften bei ihren internationalen Geschäften behilflich zu sein, hätte bereits ausgereicht, um jede Maklerfirma zu einem wichtigen internationalen Faktor werden zu lassen. Das Bedürfnis aber, die japanischen Kapitalüberschüsse der achtziger Jahre wieder in Umlauf zu bringen, veränderte das Unternehmensziel von Nomura grundlegend. Das galt besonders für die Zeit nach 1984, als japanische Versicherungsgesellschaften und andere institutionelle Anleger mehr Freiheit bekamen, einen Teil ihrer Guthaben im Ausland anzulegen. Damals floß das Kapital in Strömen aus Japan.

Um dieser Flutwelle Herr zu werden, wuchs das Personal von Nomura in den Vereinigten Staaten von weniger als fünfzig Angestellten im Jahr 1983 auf fast siebenhundert bis Ende 1987. Das Londoner Büro erfuhr ein ähnliches Wachstum. Nomura wandelte sich von einem wenig bekannten Comanager von Effektenemissionen im transpazifischen Geschäftsverkehr zu einem unübersehbaren Machtfaktor auf dem Gebiet der US-Regierungsanleihen, der Eurobonds und anderer festverzinslicher Wertpapiere.

1985 erklärte ein Nomura-Mann aus dem mittleren Management, der es nicht gewohnt war, mit der ausländischen Presse zu reden, Nomura habe einen Dreißigjahresplan zur Dominierung der Finanzmärkte der Welt entworfen. Als Tabuchi 1987 danach gefragt wurde, lachte er darüber und meinte, es sei absurd, einen Plan für die nächsten dreißig Jahre festzulegen. In einem bei Nomura seltenen Anfall von Bescheidenheit erklärte Tabuchi, Nomura wolle zwar beim Wettbewerb in den Vereinigten Staaten, in Großbritannien und auf anderen Märkten mithalten, erwarte aber keinesfalls, diese auch »beherrschen« zu können.

Ob sich Nomura nun die nächsten fünf, zehn oder dreißig Jahre als Ziel gesetzt hat, egal auch, welchen Marktanteil die Firma nun wirklich weltweit anstrebt, es kann kein Zweifel darüber herrschen, daß Nomura eine wohldurchdachte Strategie verfolgt, die darauf abzielt, zum größten und effizientesten Verkäufer von Finanzdienstleistungen auf dem einheitlichen 24-Stunden-Markt der Zukunft zu werden.

In London, wo die Märkte weit offenstehen und die britischen Firmen über keine sehr großen Kapitalressourcen verfügen, erwartet Nomura, eher früher als später einen beherrschenden Einfluß ausüben zu können. Das ist schon so beim Geschäft mit den Eurobonds, deren Hauptquartier in London liegt, dem wichtigsten Finanzplatz außerhalb der Vereinigten Staaten und Japans. Vor fünf Jahren kam Nomura noch aus dem Nichts und war bereits 1987 der größte Garant der Eurobondemission, wobei es alle bekannten amerikanischen und europäischen Konkurrenten auf dem Gebiet des Investment Banking entthronte.

Nomura sammelt dauernd Talente, beobachtet und wartet, daß amerikanische und europäische Firmen ihre übertriebenen Erwartungen von Gewinnen aufgeben, die nach dem Börsenkrach zu erzielen wären. In London hat Nomura das getan, was einer Firma weder in Japan noch in den Vereinigten Staaten gestattet ist – sie eröffnete ihre eigene Handelsbank.

In New York stürzte sich Nomura zuerst in den umfangreichen Markt mit festverzinslichen Wertpapieren, zum Beispiel mit US-Regierungsanleihen, weil hierfür die geringsten Ortskenntnisse erforderlich waren und Nomura seine japanische Marktposition nutzen konnte. Inzwischen fühlen sich große amerikanische Investoren dazu gezwungen, einen Teil ihrer Anleihenkäufe über Nomura zu tätigen, weil diese Firma vermutlich am besten eine Antwort auf die wichtigste Frage geben kann, die den Markt beschäftigt: »Was tun die Japaner gerade?«

Von Anfang an beschäftigte sich Nomura mit Aktien, Fondsmanagement, Immobilien, Fusionen, Aufkaufen und anderen Aufgaben des Investment Banking. Die US-Tochtergesellschaft von Nomura plant, in nahezu jeden Winkel des amerikanischen Aktienhandels und Anlagengeschäfts vorzudringen. Obwohl Nomura eher die Philosophie vertritt, von innen heraus zu wachsen, als andere Firmen aufzukaufen, hat es doch auch schon in seine Kriegskasse gegriffen, um in Geschäftsbereiche einzudringen, wo es Nomura noch an Kenntnissen fehlt. Es erwarb zum Beispiel Eastdil, die führende Firma in New York für Kapitalanlagen auf dem Immobiliensektor. Damit wurde Nomura über Nacht zu einer der wichtigsten Kräfte im Immobilienwesen von New York City. Ein ähnlicher Kauf von Babcock & Brown brachte Nomura beim Finanzleasing ganz nach vorn.

Ob nun amerikanische Angestellte wirklichen Einfluß haben oder nicht, die Firma hat auf jeden Fall für einen lokalen Anstrich gesorgt. Was könnte amerikanischer sein als Don McKinnon, ein stämmiger ehemaliger Aktivist der New England Patriots und langjähriger Wall-Street-Veteran, der bei Nomura in New York die Abteilung für Aktienhandel leitet? Was kann noch besser sein als Kunden wie AT & T? S. Lawrence Predergast, der Leiter der Finanzabteilung von AT & T, bemerkte in einem Gespräch, daß die Vorgehensweise von Nomura in den Vereinigten Staaten nun Früchte zu tragen beginne. »Nomura«, so sagte er, »hat uns ungefähr 15 Jahre lang Angebote gemacht, aber in den ersten zehn Jahren keinerlei Auftrag bekommen. Ihr Durchhaltevermögen und der Reichtum Japans ... haben sich für sie ausbezahlt.«[12]

Führungskräfte von Nomura sprechen davon, sie wollten bis 1991 die Hälfte der Gewinne im Inland und die andere Hälfte im Ausland erwirtschaften. Das würde im Vergleich zu 1984 eine dramatische Veränderung bedeuten, weil damals 90 Prozent des Gewinns von Nomura aus innerjapanischen Transaktionen stammte. Die Nomura-Männer wollen bei dieser Verschiebung natürlich kein japanisches Geschäft aufgeben. Statt dessen erwarten sie, ihre Auslandsgeschäfte entsprechend zu erweitern.

Manche halten die Nomura-Männer für größenwahnsinnig, weil sie glauben, sie könnten jedes Jahr zusätzliche vier Milliarden Dollar Gewinne vor Steuern auf den heißumstrittenen Auslandsmärkten machen. Nomura zählt zu seinen Auslandsgewinnen, aber auch Provisionen und Gebühren von japanischen Kunden, die im Ausland investieren. Wenn sich die Erwartungen von Nomura erfüllen, wird das Unternehmen allein deswegen zum größten Brokerhaus in den Vereinigten Staaten, weil es amerikanische Wertpapiere an japanische Anleger verkauft. Nomura will sich damit aber nicht begnügen. Wie weit der Weg dorthin auch noch sein mag, Nomura will auf jeden Fall am inneramerikanischen Geschäft beteiligt sein. Die Firma hat dabei in den vergangenen Jahren bereits eine Menge Geld in den Vereinigten Staaten verloren, doch das spielt keine Rolle. Die Nomura-Männer glauben mit Inbrunst an das *dochakuka:* Sie graben sich tief in einen Markt ein, bearbeiten ihn und warten geduldig auf Ergebnisse. Wenn das *dochakuka* in den Vereinigten Staaten funktioniert, wird der Tokioer Markt völlig liberalisiert und auf seine Rolle als wichtigstes Finanzzentrum der Welt vorbereitet sein.

Genügend Innovationskraft

Wer von Nomuras Innovationskraft wenig hält, dem zeigt der Eurobondmarkt, daß die Nomura-Männer auch hier einiges leisten können. Der Lieblingsbeitrag der Firma zur unbeständigen Welt neuer internationaler Finanzprodukte ist die an den Devisenkursindex gebundene »Himmel-und-Hölle«-Anleihe für die IBM Credit Corp. Sie wurde von einem jungen Mathematiker von Nomura entwickelt und umfaßt drei Zinswechsel und fünf Währungswechsel. Am Ende konnte IBM seine Papiere über Nomura um 40 Basispunkte billiger abgeben, als es sonst möglich gewesen wäre.

Ziemlich großsprecherisch verkünden Werbeschriften von Nomura, die IBM-Offerte habe ihr den »Deal of the Year«-Preis eingetragen. Damit nimmt die Firma in Anspruch, sie sei ebenso intelligent wie finanzstark. Der »Himmel-und-Hölle«-Tausch, so meint sie, habe dazu geführt, daß viele Erstaunen und sogar Beklemmung spürten, denn amerikanische Investmentbanken und europäische Handelsbanken hätten immer gemeint, ihre japanischen Rivalen seien zwar groß und kapital- und vertriebsstark, doch schwach auf dem Gebiet des eigentlichen Finanzwesens.«[13] Mit einem spöttischen Seitenhieb auf Wall Street erklärt Nomura, es habe kein Interesse an »Innovation um der Innovation willen«[14] und werde nur dann neue Produkte schaffen, wenn sie sinnvollen Zwecken dienten.

Nomura war Wegbereiter für eine Reihe solcher nützlicher Innovationen: High-coupon-Euroyen-Anleihen, Optionsanleihen in holländischen Gulden, Wandelanleihen in Euroyen, Doppelwährungsanleihen in Euroyen und alle möglichen Sushi-, Shogun-, Samurai- und Yankee-Auslandsanleihen. Nomura arbeitet zur Zeit derart im Verschwiegenen an der Technik des Tausches, daß Besucher die entsprechende Abteilung nicht mehr betreten dürfen.

Nomura verwendete 1955 als erstes Privatunternehmen in Japan einen Computer, einen Univac 120. Heute investiert die Firma einen beträchtlichen Teil ihrer Gewinne in futuristische Datenbanken und Handelsprogramme. Ihre Computer-Tochterfirma, eines der größten japanischen Unternehmen für Softwareentwicklung, arbeitet Berichten zufolge an einem Programm für den globalen Aktienhandel. Ihr Informationssystem CAPITAL ist bei mehr als 2000 institutionellen Anlegern fest installiert. Für die frühen neunziger Jahre erwartet Nomura, daß eine Million Einzelkunden über Desktop-Computer mit der Firma verbunden sind.

Natürlich beansprucht die London-New York-Tokio-Achse die meiste Aufmerksamkeit von Nomura. Die Aktivitäten sind aber keineswegs auf jene Märkte beschränkt. Außerordentlich fleißig ist Nomura auch in Hongkong, Singapur, Toronto und den meisten europäischen Finanzplätzen. Die Firma hofft, die Verfügbarkeit japanischen Investmentkapitals werde die Aktienbörsen auf der ganzen Welt zur Expansion und Diversifizierung ermuntern. Nobumitsu Kagami, der Geschäftsführer von Nomuras Investmentunternehmen Nimco, erwartet, in den nächsten Jahren den Investitionsfluß von 25 Milliarden Dollar in internationalen Aktienpapieren abzuwickeln. Obwohl er zuerst und vor allem auf die Vereinigten Staaten, Europa, Kanada, Australien und Neuseeland schaut, sieht er auch, daß beträchtliche japanische Aktieninvestitionen in den frühen neunziger Jahren an die Aktienbörsen der asiatischen Schwellenländer und in den späten neunziger Jahren in die stärker werdenden Märkte Brasiliens, Mexikos und anderer Länder mit hohem Wachstum fließen werden. »Hier liegen die günstigen Gelegenheiten der Zukunft, und hier kann man für eine etwas höhere Rendite auch ein etwas höheres Risiko eingehen.«

Vizepräsident Yoshiji Fukushima hat eine kühnere, überraschendere Vorstellung von Nomuras überwältigender globaler Rolle. Als ausgemachter »Einzelhandelsmann«, der buchstäblich ohne jede Auslandserfahrung zur Nummer zwei wurde, glaubt Fukushima, daß die japanischen Nettoguthaben im Ausland in zehn Jahren eine Billion Dollar betragen werden. Unter allen Finanzunternehmen der Welt, so sagt er, sei nur Nomura imstande, dieses Kapital wieder in Umlauf zu bringen und es »in den richtigen Proportionen den Industriestaaten, den weniger entwickelten Ländern und der kommunistischen Welt zur Verfügung zu stellen, um die Weltwirtschaft so gut wie möglich neu zu beleben.«[15]

7.

Tulpenfieber oder verborgene Vermögenswerte?

Die Geheimnisse der japanischen Finanzrevolution

»All das Geld, das dem begrenzten japanischen Landbesitz und japanischen Aktien nachjagt, bläst die Märkte zu ungeahnten Dimensionen auf. In seinem Buch *Extraordinary Popular Delusions and the Madness of Crowds* beschrieb Charles Mackay in kühler Distanz die Massenhysterie in der Vergangenheit, als die Preise sich verselbständigten und die Vernunft vor die Hunde ging. Was vor kurzem in Tokio geschah, wies mehr als nur einige Ähnlichkeiten mit früheren Wahnvorstellungen auf, zum Beispiel mit dem niederländischen Tulpenfieber oder dem Südsee-Finanzschwindel.

Die Japaner, die stolz darauf sind, daß sie über den größten Aktienmarkt der Welt verfügen, sind nun soweit, daß sie ihre Aktienpreise mit dem Hinweis auf die »verborgenen Werte« ihrer Immobilien oder Investment Portfolios rechtfertigen. Wenn man den einen Aspekt eines Booms dazu verwendet, um einen anderen zu rechtfertigen, dann ist man langsam soweit wie es in *Popular Delusions* beschrieben wird.«

Forbes[1]

Kurs-Gewinn-Verhältnis und Substanzwert

Paul Aron sieht wie George Smiley aus, der legendäre Held von John le Carrés Spionagethrillern: auf eine geistesabwesende Art adrett, untersetzt und onkelhaft, mit einer freundlichen Ausstrahlung, die das halsabschneiderische Geschäft, in dem er arbeitet, Lügen straft. Hoch oben im Wolkenkratzer in Battery Park City von Lower Manhattan, wo Daiwa Securities American ihren Hauptsitz hat, geht Aron ziellos zwischen den Schreibtischen umher, als wäre er ein Universitätslehrer von Oxford, der tastend seinen Weg in einer Welt sucht, die sich schon vor langer Zeit dazu entschieden hat, das Denken zugunsten der Betriebsamkeit aufzugeben. Wie George Smiley hat auch Paul Aron seine eigenen Maßstäbe. Und wie Smiley glaubt auch er, daß die rationale Analyse die beste Rache des Menschen an einem chaotischen Kosmos ist.

Aron gehörte zu den ersten amerikanischen Anlage-Managern, die in großem Umfang auf Japan setzten. Bei Dreyfus lancierte er 1969 einen 100 Millionen Dollar umfassenden Investmentfonds für Amerikaner, die in das Tokioer Börsenwunder, das er voraussagte, investieren wollten. Die meisten Berufskollegen teilten seinen Optimismus über Japan überhaupt nicht. Bereits bei 1800 hielt man den Nikkei-Index für »astronomisch« hoch. Doch die Zeit gab Aron recht: Der Nikkei-Index schoß in den siebziger Jahren in die Höhe, und die Anleger machten Gewinne, die zu den spektakulärsten zählten, die ein Investmentfonds jemals abgeworfen hatte.

Selbst nach diesem Erfolg glaubten die Profis der Wall Street, Aron habe einen Japan-Tick. Als er verkündete, er trete in die Dienste von Daiwa, einer Wertpapierfirma, die in Tokio ihren Hauptsitz habe und in den Vereinigten Staaten völlig unbekannt war, glaubten sie wirklich, er sei nun endgültig verrückt geworden.

Unter der Schirmherrschaft von Daiwa zog Aron in den Vereinigten Staaten umher und organisierte Konferenzen und Seminare. Dabei sprach er vor interessierten Amerikanern über das große Potential, das in den japanischen Aktien stecke. Die meisten seiner Zuhörer waren skeptisch. Einige lachten sogar. Wer aber Arons Empfehlungen folgte, wurde reichlich dafür belohnt.

Jahre danach, als die Tokioer Börse 1985 bis 1987 ihre Hausse erlebte (und Daiwa zu einer der größten Wertpapierfirmen der Welt geworden war), war Paul Aron bereits mit dem Syndrom vertraut, das ihn offensichtlich unablässig verfolgte: Je mehr Ereignisse zeigten, daß er recht gehabt hatte, um so verrückter schien er in den Augen der anderen Leute zu werden. »Bei 1800 sagten sie, der Nikkei-Index könne nicht mehr höher steigen«, bemerkte er etwas frustriert. »Bei 7000 behaupteten sie dasselbe. Bei 13 000 hörte ich diese Behauptung erneut, und ich glaube, sie wird nicht aussterben. Wir hören sie von Leuten, die glauben, das Kurs-Gewinn-Verhältnis in Tokio sei gefährlich aufgebläht. Dabei wissen sie offensichtlich nicht recht, daß es in den Vereinigten Staaten und in Japan unterschiedlich berechnet und interpretiert wird.«

Um seine Behauptung zu belegen, stellte Aron eine detaillierte Analyse des KGV in beiden Ländern an. In einer zukunftweisenden Reihe von Berichten zeigte er, daß das astronomisch anmutende japanische KGV sich aus den unterschiedlichen Berechnungsmethoden ableitete und nicht aus der Verrücktheit des Tokioer Marktes. Aron entwickelte ein eigenes Umrechnungsverfahren, mit dem er errechnete, daß die führenden Aktien an der Tokioer und an der New Yorker Börse fast gleich bewertet wurden. Er prophezeite, daß Portfoliomanager, die keine japanischen Aktien kauften, am Ende sich selber und ihre Investoren ärgern würden, weil sie große Gelegenheiten nicht nutzten. »Nach meiner Erfahrung«, schrieb er, »hatten die Neinsager wirklich nur einmal recht ... nach dem ersten Ölschock 1973 bis 1974. Ich bin nicht so arrogant abzustreiten, daß sie nicht ein zweites Mal recht haben können, aber ich gebe zu bedenken, daß zweimal in den vergangenen achtzehn Jahren recht zu haben, nicht gerade eine gute Leistung darstellt.«[2]

Aron und seine Kollegen bei Daiwa empfahlen weiterhin japanische Aktien. Ein paar amerikanische Portfoliomanager folgten ihren Ratschlägen und machten erstaunliche Gewinne, besonders als der immer stärker werdende Yen die ungestümen Kursgewinne japanischer Aktien für Leute vervielfachte, die in Dollar investierten. Auch andere Manager kamen unabhängig davon zu ähnlich günstigen Schlüssen über die Kursentwicklung in Japan. Zahlreiche Aktienfonds mit Sitz in den USA wurden gegründet, drangen erfolgreich in den Tokioer Markt ein und erreichten für 1986 eines der besten Ergebnisse. So war es etwa bei Merrill Lynch und Fidelity. Aber die meisten amerikanischen Geldmanager konnten sich nicht zu Arons Denkweise durchringen. Tokio blieb für sie ein Synonym für einen trügerischen Markt, für schnelle Spekulation und verrückte Verhältnisse, die jeden Augenblick in sich zusammenbrechen können.

Die Vorgänge an der Tokioer Aktienbörse sind gelinde gesagt für Ausländer schwer zu durchschauen. Wer kein Japanisch kann und über keine guten Verbindungen verfügt, für den ist es fast unmöglich, an interne Informationen über japanische Unternehmen zu kommen. Das hektische Geschehen an der Tokioer Börse mag von außen betrachtet vertraut erscheinen, doch was da wirklich vor sich geht, erfahren nur die Insider.

Die Monopolisierung des Handels durch die vier führenden japanischen Unternehmen bewirkte eine Abgeschlossenheit nach außen. Kabutocho, die weitere Umgebung um Nihonbashi mit der Tokioer Börse und den Hauptsitzen großer Firmen, quillt so sehr von scheinbaren Insiderinformationen über, daß Leute aus dem Westen, die schon in anderen Finanzzentren gearbeitet haben, behaupten, Tokio werde von allen Märkten auf der Welt am stärksten von Gerüchten beeinflußt. Die Gerüchte sind jedoch zusammen mit wirklichen Fakten und Kenntnissen zu einem ausgeklügelten Gespinst von Fallstrikken verwoben. »Wenn Sie hier einfach im Gänsemarsch hinter Nomura und Nikko hinterhermarschieren, dann können Sie es schaffen«, sagte der Forschungsdirektor einer britischen Firma in Tokio. »Wer den Widerspruch liebt, sollte seine sieben Sachen einpacken, bevor er alles verliert.«

Die Eigentümlichkeiten der japanischen Finanzkultur lassen Ausländer bei dem Versuch, eine Marktstrategie zu entwickeln, schlichtweg scheitern: handverlesene »Aktien der Woche«, die von den »Großen Vier« ausgewählt und empfohlen wurden und auf Investmentschwerpunkten basieren, die zuweilen kaum plausibel erscheinen. »Wahlaktien«, die nach oben schießen, wenn Politiker Geld brauchen, und die nach der Wahlkampagne wieder in sich zusammensacken. »Rettungsaktien«, die wichtige Kunden retten sollen, die aufgrund von Empfehlungen der Maklerfirma Geld verloren haben. Bezahlte Gangster, die Aktionärsversammlungen stören und physisch bedrohen, und *jiageya* (Haie), die auch vor einem Mord nicht zurückschrecken, um kleine Landbesitzer zum Verkauf erstklassiger Immobilienparzellen zu zwingen. Riesige *tokkin*-Fonds, bei denen größere Unternehmen die Kapitalverwaltung an Schulterhalfterfiguren übergeben, um die Kapitalgewinnsteuer umgehen zu können. Eine eingeschworene Gemeinde, die lieber nichts über ein japanisches Unternehmen sagt als etwas Negatives - und noch vieles weitere mehr.

Neben diesen kulturellen Unterschieden erschreckten die sogenannten »Fundamentals« von Tokio die meisten institutionellen amerikanischen Investoren seit 1985 zu Tode. In der Haussezeit schien die Tokioer Börse zunehmend von der Realität abgekoppelt. Der Wall-Street-Boom trieb die S&P 500 kurz vor dem Börsenkrach im Oktober 1987 auf einen hochspekulativen Durchschnitts-KGV von 20. Wenn diese schwindelerregenden Zahlen die Haussespekulanten der Wall Street zu richtigen Baissespekulanten machten, was würden sie dann mit Aktien des Nikkei-Indexes anfangen, die mit einem durchschnittlichen KGV von 60 gehandelt werden? Und was war mit den japanischen Spitzenpapieren, für die praktisch keine Dividenden gezahlt wurden und die auf einen KGV von 100, 200 oder mehr kamen? Und was war mit jenen mehr als hundert Aktien mit einem KGV von über 1000?

Von Paul Arons Anmerkungen zu den Berechnungsmethoden einmal abgesehen - wie konnte der gesamte Marktwert der 1500 Aktien der Tokioer Börse höher sein als die 2250 Aktien der New Yorker Börse? Wie war ein japanischer Aktienmarkt zu verstehen, der NTT höher bewertete als IBM, AT & T, Exxon, General Electric und General Motors zusammengenommen?

An einer amerikanischen Maklerfirma in Tokio übergab ein Analytiker dem eben eingetroffenen amerikanischen Präsidenten einen Bericht, in dem er eine Kaufempfehlung für die All-Nippon Airways (ANA) aussprach. Der Präsident las den Bericht, sah einen KGV von 305 und nahm an, es handle sich um einen Druckfehler mit einer Dezimalstelle zuviel. Als er herausfand, daß dies nicht der Fall war, rief er seine Berater zusammen und meinte: »ANA mag das beste Unternehmen auf der Welt sein, doch wie können wir amerikanischen Investoren die Aktie einer japanischen Fluggesellschaft mit einem KGV von 305 empfehlen, wenn die gesamte private Flugzeugindustrie in den USA mit einem KGV von 15 gehandelt wird?«

Einige Amerikaner machten in jenen ungestümen Tagen in Tokio ein Vermögen. Die meisten aber, die für die Investition größerer Geldmengen in Japan verantwortlich waren, blickten auf die dreistelligen KGVs und schüttelten sich. »Verkaufen«, sagten sie. Und sie verkauften weiter und glaubten, jede neue Tausendersprosse auf der Nikkei-Indexleiter sei untragbar. Von 1985 bis Ende 1987 waren die Amerikaner Nettoverkäufer japanischer Aktien. Und dabei verpaßten sie den größten Teil der mächtigsten Börsenhausse in der modernen Finanzgeschichte - eine Hausse, die ihren Teilnehmern das Drei- oder Vierfache jener Gewinne einbrachte, die die zur selben Zeit stattfindende Hausse an der Wall Street produzierte.

Wer außerhalb der japanischen Finanzkultur stand und doch hineinblicken wollte, der hielt das, was in Tokio vor sich ging, nicht für eine Hausse, sondern für einen sehr schwerwiegenden Fall von Tulpenfieber. Die Preise schienen mit dem wirklichen Wert ungefähr soviel zu tun zu haben wie es damals im 17. Jahrhundert in den Niederlanden war, wo für eine einzige seltene Tulpenzwiebel bis zu 5500 Gulden (heute ungefähr (45000 Dollar) bezahlt wurden, bevor der Markt zusammenbrach und es dieselbe Zwiebel nur noch auf 300 Gulden brachte. Nachdenkliche, weltweit operierende Investoren hörten sich alle vernunftgemäßen Erklärungen der Experten an - Paul Aron eingeschlossen - und verwarfen sie dann sofort als überaus irrational.

Die populärste dieser vernunftorientierten Erklärungen stützte sich auf die Behauptung, der Preisanstieg habe seinen Grund darin, daß Analytiker »verborgene Vermögenswerte« japanischer Aktiengesellschaften entdeckt hätten. Warum schoß der Aktienpreis von Nippon Steel derart in die Höhe, wo das Unternehmen doch sehr unter den Schlägen des *endaka* zu leiden hatte und einer mächtigen Konkurrenz von Stahlexporteuren in Niedriglohnländern gegenüberstand? Wegen »verborgener Vermögenswerte« - gemeint waren große Besitztümer an Immobilien. Die Immobilien erschienen in den Büchern zu Preisen, die vor Jahrzehnten dafür bezahlt worden waren. Der Marktwert des Landes, auf dem die Produktionsanlagen des Unternehmens standen, war aber inzwischen um das Zehn-, Fünfzig- und Hundertfache gestiegen. Bei einem Kurs von 349 Yen repräsentierte jede Nippon-Steel-Aktie 992 Yen Nettovermögenswert der Gesellschaft.[3] Selbst wenn Nippon Steel kein Kilogramm Stahl mehr in seinen Hochöfen produzierte und sich statt dessen in eine Immobilienfirma umwandelte, so können sich die Aktieninhaber diebisch freuen.

»Während die amerikanischen Anleger die Kursgewinnverhältnisse studieren, sehen sich die japanischen Investoren die Karten an«, bemerkte *The Wall Street Journal.* »Ein Unternehmen mag lächerliche Gewinne aufweisen, doch wenn es auf begehrtem Boden steht, können seine Aktien nach oben schießen. Aktien von Tokyo Gas Co., Nippon Steel Corp. und Ishikawajima-Harima Heavy Industries Co. sind heute heiß, weil die Unternehmen ihren Sitz nahe der Tokyo Bay haben, wo die Regierung ein größeres Bauprojekt durchführen will.«[4] Am stärksten betraf dies Immobilienfirmen für die Erschließung von Bauland. Sie besaßen oft eine Reihe von Immobilien, die in ihren Büchern noch zu den Preisen aufgeführt waren, die sie im 19. Jahrhundert dafür bezahlt hatten.

Fast jedes japanische Industrieunternehmen besitzt Land. Die meisten Dienstleistungsunternehmen haben erstklassige Immobilien im Tokioer Geschäftszentrum. Die Theorie von den »verborgenen Vermögenswerten« war also weitgehend schlüssig. Wenn man die japanischen KGVs nicht versteht, dann solle man den Substanzwert und den Produktionswert betrachten, lautete die Empfehlung eines der besten Auslandsanlagenberater. »Was den realen Vermögenswert im Gegensatz zur einfachen konventionellen Bewertung betrifft, so sind einige der billigsten Aktien der Welt in Japan zu haben«, berichtete George Noble, Portfoliomanager für den Fidelity Overseas Fund - einer der wenigen ausländischen Fonds, die 1986 aggressiv japanische Aktien kauften. Sie kauften vor allem Wertpapiere von Eisenbahn- und Immobilienunternehmen und von Versicherungsträgern.[5]

»Gewäsch«, so urteilten die meisten amerikanischen Anlagespezialisten. Vor allem der Immobilienmarkt litt unter einem noch stärkeren Tulpenfieber als der Aktienmarkt. Welche Geschäfte konnten genügend Umsatz machen, um für einen Quadratmeter Land in Tokio 110000 bis 220000 Dollar bezahlen zu können? Wie war es möglich, daß das Land in Japan, das ungefähr die Größe Kaliforniens hatte, mehr wert war als der gesamte nordamerikanische Kontinent? Doch gerade dies war die Konsequenz der japanischen Immobilienkurse. Jene Amerikaner, die glaubten, die Immobilienpreise würden bald zusammenbrechen, glaubten auch, daß ihnen die Aktien auf dem Fuß folgen würden. »Die Weltwirtschaft ist unter einer riesenhaften, auf dem Kopf stehenden Pyramide aufgeblähter Kurse begraben, und ihre Spitze ruht im Geschäftszentrum von Tokio«, hieß es in einem Fachblatt, das damit die kollektive Angst vieler Ausländer zum Ausdruck brachte.[6] Wenn der Immobilienmarkt von Tokio allmählich in sich zusammensacke, so meinten viele, würden die japanischen Banken (die ungefähr 40 Prozent des Kapitals an der Tokioer Börse repräsentieren) wie ein Kartenhaus zusammenfallen, denn die meisten unter ihnen hätten beträchtliche Immobilienkredite vergeben. Wegen der wichtigen Rolle der japanischen Banken für die Weltwirtschaft werde ihr Zusammenbruch eine weltweite Hysterie auslösen, wobei in den Straßen jeder Finanzhauptstadt Blut fließen werde.

Wenn die schwindelerregenden Immobilienpreise in Tokio noch nicht plausibel genug erschienen, so kam noch ein zweites Beispiel für die »verborgenen Vermögenswerte«. Dabei handelt es sich vor allem um die »Verwandtschaftsaktien«, welche die meisten an der Tokioer Börse vertretenen Unternehmen besitzen. Um die gegenseitigen Beziehungen zu festigen, kaufen Unternehmen, die miteinander Geschäfte machen, jeweils Aktienpakete vom Partner. Dies gilt vor allem für Banken, die oft die führenden Aktieninhaber jener Firmen sind, denen sie Kredite geben. Obwohl »Verwandtschaftsaktien« die Hälfte aller noch nicht einbezahlten Aktien ausmachen, wurden solche Anteile weggeschlossen und niemals gehandelt. Ein großer, flüssiger Markt wurde dadurch zu einem kleinen, illiquiden. Der Mangel an begehbaren Aktien führt zu einer übertriebenen Steigerung der Preisbewegungen, besonders bei einer Hausse. »Verwandtschaftsaktien« erscheinen in den Büchern überdies zu ihrem ursprünglichen Nennwert, genauso wie Immobilien zu ihrem Kaufpreis eingetragen sind. Würde man diese »verborgenen Vermögenswerte« zu ihrem Marktwert eintragen, so hätte dies tiefgreifende Auswirkungen auf den Buchwert eines Unternehmens.

Doch auch diese Erklärung wirkte nicht überzeugend. John Templeton, die Leitfigur der weltweit operierenden amerikanischen Investoren (der zusammen mit Paul Aron einer der großen Gewinner auf dem japanischen Markt der sechziger und siebziger Jahre gewesen war), mied nun die Tokioer Börse. »Den Substanzwert zu berichtigen, wäre eine gute Methode, wenn es darum ginge, das Unternehmen zu liquidieren«, sagte er. Doch: »Wann hörten Sie das letzte Mal, daß ein großes japanisches Unternehmen liquidiert wurde?«[7]

Oberflächlich gesehen hatte Templeton recht. Japanische Unternehmen werden nicht wie in den Vereinigten Staaten massenweise liquidiert und aufgeteilt. Doch wie Paul Aron bereits bemerkte, denken die japanischen Unternehmen angesichts der Neustrukturierung der japanischen Wirtschaft neu über ihre Zukunft nach. Einige »Verwandtschaftsaktien« werden zur Zeit verkauft; Exportunternehmen versuchen damit, die negativen Auswirkungen des *endaka* zu mildern. Die Besitzverhältnisse in den Aktiengesellschaften ändern sich nun schneller. Ähnlich wie der Fusionswahn die Auffassungen darüber veränderte, wo die Werte in amerikanischen Unternehmen liegen, so verleiht die Umstrukturierung Japans den seit langer Zeit ruhenden Vermögenswerten eine neue Vitalität. »Die Amerikaner«, so erklärte Aron, »machen einen großen Fehler, wenn sie die Veränderungen nicht berücksichtigen, die in Japan stattfinden - ähnlich wie das ungewöhnlich große Wachstum des japanischen Bruttosozialprodukts in den späten fünfziger und in den sechziger Jahren fast vollständig unbeachtet blieb.«[8]

Das Verhältnis zwischen kulturellem Selbstverständnis und Preisen

Einige gescheite Analytiker in den Tokioer Belegschaften ausländischer Wertpapierfirmen hatten einzusehen begonnen, daß dies alles nicht einfach ein Tulpenfieber war. Bei Goldman Sachs, Salomon, Baring und anderen ausländischen Häusern machten sie ihre Hausarbeiten und erkannten, welche Aktien von einer wirtschaftlichen Umstrukturierung profitieren konnten.

Als sie ihre Kaufempfehlungen aussprachen, fanden sie jedoch nur verhältnismäßig wenige Käufer. Tokio erschien ihnen gefährlich überbewertet und dem Kollaps nahe. Im Sommer 1987 glaubten viele an der Wall Street, nur eine Panik in Tokio könne verhindern, daß der Dow-Index auf 3000 stieg. »Wenn der Nikkei-Index wirklich herunterpurzelt, so könnte er die Wall Street mitziehen«, meinte *Business Week*.[9]

»Auf den japanischen Märkten herrscht der Wahnsinn«, sagten die Herausgeber von *Strategic Investment*. »Japan wird den nächsten weltweiten Finanzzusammenbruch auslösen.«[10]

Die Vorstellung vom nahe bevorstehenden Zusammenbruch Tokios wurde so populär, daß Wall-Street-Händler, die bis dahin nie das Geschehen an der Tokioer Börse verfolgt hatten, den Tag damit begannen, erst zu überprüfen, ob in der vergangenen Nacht nicht etwas Ungünstiges in Tokio geschehen war. Jede Schwankung des Nikkei-Index löste Gerüchte über den Beginn einer großen, weltweiten Erschütterung aus – allerdings nur bis zum Schwarzen Montag, als peinigend klar wurde, daß man nicht auf die andere Seite des Pazifiks schauen mußte, um einen überbewerteten Aktienmarkt zu finden.

Selbst als Tokio im Oktober 1987 durch die Panik in New York und London animiert wurde, sich dem weltweiten Ausverkauf anzuschließen, verhielt es sich recht zurückhaltend. »Die Sache mit dem Nikkei-Index war eine Lektion, die der großen Mehrheit der amerikanischen Investoren schwer zu schaffen machte«, schrieb *Asset International* in ihrem Bericht zum Jahresende von 1987. In diesem Jahr wies der vermeintlich aufgeblähte Nikkei-Index die größten Steigerungen auf (plus 44 Prozent bei Dollargeschäften im Vergleich zu den plus zwei Prozent des Dow-Index). »Für Tokio brachte 1987 viel mehr Geschäfte als üblich, und das kann man von keinem größeren Finanzzentrum sonst behaupten.«[11] Dennoch blieben die Amerikaner vorsichtig. Thomas Robinson, der internationale Investmentstratege von Merrill Lynch, faßte bei seinem Ausblick auf das Jahr 1988 die gängige Meinung in den USA zusammen: »Der japanische Aktienmarkt ist nicht attraktiv«, weil »mögliche Gewinne nicht ausreichen, um die beträchtlichen Risiken abzudecken.«[12]

Nach dem Urteil des Marktes, der als der maßgebende Schiedsrichter in solchen Dingen betrachtet wird, sind die japanischen Investoren mehr vom Wert ihrer Unternehmen überzeugt, deren durchschnittlicher KGV bei 60 liegt, als die Amerikaner vom Wert ihrer Unternehmen, deren Durchschnitts-KGV vor dem Schwarzen Montag gerade 20 erreichte.

Warum das? Eine Antwort darauf finden wir in den KGV-Berechnungen von Paul Aron. Sie zeigen, daß einige Extreme des Tokioer Marktes weniger extrem sind, als sie erscheinen. Eine weitere Antwort liefert uns die grundsätzlich richtige These von den »verborgenen Vermögenswerten«. Vieles läßt sich auch den inneren Funktionsstrukturen des Tokioer Marktes zuschreiben (etwa der begrenzten Verfügbarkeit von Aktien, dem Fehlen von Blankoverkäufen und den begrenzten täglichen Preisschwankungen). Sie prädestinieren die Tokioer Börse für Aufwärtstrends oder für eine Stagnation, doch kaum für scharfe Abwärtstrends. Die Preise an der Tokioer Börse fielen beim Crash am Schwarzen Montag nicht so tief wie an der New Yorker Börse, einfach aus dem Grund, weil sie es nicht konnten. Das Preisbegrenzungssystem der Tokioer Börse legt fest, daß eine Aktie, die gestern bei einem Kurs von 999 Yen schloß, heute ihren Preis nur bis 10 Prozent verändern kann. Sie kann auf 1099 steigen oder auf 899 fallen. Wenn sie einen dieser beiden Werte erreicht, wird der Handel mit ihr ausgesetzt. Überdies dürfen die *saitori* (die den Kursmaklern der New Yorker Börse entsprechen) die Preise einer 999-Yen-Aktie nur jeweils um zehn Yen pro Schritt senken. Sie müssen genügend Zeit verstreichen lassen, um feststellen zu können, daß sich auf diesem Niveau kein Käufer findet, bevor sie den Preis um weitere zehn Yen zurücknehmen. Bei diesem Verfahren kann ein ganzer Tag verstreichen, bevor eine Aktie ihren Grenzwert erreicht hat.

Alle diese Mikrotrends bilden die Bausteine eines Puzzles. Es gibt aber noch eine umfassendere Antwort auf viel höherem Niveau, eine Art Preis-Kultur-Verhältnis, bei dem sich die amerikanischen und die japanischen Auffassungen von Werten grundlegend voneinander unterscheiden.

Auf den japanischen Finanzmärkten herrscht ein tiefverwurzeltes Vorurteil. Dieses Vorurteil schreibt Unternehmen einen größeren Wert zu, wenn sie japanisch sind.[13] Ein Aspekt dieser Auffassung ist die Fremdenangst: »Wenn die Japaner wählen können, investieren sie allgemein lieber im Inland, selbst wenn sie heute leicht auch im Ausland Anlagen tätigen können«, bemerkt Shijuro Ogata, stellvertretender Präsident der Japan-Development-Bank. »Das mag richtig oder falsch sein, auf jeden Fall sehen sie zu Hause Sicherheit und im Ausland das Risiko.«

Ein weiterer Aspekt zeigt sich im Glauben an das hohe Können japanischer Geschäftsleute.[14] »Wenn ein japanisches Unternehmen Pläne zur Diversifizierung vorlegt, so schießen die Aktienpreise in die Höhe, weil die Anleger glauben, das Management wisse, was es tue. In den Vereinigten Staaten und in Großbritannien hingegen haben die Anleger ihre eigene Meinung darüber, ob die Diversifizierungspläne eines Unternehmens den Aktienwert erhöhen oder nicht«, meint David Dible, der Tokioer Forschungsleiter von Hoare Govett.

Die Vorurteile werden von dem Glauben getragen, die japanische Wirtschaft sei noch lange nicht an ihrem Ende angelangt, sondern stehe noch vor einem enormen Wachstum. Die amerikanischen Investoren sind ziemlich gut damit vertraut, wie die Aussicht auf ein hohes Wachstum die Aktienpreise eines Unternehmens in die Höhe treibt. Wer in den frühen achtziger Jahren an die Zukunft von US-Technologiefirmen mit astronomischen KGVs wie Genentech und Apple glaubte, konnte erleben, wie sein Portfolio einen enormen Wertzuwachs verzeichnete.

In den Augen der Ausländer sieht die Tokioer Börse so aus, als wurden an ihr lauter überalterte Unternehmen gehandelt, die ähnlich wie entsprechende Unternehmen in Amerika bewertet werden sollten. Für japanische Investoren repräsentiert die Tokioer Börse hingegen lauter vielversprechende Unternehmen der Zukunft. Diese Auffassung wird von folgenden Annahmen gestützt:

- Japan wird weiterhin schneller wachsen als die Vereinigten Staaten (und alle übrigen Industriestaaten), und zwar hinsichtlich des Bruttosozialprodukts, des Pro-Kopf-Einkommens und der Produktivität. Eine aufkeimende Konsumhaltung und öffentliche Aufträge werden die Wirtschaft für den Rest dieses Jahrhunderts stimulieren und eine Vielzahl von Gelegenheiten für traditionelle Unternehmen schaffen, ihre ungeheuren Ressourcen auf neue Ziele auszurichten.[15]
- Auf den Gebieten der High-Technology, die für die Wirtschaft des Informationszeitalters (Mikroelektronik, Roboter, neue Werkstoffe, Biotechnologie, Luftfahrt, Raumtechnik, Supraleitung) am wichtigsten werden, sind japanische Unternehmen bereits bis zur Weltspitze aufgerückt oder werden ihr bald angehören.
- Im Bereich der Finanzdienstleistungen, dem am stärksten strategisch ausgerichteten Wirtschaftssektor des nächsten Jahrhunderts, sind japanische Unternehmen bereits dominierend, auch wenn sie gerade erst beginnen, eine globale Infrastruktur aufzubauen, die ihrer Stärke in Japan entspricht.
- Der pazifische Raum wird die dynamischste Region der Welt bleiben. Dort entstehen umfangreiche neue Märkte für japanische Unternehmen und bedeutende neue Investitionsmöglichkeiten. Japan wird das Zentrum des pazifischen Jahrhunderts sein.

Wer diesen Annahmen beipflichtet, für den sind die Preise an der Tokioer Börse gerechtfertigt. Wissenschaftler von IBM bekamen den Nobelpreis für ihre Entdeckungen auf dem Gebiet der Supraleitung, doch wenige amerikanische Investoren kauften in größerem Umfang IBM-Aktien wegen der zukünftigen Profite, die mit neuen supraleitenden Materialien zu machen wären. In Tokio hingegen schossen die Aktien von Unternehmen, die von der Supraleitungstechnologie profitieren können (etwa Furukawa Electric, Fuji Electric, Mitsubishi Metal und ein Dutzend andere), in den Tagen nach der Ankündigung dieser revolutionären Entdeckungen um 20 bis 75 Prozent in die Höhe.[16]

NTT mag eine außergewöhnliche Aktie sein, die nie so viel wert ist, wie der gegenwärtige Marktpreis vermuten läßt. Doch bei allen politischen und kulturellen Verzerrungen, die dazu führen, daß eine Aktie 20000 Dollar kostet, bleibt ein Argument gültig: Obwohl der japanische Fernmeldemarkt dereguliert wird, ist NTT eine führende Stellung sicher. In den Laboratorien von NTT entsteht die fortschrittlichste Fernmeldetechnologie der Zukunft. NTT sorgt nicht nur für die

Nervenstränge Japans im Informationszeitalter, die Firma wird ihre Technologie auch in die weitgehend unterentwickelten Fernmeldemärkte Asiens und in die Vereinigten Staaten exportieren. Hier wurde der Markt einst von AT & T dominiert, heute ist er aber zu einem Schlachtfeld sich gegenseitig bis aufs Blut bekämpfender amerikanischer Firmen geworden.

David Dible von Hoare Govett glaubt, britische Manager in Tokio seien erfolgreicher als amerikanische, weil sie verstünden, was um sie herum geschieht. »Die Briten haben schon einmal ein Weltreich verloren, und sie erkennen die Vorgänge, wenn dasselbe noch einmal um sie herum geschieht. Die Amerikaner laufen in Tokio herum und sagen: ›Diese Aktie kann unmöglich soviel wert sein.‹ Dabei meinen sie in Wirklichkeit: ›Diese Aktie kann unmöglich mehr wert sein als eine ähnliche amerikanische Aktie.‹ Doch sie ist es. Die spielen hier in Tokio nicht mit Spielgeld. Das Spielgeld befindet sich in New York.«

Deregulierung à la Tokio

Das Okura Sho (Finanzministerium) ist ein labyrinthähnliches Gebäude, das im Herzen des Tokioer Regierungsviertels Kasumigaseki liegt. An den nur schwach beleuchteten Gängen, die die Länge eines Hausblocks erreichen, liegen Hunderte gleich aussehender Büros. Sie sind voll von Büroangestellten in weißen Hemden, und alle haben dieselben Dinge auf ihren altmodischen hölzernen Schreibtischen: meterhohe Papierstöße, eine Teetasse, eine Thermosflasche und ein altes schwarzes Telefon. Es sind viele Abakus und billige elektronische Rechengeräte zu sehen, aber nur wenige Computer. Viele Relikte aus der Ära der mechanischen Schreibmaschinen, wenige Textverarbeitungsgeräte. Es ist kaum zu glauben, daß unter diesen Dächern das Herz der führenden Gläubigernation der Welt schlägt.

Die Männer des Finanzministeriums sind die unbestechlichsten und unermüdlichsten Staatsbeamten der Welt. Sie sind die Bürokraten unter den Bürokraten, die Buchhalter unter den Buchhaltern. Ihr Ministerium beherrscht den größten Teil der japanischen Regierung. Eine Karriere im Finanzministerium bringt das höchste Prestige. Früher waren die Bestimmungen des Finanzministeriums so streng, daß sie fast jeden Yen im Land im Griff hatten. Am Ende eines Jahrzehnts der Deregulierung dämpfen die Finanzbeamten etwas die Wachsamkeit, die sie selbst so sehr loben – aber nicht zu sehr. Märkte und Institutionen werden in Tokio immer noch viel sorgfältiger durchleuchtet als in jedem anderen Finanzzentrum der Welt.

In den letzten Jahren sind viele *gaijin* durch die alten Hallen des Okura Sho bis zum Büro von Toyoo Gyohten gelaufen, dem Vizeminister für internationale Angelegenheiten. Die Ausländer baten, forderten, versuchten zu beeinflussen, insistierten, ersuchten, beantragten, beschworen, feilschten, handelten, drohten und wollten nichts anderes als den Zugang zum japanischen Finanzmarkt. Die aufmerksamen Beobachter unter diesen gesuchstellenden *gaijin* bemerkten wohl unter der elektronischen Anzeige des Yen/Dollar-Kurses am anderen Ende von Gyohtens Büro eine alte Landkarte aus Europa. Wie die meisten Karten ihrer Zeit bildet auch diese die japanischen Inseln so ab, als würden sie sich waagrecht von Osten nach Westen auf demselben geographischen Breitengrad erstrecken, anstatt wie auf modernen Karten von Norden nach Süden zu verlaufen. Gyohten ist ein passionierter Kartensammler. Doch in einem Land, das sich auf nichtverbale Zeichen spezialisiert hat, dient diese Karte mehr als nur dem Schmuck. Sie erinnert die Ausländer dezent daran, daß der Westen Japan seit langem von einem falschen Gesichtspunkt aus betrachtet hat.

Gyohten ist ein kühler Kopf in der hektischen Finanzwelt und einer jener, die mit herkulischen Anstrengungen die finanzielle Liberalisierung Japans beschleunigten. Viele Jahre lang äußerte er sich kritisch über die Bürokratie des Finanzministeriums, das sich zu langsam bewege. Nachdem Japan nun in relativ kurzer Zeit grundlegende Veränderungen durchgeführt hat, ist Gyohten sichtlich enttäuscht von einigen Ausländern. Er glaubt, viele neue internationale Unternehmen, die auf der Tokioer Szene erscheinen, würden die neugeschaffenen Gelegenheiten gar nicht voll nutzen, sich aber weiterhin über lästige Bestimmungen beklagen.

»Wenn Amerikaner in einen anderen Markt eindringen wollen, ist ihr erster Gedanke, diesen Markt zu verändern, damit er zu ihren Bedürfnissen paßt«, sinniert er. »Das wird in Japan nicht zum Erfolg führen. Hier geht es gerade umgekehrt. Die Amerikaner müssen ihre Geschäftspraktiken ändern und sich den Bedürfnissen des Marktes anpassen.«

Gyohten bewundert viele gute Seiten des amerikanischen Finanzsystems. Doch er gesteht auch, daß ihn das Ausmaß der Deregulierung der US-Märkte beunruhigt. Zwischen Freiheit und Kreditwürdigkeit, sagt er, herrsche ein empfindliches Gleichgewicht, ebenso zwischen Chaos und Stabilität. Es störe ihn, daß Ausländer die japanische Gleichung zwischen Freiheit und Kreditwürdigkeit von vornherein ablehnen und auf der Überlegenheit ihrer eigenen Normen beharren. Die Urteile über die amerikanische und die britische Deregulierung seien noch nicht gefallen. Beide Länder könnten durchaus zu weit gegangen sein. Mag dies nun zutreffen oder nicht, Toyoo Gyohten und seine Kollegen werden es in Japan sicher nicht so weit kommen lassen.

Japan hat jedoch ein viel größeres Stück auf dem Weg der finanziellen Deregulierung zurückgelegt, als die meisten Beobachter es noch vor fünf Jahren für möglich gehalten hätten. Die Zinssätze wurden für Großanleger liberalisiert. Man hat ein Auktionssystem für einige Regierungsanleihen eingerichtet (statt sie im voraus zuzuteilen). In Osaka wurde ein Aktienterminhandel eingerichtet.

Commercial papers, Bankakzepte in Yen, Yen swaps, Unternehmensanleihen mit abtrennbaren Aktienbezugsrechtsscheinen, auf bestimmte Sektoren beschränkte Investmentfonds, Samurai-Bonds (in Japan ausgegebene Auslandsanleihen in Yen), Shogun-Bonds (in Japan auf Drittwährungen ausgegebene Auslandsanleihen), Sushi-Bonds (Anleihen in ausländischen Währungen, die in Japan von japanischen Institutionen für japanische Portfolios ausgegeben werden) und Dutzende über Dutzende weiterer Finanzprodukte wurden eingeführt. Das hatte zur Folge, daß die meisten Produkte und Märkte, die anderswo existieren, sich nun auch in Japan zu entwickeln beginnen, auch wenn dieses Land immer noch stärker reguliert bleibt als andere Finanzzentren.

Die scharfe Trennung zwischen den verschiedenen Typen von Finanzinstituten ist im Verschwinden begriffen. Wertpapierfirmen dürfen heute bankähnliche Geschäfte betreiben; die Kunden können zum Beispiel von ihren Konten mit mittelfristigen Regierungsanleihen mit einer entsprechenden Karte automatisch Bargeld abheben. Die Banken hingegen wollen freien Zugang zum Emissionsgeschäft der Wertpapierfirmen und verschaffen sich immer häufiger Zutritt zu neuentwickelten Finanzmärkten, die früher ausschließlich von Wertpapierfirmen beherrscht worden wären. City Banks, Trust Banks, Long-term Banks und Regional Banks treten sich nun so häufig gegenseitig auf die Zehen, daß man oft Mühe hat, sie voneinander zu unterscheiden.

Seit der Mitte der achtziger Jahre haben ausländische Finanzfirmen das Recht erworben, Mitglied der Tokioer Börse zu werden, am Kauf von Regierungsanleihen teilzunehmen, in das Treuhandbankgeschäft und andere Gebiete einzudringen, die einst bewußt nur den Japanern vorbehalten waren. In Tokio arbeiten heute ungefähr sechzig ausländische Wertpapierfirmen und neunzig ausländische Banken. Fast hundert ausländische Unternehmen sind an der Börse in Tokio zugelassen.

Kurz gesagt: Die japanische Finanzwelt wird nicht mehr so scharf kontrolliert und ist nicht mehr so starr unterteilt und so inselartig abgeschlossen wie noch vor kurzem. Das Ministerium von Herrn Gyohten muß immer noch entscheiden, wann es die völlige Deregulierung zuläßt, zum Beispiel bei Zinssätzen kleiner Einlagen, den Maklergebühren, der Möglichkeit, daß Wertpapierfirmen in das Devisengeschäft vorstoßen und in vielen anderen Fällen auch, für deren Regelung bisher noch die alten Bestimmungen gelten. Das Finanzministerium muß sich am Ende auch mit der Abgrenzung zwischen Banken und Wertpapierfirmen durch Artikel 65 befassen und sich klar dazu äußern, wie künftig vorgegangen werden soll. Und schließlich muß die japanische Regierung insgesamt zu einer klaren Entscheidung über strategische Fragen kommen, zum Beispiel darüber, wie schnell der Yen internationalisiert und das Wachstum von Tokio als Zentrum der Weltfinanz vorangetrieben werden soll.

Heute können Ausländer aber nicht mehr behaupten, Tokio sei isoliert von der übrigen Welt und habe es verpaßt, sich der internationalen Deregulierungswelle anzuschließen. Wenn dieses Vorurteil auch ausgeräumt ist, so wird aber auch klar, daß die Deregulierung stets und zuallererst eine japanische Reaktion auf japanische Bedürfnisse darstellte und nicht darin bestand, daß sich Tokio widerwillig einem Druck von außen beugte, wie einige Amerikaner es sich einbildeten. Damit wird auch deutlich, daß die japanische Deregulierung nicht ausreicht, um die Wettbewerbskraft ausländischer Unternehmen in Japan zu verstärken.

»Es wäre wenig sinnvoll für Japan, das eigene Finanzsystem zu verändern, nur um Ausländern einen Gefallen zu tun, nicht wahr?« fragte Gyohten mit milder Ironie. Und Japan tat es nicht. Geben wir hier also einen kleinen Überblick über einige der Kräfte, die hinter dem Prozeß der Deregulierung in Japan stehen.

Den ersten Anstoß gaben die veränderten Bedürfnisse der japanischen Regierung selbst. Als sich das halsbrecherische Wirtschaftswachstum in den siebziger Jahren zu verlangsamen begann und die Ölkrisen die gesamte Wirtschaft veränderten, übernahm die japanische Regierung die Rolle des richtungweisenden Anlegers, die zuvor von der Privatindustrie eingenommen wurde. In der Folge kam die frühere Art und Weise, wie die Geldmittel zusammenflossen, aus der Mode. Der Anleihenmarkt mußte gestärkt werden, um die finanziellen Bedürfnisse der Regierung zu decken. Damit wurde ein Sekundärmarkt erforderlich und ebenso stärker wettbewerbsorientierte Zinssätze. Diese Veränderungen erforderten kreativere, aktivere und dynamischere Märkte, die wiederum ein gewisses Maß an Deregulierung erforderlich machten. (Die Wertpapierfirmen, die diese Veränderungen am besten erfaßten, wie Nomura und Daiwa, eroberten sich bedeutsame Marktanteile von anderen Firmen wie von Nikko, die eine Zeitlang zauderte und die Größe des zukünftigen Regierungsanleihenmarktes unterschätzt hatte.)

Dann kam das Bedürfnis, den Handelsüberschuß anzulegen. Japan hatte nicht die Absicht, die Dollars aus den Handelsüberschüssen im Land zu lassen, wo sie eine massive Inflation hätten hervorrufen und das wirtschaftliche Gleichgewicht stören können. Kontrollen, die früher darauf ausgerichtet waren, den japanischen Finanzmarkt von der übrigen Welt abzuschotten, damit kein Kapital zufloß, mußten nun beseitigt werden, damit das Kapital abfließen konnte.

Drittens: Inländische Banken und Wertpapierfirmen übten Druck auf das Finanzministerium aus, damit neue, effizientere Verwendungen für die großen Geldmengen im Finanzsystem zugelassen wurden. Die japanischen Banken hatten in den frühen achtziger Jahren erstaunliche Depositen, aber immer weniger Kreditnehmer, weil die Industrieunternehmen selbst soviel Bargeld besaßen und damit Zugang zum weltweiten Anleihenmarkt fanden. Die Wertpapierfirmen liefen auf den beiden Schienen des boomenden inländischen Anleihenmarktes und der vom Handelsüberschuß getragenen weltweiten Expansion. Damit besaßen sie plötzlich das Kapital, die Kunden und das Personal zur Expansion in neue Produkte und neue Märkte. Sobald das Finanzministerium seine Zustimmung gab, konnten diese neuen Geschäftsbereiche gedeihen.

Viertens: Niemand in Japan wünschte, daß das einheimische Dienstleistungsgeschäft auf dem Finanzsektor Boden an ausländische Firmen verlor, die infolge ihrer Deregulierung neue Geschäftszweige auftun, sich neue Fähigkeiten erwerben, größtmöglichen Gebrauch von der neuen Technologie machen und sich auf eine internationale Führerrolle vorbereiten konnten. Um 1980 entstand eine neue Weltwirtschaftsordnung mit floatenden Devisenkursen, sehr beweglichen Petrodollars, High-Tech-Finanzprodukten und allmächtigen Investmentbanken. Amerikanische Institutionen standen im Zentrum dieser neuen grenzüberschreitenden Entwicklung. Japan erkannte den strategischen Charakter von Finanzdienstleistungen im 21. Jahrhundert und wollte sichergehen, daß die eigenen Firmen im neuen großen Spiel mithalten konnten.

Hier kamen viel größere Ambitionen in Gang als nur die pragmatischen Probleme, wie man Regierungsschulden finanziert, den Handelsüberschuß kanalisiert und auf Druckversuche einheimischer Institutionen reagiert. Die weitsichtigsten japanischen politischen

Führer begriffen, daß die »Ölschocks« nicht nur Ölschocks, sondern Industrieschocks gewesen waren, die Japan davor warnten, daß die lange erfolgreiche Zeit der Abhängigkeit von der Schwerindustrie – und damit der sozialen Organisation des Industriezeitalters – zu Ende ging.

Ein besonders weitsichtiger Stratege des MITI, Naohiro Amaya, schrieb schon 1970 einen Bericht, in dem er verlangte, Japan müsse sein Hauptgewicht von der industriellen auf die postindustrielle Wirtschaft verlegen. Zunächst wurde er kritisiert. Doch seine Ideen wurden nach den Ölkrisen als weise erkannt. Vor kurzem bemerkte Amaya, das japanische Finanzsystem beruhe auf einer Anhäufung von Kapital, ähnlich wie »Großbritannien im 19. Jahrhundert seine Macht auf die Ansammlung von Industriegütern gründete«. In Zukunft würde der Erfolg Japans jedoch davon abhängen, wie schnell es seinen Bewohnern gelänge, »intellektuelle Software des 21. Jahrhunderts« zu entwickeln, was allerdings nur in einer liberalisierten Umwelt möglich sei. Die japanische Wirtschaft sei international geworden, sagte er, doch das Denken sei einheimisch geblieben. Diese Situation müsse sich ändern, nicht so sehr, um dem Rest der Welt einen Gefallen zu tun, sondern um das Überleben Japans zu gewährleisten.

In einer Reihe von Vorträgen vor Spitzenleuten der japanischen Wirtschaft und der Regierung im Jahr 1980 faßte der Futurologe Alvin Toffler die Schlüsselbotschaft folgendermaßen zusammen: »Japans erstaunlicher wirtschaftlicher Erfolg in den sechziger und siebziger Jahren zeigte, daß das Land begriffen hatte, was Industrialisierung bedeutet. Doch ... nun nähert sich ein neues Zeitalter, und ... gerade weil Japan weiß, wie man billige Autos hoher Qualität oder Stahl oder TV-Geräte herstellt, bedeutet das nicht notwendigerweise, daß das Land auch in der umstrukturierten Wirtschaft der Zukunft zurechtkommt.«[17]

Ganz im Gegensatz zu den »Atari-Demokraten« und anderen Politikern, die kurze Zeit mit der Idee spielten, die US-Wirtschaft umzustrukturieren, hörten die Japaner Toffler zu. Sie machten zu einem nationalen Ziel, sich auf das Informationszeitalter vorzubereiten. Erziehung, Wissenschaft und andere Gebiete, die für das 21. Jahrhundert offensichtlich lebenswichtig waren, wurden umstrukturiert, weniger zentralen Kontrollen unterstellt und »Kreativität« ausdrücklich zum erwünschten Verhalten erklärt. Das MITI erkannte, daß Japan nach Westen ausgerichtet war, und schlug neue Ziele für die achtziger und neunziger Jahre vor, um aus Japan eine »Technologie-intensive Nation« zu machen, deren Wirtschaftskraft in der Welt eher auf

Intellekt und Technologie denn auf Industrieexporten beruhte. Dazu mußte man »soziale Systeme neu überprüfen und mit jenen alten Institutionen, Praktiken und dem Vergabesystem von Ermächtigungen beginnen, welche die Freiheit und die Flexibilität blockieren.«[18] In diesem Zusammenhang erkennt man, daß sich der Trend zur finanziellen Deregulierung vor allem der Erkenntnis verdankte, daß das System mehr Flexibilität, Vielfalt und internationale Beziehungen brauchte, um mit den vorhandenen finanziellen Ressourcen den weitestmöglichen Weg in der Zukunft zurücklegen zu können.

Eisuke Sakakibara, der Direktor des Schatzamtes im Finanzministerium, bestätigt, daß seine Behörde die Deregulierung nie als etwas auffaßte, das für die Ausländer von Nutzen war, sondern stets als Vorgang, der den Interessen Japans diente. Daß die Ausländer so viel lärmiges Aufhebens von der Deregulierung machten, gab dem Finanzministerium die willkommene Gelegenheit, die Unbeweglichkeit des japanischen Systems auf elegante Weise zu überwinden.

Sakakibara führt die Auktion japanischer Regierungsanleihen als Beispiel an. Seit 1984 beklagten sich die amerikanischen Wertpapierfirmen immer heftiger, daß der rein japanische Club der Anleihensyndikate den Ausländern auf unfaire Weise den Zugang zu diesem lukrativen und wachstumsträchtigen Geschäft versperre. Unterstützt von Washingtoner Unterhändlern drängten sie Japan, für die Verteilung der Anleihen ein Auktionssystem nach amerikanischem Vorbild einzuführen. Eugene Atkinson, der Präsident von Goldman Sachs in Tokio, bezeichnete die Anleihenauktion einmal als das Hauptthema bei Diskussionen mit japanischen Behörden. Der Kongreßabgeordnete Charles Schumer meinte bei einem Besuch in Tokio, eine Anleihenauktion sei eine jener gegenseitigen Maßnahmen zur Öffnung der Märkte, die er für unabdingbar halte, bevor man auf Gesetze verzichten könne, die er in Washington vorgeschlagen habe, um die finanziellen Aktivitäten der Japaner in den Vereinigten Staaten einzudämmen.

Schließlich gestand das japanische Finanzministerium im Jahr 1987 zu, daß ungefähr 20 Prozent der japanischen Anleihen bei einer Auktion verkauft wurden. Das war wenig, erschien aber doch als Sieg des Auslands auf dem Weg zu einer Öffnung des Tokioer Marktes. Sakakibara meinte dazu: »Das war auf jeden Fall das, was Japan wollte. Das Auktionssystem macht den Markt effizienter.« Der ausländische Druck war nur ein Werkzeug, das dem Finanzministerium zupaß kam. »Ohne die Bestimmtheit der Amerikaner hätten wir länger gebraucht, um zu einem Konsens zu kommen, zu welchem Zeitpunkt das Auktionssystem eingeführt werden sollte.«

Sakakibara glaubt, daß sich das amerikanische und das japanische

Finanzsystem einander schließlich annähern könnten. Dies nicht so sehr, weil Japan mit seiner Liberalisierung fortfährt, sondern weil die Vereinigten Staaten wieder zu einer Regulierung zurückkehren werden. »Dem Pendelschlag der Geschichte zufolge können wir erwarten, daß die Deregulierung ihren Höhepunkt erreicht hat und wieder zurückschwingt«, sagte er kurz vor dem Schwarzen Montag. »Mit großer Wahrscheinlichkeit wird es in den nächsten Jahren zu einer Katastrophe kommen, die im Westen zu einer neuen Regulierung führen wird.«

Achillesfersen und Crash-Szenarien

Ist die Finanzmaschine Japans so erfolgreich geworden, daß ihr kein Crash mehr droht? Fast, aber nicht ganz.

Tokioer Beamte legen Wert auf die Feststellung, daß Japan infolge seiner geringen Größe und des Fehlens von Rohstoffen insgesamt viel stärker nichtvorhersehbaren Einbrüchen und Katastrophen ausgesetzt ist als andere reiche Nationen. Insbesondere machen sich die Japaner Sorgen über die Möglichkeit einer weiteren Ölkrise. In geringerem Maße fürchten sie ein Erdbeben, von dem einige vorhersagen, daß es Tokio verwüsten wird.

Was die nächste Ölkrise anbelangt, so ist das Problem weniger, ob sie kommt, als vielmehr, wann sie eintrifft. Zur Zeit ist Japan um 30 Prozent weniger vom ausländischen Öl abhängig als vor 15 Jahren. Selbst unter diesen Umständen würde ein plötzlicher steiler Anstieg des Erdölpreises der japanischen Wirtschaft derzeit schwere Schäden zufügen. Dabei könnte es sogar schlimmer kommen als in der Vergangenheit, da die Fähigkeit Japans, in der Ära des starken Yen zu überleben und zu blühen, an einen niedrigen Ölpreis gebunden ist. Langfristig wird Japan jedoch weniger verwundbar. Als einziger Industriestaat forscht Japan mit unerschütterlichem Enthusiasmus im Bereich der synthetischen Treibstoffe, der Sonnen- und Kernenergie.

Ähnlich wie in Kalifornien kann das große Erdbeben von Tokio morgen eintreten, in hundert oder in drei Jahren, und vielleicht auch nicht soviel Schaden anrichten, wie die schlimmsten Szenarien voraussagen. Die Japaner haben die Technologie zur Erkundung und Voraussage von Erdbeben am weitesten entwickelt. In der Wissenschaftsstadt Tsukuba wird pausenlos geforscht. Neue Gebäude können theoretisch auch schweren Erdbeben widerstehen. Leider liegt der Tokioer Marunouchi-Otemachi-Nihonbashi-Korridor nahe dem Epizentrum einer größeren Verwerfung.

Abgesehen von dieser ständigen Bedrohung durch Ölkrisen und Erdbeben lauern im Hintergrund noch andere große Probleme. Die Strategen des Finanzministeriums haben bei der Eindämmung von Exzessen und bei der schrittweisen Einführung der Deregulierung gute Arbeit geleistet. Dieser Vorgang ist allerdings stärker als sie. Die Liberalisierung und Internationalisierung haben die japanische Wirtschaft in einen Zustand versetzt, in dem Marktkräfte außerhalb der Kontrollmöglichkeit Tokios die geschäftlichen Entwicklungen zu beeinflussen beginnen. Die japanische Deregulierung hat das Risiko, das Änderungen in derart großem Maßstab innewohnt, systematisch reduziert, aber nicht eliminiert. In dieser neuen Situation könnte alles passieren. Es ist deswegen die Mühe wert, einige solcher Möglichkeiten in Betracht zu ziehen.

Der Protektionismus des Westens ist sicher die größte Bedrohung für die japanische Wirtschaft. Jede Abschottung des Westens gegenüber japanischen Waren müßte zu einer Rezession führen; sie wäre allerdings gemildert, weil sich die Binnenwirtschaft in einem Stadium hohen Wachstums befindet. Die japanische Wirtschaft arbeitet fieberhaft daran, die Bedrohung durch den Protektionismus zu verringern, indem sie Produktionsstätten in andere Länder verlegt und im Ausland investiert. Ein zukünftiger Protektionismus kann aber anders aussehen als erwartet. Beispielsweise fordern bereits einige Führungskräfte der Automobilwirtschaft, daß Wagen, die von japanischen Gesellschaften in amerikanischen Produktionsstätten gefertigt werden, ebenfalls unter die Importquoten fallen. Auch andere Industrien beginnen sich über die Konkurrenz zu beklagen, die ihnen von den amerikanischen Produktionsstätten japanischer Firmen droht. Wenn die amerikanische Wirtschaft in eine schwere Rezession gerät, könnte die Lobby der bedrohten amerikanischen Industrien schnell an Stimme gewinnen. Dies könnte sich in politischen Maßnahmen niederschlagen, die am Ende die gesamte Produktionsstrategie der Japaner in den Vereinigten Staaten zunichte machen. Ohne Zweifel würde die japanische Wirtschaft und deren Finanzmärkte in einem solchen Fall schweren Schaden erleiden.

Es besteht die Gefahr - sie ist allerdings nicht so real, wie einige Vielwisser behaupten -, daß ein möglicher Immobiliencrash in Tokio auch zu einem Börsenkrach führt, wie ihn übrigens ausländische Analytiker voraussagen, die über die These von den »verborgenen Vermögenswerten« ihre Nasen rümpfen. Weil das Angebot an erstklassigen Immobilien in den Metropolen Japans gering ist, ist ein Preiskollaps durch ein plötzliches Überangebot aber ausgesprochen unwahrscheinlich.

Führende LDP-Politiker sind bewußt auf der Suche nach einer neuen Grundstückspolitik. Sie wissen, daß das Wachstum der Nation durch die absurden Immobilienkosten beschränkt wird. Das Regierungsprogramm zur Schaffung von Arbeitsplätzen mit Hilfe öffentlicher Arbeiten wird schwer behindert, weil der größte Teil des betreffenden Budgets für den Ankauf des nötigen Landes eingesetzt werden muß. Für einige liegt die Lösung in vom Menschen geschaffenen Inseln in der Tokyo Bay, wo die Regierung durch Ermächtigung Meeresboden in Besitz nehmen kann. Die Erschließungskosten sind allerdings enorm. Andere meinen, man werde nie zu einer Lösung kommen, wenn die heutigen massiven Subventionen für die ineffiziente japanische Landwirtschaft nicht abgebaut und die Bauern nicht von ihrem Land vertrieben werden würden, das heute in sträflicher Weise viel zuwenig genutzt werde. Oft hört man, man solle die Landwirtschaft in einem hundert Kilometer weiten Gürtel um Tokio und Osaka aufgeben und das Land für Wohngebiete, Fabriken und neue Industrien verwenden.

Bei ihrem Hang zum Konsens und zum schrittweisen Vorgehen wird die japanische Regierung eine derart extreme Maßnahme mit Sicherheit nicht über Nacht einführen. Schritte in dieser Richtung könnten jedoch zu unvorhersehbaren Reaktionen führen, da ein sehr großer Teil des neuen Wohlstandes in Japan - darunter auch der allerreichsten Männer - auf Immobilienbesitz beruht. Selbst normale Mittelklassehaushalte haben sich angesichts des aufgeblähten Wertes ihrer Immobilien viel Geld geliehen und verwenden es für die Aktienspekulation. Damit sind einige gefährliche Schwachstellen in das grundlegende Gewebe der Bankindustrie wie des Aktienmarktes eingebaut worden. Mehr als ein Viertel aller Kredite der japanischen Banken hängen heute auf die eine oder andere Weise mit Grundstücksbesitz zusammen.

Natürlich weiß die japanische Regierung dies alles und ist bestrebt, die Immobilienpreise zu einer sanften Landung zu zwingen, die nicht zu einer jähen Panik führt. Bisher war dieser Versuch ziemlich erfolgreich. Neue Kapitalgewinnsteuern haben den spekulativen Einsatz von Immobilienbesitz in Tokio verlangsamt. Dies wiederum führte dazu, daß die Preise im Vergleich zu ihrem Höhepunkt im Jahr 1987 um 20 Prozent zurückgingen, ohne daß es auf dem Aktienmarkt zu irgendwelchen Unruhen kam. In einem kühnen russischen Roulette ist es dem Finanzministerium und der Bank of Japan gelungen, die Banken dahin zu bringen, daß sie für Immobilien weniger Darlehen gewähren, obwohl diese Reduktion Spekulanten dazu zwingt, mit umfangreichen Schuldverschreibungen zu den Banken zu gehen.

Bankexperten vertreten die Ansicht, die Grundstückspreise in Tokio müßten, von ihrem Höhepunkt gemessen, mindestens um 40 Prozent zurückgehen, bevor selbst das schwächste Finanzinstitut ein Gefühl des Unbehagens verspürt.[19] Anscheinend haben die Regierungsplaner deutlich mehr Spielraum als manche Ausländer denken.

Ob es möglich ist, die Immobilienpreise auf sanfte Weise herunterzuholen, wird man sehen. In einem Zeitalter des Wohlstands und der Liberalisierung sind die japanischen Bürger nicht mehr so fügsam wie früher. Dies bekam Nakasone am Ende seiner Regierungszeit zu spüren, als er seine Pläne für eine fünfprozentige Mehrwertsteuer angesichts des unerwarteten öffentlichen Widerstandes aufgeben mußte. Wenn sich gegen die Grundstückspolitik der Regierung plötzlich eine breite politische Opposition fände - Bauern, Hausbesitzer, Bankiers oder die neue Händlerbourgeoisie, die mit Immobilien ein Vermögen verdient hat -, so wäre es sehr wohl möglich, daß die Spekulation wieder angeheizt würde und daß damit die Möglichkeit einer Panik wieder näherrückte.

Interessanterweise gibt es offensichtlich einige Beamte des Finanzministeriums, die der Ansicht sind, ein »Minicrash« wäre gar keine so schlechte Sache für den Aktienmarkt. Er könnte damit einigen spekulativen Ballast abwerfen und verhindern, daß die Finanzinstitute zu überheblich werden. Das Finanzministerium weiß auch, welche Hebel anzusetzen sind, um eine Erholung zu stimulieren. Zu Beginn des Jahres 1988, als über der Börse von Tokio immer noch das Gespenst des Schwarzen Montags hing, warf das Finanzministerium plötzlich seine früheren Zweifel über das Wachstum der *tokkin*-Funds über den Haufen und kündigte an, es wolle die Bestimmungen lockern, die es Versicherungsgesellschaften bisher verboten, ihr Geld in solchen Funds anzulegen. Die Tokioer Börse war von dieser Aussicht so begeistert, daß der Nikkei-Index sofort um 1,215 Punkte nach oben schoß - das bisher zweitbeste Ergebnis eines Tages.

Selbst die sanfte Deregulierung brachte einige Finanzinstitute ins Schleudern. Sogar einige der riesigen City Banks, die auf einem Haufen von Guthaben sitzen, stecken in Schwierigkeiten. Das Kreditgeschäft, das einst ihren Kern bildete, geht zurück, da Industriegesellschaften sie zunehmend durch verbriefte, handelbare Wertpapiere und *Commercial papers* umgehen.

Die vergangenen Jahre des wilden finanziellen Wachstums haben auch zu alarmierenden spekulativen Gewohnheiten geführt, die durch den allgemeinen Aufwärtstrend des Marktes noch verborgen bleiben. *Zaitek*-Anwender mit geringen Risiko- und Kreditkenntnissen erzielen beim Weiterverleih zeitweilig Profite, die oft verdächtig wie die japanische Version der *junk bonds* aussehen. Unter schwierigeren Wirtschaftsbedingungen werden solche Junk-Schuldner in die Zahlungsunfähigkeit getrieben. In ähnlicher Weise rechnen viele japanische Unternehmen auf garantierte Gewinne, die von *tokkin-fund-*Managern versprochen werden - obwohl solche Garantien eigentlich nicht möglich sind. Wenn auf dem Aktienmarkt ein Aufwärtstrend herrscht, ist es mit geringen Schwierigkeiten verbunden, die erwarteten Gewinne auch abzuliefern. Bei einer Baisse ist die *tokkin*-Industrie bedroht, könnte eine der am meisten gefeierten Stützen schwächen und die Talfahrt beschleunigen.

Dies alles bedeutet, daß die Gefahr einer Zahlungsunfähigkeit von Finanzinstituten zugenommen hat. Selbst die überheblichen Riesen sind davor nicht vollständig gefeit. Scott Pardee, Vizepräsident der US-Tochtergesellschaft von Yamaichi, legt Wert auf die Feststellung, daß die Muttergesellschaft, die noch immer an ihrem spekulativen Sündenfall in den sechziger Jahren zu beißen hat, während des letzten Booms eine konservative Wachstumspolitik betrieben hat. »Andere japanische Unternehmen haben diese Lektion nicht gelernt. Sie fördern ein untragbares spekulatives Verhalten. An einem bestimmten Punkt geht der Schuß nach hinten los. Wenn eine Wertpapierfirma in einem Jahr ihre Gewinne verdoppelt und annimmt, das werde ihr im nächsten Jahr wieder gelingen, bewegt sie sich auf die Katastrophe zu.«

Das japanische Wirtschaftssystem ist berüchtigt dafür, daß es mit einem Mißerfolg nicht zurechtkommt. Insbesondere die Bestimmungen des Finanzsystems beruhen auf der Voraussetzung, daß es nie zu einem Mißerfolg kommt. Der Zusammenbruch eines bekannten Instituts - nicht notwendigerweise eines Riesen, sondern vielleicht einer wichtigen Regionalbank oder der Filiale einer Wertpapierfirma - würde das Vertrauen der Japaner viel tiefer erschüttern als dies bei der Zahlungsunfähigkeit eines entsprechenden Instituts in den Vereinigten Staaten der Fall wäre.

Das sind einige - doch keineswegs alle - kurz- oder mittelfristigen Gefahren für das japanische Finanzwunder. Sie sind ziemlich real, und ein Teil dieser Szenarien wird wohl Wirklichkeit werden. Das gilt aber wahrscheinlich nicht für die schlimmsten Fälle. Vom neuen Zeitalter der Deregulierung bekommt Japan offensichtlich, was es braucht, ohne daß das System auf den Kopf gestellt wird. Jared Taylor, ein in beiden Sprachen und Kulturen aufgewachsener ehemaliger Tokioer Kreditspezialist von Manufacturers Hanover Trust, meint dazu: »Wenn einer Gesellschaft die Quadratur des Kreises gelingt, so Japan. Schließlich hat es seinen Bürgern erfolgreich beigebracht, die Regeln zu befolgen. Was hindert es daran, ihnen mit ebensogroßem

Erfolg beizubringen, einige wenige zu brechen? Einem ›homogenen Inselvolk‹ kann man ebenso beibringen, Kreativität zu entwickeln, ohne durchzudrehen.«[20]

Obwohl einiges nach Tulpenfieber aussieht, steuern die japanischen Finanzmärkte nicht auf ein Chaos zu. Ihre Grundlagen sind nicht von der Realität abgekoppelt. Vielmehr sind sie tief in der neuen Realität verwurzelt, daß Japan zunehmend die Rolle der Führernation in wirtschaftlichen und finanziellen Dingen spielt. Diese Realität kann wahrscheinlich Ölkrisen und Erdbeben, Protektionismus und einem Preisabfall auf dem Immobilienmarkt standhalten.

8.

Die japanische Sonne geht auf an der Wall Street. Amerikaner in Tokio

»Die verrückte Globalisierung wird uns noch wie ein Gespenst verfolgen.«

Peter Solomon,
Vizepräsident von Shearson Lehman[1]

Amerikanische Kurzsichtigkeit

Im Sommer 1986 organisierte die Harvard Business School ein Kolloquium über die Veränderungen, die auf dem Gebiet der Finanzdienstleistungen stattfinden. Es nahmen viele hochrangige Persönlichkeiten der Wall Street daran teil. Eine größere Gruppe besuchte die Veranstaltung über die Globalisierung, die Carl Kester leitete, ein 34 Jahre alter Professor, der vor kurzem angefangen hatte, das japanische Finanzwesen zu studieren.

Kester begann damit, daß er die üblichen erstaunlichen Fakten präsentierte, die zeigten, daß die Welt auf integrierte Kapitalmärkte und einen 24-Stunden-Handelstag zusteuerte. Davon hatten die Finanzleute so lange geträumt. Er warnte aber seine Zuhörer: »Überall um Sie herum fallen die Schranken. Sie sammeln Kapital zu wettbewerbsfähigen Preisen und verkaufen es zu wettbewerbsfähigen Preisen. Wie können Sie es erreichen, mehr zu tun, als die Miete zu bezahlen? Was ist ihr Wettbewerbsvorteil?« Der junge Professor wollte diese Gruppe von Wall-Street-Spezialisten dazu bringen, die ineffizienten Teile des Systems zu korrigieren, neue Nischen zu nutzen und neue Wege zur Wertsteigerung zu suchen. Statt dessen stand er vor Zuhörern, die große Augen machten. »Wir machen heute mehr Geld als jemals zuvor, und wir sind die am stärksten auf Wettbewerb ausgerichtete Industrie Amerikas«, war der Tenor der Antworten auf seine herausfordernde Frage. Dann fragte Kester sie, was sie hinsichtlich der Japaner zu tun gedächten. Aus einer schrankenlosen Welt würden die Japaner den größten Nutzen ziehen, meinte er. Größere japanische Finanzinstitute mit mehr Kapital würden die amerikanischen Banken und Maklerfirmen bald herausfordern, so wie es Toyota und Honda bereits mit den amerikanischen Autofirmen getan hätten. »Sie können vor den Japanern weglaufen, sich aber nicht vor ihnen verstecken«, warnte Kester.

Die Zuhörer weigerten sich einfach, Kesters Annahmen zu akzeptieren. Es war für sie vollkommen klar, daß die Amerikaner auf dem Gebiet der Finanzdienstleistungen die Führung behalten würden. Beim Cocktailempfang danach sprach ein Mann, der seine Karriere bei Morgan Stanley gemacht hatte, Kester an und sagte ihm geradeheraus: »In diesem Geschäft wird es keine japanische Bedrohung geben.« Andere machten ähnliche Bemerkungen und behaupteten, im Finanzwesen sei das anders als bei den Automobilen. Hier seien die Amerikaner mit neuen Produkten, neuer Technologie und neuen Managementtechniken den Japanern weit voraus.

»Ich konnte diese Kurzsichtigkeit einfach nicht glauben«, klagte Kester später. »Einige dieser Leute merken nicht, in welchem Schutzraum ihre Geschäfte bis jetzt abliefen. Andere sprechen über Globalisierung und merken überhaupt nicht, daß die japanischen Institutionen für sie viel gefährlichere Konkurrenten sind als für die Japaner.«

Die japanische Sonne geht auf an der Wall Street

Ist es wirklich möglich, daß japanische Unternehmen an Marktanteil gewinnen und ihre amerikanischen Konkurrenten auf dem Finanzplatz USA übertreffen, wie es ihnen auch mit ihren Industrieexporten gelungen ist?

Man ist versucht, einen Vergleich zu ziehen zwischen den heutigen Erfahrungen auf dem Gebiet der Finanzdienstleistungen und den früheren Geschehnissen auf dem Stahl-, Auto- und Elektroniksektor. Im Hinblick auf Struktur und Verlauf gibt es eindeutige Ähnlichkeiten. Wie die japanischen Exporteure, wuchsen die japanischen Unternehmen, die nun auf dem Finanzsektor in den USA tätig sind, in dem Schutzraum ihres Binnenmarktes zu Größe und Macht heran. Sie konnten nahezu ungehindert in die Vereinigten Staaten eindringen und wählten zunächst einige Schlüsselbereiche des Finanzgeschäfts aus, in denen sie ihre japanischen Positionsvorteile am besten ausspielen konnten. Sie konzentrierten sich mit all ihrer Kraft auf die Eroberung dieser Gebiete und waren bereit, ihre Gewinne in einem

Maß zu reduzieren, wie es für amerikanische Verhältnisse als nicht akzeptabel gegolten hätte.

In dieser und noch in anderer Hinsicht wirkt der Einzug der Japaner in das amerikanische Finanzwesen ähnlich wie einst die Eroberung des amerikanischen Marktes durch japanische Industrieprodukte. Dabei scheint sich die Entwicklung auf dem Finanzsektor noch schneller zu vollziehen, als dies bei der Exportindustrie der Fall war. Darin zeigt sich, daß Geld eben schneller fließt als Güter. Die japanischen Unternehmen bauten fast ihre gesamte gewichtige Präsenz in den Vereinigten Staaten in den explosiven Jahren nach 1984 auf. Wenn man die sich seit jenem Zeitpunkt abzeichnenden Trends in die Zukunft verlängert, kommt man zu dem Ergebnis, daß irgendwann in den neunziger Jahren zehn Prozent der Angestellten der Wall Street für japanische Firmen arbeiten werden; japanische Anleger kontrollieren dann ein Fünftel des Handelsvolumens an der New Yorker Börse, japanische Banken werden ein Viertel der amerikanischen Privatkunden betreuen, und an jeder führenden amerikanischen Investmentbank werden die Japaner beteiligt sein.

Es ist allerdings immer problematisch, von gegenwärtigen Trends auf die Zukunft zu schließen. Mit Sicherheit verdankt sich ein Großteil der japanischen Aktivitäten der vergangenen Jahre einem Zusammentreffen extremer Umstände - etwa der verringerten Kontrolle Japans über die Kapitalabflüsse, dem noch nie dagewesenen Handelsüberschuß, der ungewöhnlichen Liquidität im eigenen Land und dem erschreckenden Kapitalbedürfnis der amerikanischen Regierung. Keiner dieser Faktoren wird verschwinden, doch die Extreme werden abgebaut.

Ungeachtet der Macht des japanischen Geldes verweisen zuversichtliche Amerikaner darauf, daß sich Finanzdienstleistungen mit ihren Besonderheiten nicht mit jenen Geschäftszweigen gleichsetzen lassen, in denen die japanischen Konkurrenten heute eine bedeutende Rolle spielen. Das Emissionsgeschäft, so sagen sie, sei eben nicht genau dasselbe wie die Herstellung von Stahl. Die Fähigkeiten, die man für die Verwaltung von Portfolios braucht, haben wenig Ähnlichkeit mit den speziellen Fähigkeiten, die für die Produktion von Automobilen benötigt werden. Führungskräfte amerikanischer Unternehmen auf dem Finanzsektor meinen, ihr Geschäftszweig habe im Gegensatz zum Auto und zum Stahl seine Wettbewerbskraft nicht verloren.[2]

»Das bedeutet folgendes: Der von Japan immer wieder zur Schau gestellte Managementstil, der auf Konsensbildung und starker zentraler Kontrolle beruht, funktioniert gut für die Produktion an Montagebändern. Auf den Finanzmärkten, wo im Bruchteil einer Sekunde Entscheidungen getroffen werden müssen, ist er als Instrument ungeeignet«, meint *Forbes* zusammenfassend. »Wenn sich die Wall Street weiterhin als flexibel und innovativ erweist, dann ist die Finanz ein Gebiet, auf dem man dem japanischen Ehrgeiz einen Riegel vorschieben kann.«[3]

Die Wall Street ist weiterhin flexibel und innovativ. Das läßt sich nicht leugnen. Dennoch dringen japanische Finanzfirmen in das US-Geschäft ein. Das gilt weniger für das Privatkundengeschäft (denn abgesehen von den japanischen Banken in Kalifornien sind die Japaner noch nicht auf das Einzelkundengeschäft aus) als vielmehr für die Geschäfte großer amerikanischer Aktiengesellschaften, Pensionskassen und Geldmanagementgruppen, die selbst einer zunehmenden Globalisierung ausgesetzt sind.

Wie wir in Kapitel 6 sahen, verfügt Nomura über eine ausgetüftelte Strategie, um größere amerikanische Kunden anzulocken. Im Augenblick hat die Firma wenig Interesse, Merrill Lynch bei den Maklergebühren für Witwen und Waisen Konkurrenz zu machen. Nomura zeigt hingegen starkes Interesse am Geschäft mit den 2000 größten amerikanischen Aktiengesellschaften und institutionellen Investoren, deren Aktivitäten den Motor auf dem Gebiet der Finanzdienstleistungen bilden. Tatsächlich steht die Firma schon mit 400 von ihnen in Geschäftsbeziehungen. Als weltgrößter Übernehmer von Eurobonds stehen auf der Kundenliste von Nomura Namen wie IBM, AT & T und andere Spitzenunternehmen. Als häufiger Hauptkäufer bei den amerikanischen Anleihenauktionen genießt Nomura zwangsläufig die Aufmerksamkeit amerikanischer Anleihenkäufer.

Zur Zeit versucht Nomura seine Präsenz auf dem amerikanischen Aktienmarkt auszudehnen. Als er den Plan ankündigte, japanische Gelder in Höhe von ungefähr zehn Milliarden Dollar auf den amerikanischen Aktienmarkt zu schleusen, griffen einige amerikanische Portfoliomanager zum Telefon und begannen, einige Geschäfte mit Nomura zu machen, um zu erfahren, wann dieses Geld wohin fließen würde. Don McKinnon, der Chef der Aktienabteilung von Nomura in den USA, sagt voraus, daß die Firma nach drei Jahren in »Handel, Forschung und Verkauf mit den besten amerikanischen Unternehmen konkurrieren kann«. Der Investmentbanker Steven Looney, der die noch kleine M&A-Abteilung (mergers and acquisitions, Fusionen und Aufkäufe) von Nomura leitet, prophezeit, seine Firma werde schon in der nächsten Zukunft routinemäßig als führender Garant der Aktienemissionen der hundert größten amerikanischen Kapitalgesellschaften dienen.

Mit ihrem mächtigen Zugriff auf das billige japanische Kapital dehnt Nomura sein Engagement auf dem Gebiet der öffentlichen amerikanischen Finanzen aus, während größere Firmen wie Salomon sich daraus zurückziehen. So wenig gewinnbringend dieses Gebiet heute angesichts der derzeitigen Kostensenkung und der veränderten Steuergesetze sein mag, so ist Nomura doch schlau genug, um zu wissen, daß amerikanische Bundesstaaten, Städte und Kreise stets Gelder aufnehmen müssen. Auf lange Sicht wird sich das Steuergesetz wieder ändern, und das Geschäft mit den öffentlichen Finanzen wird wieder Gewinn abwerfen. In der Zwischenzeit baut sich Nomura ein Netzwerk von Beziehungen zu amerikanischen Politikern auf, um künftigen Bestrebungen für einen finanziellen Protektionismus einen Riegel vorzuschieben.

Kurz gesagt, Nomura geht weiter auf dem Weg, den seine Führungskräfte wiesen, als sie die US-Präsenz der Firma ausdehnten: »Wir wollen nicht ein japanisches Restaurant in New York sein, das nur Sushi und Sukiyaki serviert. Wir wollen auch französische Küche anbieten, amerikanisches Fast food, einfach alles in Zukunft.«[4]

Daiwa verfolgt mit ähnlichem Erfolg eine ähnliche Strategie. Die Firma wurde weltweit einer der Hauptübernehmer von Eurobonds und ist bisweilen ein ebenso wichtiger Käufer und Händler von US-Schatzanleihen wie Nomura. Innerhalb Japans ist Daiwa mehr für seine Beziehungen zu Aktiengesellschaften und Institutionen als für seine Stärke im Einzelverkauf bekannt. Auch im Ausland arbeitet das Unternehmen in Bereichen, in denen es zu Hause bereits erfolgreich war. 1986 erregte die amerikanische Dependance von Daiwa einiges Erstaunen, als sie als einziger Garant für ein wichtiges US-Anleihenangebot eines amerikanischen Kunden auftrat – 125 Millionen Dollar für GTE. Unter Ausnutzung seines hervorragenden Rufes unter amerikanischen Institutionen im Bereich der Schatzanleihen beginnt Daiwa, sich einen neuen Kundenkreis in Amerika aufzubauen, indem es mit hypothekarisch abgesicherten Papieren und einer großen Vielfalt festverzinslicher Effekten handelt. Daiwa kaufte und verbesserte ein ausgeklügeltes neues Berechnungssystem für Aktien, das von amerikanischen Analytikern für die Beobachtung von 3000 nordamerikanischen Aktien entwickelt wurde, um es nun an eine Reihe institutioneller Kunden zu verkaufen, die insgesamt über eine Billion Dollar verwalten.

Der Präsident der amerikanischen Tochtergesellschaften von Nikko, Toshio Mori, leidet unter Zeitnot: »Wir sind spät auf den US-Markt gekommen und müssen nun sehr aggressiv sein.« Mit diesem Satz auf den Lippen hat er wiederholt Führungskräfte aus dem amerikanischen Zentralbanksystem angeheuert, hat Nikko die Position eines Primärhändlers erkämpft, hat eine ganze Reihe geachteter amerikanischer Wissenschaftler angestellt, eine Abteilung für den Verkauf amerikanischer Aktien an Amerikaner aufgebaut und 100 Millionen Dollar dem Großkundenfonds der Blackstone Group anvertraut. »Wenn amerikanische Unternehmen Geschäfte in Japan machen wollen, bitten sie uns um Hilfe«, sagte er. »Doch wenn wir ihnen bei ihren Geschäften in Japan helfen, merken sie, daß wir ihnen auch in den USA helfen können.«

Selbst die »kleineren« japanischen Wertpapierfirmen drängen nach New York. Yamatane Securities (bei einem Reingewinn von ungefähr 40 Millionen Dollar Nummer acht in Japan) überraschte viele an der Wall Street, die diesen Namen noch nie gehört hatten, als der Firmenpräsident Tomiji Yamazaki die Eröffnung des New Yorker Büros seiner Firma dadurch bekannt machte, daß er 500 000 Dollar für die neue japanische Galerie des New Yorker Metropolitan Museum of Art stiftete. Sanyo, Wako und New Japan sind nach amerikanischen Maßstäben Riesen, obwohl nur wenige amerikanische Finanzprofis etwas über sie wissen. Sie teilen im allgemeinen den überwältigenden Enthusiasmus der vier führenden japanischen Firmen für eine weltweite Expansion, auch wenn ihre Ressourcen nicht ganz so groß sind.

»Wir wollen bewußt eines der großen Finanzunternehmen der Zukunft sein«, kündigt Yoichi Tsuchiya von Sanyo an. Mit 45 Jahren ist er der jüngste Generaldirektor einer japanischen Wertpapierfirma. Mit Einnahmen in Höhe von einer Milliarde Dollar im Jahr 1987 und über 100 Millionen Dollar Gewinn nach Steuern ist Sanyo auf bestem Weg dorthin. Die Firma verwendet 13 Prozent ihrer Ausgaben für Computersysteme und plant, auf diesem Gebiet selbst Nomura auszustechen (die eine der größten Aktieninhaberinnen ist). Sanyo baute den technologisch beeindruckendsten Börsensaal Japans, so groß wie ein Fußballfeld, zwei Häuserblocks von der Tokioer Börse entfernt. Sanyo behauptet, es brauche als Stütze für die Verkäufer im Außendienst nur 0,6mal so viele Leute im Innendienst; das sind zwei Drittel weniger als es im amerikanischen Börsenmaklergewerbe üblich ist. Bis 1990 will Sanyo in seinem New Yorker Büro 500 Angestellte beschäftigen. Das Unternehmen hat bereits eine Aktienbeteiligung bei Spear Financial Services erworben, einem Diskontmakler aus Kalifornien.[5]

Jedes japanische Finanzunternehmen verfolgt seine eigenen Geschäftsinteressen in den Vereinigten Staaten, und untereinander machen sie sich ziemlich viel Konkurrenz. Doch die Tatsache, daß sie alle von ähnlichen Kräften auf dem japanischen Markt gesteuert werden, bedeutet, daß sie sich dem amerikanischen Markt auf ziemlich einheitliche Weise annähern. Wenn ein japanisches Unternehmen entscheidet, stärker in den amerikanischen Aktienmarkt einzusteigen, so können es sich die anderen nicht leisten, ihren japanischen Kunden zu sagen, daß ihnen diese Fähigkeit abgeht. Dieser Druck zur Konformität und die intuitive Loyalität gegenüber den nationalen Interessen Japans (die bei Bedarf durch die unvermeidliche führende Hand des Finanzministeriums verstärkt wird) hat zur Folge, daß die bereits mächtige japanische Präsenz auf den amerikanischen Märkten zu einer einheitlich aufeinander abgestimmten Kraft mit großem Zusammenhalt wird.

Man betrachte dazu beispielsweise die Ereignisse um die Houston Industries vom 7. August 1987. An diesem Tag war der Handel mit diesen normalerweise unauffälligen Aktien plötzlich so heftig (24,5 Millionen Anteile), daß er zehn Prozent des gesamten Handelsvolumens an der New Yorker Börse ausmachte. Die Wall Street war verwirrt. Welcher geheime Drahtzieher brachte da Houston ins Spiel? Es erwies sich, daß es gar keinen geheimen Drahtzieher gab. Japanische Anleger kauften und verkauften einander einfach Anteile von Houston, als wenn es heiße Kartoffeln wären. Damit versuchten sie, die Konsequenzen zu umgehen, die sich aus den japanischen Steuergesetzen ergaben, wenn sie die Aktie am Tag der Dividendenzahlungen hielten. Indem japanische Broker in den Vereinigten Staaten an fünf Tagen Käufe und an sechs Tagen Verkäufe tätigten, verwandelten sie zu versteuernde Dividenden in nicht zu versteuernde Kapitalgewinne und umgekehrt, wovon dann entsprechend die von ihnen betreuten Investoren profitierten.

Was man heute als »Japanische Dividendenarbitrage« bezeichnet, wurde an der New Yorker Börse zu einem überwältigenden Faktor, der seinen bisherigen Höhepunkt am 25. Januar 1988 erreichte, als von der Southern Company, einem öffentlichen Stromversorgungswerk in Atlanta, an einem Tag die Rekordzahl von 65,9 Millionen Anteilen gehandelt wurde; das entsprach einem Viertel aller gehandelten Aktien an jenem Tag. Auch weitere 35 Millionen Anteile des Arizona Public Service und der Cincinnati Gas & Electric wechselten den Besitzer. Das bedeutete, daß über 100 Millionen Anteile öffentlicher Versorgungsbetriebe bewegt wurden, die meisten im mehrmaligen Wechsel zwischen japanischen Investoren.[6]

Aus diesen Vorgängen lassen sich erschreckende Schlußfolgerungen ableiten: Wenn eine kleine Zahl japanischer Anleger an einem einzigen Tag Millionen von Anteilen von drei amerikanischen Unternehmen bewegen kann, nur weil sie einen kleinen Steuervorteil erzielen will, dann fragt man sich, was sie mit dieser Machtkonzentration auszurichten vermöchte, wenn sie zum Beispiel die Aktienmehrheit bei einer Firma übernehmen oder sich aus politischen Gründen ganz aus dem amerikanischen Markt zurückziehen wollte.

In einigen Fällen wirkt sich die Konzentration japanischer Aktivitäten nicht so harmlos aus. Verwalter der Chicago Futures Exchange bemerkten zum Beispiel, daß sich japanische Händler zusammentaten, um die Kauf- und Verkaufsaufträge japanischer Kunden auszugleichen. Sie taten dies, um den Einschußsatz zu reduzieren, dem sie unterliegen. Ein Vertreter der Chicago Board of Trade meinte, daß es offensichtlich »einen Zusammenschluß japanischer Brokerfirmen gebe, die am Ende des Tages (in Japan) zusammentreten und diese Dinge untereinander ausmachen«.[7] Dieses Vorgehen gibt ihnen sehr viel mehr Einflußmöglichkeit als ihre amerikanischen Konkurrenten besitzen.

Eine ähnliche Erscheinung, allerdings in weit größerem Ausmaß, konnte man beim Devisenhandel kurz vor dem Ende des japanischen Fiskaljahres am 31. März 1988 beobachten. Neue Vorschriften für die Buchhaltung verlangten von den Versicherungsgesellschaften, daß sie nicht realisierte Devisenverluste des vergangenen Jahres in Höhe von 15 Prozent oder mehr angaben. Die Gesellschaften schätzten eine solche öffentliche Darlegung nicht und bemühten sich den ganzen Monat März wie verrückt, den Dollar auf einen Level zu hieven, bei dem sie solche Angaben nicht zu machen brauchten. Nachdem sie ihr Ziel erreicht hatten, ließen sie den Dollar offensichtlich fallen und bewirkten innerhalb von Tagen einen steilen Absturz von drei Prozent.

Die allgemeine Strategie war klar. Doch nur die Japaner kannten anscheinend die Einzelheiten. Berichte aus Tokio widersprachen einander in der Frage, ob es auf den Wechselkurs zwischen Dollar und Yen am 31. März ankam, oder ob der Durchschnittswert des ganzen Monats März entscheidend war. Die amerikanischen Analytiker und Investoren litten also unter dem schweren Handikap, daß sie keine Strategie festlegen konnten. Es war ein Spiel, bei dem alle Beteiligten der japanischen Mannschaft die Regeln kannten, während die Amerikaner sie erraten mußten. Der Witz dabei ist, daß es bei diesem Spiel darum ging, den Wert des amerikanischen Dollars festzulegen!

Die Neigung der Japaner, nach gemeinsamen Absprachen zu handeln, läßt sich auf der ganzen Welt beobachten. Japanische Handelsbanken, die in etwa ihrer Politik im Inland folgen, werden auch im Ausland in ihrer Kreditwürdigkeit ähnlich wie in Japan eingestuft – und viele unter ihnen stehen an der Spitze: AAA. Wenn eine amerikanische Stadtgemeinde ein Akkreditiv sucht, das für ihre Verpflichtungen garantiert, dann verlangen die Richtlinien für eine Anleihe oft, daß das Akkreditiv von einer AAA-Bank kommen muß. In anderen Fällen verringert ein AAA-Garant die Kosten. Es werden aber nur noch zwei amerikanische Banken dieser Kategorie zugerechnet. Dadurch haben die japanischen Banken eine hübsche Nische gefunden, die sie auch gerne ausfüllen. Daher beherrschen die japanischen Banken diesen Markt inzwischen auch größtenteils.

In Boston erhielt die Sanwa-Bank den Zuschlag zur Ausgabe eines Akkreditivs für kurzfristige Wechsel, weil sie die Preise konkurrierender amerikanischer Banken um die Hälfte unterbot. Einer der Bankiers, die den Zuschlag nicht bekamen, meinte: »Ich habe den Verdacht, die Stadt Boston würde den Kauf einer Flotte von Hondas für ihre Polizeikräfte rundweg ablehnen. Bei japanischen Akkreditiven haben sie allerdings keinerlei Gewissensbisse, denn Polizeiwagen kann man sehen, Akkreditive hingegen nicht.«[8]

Anstatt sich über die Vereinigten Staaten auszubreiten, haben sich die japanischen Handelsbanken auf Kalifornien konzentriert. Fünf japanische Banken gehören dort zu den zehn größten, und 20 Prozent aller Bankguthaben gehören Japanern. Die Kalifornier sind in der Tat neuen Trends gegenüber aufgeschlossener als die übrige Nation. Doch der Erfolg, den japanische Banken im Privatkundengeschäft an der Westküste erzielen konnten, straft die weitverbreitete Meinung an der Wall Street Lügen, die Amerikaner würden ihre finanziellen Angelegenheiten nur ungern Instituten übergeben, die sich in ausländischer Hand befinden. Die Bank of California, die der Mitsubishi-Bank gehört, hat sich mit Erfolg auf Bankleistungen für reiche Leute verlegt und ist auf dem besten Weg, ihr selbstgestecktes Ziel, die Verdopplung der Guthaben bis 1990, zu erreichen. Die Sumitomo-Bank und die Sanwa-Bank werden zu Begriffen, die man in Kalifornien genauso gut kennt wie Toyota oder Nissan.

Die Zweigstellen japanischer Banken im Ausland müssen nicht die amerikanischen oder europäischen Auflagen erfüllen – die typischerweise viel strenger sind als in Japan. Im Jahr 1987 gab es darüber einen kurzen, heftigen Streit. Die amerikanischen und britischen Banken akzeptieren nun einen Kompromiß: Die japanischen Banken stocken ihre Kapitalreserven auf, dürfen aber mehr von ihren bereits erwähnten »verborgenen Vermögenswerten« dazurechnen, um die internationalen Standards zu erfüllen. Die Folge davon ist, daß die japanischen Banken einen höheren Anteil ihrer Depositenbasis verleihen können als ihre internationalen Konkurrenten.

In zunehmendem Maß spielen japanische Institute bei großen inneramerikanischen Kreditgeschäften eine Rolle. Als die Northwest

Airlines die Republic Airlines kaufen wollte, lieh sie sich 500 Millionen Dollar von der Mitsubishi-Bank. Die Wirtschaftsseiten amerikanischer Zeitungen sind heute voller »Grabstein«-Anzeigen. Sie berichten von großen Unternehmensanleihen, die von japanischen Banken gewährt wurden. Ein typisches Beispiel aus dem *Wall Street Journal* zeigt uns dies mit wenigen Worten[9]:

UAL Inc., Gewährung eines Kredits in Höhe von 600 Millionen Dollar für den Erwerb der Hilton International Hotels. Den Kredit gewährten:
- die New Yorker Zweigstelle der Bank of Yokohama, Ltd.
- die Chicagoer Zweigstelle der Fuji Bank, Ltd.
- die Chicagoer Zweigstelle der Mitsubishi Bank, Ltd.
- die Chicagoer Zweigstelle der Mitsui Bank, Ltd.
- die Chicagoer Zweigstelle der Sumitomo Bank, Ltd.
- die New Yorker Zweigstelle der Yasuda Trust & Banking Co., Ltd.

Wie ihre Muttergesellschaften zu Hause, sind auch die japanischen Finanzinstitute in den Vereinigten Staaten nicht abgeneigt, ihre Gewinnmargen aufs äußerste - und noch darunter - zu reduzieren, einfach um Geschäftsbeziehungen zu etablieren. »Die Rechnung für Fotokopien von Nomura ist höher als die Profite«, bemerkte ein amerikanischer Konsortiumsmanager verächtlich über eine Emission japanischer Anleihen für Rockwell International.[10] Nach amerikanischer Ansicht ist dies ein Zeichen von Schwäche. Aus japanischer Sicht spricht dies für zukünftige Stärke. Geduld, so sagen die Japaner, zahlt sich am Ende durch Gewinne aus. Die Fuji-Bank kaufte für ganze 425 Millionen Dollar das Chicagoer Finanzunternehmen Walter Heller International, gab ihm innerhalb von vier Jahren eine Kapitalspritze von weiteren 725 Millionen Dollar, bis es Heller schließlich gelang, wieder in die Gewinnzone zu kommen.

Japanische Unternehmen erobern sich nicht nur durch Geschäfte, die wenig Gewinn abwerfen, Marktanteile, sie sind auch erpicht darauf, Erfahrungen zu machen, besonders auf gewinnträchtigen Gebieten des amerikanischen Investment Banking, etwa bei Fusionen und Aufkäufen, bei Immobilien und Umstrukturierungen von Firmen. Auf diesen Gebieten haben die japanischen Dienstleistungsunternehmen einen Vorteil entdeckt, den ihre industriellen Vorläufer nicht hatten: einen »japanischen Binnenmarkt« innerhalb der Vereinigten Staaten.

Bis 1985 waren japanische Unternehmer fast ausschließlich vom Wissen amerikanischer Investmentbanken abhängig, wenn sie große Geschäfte in den Vereinigten Staaten tätigen wollten. Als die Sumitomo-Bank sich bei Goldman Sachs beteiligen wollte, verließ sie sich auf die Vermittlung durch Lazard Freres. Sony ließ sich beim Erwerb von CBS Records von der Blackstone Group helfen. Dainippon Ink & Chemicals nahmen die Vermittlung von Dillon & Read in Anspruch, um über den Ankauf von Sun Chemical zu verhandeln. Morgan Stanley hat in den letzten Jahren für Japaner Fusionen und Aufkäufe im Wert von über zwei Milliarden Dollar durchgeführt. Goldman Sachs verwaltet jedes Jahr japanische Investitionen in der Höhe von 1,5 Milliarden Dollar bei Geschäften mit US-Immobilien. Die meisten dieser amerikanischen Investmentbanken wollen ihre Dienstleistungen für japanische Investoren weiter ausbauen. Dabei merken sie jedoch, daß das amerikanische Monopol auf diesem lukrativen Gebiet bereits gebrochen ist.

Hinweise darauf, daß japanische Firmen in den traditionell amerikanischen Bereich von Fusionen und Aufkäufen einzudringen begannen, konnte man bereits 1986 bis 1987 wahrnehmen, als die Long-Term-Credit-Bank dabei half, acht mittelgroße Geschäfte abzuschließen, darunter den Kauf von 80 Prozent von Dunlop Tire für eine Viertelmillion Dollar durch Sumitomo Rubber. Die Sanwa-Bank half beim 319-Millionen-Dollar-Kauf des Hyatt-Regency-Hotels in Maui durch Kokusai Motorcars und behauptet von sich, sie sei die Nummer eins bei transpazifischen Übernahmen. Nomura half bei der Fusion von T-Cell Sciences, einer kleinen Biotechnologiefirma in Massachusetts, mit dem japanischen Giganten Yamanouchi Pharmaceutical.

Das Geschäft mit den Fusionen und Aufkäufen wurde früher in Japan als amerikanische Krankheit gebrandmarkt, die zur Zerstörung angesehener Unternehmen führte. Doch dieser schlechte Ruf existiert nicht mehr. Inzwischen ist eine neue Rasse japanischer Investmentbanker auf den Plan getreten: Diese jüngeren, transpazifischen Jet-sets vergleichen sich stolz mit den *ninja* (den berühmten Geheimagenten des japanischen Kaiserhofes) oder den *kuroko* (den stummen, schwarz gekleideten Gestalten, die den Kabuki-Schauspielern beim schnellen Kostümwechsel auf der Bühne helfen).

Die neuen *ninja* und *kuroko* machen noch keine Milliardengeschäfte in den Vereinigten Staaten; diese bleiben vorerst noch der Crème der amerikanischen Investmentbanken vorbehalten. Doch für die weitere Zukunft sind sie in einer guten Ausgangslage, um sich ein kräftiges Stück in diesem Geschäft zu erobern. Die neuen japanischen Investmentbanker verfügen im allgemeinen über langjährige, von Vertrauen geprägte Beziehungen zu ihren Kunden. Die Industrial Bank of Japan beispielsweise macht mit 90 Prozent der 200 japanischen Spitzenunternehmen Geschäfte, und die überwiegende Mehrheit unter ihnen zeigt großes Interesse an ausländischen Erwerbungen. Vorerst fehlen der Industrial Bank of Japan und anderen noch detaillierte Kenntnisse der geschäftlichen Möglichkeiten und Spielregeln in den Vereinigten Staaten. Doch sie lernen schnell.

»Japanische Unternehmen wollen sicher sein, daß sie von den besten Leuten vertreten werden«, sagt Tetsuo Okaya, der Vizepräsident der schnell expandierenden Abteilung für Fusionen und Ankäufe bei Yamaichi. »Wenn sie aber die Wahl haben, so ziehen sie es vor, von anderen japanischen Unternehmen vertreten zu werden, weil diese ihre Bedürfnisse verstehen und das ganze Geschäft auf dieselbe Weise sehen wie sie.« In ein paar Jahren, so prophezeit er, wird Yamaichi mit den besten amerikanischen Investmentbanken mithalten können, was das Erkennen von Chancen auf dem amerikanischen Markt und die Abwicklung von Geschäften anbelangt. Amerikanische Firmen hingegen können nur wenige Erfahrungen bei Fusionen in Japan machen, da die Übernahmen japanischer Firmen durch ausländische Unternehmen immer noch selten sind.

»Die Internationalisierung der japanischen Vermögenswerte hat ironischerweise zur Folge, daß die Japaner noch Japan-fixierter werden«, bemerkte Tetsundo Iwakuni, der Senior Vice President von Merrill Lynch. »Anfangs hatten japanische Unternehmen in den Vereinigten Staaten keine andere Wahl, als Englisch zu lernen, sich den amerikanischen Hauptströmungen anzupassen und amerikanische Geschäftspartner zu finden. Jetzt, da sie so reich und mächtig geworden sind, haben sie ein ›Mini-Japan‹ in den Vereinigten Staaten geschaffen.« Er erwähnte den Fall von Yamaha, in dem Merrill Lynch aus historischen Gründen an erster und Nomura an zweiter Stelle einen Geschäftsvertrag unterzeichneten. Auf den Druck von Nomura hin stellte Yamaha diese Reihenfolge kürzlich um.

Solche Veränderungen signalisieren den Beginn einer größeren Verschiebung der Verhältnisse. »Die Japaner haben Dreißigjahrespläne, während amerikanische Firmen glauben, strategische Planung sei die Antwort auf die Frage: ›Was werden wir in zwölf oder achtzehn Monaten tun?‹« sagte Perrin Long. Er ist einer der wenigen, der seinen Lebensunterhalt als selbständiger Beobachter und Analytiker der Geschäfte der Wall Street verdient, und kann es sich daher leisten, einige der egozentrischen Ansprüche der amerikanischen Investmentbanker mit nüchternem, kaltem Blick zu betrachten. »Mich überraschen diese Leute«, sagte er in seiner vornehmen, leicht affektierten Sprechweise. »Sie reden über Innovationen und solche Sachen, aber sie müßten eigentlich wissen, daß in diesem Geschäft *das Geld zählt.*

Es gibt keine Patente an der Wall Street. Wenn ein Unternehmen heute mit einer Innovation auf den Markt kommt, kann sie morgen jedermann nachahmen. Wer über das Kapital verfügt, behält normalerweise am Ende die Oberhand. Die Japaner sind auf diesem Gebiet viel stärker als irgendwer sonst.«

Was die vielgerühmte Lust amerikanischer Firmen zum Risiko anbelangt, so hält Long ein solches Feuerwerk für wichtig, um aus kurzfristigen Gelegenheiten Geld zu schlagen, aber nicht für entscheidend. »Die meisten amerikanischen Finanzinstitute wurden auf konservativen Werten errichtet, die jenen entsprechen, die die Japaner so schätzen.«

Michael Schrage, ein Journalist, der als Chefredakteur bei der Zeitschrift *Manhattan inc.* die Macht- und Geldverschiebungen an der Wall Street studiert, beleuchtete den Wandel, der zur Zeit stattfindet: »Die Bedeutung der Innovationskraft als Wettbewerbsvorteil auf den weltweiten Finanzmärkten muß heute grundlegend neu überdacht werden ... Wie die Automobiltechnik und das Entwerfen von Computerchips wird auch die Finanzierungstechnik - das Wissen, wie man maßgeschneiderte Lösungen für finanzielle Probleme entwickelt - zu einer weltweit verbreiteten Fähigkeit. Solange sich die amerikanische Dienstleistungsindustrie auf dem Finanzsektor verkleinert, wird es für ausländische Firmen, besonders für japanische Banken und Brokerhäuser immer leichter und billiger, das intellektuelle Anfangskapital für Innovationen einzukaufen.« Schrage nennt als Beispiel Peter Rona, den Generaldirektor von IGJ/Schroder (einem amerikanischen Tochterunternehmen der Industrial Bank of Japan), der behauptet, die Innovation allein »gebe nicht den wirklichen Ausschlag. Welcher Art auch immer dieses überwältigende Finanztalent ist, es läßt sich mit dem Handelsüberschuß eines Monats einkaufen.«[11]

Die eigene Wachstumsstrategie kann die Wall Street ungewollt in die japanische Umklammerung führen. Da die Kosten steigen und die Gewinne abbröckeln, wollen immer mehr amerikanische Firmen die Teile ihres Geschäftes mit hohen Gemeinkosten aufgeben und zu den blendenden, profitableren Emissionsgeschäften und Großkundengeschäften übergehen. Indem sie sich von den güterorientierten Sektoren zurückziehen, laden sie geradezu zu einer wachsenden japanischen Präsenz auf diesen Gebieten ein, wie dies beim Handel mit Regierungsanleihen der Fall war. »Die Japaner sind darauf vorbereitet, noch fünf weitere Jahre lang Geld in den USA zu verlieren. Doch dann beherrschen sie den Bereich der festverzinslichen Wertpapiere für Aktiengesellschaften und Kommunalbehörden und den Bereich der Emission von Wertpapieren für Fremd- und Eigenkapital von Aktiengesellschaften«, warnte Perrin Long.

Gleichzeitig brauchen amerikanische Firmen, die sich auf das gewinnträchtigere Bankengeschäft mit Großkunden konzentriert haben, größere Mengen an Eigenkapital. Ein Beispiel: First Boston verdiente die ungeheure Summe von 100 Millionen Dollar, weil sie die Campeau Corporation bei der Übernahme von Allied Stores beraten hatte. Um aber dieses Geld zu verdienen, mußte die Firma Campeau 865 Millionen Dollar Eigenkapital als Überbrückungskredit zur Verfügung stellen, damit das Geschäft zustande kam. Der Generaldirektor der First Boston, Peter Buchanan, gestand nachher, daß trotz des großen Erfolges in diesem einen Fall ein anderes derartiges Abenteuer auch danebengehen könne und das Firmenkapital damit für lange Zeit gebunden wäre.[12]

Die Folgerungen daraus liegen auf der Hand: Um in dieser Art Geschäft mithalten zu können, müssen sich amerikanische Firmen, die eine wichtige Rolle als Handelsbankiers spielen wollen, an fremde Partner mit großem Geldsäckel wenden. Die japanischen Institute, die auf den entsprechenden Zugang und auf das damit verbundene Know-how erpicht sind, werden zu einer solchen Verpflichtung gerne bereit sein. Dies zeigten bereits die Kapitalspritzen der Sumitomo-Bank an Goldman Sachs, von Yasuda Mutual an Paine Webber und von Nippon Life an Shearson.

Es sind nicht nur die herkömmlichen Giganten der Wall Street, die sich nun ostwärts orientieren. Nachdem die Gurus für Anlagen und Fusionen, Joseph Perella und Bruce Wasserstein, Schlagzeilen gemacht hatten, weil sie von der First Boston weggingen und ihre eigene Investmentbank-Boutique aufmachten, ging Perella unverzüglich nach Tokio, wo er, wie berichtet wird, für seinen Übernahmefonds 200 bis 300 Millionen Dollar auftreiben wollte.

Die magnetische Anziehungskraft japanischen Kapitals ist so groß, daß für amerikanische Finanzunternehmen, die in Schwierigkeiten geraten sind, Tokio der natürliche, oft auch einzige Ort ist, an dem ihre Probleme gelöst werden. Als General Electric unglücklich war über den Ankauf der verehrungswürdigen Firma Kidder, Peabody, riefen die Führungsleute als erstes Nomura an, um herauszufinden, ob die Japaner einen Teil oder alle Kidder-Aktien übernehmen wollten. Als der Präsident der Bank of America, A. W. Clausen, die Schieflage der einst stolzen Bank korrigieren wollte, ging er mit dem Hut in der Hand nach Tokio und putzte Klinken, bis er eine Bürgschaft von 350 Millionen Dollar aufgetrieben hatte. Einem Manager zufolge wurden die Geschäftsbedingungen »ganz deutlich von den Japanern diktiert« –

und sie waren sehr teuer.[13] Doch es gab buchstäblich niemand anderen, zu dem Clausen hätte gehen können, um das Geld aufzutreiben, das er brauchte.

Da die Bank of America wie auch andere Banken nicht über genügend Kapital verfügen, um in langfristige Entwicklungsstrategien einzusteigen, können sie einige ihrer besten Leute nicht daran hindern, zu den Japanern überzulaufen. Peter Nevitt, ein Leasing-Spezialist, verließ kürzlich mit zwei Kollegen die Bank of America und schloß einen Kooperationsvertrag mit der japanischen Handelsfirma Mitsui. Nevitt meinte, amerikanische Banken seien bei der Eröffnung neuer Geschäftszweige für seinen Geschmack zu zurückhaltend geworden. »Offen gesagt, die Guthaben der Banken gehen zurück, anstatt zu wachsen; sie scheuen das Risiko, verkaufen Kredite und Mietverträge, wo sie nur können. Ich wollte da sein, wo etwas los ist.«[14] Und los ist natürlich etwas bei den Japanern.

Perrin Long spricht temperamentvoll aus, wohin diese Schwierigkeiten führen werden: »Die Japaner haben das Geld, und die meisten Amerikaner sind käuflich.«

Ein Buddha in Ungnade?

Vor vier Jahrzehnten gehörte Koh Komatsu zu einer Handvoll Überlebender auf einem japanischen Schiff, das von amerikanischen Torpedos auf dem Höhepunkt des Pazifikkrieges vor den Philippinen getroffen wurde. Nicht allzuweit davon entfernt kämpfte ein anderer junger Seemann, John Weinberg, auf einem Schiff für die amerikanische Sache.

1986 war Komatsu Präsident der Sumitomo Bank, des Kronjuwels einer großen Gruppe von Firmen, die als Verbund unter dem Namen Sumitomo seit über hundert Jahren existieren. Die Vermögenswerte der Bank sind größer als die von Citicorp. Im Hinblick auf die Depositen ist die Bank nur die drittgrößte in Japan. Sie gilt aber allgemein als eine der gewinnbringendsten, berühmtesten und am meisten zukunftorientierten Finanzinstitute des Landes. Komatsu ist einer jener Leute von Osaka, die immer gleich zur Sache kommen; er erklärte, es sei das kurze süße Ziel von Sumitomo, »die beste Bank der Welt zu werden«. Um dieses Ziel zu erreichen, wolle er Anteile an einer erstklassigen amerikanischen Investmentbank kaufen. Deren Leute könnten dann einer ganzen Armee junger Rekruten aus den besten

Familien und von den besten Universitäten Japans beibringen, wie man auf amerikanische Weise Geschäfte macht.

John Weinberg war Hauptgeschäftsführer von Goldman Sachs, und um ihn im geheimen zu treffen, war Komatsu nach New York gekommen. Die beiden Veteranen des Pazifikkrieges setzten sich zusammen und arrangierten eine Heirat, die die Welt des Investment Banking im Innersten erschütterte. Die Berater drängten beide Männer dazu, nicht über den Krieg zu sprechen, da er beiden noch sehr gegenwärtig war. Unvermeidlich tauschten die beiden dann doch Kriegsgeschichten aus und erzeugten dabei ein nervöses Grundklima.

Es waren McKinsey & Co. gewesen, die Sumitomo dazu geraten hatten, sich bei Goldman einzukaufen. Felix Rohatyn von Lazard Freres hatte die Aufgabe, das Geschäft zu arrangieren. Weinberg interessierte sich nach anfänglicher Überraschung bald ernsthaft dafür. Aus genau den Gründen, die wir zuvor erörtert haben, brauchte Goldman Kapital für die neue Ära im Investment Banking. Trotz der 117 prestigeträchtigen, erfolgreichen Jahre als Personengesellschaft konnte es so nicht mehr weitergehen. Goldmans 79 Partner verstanden, daß selbst eine Milliarde Dollar in der heutigen Welt nicht genug waren, um ganz oben mithalten zu können. Eine passive japanische Einlage war besser, als an die Börse zu gehen. Das hatte den zusätzlichen Vorteil, daß Goldmans Position in Japan gestärkt wurde; gleichzeitig verbanden sich die beiden Kräfte für das Geschäft auf den weltweiten Märkten. Goldman akzeptierte willig die Bedingungen, die Komatsu gab, was er am meisten wünschte: On-the-job-Training für japanische Investmentbanker in New York und London.

Einige Monate später im gleichen Jahr wurde das Abkommen besiegelt: Sumitomo zahlte fast 500 Millionen Dollar für einen 12,5prozentigen Anteil an Goldman und konnte diesen mit der Zeit auf 25 Prozent erhöhen. Rohatyn verließ die monatelangen Verhandlungen tief beeindruckt. Die Japaner »machten ihre Hausarbeiten für diesen Abschluß so gut, sie wußten Dinge über mich, die selbst meine Kinder nicht wußten«, meinte er. »Die Japaner brauchen lange, bis sie zur Konsensbildung kommen. Sind sie jedoch soweit, so ist ihre Fähigkeit, ihn umzusetzen, erschreckend. Wenn Sie diese Fähigkeit mit den finanziellen Ressourcen, die sie anhäufen, zusammendenken, dann bekommen Sie eine Vorstellung davon, wie wichtig die Japaner für unsere Märkte und auch sonst auf der Welt werden.«

Die 500 Millionen Dollar waren an sich keine Riesensumme für Sumitomo, deren eigener Börsenwert damals nahe bei 40 Milliarden Dollar lag. Die Vereinbarung wirkte jedoch bahnbrechend. John Gutfreund, der Chef von Salomon, schätzte ihre wahre Bedeutung so ein:

»Dies ist eine Botschaft für 500 Millionen Dollar. Der wichtigste Teil der Vereinbarung ist der, der uns etwas über die Japaner sagt. Er beweist, daß ihre langfristige Strategie darauf gerichtet ist, in bedeutendem Maß an unseren Märkten und unserer Infrastruktur teilzunehmen. Goldman wird nicht die einzige Firma sein, die Anteile an ein japanisches Unternehmen verkauft, sondern nur die erste.«[15]

Amerikanische Befürworter der Regulierung waren jedoch überrascht, daß sich eine Bank wie Sumitomo mit einer Wertpapierfirma wie Goldman verband, selbst wenn eine der Vertragsbedingungen lautete, daß Sumitomo kein Stimmrecht im Aufsichtsrat von Goldman bekam. Der Glass-Steagall-Act war immerhin noch in Kraft. Im Prinzip verboten es gesetzliche Bestimmungen den Handelsbanken, mehr als einen winzigen Anteil an Wertpapierfirmen zu besitzen. Der Zentralbankrat war einem schrecklichen politischen Druck ausgesetzt, dem Abkommen seinen Segen zu erteilen, und zwar weniger von Lobbyisten von Sumitomo oder Goldman als vielmehr von anderen Leuten, die in dieser kühlen Allianz die goldene Gelegenheit erblickten, einen neuen Präzedenzfall für die Washingtoner Deregulierung zu schaffen.

Nach sorgfältiger Prüfung entschied der Zentralbankrat, das Geschäft zu billigen, verabschiedete aber sieben Einschränkungen, die zur Folge hatten, daß Sumitomo nur wenig mehr als ein Rentier war, der seine Dividendencoupons von den Goldman-Aktien abschnippelte. Die beiden Bestimmungen, die für Komatsu am meisten bedeutet hatten, wurden ausdrücklich verboten, daß nämlich die zukünftigen Investmentbanker von Sumitomo bei Goldman in die Lehre gehen konnten und daß beide Firmen in London eine gemeinsame Investmentbank eröffneten. Der Zentralbankrat gab Sumitomo 24 Stunden Zeit, um zu entscheiden. Komatsu weigerte sich, alles rückgängig zu machen, und argumentierte, als passive Investition finde das Abkommen immer noch Zustimmung. Wenn die vorweggenommene Wertschöpfung sich nicht innerhalb kurzer Zeit bemerkbar mache, dann eben langfristig.

Weniger als ein Jahr später nannte die japanische Wirtschaftspresse Komatsu jedoch einen »verwundeten Tiger« und berichtete, »er habe sein Gesicht verloren«, weil er nicht einlösen könne, was er seinen Kollegen versprochen habe: eine direkte Ader, durch die Sumitomo unter der Führung von Goldman in den Blutkreislauf des weltumspannenden Investment Banking eindringen könne. Am Ende wurde die Kritik so laut, daß Komatsu gezwungen war, sich auf eine geringere Position innerhalb der Bank zurückzuziehen.

Komatsu wartet immer noch darauf, daß die Ereignisse ihm recht geben. Der vergeistigt blickende Mann mit dem buddhaähnlichen Gesicht fächelte sich in der Tokioer Sommerhitze Kühlung zu und bat um Geduld bei der Beurteilung der Goldman-Investition. Der Glass-Steagall-Act wird abgeschafft, prophezeite er. Der Zentralbankrat könne eine umfassendere Beteiligung von Sumitomo an Goldman nicht länger verhindern. Sumitomo werde die gewünschten Kenntnisse des Investment Banking erlangen. Am Ende werde Goldman mehr Kapital brauchen. Sumitomo werde es zur Verfügung stellen und dabei erneut über die Vertragsbedingungen für das 21. Jahrhundert verhandeln. Das sei alles nur eine Frage der Zeit und der Geschichte. Selbst Niederlagen dauerten nur kurze Zeit ... Nach Komatsus Meinung ist das Urteil über den Sumitomo-Goldman-Deal noch nicht gefallen. Doch diese Erfahrung läßt uns versuchsweise einige Schlüsse ziehen.

- Den Japanern fehlen gewisse Fähigkeiten, die für den US-Markt wesentlich sind, besonders für Spitzengeschäfte. Das ist der Grund, warum Sumitomo so erpicht darauf war, sich an einem Haus wie Goldman zu beteiligen.
- Goldman selbst zeigte sich gern bereit, Sumitomo zu geben, was es wollte, nämlich Training, Fachkenntnisse und Beziehungen - genauso wie die großen High-Tech-Innovatoren ihre bahnbrechenden Entwicklungen den Japanern stets gerne für geringes Entgelt zur Verfügung stellten. Die Amerikaner glaubten bei diesen Geschäften, daß die Japaner, die sie einwiesen, nie zu ernsthaften Konkurrenten werden konnten.
- Der Zentralbankrat traf aus falschen Gründen die richtige Entscheidung. Die US-Behörden bestehen auf einer Politik des »national treatment«. Das bedeutet, daß ausländische Finanzfirmen, die in den Vereinigten Staaten operieren, dieselben Rechte und Privilegien wie amerikanische Firmen genießen - nicht mehr und nicht weniger. Das *national treatment* steht im Gegensatz zum Prinzip der Wechselseitigkeit; danach dürften ausländische Firmen in den Vereinigten Staaten nur das tun, was amerikanische Firmen in deren Ländern zugestanden wird. Der Zentralbankrat erhob Einspruch gegen das Sumitomo-Goldman-Abkommen, nicht weil Sumitomo japanisch war oder weil es Citicorp nicht gestattet wäre, einen Aktienanteil an einem japanischen Wertpapierunternehmen von Goldmans Größe zu erwerben.[16] Die Entscheidung des Zentralbankrats beruhte vielmehr primär auf den nunmehr zerfetzten Resten jener amerikanischen Bestimmungen, die das Bankgeschäft vom Wertpapiergeschäft trennten.
- Wenn diese amerikanischen Bestimmungen endgültig fallen, wer-

den japanische Giganten wie Sumitomo als erste in die Bresche springen. Wenn die Amerikaner über die Vorzüge debattieren, die sich ergeben, wenn der Glass-Steagall-Act aufgehoben wird, so haben die Argumente angesichts der neuen globalen Realitäten provinziellen Zuschnitt. Solange Washington mit der Politik des *national treatment* fortfährt, bedeutet jede Entscheidung, die es Banken gestattet, ins Wertpapiergeschäft einzusteigen, auch gleichzeitig, daß sich japanische Banken an Wertpapierfirmen beteiligen können.

Amerikaner in Tokio

Brian Kelly sieht wie Michael J. Fox aus. Stattlich gebaut, mit frischem Gesicht und voller Energie fällt der junge Mann von Morgan Stanley in der Menge der hektischen Händler im Börsensaal der Tokioer Börse auf. Blitzschnell macht er die Handzeichen für japanische Aktien (vier Finger nach oben als Symbol der aufgehenden Sonne für Hitachi; für Meiji Milk eine Pantomime mit beiden Händen, mit denen er große Brüste andeutet). Kelly ist der einzige *gaijin* im Trubel von 2000 Ringhändlern.

Kellys Existenz zeigt, daß die Amerikaner auf den Tokioer Finanzmärkten durchaus bestehen können. Nur wenige Aufgaben sind wohl schwieriger zu bewältigen als der Ringhandel mit seinen Details und dem großen Streß, und das noch in einer fremden Sprache und einer fremden Geschäftskultur, zu der nicht nur obskure Handzeichen gehören, sondern Dutzende weiterer geheimer Rituale und verborgener Nuancen, bei denen in jeder Sekunde Milliarden von Yen auf dem Spiel stehen. Kelly ist der lebendige Beweis, daß die Amerikaner mithalten können, wie schwer die Herausforderung auch sein mag.

Die Tatsache aber, daß er als einzelner Amerikaner in einem Meer von 2000 Japanern schwimmt, erinnert allerdings daran, daß selbst die besten amerikanischen Firmen gegen eine enorme und überwältigende Übermacht anzukämpfen haben.

»Morgan Stanley ist ein sehr wichtiges Unternehmen in den Vereinigten Staaten«, sagt Kelly philosophisch. »Hier in Tokio zählen wir nicht viel, selbst wenn wir unter den ausländischen Firmen die Nummer eins sind.« Zwei Jahre nachdem Morgan Stanley seinen Sitz an der Tokioer Börse erhalten hat, liegt die Firma dem Handelsvolumen nach an 38. Stelle innerhalb der japanischen Firmen - vergleichbar einem sehr kleinen japanischen Brokerhaus mit lokaler Bedeutung.

Als 1984 die ersten Schranken gegen eine Beteiligung ausländischer

Firmen fielen, stürzten amerikanische Firmen geradezu nach Tokio. Sie machen Geschäfte für amerikanische und internationale Kunden und streiten sich erbittert um Anteile am japanischen Binnenmarkt. In Ark Hills – einem kürzlich erbauten Büro-, Hotel-, Restaurant- und Shopping-Komplex, der an die Century City in Los Angeles erinnert – lesen sich die Namensschilder in der Lobby wie das Who's Who der internationalen Finanz. Hier kann man allerlei amerikanische Spezialitäten kaufen und in einer Salatbar nach kalifornischer Art zu Mittag essen, um sich dann zu Salomon Brothers, Goldman Sachs und zu einer ganzen Reihe anderer amerikanischer Firmen zu begeben, die für ihren Sitz in Ark Hills über 1000 Dollar Miete pro Quadratmeter zahlen.

Morgan Stanley, Salomon Brothers, Merrill Lynch und Goldman Sachs haben in Tokio je fast 300 Angestellte. Insgesamt arbeiten in Japan ungefähr 6000 Leute für amerikanische Wertpapierfirmen. Der weitaus größte Teil davon sind Japaner, und die Firmen selbst gleichen allmählich japanischen Unternehmen, zum Beispiel, wenn sie neue Rekruten in Trainingscamps nach japanischer Art stecken.

Wenn man bedenkt, wie fremdenfeindlich Tokio vor 1984 war, so erscheinen einige jüngere Ereignisse fast wie eine Art Wunder:

- Salomon investierte für seine Tätigkeit in Tokio 300 Millionen Dollar und steht damit im Hinblick auf das Gesamtkapital an fünfter Stelle nach den »Großen Vier«. Mit diesem Geld baut die Firma einen aggressiven Anleihenhandel nach amerikanischer Art auf und konzentriert sich dabei auf japanische Regierungsanleihen. Nach intensivem politischem Druck erhielten Salomon und andere Ausländer schließlich einen höheren Anteil an Bonds mit zehnjähriger Laufzeit, und zwar stieg dieser Anteil von winzigen 0,07 Prozent auf kaum sichtbare ein Prozent. Bei einem Verkauf von Regierungswechseln mit zweijähriger Laufzeit zu Beginn des Jahres 1987 verblüffte Salomon die Finanzwelt von Tokio. Die Firma zeigte ihre Muskeln, wie es sonst die Japaner auf dem Markt für US-Anleihen tun, indem sie 45 Prozent der gesamten Emission aufkauften, deutlich mehr als die 30 Prozent von Nomura. In den letzten Jahren gelang es Salomon sogar, in Japan Gewinne zu erzielen, 1986 bis 1987 zum Beispiel elf Millionen Dollar.
- Merrill Lynch eröffnete in Osaka eine Zweigstelle, um ihre Basis in Japan zu verbreitern, und plant eine Expansion in vier weitere japanische Städte. Die Firma gewinnt reiche Japaner als Kunden, die an einer Anlagenstrategie nach amerikanischem Vorbild interessiert sind, und hat ein Forschungsteam aufgebaut, das kontinuier-

lich die Entwicklung von hundert japanischen Aktien verfolgen kann.

- Ausländische Banken dürfen seit 1985 in das Treuhandbankengeschäft einsteigen. Sie sind nun im Verhältnis von 9:8 im Vergleich zu den japanischen Treuhandbanken in der Überzahl. Zusammengenommen machen die ausländischen Banken jedoch weniger als ein Prozent des gesamten japanischen Trust Banking aus. Es gibt allerdings einige bedeutsame Durchbrüche. Die japanischen Zweigstellen von Bankers Trust beispielsweise wurden mit dem Management des Portfolios für einen Wohlfahrtsfonds der japanischen Regierung beauftragt.
- Neue amerikanische Finanztechniken breiten sich in Japan aus. Goldman Sachs zum Beispiel half dem japanischen Tochterunternehmen von Shaklee bei einer öffentlichen Aktienemission, die für den japanischen Markt bestimmt war.
- Amerikanische Börsenmakler ziehen einige wenige, aber prestigeträchtige institutionelle japanische Kunden an. Der Grund dafür liegt teilweise in der Unabhängigkeit und der offenen Art der amerikanischen Analytiker; bisweilen geht es auch um eine größer angelegte Strategie zum Aufbau internationaler Beziehungen. Morgan Stanley berichtet, daß 40 Prozent seines Handels an der Börse von Tokio Aufträge institutioneller japanischer Kunden darstellen.
- Einige der berühmtesten japanischen Aktiengesellschaften, die beweisen wollen, wie international sie ausgerichtet sind, haben ihre Effektenemissionen ausgeschrieben, was zu einer starken Konkurrenz führt. Amerikanische Firmen, welche die vertrackten Details der japanischen Vorgehensweise beherrschen - und sie aus ihrer amerikanischen Perspektive ergänzen und damit bereichern -, gewinnen solche Aufträge immer wieder. Goldman Sachs beispielsweise war federführend beim Management einer »Yankee bond«-Emission von NTT.
- Ausländische Banken, angeführt von Citicorp, Morgan Guaranty und Chemical, gewannen einen beeindruckenden 45prozentigen Anteil des Geschäftsvolumens des Tokioer Devisenmarkts, auf dem insgesamt vier Billionen Dollar umgesetzt werden. Ihr Erfolg beruht zumindest teilweise darauf, daß sie einheimische Banken ausstechen, indem sie einen besseren Service und geringere Gebühren bieten sowie innovativere Finanzprodukte für japanische Unternehmen mit riesigen Bedürfnissen auf dem Gebiet des Devisenhandels.

Trotz dieser vereinzelten Durchbrüche zeigt die Erfahrung, daß die Amerikaner auf dem japanischen Finanzmarkt keine besonders bedeutsame Rolle spielen. Sie beherrschen nur einen winzigen Teil am Geschäftsvolumen im Bereich der Aktien, Anleihen und Bankkredite. Die meisten Firmen machen nur geringe Gewinne, wenn überhaupt. Ihre Aktivitäten stehen wegen ihrer politischen Bedeutung im Hinblick auf den Zugang zum Markt im Rampenlicht. Da droht natürlich jeder kleine Triumph zu einem Presseereignis zu werden. Tatsächlich ist die amerikanische Präsenz in Tokio um einige Größenordnungen geringer als die Präsenz der Japaner auf den US-Märkten.

Salomon ist vielleicht die erfolgreichste Firma. Mit einem Kapital von 300 Millionen Dollar und einer Belegschaft von 400 Leuten hat es aber bestenfalls einen winzigen Fuß in der Tür des Tokioer Geschäfts. Wie viele andere amerikanische Firmen können, realistisch gesehen, eine ähnliche Verpflichtung eingehen? Und wie viele von denen, die dies können, werden diese Verpflichtung auch weiterhin aufrechterhalten? Wie viele werden angesichts einer möglichen Baisse und anderer Einschränkungen an der Wall Street dabeibleiben? Und wie viele amerikanische Firmen werden an ihrem Engagement in der teuersten Stadt der Welt festhalten, wenn die Gewinne zu Hause zurückgehen und wenn Aufsichtsratsausschüsse auf Kosteneinsparungen drängen?

Selbst die erfolgreiche Firma Salomon ist nicht dagegen gefeit. Unter dem Druck von Managementfehlern, sinkenden Gewinnen und den Nachwehen des Schwarzen Montags begann sich die Firma 1988 von einer Anzahl ausländischer Märkte zurückzuziehen. Generaldirektor John Gutfreund, der der *New York Times* zufolge »einst ehrgeizig über die weltweite Expansion von Salomon sprach, spricht heute von den Grenzen dieser Welt«. Gutfreund meint: »Wir sind nicht so arrogant zu glauben, wir könnten zu einem Faktor in ihren einheimischen Märkten werden. Früher verführte uns der Gedanke, wir könnten dies erreichen.«[17] In der Zwischenzeit glauben Gutfreunds Gegenspieler in Japan – Tabuchi, Chino und all die anderen – immer noch an eine Welt ohne Grenzen. Sollte Salomon wieder ins Trudeln geraten wie 1987, als die Firma fast gekapert worden wäre, so wird mehr als eine japanische Firma darauf aus sein, das Ganze oder einen Teil davon zu ergattern.

Die Konzentration auf dem amerikanischen Finanzsektor »wird einen echten Test für unsere Firmen darstellen; es geht darum, ob sie sich im Ausland behaupten können, selbst wenn sie kurzfristig geringere Gewinne einfahren«, meinte Samuel L. Hayes III, der größte Harvard-Experte auf dem Gebiet des Investment Banking. »Wenn wir dies nicht begreifen und unseren Anteil an den internationalen Finanzmärkten nicht halten können, dann folgt die Finanzindustrie all jenen Industrien nach, die schon früher die Schlacht verloren haben.«[18]

Einige der Probleme, denen sich die Amerikaner in Tokio gegenübersehen, sind hausgemacht. Aggressive amerikanische Führungskräfte, die sich zu Hause in den obersten Etagen der Wertpapierfirmen wohl fühlen, mußten in Tokio schwere Mißerfolge hinnehmen, weil es ihnen in dieser Finanzkultur an Geduld und Demut fehlte, die man in Japan von Newcomern erwartet. Einige Beobachter schreiben den Erfolg von Salomon und Morgan Stanley der Tatsache zu, daß ihre Tokioer Zweigstelle nicht von »typischen« Amerikanern geleitet wurden. Die treibende Kraft bei Salomon ist Deryck Maughan (ein Brite), bei Morgan David Philipps (ursprünglich japanischer Herkunft).

Wer auch immer der Spitzenmann eines amerikanischen Unternehmens in Tokio ist, die Japaner wissen, daß er zu Hause nicht zu den absoluten Topleuten gehört. »Es fällt den Japanern sehr schwer, ein Unternehmen zu respektieren, das nicht einen seiner bedeutendsten Geschäftsführer nach Tokio entsendet«, schreibt ein Journalist der *Nihon Keizai Shimbun.* »Japanische Wertpapierfirmen würden einen sehr wichtigen Mann nach New York schicken, doch andersherum funktioniert das nicht.« Einige Chefs amerikanischer Firmen in Tokio beklagen sich, daß sie Mühe haben, zu Hause einen direkten Zugang zum Generaldirektor ihres Unternehmens zu bekommen, um mit ihm über ihre Geschäfte in Japan zu sprechen. Ihre japanischen Kunden und Geschäftspartner befürchten dies eben auch oft.

Die sprachlichen Barrieren sind ebenfalls gewaltig. Wie erfolgreich kann ein mit Wissen und Informationen handelndes Dienstleistungsunternehmen sein, wenn die obersten Geschäftsführer nur Englisch und die japanischen Angestellten nur ein bißchen Englisch sprechen und wenn zweisprachige amerikanische Angestellte wahrscheinlich mehr über japanische Literatur wissen als über das Wertpapiergeschäft?

Selbst Amerikaner, die sich für die Arbeit in Tokio eignen, bleiben nicht lange genug, um die Sprache zu erlernen und um persönlich Wurzeln zu schlagen, was für einen Erfolg in Japan unerläßlich ist. Hinter allen Geschäften in Japan steht ein feingesponnenes Netz persönlicher Beziehungen: Man geht zusammen zur Schule, trinkt ein Gläschen zusammen, spielt zusammen Golf, tut sich gegenseitig einen Gefallen, an den sich der andere lange Zeit erinnert. Solche Beziehungen werden ein Leben lang aufgebaut und gepflegt. Die meisten Amerikaner halten sich aber nur zwei oder drei Jahre in Japan auf und betrachten Tokio nur als Zwischenstation ihrer Karriere. Nur wenige bleiben länger als fünf Jahre; dann müssen Ausländer dieselben Steuern wie die Einheimischen bezahlen. »Fünf Jahre sind nichts in Japan«, meinte Jack Williams, der Tokioer Geschäftsführer von Merrill Lynch, der nach fünf Jahren wieder zurückgehen will. »Es können in dieser Gesellschaft fünf Jahre vergehen, bevor Sie bei jemandem eingeführt werden, mit dem Sie zusammentreffen möchten.«

Die Anwerbung von Mitarbeitern nach amerikanischem Muster ist ein zweischneidiges Schwert. US-Unternehmen haben mit finanziellen Anreizen Talente von führenden japanischen Unternehmen weggelockt. Dieser Anreiz richtet sich vor allem an die Weltoffensten und an die Unternehmertypen, nicht an die große Masse. Daß amerikanische Firmen viele brillante Japaner angeworben haben, ist die gute Nachricht. Schlecht dabei ist, daß nicht wenige von ihnen als Einzelgänger oder gar Abtrünnige von der Geschäftswelt gebrandmarkt werden, zu der sie ja eigentlich die Verbindungen herstellen müßten.

Die amerikanischen Unternehmen gehören auch zu den größten Arbeitgebern talentierter, karrierebewußter japanischer Frauen. Es ist aber traurige Realität, daß diese Frauen trotz ihrer wichtigen Titel und Funktionen, die sie in den *gaijin*-Firmen haben, von der überwiegend männlichen japanischen Finanzwelt kaum respektiert werden.

Wenn es amerikanischen Unternehmen am Ende gelungen ist, die richtigen japanischen Angestellten zu rekrutieren, dann ist die Schlacht noch immer nicht gewonnen. Goldman Sachs entdeckte in Hideki Mitani von der Sumitomo-Bank ein ungewöhnlich vielversprechendes Talent, und es gelang, ihn wegzulocken. Die Mentoren von Mitani bei Sumitomo unternahmen alles außer *harakiri,* um ihn zurückzuhalten. Monatelang setzten ihn Topführungsleute in Sitzungen unter starken Druck, bevor sie ihn endlich ziehen ließen. Bei einer anderen Gelegenheit erschienen drei hart umkämpfte Japaner am Morgen zur Arbeit, kamen aber nach dem Mittagessen nicht mehr zurück. Wie sowjetische Überläufer, die einen Blick auf die amerikanische Lebensart geworfen haben, es dann aber trotz der persönlichen trüben Aussichten vorziehen, wieder zu Mütterchen Rußland zurückzukehren, so ging auch dieses Trio wieder zu ihren japanischen Arbeitgebern zurück, selbst wenn ihr kurzer morgendlicher Besuch für ihr gesamtes weiteres Berufsleben ein Schandmal bleiben wird.

Auch die einst stärkste japanische Trumpfkarte wird mit der Zeit schwächer. »Die Amerikaner werden nicht für alle Zeiten derart hohe Saläre bieten können«, sagt der Aktienchef von Daiwa, Koichi Kimura. Er glaubt auch, es werde »eine Art Gehaltsarbitrage« geben. Dabei würden die japanischen Gehälter steigen, damit Talente gehalten werden könnten, und die amerikanischen Saläre würden aus Rentabilitätsgründen sinken. »An einem bestimmten Punkt müssen ausländische Firmen, die zu schnell expandiert haben, ihre Belegschaft wieder verkleinern. Sobald sie das tun, werden sie viele Japaner entlassen. Japanische Wertpapierfirmen praktizieren jedoch die lebenslange Anstellung. Wenn die Amerikaner keinen stabilen Arbeitsplatz bieten können, ist es egal, wieviel sie zahlen.«

Einstiegsbarrieren

Gleichgültig, wie stark oder schwach einzelne amerikanische Firmen sein mögen, sie alle sind mit der Realität konfrontiert, daß Japan mit seinem Finanzsystem Ausländer gerade eben toleriert, und nicht mehr. Aber das ist nicht genug. Es ist wie an anderen Fronten des Wirtschaftswettbewerbs zwischen den USA und Japan: Die formalen gesetzlichen Schranken, die eine amerikanische Beteiligung bisher verhinderten, sind zwar am Fallen, doch die informellen und kulturellen Schranken bleiben bestehen.

Ein gutes Beispiel dafür ist das japanische System des gegenseitigen Aktienbesitzes. Solche »Verwandtschaftsaktien« sind Indikatoren dafür, wer mit wem Geschäfte macht. Larry Zoglin zufolge, einem Rechtsanwalt von Paul, Weiss, Rifkind, der diese informellen Schranken auf dem japanischen Wertpapiermarkt studierte, wird es Amerikanern, die außerhalb dieses Systems stehen, trotz ihres Könnens wahrscheinlich nicht gelingen, in die Verwaltung japanischer Pensionsfonds oder in das Aktienemissionsgeschäft einzudringen. »Der erste Grund für ihre Erfolglosigkeit liegt auf der Hand: Sie besitzen keine größeren Aktienpakete ihrer möglichen japanischen Kunden.« Das Geschäftsleben in Japan beruhe auf diesem Wechselverhältnis. »Firmen, die für größere japanische Unternehmen auf dem dortigen Finanzsektor tätig werden möchten, werden zu einem großen Teil danach beurteilt, ob sie langfristig Aktien ihres Kunden halten wollen. Ein japanisches Unternehmen erwartet beispielsweise, daß die Bank oder Versicherungsgesellschaft, die ihre Pensionskasse verwaltet, gleichzeitig ein beachtliches Aktienpaket von ihr hält, bis zu fünf Prozent. Dasselbe wird von Finanzdienstleistungsunternehmen erwartet.«

Nur wenige Hauptverwaltungen amerikanischer Banken würden es wohl gutheißen, wenn der Manager ihrer Tokioer Zweigstelle entscheiden würde, fünf Prozent der Firma XY zu kaufen, nur um seine Chancen bei seiner Bewerbung um die Verwaltung ihrer Pensionskasse zu verbessern. Da die amerikanischen Banken eine solche Art der

Bindung nicht herstellen können, »bleiben sie von der Verwaltung von Pensionskassen in Japan weitgehend ausgeschlossen«.[19]

Als sich Goldman Sachs mit Nomura zusammentat, um japanische Unternehmen wie Canon und TDK auf dem amerikanischen Aktienmarkt durch öffentliche Zeichnungsangebote zu lancieren, übernahm jeder der beiden Garanten die Hälfte. Als sich aber Goldman mit Nikko für ein öffentliches Zeichnungsangebot für die japanische Tochtergesellschaft Shaklee zusammentat, erhielt Nikko 85 Prozent des Geschäfts, obwohl die Idee von Goldman stammte. Da der US-Markt verhältnismäßig offen und der japanische Markt ziemlich geschlossen ist, können die Amerikaner in solchen Situationen kaum etwas tun. Wenn ein amerikanischer Garant mehr als 50 Prozent des Geschäfts in Amerika übernehmen möchte, könnten ihn die Japaner zugunsten eines anderen amerikanischen Partners leicht beiseite drücken. Umgekehrt geht dies aber nicht.

Auf die Frage, was geschehen wäre, wenn er sich geweigert hätte, die lächerlichen 15 Prozent der Shaklee-Emission zu akzeptieren, und wenn er statt dessen einen anderen japanischen Partner gesucht hätte, antwortete Gene Atkinson von Goldman: »Das Geschäft wäre schlicht und einfach nicht zustande gekommen, weil der Chef von Shaklee Japan eine lange persönliche Beziehung zu Nikko hat.« Trotz des heftigen Wettbewerbs unter japanischen Firmen halten sie an der Mentalität des »Wir gegen sie« fest, meinte Atkinson. »Sie rudern alle zusammen im selben Boot. So etwas ist uns in unserer amerikanischen Kultur fremd.«

Als einer, der miterlebte, wie das Büro von Goldman in Tokio von zwei Personen im Jahr 1974 auf heute über 300 Angestellte anwuchs, ist Atkinson stolz auf die Erfolge der Firma, aber er sieht auch die Grenzen. »Die Japaner üben mehr Kontrolle darüber aus, was wir hier wollen, als umgekehrt wir über das, was sie in Amerika wollen. Sie haben das Geld und sitzen nun am Steuer.«

Selbst einige der »Siege«, die die Amerikaner bei der Öffnung des Tokioer Marktes feiern konnten, erwiesen sich im Laufe der Zeit als zweifelhaft. Man nehme zum Beispiel die Forderung, daß ausländische Firmen an der Tokioer Börse einen Sitz bekommen. Diese Forderung erhob Donald Regan, als er bei Merrill Lynch war, und später als Finanzminister. Von 1982 bis 1985 spielten das Finanzministerium und die Tokioer Börse ihr Spiel. Das Finanzministerium erklärte, die Börse sei keine Regierungsorganisation und stehe damit nicht unter seiner Kontrolle. Die Börse behauptete erst, die Ausländer würden die Bedingungen für eine Mitgliedschaft nicht erfüllen. Später gab sie andere Gründe an. Es seien keine Sitze erhältlich, und die Ausländer müßten so lange warten, bis sich einige kleinere japanische Firmen dazu entschlössen, ihren Sitz zu verkaufen. Dann kritisierte die Tokioer Börse die Ausländer, daß sie so lange gewartet hätten, ihr Interesse an einer Teilnahme zum Ausdruck zu bringen. Es sei ein modernes Hauptquartier gebaut worden, doch darin sei einfach nicht genügend Platz für ausländische Mitglieder. 1985 gab die Tokioer Börse schließlich dem intensiven ausländischen Druck nach und erteilte Merrill Lynch, Goldman Sachs, Morgan Stanley, Vickers Da Costa, S. G. Warburg und Jardine Fleming die Zulassung. Zwei Jahre später erhielten sechzehn weitere ausländische Mitglieder einen Sitz.

Als äußeres Zeichen war die Zulassung der Ausländer ohne Zweifel ein Sieg. Wirtschaftlich gesehen ist die Frage allerdings noch offen. Der deutlichste Nutzen für Ausländer besteht darin, daß Mitgliedsfirmen die gesamten Maklergebühren bei Geschäften für ihre Kunden behalten können, anstatt 27 Prozent an ein japanisches Brokerhaus abgeben zu müssen. Wenn man die Kosten eines Börsensitzes (acht Millionen Dollar im Jahr 1988) jedoch zusammen mit den Gemeinkosten für die zehn bis 15 Angestellten, die am Ring tätig sind, in die Rechnung mit einbezieht, so muß eine Firma fünf Jahre lang erfolgreich arbeiten, um die Gewinnschwelle zu erreichen.

All dies ist ein geringer Preis für jene Unternehmen, die zu den großen Firmen der künftigen globalen Achse London–New York–Tokio gehören möchten. Doch wie gut das Geschäft für Ausländer in Tokio läuft, bleibt noch abzuwarten. Selbst nach der 25jährigen Tätigkeit von Merrill Lynch in Japan meint Jack Williams resignierend: »Das Schwierigste für uns Ausländer ist es, reine Yen-Geschäfte abschließen zu können. Man versucht es, besonders wenn man seine Miete in Yen bezahlt, aber es ist nicht einfach.«

Bisweilen werden übereifrige Ausländer, die ein Yen-Geschäft an Land ziehen wollen, das Opfer japanischer Scharlatane. Kurz nachdem Merrill Lynch einen Sitz an der Tokioer Börse bekommen hatte, begann ein japanischer Kunde, über Merrill und eine andere ausländische Firma Millionen von Aktien der Nankai Railway aufzukaufen. Als der Aktienpreis nach unten ging, weigerte sich der Kunde plötzlich, die Einschußpflicht zu erfüllen, und zwang Merrill damit, die Aktien mit 17,3 Millionen Dollar Verlust wieder abzustoßen.

Ein Sitz an der Tokioer Börse ist unumgänglich, wenn talentierte Japaner die betreffende Firma als möglichen Arbeitgeber oder Kunden sie als möglichen Broker in Betracht ziehen sollen. Die Mitgliedschaft allein löst aber noch nicht alle Probleme. Aus steuerlichen und anderen gesetzlichen Gründen haben ausländische Wertpapierfirmen immer noch Schwierigkeiten, den »KK«-Status zu bekommen – das bedeutet, daß ihre Zweigstellen als japanische Unternehmen zählen. Daher operieren die meisten als Zweigstellen von US-Firmen. Merrill Lynch operiert in Japan als Zweigstelle einer Firma, die Merrill Lynch Japan heißt; als Kapitalgesellschaft ist sie jedoch in Delaware eingetragen. Tetsundo Iwakuni von Merrill zufolge glauben die japanischen Wertpapierfirmen nicht, daß der »Präsident« von Merrill ein richtiger »Präsident« ist, weil die Firma nicht den KK-Status hat. »Der Präsident eines größeren japanischen Unternehmens muß sich da fragen, ob es angemessen ist, den Präsidenten von Merrill Lynch Japan zu treffen, da unser Präsident nur den technischen Status eines Zweigstellenleiters hat«, meint Iwakuni.

Als gebürtiger Japaner, der aus derselben Stadt wie Premierminister Takeshita stammt, und als Veteran mit 18jähriger Erfahrung bei Nikko teilt Iwakuni nicht den oft naiven amerikanischen Enthusiasmus über die Geschäftsaussichten in Tokio. In einer außergewöhnlichen Rede bei einem Symposium über internationale Wertpapiere im Jahr 1987 faßte Iwakuni die Wettbewerbssituation mit so unverblümten Worten zusammen, wie sie wohl keine amerikanische Führungskraft zu äußern gewagt hätte:

> »Das japanische Finanzministerium hat kürzlich der Änderung gewisser Bestimmungen zugestimmt, die bisher eine Teilnahme ausländischer Finanzfirmen am Tokioer Kapitalmarkt verboten. Dies wurde in den Vereinigten Staaten und in Europa in dem Glauben begrüßt, Japan gebe nun endlich seine protektionistische Haltung auf. Leider ... ist dies nicht der Fall. In Wirklichkeit werden keine neuen Gesetze und keine Änderungen von Bestimmungen die japanische Gesellschaft über Nacht ändern ... Die Japaner werden die neuen Regelungen nach außen hin unterstützen, dann aber weiterhin untereinander Geschäfte machen, wie sie es schon seit Jahrhunderten tun ... Obwohl amerikanische Firmen wie Merrill Lynch in den japanischen Finanzmarkt eindringen werden, werden sie doch ihre Gewinne, wie in der Vergangenheit, nur unter großen Schwierigkeiten machen können ...
>
> Es ist für japanische Firmen so leicht, sich in den Vereinigten Staaten zu etablieren, daß sie heute zwölf voll funktionsfähige amerikanische Tochtergesellschaften haben, während es in Japan keine einzige derartige amerikanische Firma gibt. So gesehen, kontrolliert das japanische Finanzministerium erfolgreich die beiden größten Kapitalmärkte der Welt. Wenn es sich hier um ein Baseballspiel handelte, so hätten die Japaner zwölf und die Vereinigten Staaten null Punkte. Ein derart einseitiges Spiel, in dem das eine

Team von den Regeln derart behindert wird, daß es nicht mehr aktionsfähig ist, ist für uns nicht zu akzeptieren.«[20]

Veränderungen in Japan, warnte Iwakuni, gingen nur schleppend vor sich, kämen nur nach langen Verhandlungen zustande und seien selbst dann mehr Schein als Sein.

Wie optimistisch die Erwartungen ausländischer Firmen bei ihrem ersten Eindringen in den Tokioer Markt auch waren, die Überlebenden im Kampf um einen Sitz an der Tokioer Börse begreifen nun, daß ihr Geschäft zur Hauptsache auf dem Handel für ausländische Anleger beruht - und dieses macht normalerweise weniger als fünf Prozent des Gesamtvolumens aus. Die Ironie will es, daß die ausländischen Firmen geschwächt wurden, als sie ihren Sitz an der Tokioer Börse erhielten, denn heute konkurrieren dort 22 ausländische Firmen um einen Marktanteil von fünf Prozent. Aron Viner, früher Vizepräsident von Yamaichi, sieht hier einen berechnenden Plan am Werk: »Es liegt ganz im Interesse Japans, daß *alle* qualifizierten ausländischen Unternehmen, und nicht nur ein paar, zum Geschäft zugelassen werden ... Dies ist der sicherste Weg, um zu verhindern, daß es einigen ausländischen Institutionen gelingt, sich einen größeren Marktanteil zu sichern.«[21]

Auf ein paar Gebieten bedeutete die Deregulierung, daß die Ausländer ein gewinnträchtiges Geschäft verloren. Früher besaßen sogar die *gaijin* ein paar geschützte Nischen. Ein solches wichtiges Gebiet waren zum Beispiel die »impact loans« ausländischer Devisen an japanische Unternehmen. Ausländische Banken in Tokio hatten den Vorteil, daß sie sich unbegrenzt dem Devisenhandel widmen konnten, während einheimische Banken bestimmte Quoten beachten mußten. Die Bank of America, Chase, Citibank und andere machten bis zu 40 Prozent ihrer Gewinne in Japan in diesem Tätigkeitsbereich. Heute hat die Deregulierung dazu geführt, daß dieses Gebiet nun auch den Japanern offensteht. Der Anteil der Ausländer ist im Vergleich zu 1982 auf ein Drittel gesunken. In der Zwischenzeit ist auch der Anteil der Ausländer an den gesamten Bankkrediten in Japan von 4,2 auf 2,2 Prozent zurückgegangen.

Ohne Zweifel zieht die japanische Seite größeren Nutzen aus der Deregulierung und der Globalisierung. Einige wenige Politiker versuchten das öffentliche Interesse in den USA darauf zu richten, doch mit geringem Erfolg. Der Kongreßabgeordnete Schumer meint, daß sich Amerika mit aller Kraft für das Prinzip der Gegenseitigkeit einsetzen müsse, da die Japaner sonst in absehbarer Zukunft die alleinige Vorherrschaft auf den internationalen Märkten innehaben würden.

Schumers Bemühungen, den Japanern ihre Stellung als Primärhändler in den USA zu nehmen, bis auch Tokio größere Maßnahmen zur Öffnung des Marktes unternimmt, wurden 1988 sogar in die Gesetzesvorlage für das Handelsabkommen aufgenommen, das vom Kongreß verabschiedet wurde. Aber ihm fehlt noch die öffentliche Unterstützung eines einzigen prominenten Finanzunternehmens. Keine Wall-Street-Firma, die genügend Selbstachtung besitzt, gibt bereitwillig zu, daß sie bei diesem globalen Spiel einen Mißerfolg erlitten hat, oder bittet um das, was ihr im Prinzip am meisten widerstrebt - um Unterstützung durch die Regierung. Einige Amerikaner haben einfach resigniert. »Es sieht nicht so aus, als kämen wir im Bankgeschäft mit den Japanern zu einem ausgeglichenen Verhältnis«, sagte Joseph Pinola, Generaldirektor der First Interstate. »Unsere japanischen Zweigstellen sind in ihren Handlungsmöglichkeiten stark eingeschränkt, während die japanischen Banken hier wie amerikanische Banken operieren dürfen. Die Japaner sprechen darüber, daß sie uns Gegenseitigkeit zugestehen wollen, doch sie behindern uns mit allen Mitteln.«[22]

Im privaten Bereich plädieren einige führende Köpfe an der Wall Street für eine Gesetzgebung nach Art Schumers, um die Aufmerksamkeit auf dieses Problem zu lenken. Doch selbst diejenigen, die aus prinzipiellen Gründen auf Gegenseitigkeit beharren, sehen ein, daß ein finanzieller Protektionismus ein fataler Fehler wäre. Solange das jährliche Haushaltsdefizit der Vereinigten Staaten nicht verringert wird, tritt Washington für eine größtmögliche Beteiligung der Japaner am amerikanischen Markt für Regierungsanleihen ein. Je aktiver die japanischen Anleger sind, um so leichter ist das Defizit zu finanzieren.

Das Machtungleichgewicht zwischen japanischen und amerikanischen Finanzfirmen, das schnell wächst, wird von der Makroökonomie gesteuert: von der Stärke Japans als einer investierenden Nation und der Schwäche Amerikas als einer Schuldernation. Diese Entwicklung wurde unnötigerweise von der Laissez-faire-Politik der Reagan-Administration und der Selbstüberschätzung der Wall Street verstärkt. Nomura wurde 1981 ohne große Schwierigkeiten Vollmitglied an der New Yorker Börse, während der Versuch von Merrill Lynch, einen Sitz an der Tokioer Börse zu bekommen, zu einer großen internationalen politischen Schlacht wurde, die erst Ende 1985 beendet wurde. Nomura und Daiwa wurden 1986 Primärhändler in US-Regierungsanleihen, obwohl sich die amerikanischen Firmen 1988 immer noch darüber beklagten, daß sie nur Krumen von den Tokioer Anleihensyndikaten bekamen.

Der ideale Zeitpunkt, um über Gegenseitigkeiten zu streiten, ist vorbei. Hätten die Amerikaner zu Beginn der achtziger Jahre auf einer Symmetrie des Zugangs zu amerikanischen und japanischen Finanzmärkten bestanden - bevor Japan das nötige Geld besaß, um direkt in den US-Markt einzudringen, und bevor die japanischen Finanzunternehmen führend auf der Welt wurden -, so hätten sich die heutigen großen Ungleichgewichte auf ein Minimum beschränken lassen.

Es ist nun schwierig, das Rad zurückzudrehen. Die Japaner sind so tief in die Vereinigten Staaten eingedrungen, daß der Versuch, ihre Aktivitäten zu beschneiden, nun zu einer Konfrontation mit den Folgen extremer wirtschaftlicher Instabilität führen muß. Gelegenheiten für Forderungen nach Gegenseitigkeit gibt es aber immer noch, zum Beispiel wenn neue Schritte der Deregulierung in Betracht gezogen werden, oder indem man finanzielle Fragen mit Verhandlungen über umfassendere Aspekte der US-japanischen Beziehungen verbindet. Zurücknehmen zu wollen, was die Japaner bereits erreicht haben, wäre ein gewagter Versuch, auf dessen Folgen die Vereinigten Staaten nur schlecht vorbereitet wären.

Vier Rätsel für die Zukunft

Nur ein paar Geschäftsführer bekleideten in japanischen und in amerikanischen Wertpapierfirmen derart hohe Stellungen, daß sie das innere Funktionieren der beiden Finanzkulturen wirklich vergleichen können. Einer von ihnen stellt die folgenden vier Fragen:

Wenn New York, Tokio und London zu einem integrierten globalen Markt werden, wer wird davon mehr profitieren: japanische Unternehmen wie Nomura und Daiwa, die von ihrem Monopolmarkt in Tokio ausgehend in die offenen amerikanischen und britischen Märkte eindringen, oder amerikanische Unternehmen wie Merrill Lynch, Morgan Stanley und Salomon, die von ihrem Binnenmarkt in New York ausgehen, wo sie zwar wichtig, aber keineswegs dominant sind, und die nun versuchen, in den hochrestriktiven Tokioer Markt einzudringen?

Wenn die Entwicklung eines internationalen Finanzmarktes zur Folge hat, daß Finanzdienstleistungen einander überall ähnlicher werden, dann müssen die Unternehmen immer stärker im Preis konkurrieren. Welche Institutionen können wohl Finanzdienstleistungen zu den niedrigsten Kosten liefern, die Amerikaner oder die Japaner?

Man sagt, die Technologie folge dem Markt. Wenn Tokio weiterhin zum größten Finanzmarkt heranwächst und wenn Unternehmen wie Nomura einen hohen Prozentsatz ihres enormen Einkommens in

Forschung und Entwicklung investieren, wo wird wohl die nächste Generation der Finanztechnologie entstehen - in New York oder Tokio?

Wenn wir annehmen, daß die Welt im Jahr 2000 von einer kleinen Gruppe übergroßer Finanzinstitutionen dominiert wird, dann müssen wir auch von vielen Fusionen und Aufkäufen ausgehen. Nomura verfügt auf dem Markt über eine Kapitalausstattung von über 50 Milliarden Dollar. Damit könnte das Unternehmen die zehn besten amerikanischen Investmentbanken aufkaufen. Auch Daiwa ist sehr groß. Dasselbe gilt für die japanischen Citibanks. Diese japanischen Unternehmen haben das Geld, um zu kaufen, was ihnen fehlt. Wie steht es mit den amerikanischen Unternehmen?

Das sind natürlich rhetorische Fragen. Die Antworten liegen auf der Hand. Die Energie der heutigen amerikanischen Finanzleute wird von Bereichen absorbiert, die sich unter Schlagworten wie Globalisierung, Deregulierung und Integration subsumieren lassen. Die meisten amerikanischen Finanzunternehmen erkennen aber nicht, daß sich die Entscheidungen der Zukunft an den neuen Kräfteverhältnissen an der Börse auszurichten haben, die die Japaner zweifellos ganz wesentlich begünstigen.

9.

Auslandsbeziehungen Die Japaner sind überall: in London, Frankfurt, Hongkong, Peking, Moskau, nur nicht in Afrika

»Die meisten von uns sollten erwarten, daß Japan für den Rest unseres Arbeitslebens zur dominanten Kraft auf den Finanzmärkten wird.«

Thomas Chandos,
Direktor der Abteilung für internationale Kapitalmärkte,
Kleinwort, Benson Ltd., London[1]

Die Hauptgewinner in London

Kein Ereignis charakterisiert die weltweite Welle der finanziellen Deregulierung besser als der Londoner »Big Bang« vom 27. Oktober 1986. Die City, der Londoner Finanzdistrikt, wurde über Nacht zum freiesten unter den führenden Finanzweltmärkten. Die bestehenden Schranken und Bestimmungen wurden abgeschafft, und daraufhin strömten Amerikaner, Europäer und Japaner in die Stadt, um dort neue Geschäftsstellen zu eröffnen. Sie brachten Unmengen internationalen Kapitals mit und erzeugten eine frenetische, hektische Atmosphäre. Die Zahl der Angestellten auf dem Finanzsektor stieg auf 400 000. Plötzlich begann die Finanzindustrie mehr zum Aufschwung Großbritanniens beizutragen als das Nordseeöl. Brokerhäuser wurden mitsamt ihrem Personal gekauft, verkauft und von Ausländern wie Figuren auf einem Schachbrett hin- und hergeschoben. Die Sozialdarwinisten von Margaret Thatcher applaudierten.

Märkte blühten auf und fielen dann am Schwarzen Montag wieder in sich zusammen. Der Verkauf von Porsches an die Neureichen schoß in die Höhe und ging dann schnell wieder zurück, weil viele von ihnen zu den neuen Arbeitslosen geworden waren. Ob dies nun gut oder schlecht war, der computergestützte 24-Stunden-Handelstag wurde zu einer neuen globalen Realität, und London spielte dabei eine wichtige Rolle.

Die meisten amerikanischen Firmen, die nach London expandiert und dicke Profite erwartet hatten, wurden schwer enttäuscht. Fast von Anfang an entstand eine mörderische Konkurrenz, die die Gewinne winzig und Kürzungen unumgänglich machte. Schon vor dem Schwarzen Montag bemerkte ein kluger Beobachter, daß es nur Verlierer in London geben würde.[2] Es gab aber auch andere: die Japaner.

Als sich die Amerikaner, die Europäer und die Briten zurückzogen, gingen die meisten japanischen Banken, Wertpapierfirmen, Versicherungsgesellschaften und Finanzabteilungen der großen Handelsgesellschaften ihren Weg weiter und nutzten die nicht regulierten Märkte in London für ihre globalen Strategien. Anfang 1988 kontrollierten die japanischen Banken mehr als ein Drittel des internationalen Bankgeschäfts von London - etwas mehr als die Briten selbst und dreimal soviel wie die Amerikaner.

»Wenn japanische Finanzinstitute in der City von London erklären, sie wollten die Nummer eins auf den wichtigsten Gebieten der internationalen Kapitalmarktaktivitäten werden, so tun sie dies mit fast klinischer Objektivität«, bemerkte der Finanzjournalist Anthony Rowley. »Es ist, als würden sie einfach das Schicksal oder die geschichtliche Notwendigkeit sprechen lassen.«[3] Die Londoner Erfahrung lehrt uns ganz deutlich: Je freier die Märkte in der heutigen Welt werden, um so leichter wird es für das japanische Geld, einen führenden Einfluß auszuüben.

Als sich der Rauch des »Big Bang« verzogen hatte, beherrschten die Japaner plötzlich das wichtigste Geschäft der City, die Übernahme von Eurobonds. Unternehmen, Staaten und internationale Organisationen aus der ganzen Welt geben jedes Jahr solche Schuldverschreibungen in Höhe von fast 200 Milliarden Dollar aus. Für General Motors wie für Toyota, für die kanadische wie die chinesische Regierung wurden die Euromärkte zu einer schnellen, effizienten und günstigen Möglichkeit, sich Kapital zu beschaffen.

Die Entwicklung des Eurobond-Marktes in den letzten zwanzig Jahren gab den Anstoß zur weltweiten Entwicklung einer Verbriefung von Kreditpositionen, die die herkömmlichen Bankkredite ersetzten. Das phänomenale 400prozentige Wachstum des Londoner Euromarktes zwischen 1983 und 1986 überzeugte die Skeptiker auf der ganzen Welt, daß die Deregulierung in der Tat unausweichlich war. Die damit verbundene Globalisierung - zum Beispiel gaben amerikanische Unternehmen in London Anleihen heraus, für die Schweizer Banken garantierten und die von Investoren aus zwanzig weiteren Ländern gekauft wurden - entsprach dem großen Traum des Investment Bankings: dem Traum vom Gesamtmarkt, der die größten Kapitalnehmer und Kapitalgeber der Welt zusammenbrachte, ohne daß sich die Regierungen einmischten.

Das Eurobond-Geschäft basiert weniger auf Gesetzen und Richtlinien als vielmehr auf der internationalen Kreditwürdigkeit der beteiligten Finanzinstitutionen. Bisher beherrschten vor allem die großen westlichen Investmentbanken dieses Geschäft - etwa Morgan Stanley, Morgan Guaranty, der Schweizer Bankverein, Merrill Lynch, die Deutsche Bank und Salomon Brothers. Vor allem von der Credit Suisse First Boston (CSFB) - einem Verbund der angesehensten Unternehmen der Alten und der Neuen Welt - glaubte man in den achtziger Jahren, sie habe das Geschäft mit den Eurobonds fest in der Hand.

Noch bis 1982 gab es unter den zehn wichtigsten Londoner Eurobond-Garanten keine Japaner. 1987 verdrängte jedoch Nomura CSFB vom ersten Platz. Daiwa, Yamaichi und Nikko waren unter den ersten sechs, die International Bank of Japan lag nicht weit dahinter. Zwischen 1984 und 1987 halbierte sich der amerikanische Anteil am Eurobond-Geschäft, während sich der der Japaner verdreifachte. Heute garantieren japanische Häuser für mehr Eurobond-Emissionen als die amerikanischen und Schweizer Firmen zusammengenommen. Obwohl Nomura und die Deutsche Bank weiterhin um die Spitzenstellung kämpfen und auch die CSFB noch weit vorne liegt, wurden die Eurobonds zu einem von den Japanern beherrschten Geschäft.

Die japanische Präsenz hat das Geschäft völlig verändert. Die traditionell hohen Gewinnspannen wurden hauchdünn. Einige amerikanische Unternehmen haben sich ausgeklinkt oder ihr Engagement stark verringert. Selbst die CSFB verringerte nach ihrer Entthronung durch Nomura die Anzahl ihrer Angestellten. Ein ausschließlich vom Dollar geprägter Markt wurde zu einem Markt mit vielen Währungen. Die Verwendung des Euroyen stieg in nur vier Jahren von einem Prozent der gesamten Emissionen auf 19 Prozent. Die schwedische Regierung, die oft auf dem Euromarkt Geld lieh, entschied in einem typischen Fall 1988, ihre üblichen Emissionen auf Dollarbasis zugunsten einer 50-Milliarden-Yen-Emission mit Hilfe von Nomura zu umgehen. Eine Dollaremission in dieser Größenordnung, so befürchteten schwedische Beamte, würde nicht so problemlos vom Markt akzeptiert werden.

Es spielt keine Rolle, für wieviel 100 Millionen Dollar oder 100 Milliarden Yen Schulden die Japaner für Dow Chemical oder für die schwedische Regierung garantieren, sie wissen im voraus, daß japanische Kunden sie in kurzer Zeit übernehmen. Einige Eurobond-Aktivitäten wurden vor kurzem zu einer rein japanischen Angelegenheit. In Tokio müssen Unternehmen Sicherheit leisten und lange warten, bevor sie ihre Anleihen in Umlauf bringen dürfen, während sie in London unter keinerlei Restriktionen zu leiden haben. Japanische Garanten bringen daher japanische Emissionen auf den Londoner Markt, um sie unter japanischen Anlegern zu verteilen. Dieser Umweg über London erlaubt es der japanischen Wirtschaft, an den Segnungen eines deregulierten Marktes teilzuhaben, ohne gleichzeitig mit den Nachteilen kämpfen zu müssen, die sich für das jeweilige Land daraus ergeben.

»Die japanischen ›Großen Vier‹ haben mehr Kapital als die Amerikaner«, sagt Minoru Mori, Generalmanager von Daiwa Europe in London. »Und wir haben den besten Zugang zum größten Markt, den japanischen Anlegern.«[4] Mit einer solchen Macht im Rücken können die Japaner zugunsten des Marktanteils auf Gewinne verzichten, während sich viele amerikanische und europäische Unternehmen wegen ihrer kurzfristigen Gewinnorientierung aus solchen Geschäften zurückziehen. »Wir entschieden, an der verrückten Entwicklung nicht teilzunehmen«, meint J. Nelson Abanto, ein Partner des Londoner Büros von Goldman Sachs. »Das Geld, das auf dem Spiel stand, und die möglichen Verluste waren so groß, daß wir uns entschieden ... unsere Aufmerksamkeit auf andere Gebiete zu richten.«[5] Die Japaner hingegen werden keineswegs dadurch entmutigt, daß die Eurobonds kaum Gewinn abwerfen. »Wir können uns diese Werbungskosten leisten«, erklärte Mori von Daiwa die Neigung der Japaner, in ein Verlustgeschäft einzusteigen, um Beziehungen zu wichtigen Kunden aufzubauen.[6] Was Mori euphemistisch »Werbungskosten« nennt, betrachten andere als unverblümtes Dumping im Bereich der Finanzdienstleistungen.

»Auf dem Euromarkt hört man die meisten Klagen über ›Dumping‹; besonders, daß japanische Unternehmen 1985 den Euroyen-Markt ›kauften‹, indem sie so günstige Bedingungen anboten, daß sie mit Sicherheit Verluste machten«, bemerkte die *Far Eastern Economic Review*. – Die Amerikaner und die Europäer mögen über die japanische Strategie sagen, was sie wollen, doch offensichtlich funktioniert sie. »Wenn sich ein Unternehmen große Beträge beschaffen will, läuft es nicht zu dreißig oder vierzig Banken. Es setzt sich mit sechs oder sieben finanzstarken Partnern in Verbindung und läßt diese entscheiden, welchen kleinen Fisch sie am Geschäft beteiligen wollen.«[7]

Nachdem die japanischen Firmen die Eurobond-Märkte erobert

hatten, wandten sie sich den zunehmend wichtigen Nebenprodukten zu: Euroequities, Eurowarrants und Eurocommercial-Papiere. Nomura hat den Ehrgeiz geäußert, auf dem schnell sich entwickelnden Euroequity-Sektor, wohin sich viele amerikanische und europäische Firmen geflüchtet hatten, nachdem die Japaner sie aus dem Bondgeschäft vertrieben hatten, die Führung zu übernehmen. Um seine ehrgeizigen Ziele besser zu erreichen, stellt Nomura mehr graduierte Studenten aus Oxford und Cambridge ein als das Foreign Office, das traditionellerweise die besten und hellsten Köpfe Großbritanniens anwirbt.

Auf der Basis der soliden internationalen Infrastruktur, die sich die Japaner für das Eurobusiness in London aufgebaut hatten, expandierten sie in zwei Richtungen: in vertikaler, um sich tiefer in die britischen Finanzmärkte einzugraben, und in einem ungestümen Anlauf in horizontaler Richtung, um in jedem größeren Finanzzentrum des Westens präsent zu sein - in Frankfurt, Amsterdam, Paris, Zürich, Genf, Lugano, Mailand, Brüssel, Toronto und Sydney, um nur einige wenige zu nennen. Ihre Positionierung in Amsterdam und Toronto wurde durch kleine Deregulierungsschübe erleichtert. Auch in Paris ist eine kleine Deregulierung zu erwarten, die es den Japanern erlauben wird, die Palette ihrer Aktivitäten zu erweitern. Allerdings sind viele dieser Investmentmärkte einfach zu klein, als daß sie das plötzliche Interesse der »Großen Vier« auf einmal wecken könnten.

An der Börse von Toronto boten japanische Unternehmen vor dem »Little Bang« im Jahr 1987 bis 361000 Dollar für einen Sitz. Damals beklagte sich ein Bankier der kanadischen Zentralbank telefonisch beim Präsidenten der Bank of Japan, die japanischen Investitionen würden die kanadischen Finanz- und Devisenmärkte verzerren.[8] Ungefähr zur selben Zeit berichtete *Business Week*, die Japaner würden sich um »deutsche Aktien reißen und Frankfurt in kurzer Zeit zu einem der heißen Märkte machen«.[9]

Nachdem die »Großen Vier« zwischen 1986 und 1987 Zweigstellen in Mailand eröffnet hatten, äußerte sich der Vertreter von Nomura enttäuscht darüber, daß das Aktienvolumen für die japanischen Großkunden lächerlich klein sei. »Sie sind an Käufe in Blöcken von 50 Milliarden Yen gewohnt, eine Kauforder im Gegenwert von 500 Millionen Yen ist aber für Mailänder Verhältnisse bereits groß.«[10]

In Australien warnte ein japanischer Anleger laut davor, daß japanisches Kapital »eine Gefahr für den australischen Markt« darstelle, »da dieser so klein« sei.[11] Tatsächlich trieben die Käufe der Japaner die Immobilienpreise an der Nordküste Sydneys 1987 innerhalb weniger Monate um 50 Prozent in die Höhe. Trotz der schweren Kursverluste für australische Dollarbonds fließen weiterhin Yen in die weit offenen australischen Märkte. Daiwa hat einen eigenen Australienfonds gegründet und trägt damit zu den drei Milliarden Dollar Gesamtinvestitionen der Japaner in Aktien und Anleihenpapiere bei. Weitere zwei Milliarden Dollar flossen in Hotels, Golfplätze und Einkaufszentren.

Selbst diese und andere Vorhaben zur internationalen Diversifizierung können den Appetit der Japaner auf weltweite Investitionen nicht verringern. Großbritannien und die Vereinigten Staaten bleiben weiterhin die Länder, die das meiste Kapital absorbieren, und sie bieten gleichzeitig die Sicherheit und die strategischen Vorteile, die sich die japanischen Investoren wünschen.

Daher entschieden sich viele japanische Unternehmen, tiefer ins britische Bankgeschäft, in lokale Aktivitäten an der Londoner Börse und in den Markt für britische Staatsanleihen einzusteigen. Allein für ihre japanischen Kunden kaufen sie heute jedes Jahr für ungefähr vier Milliarden Dollar britische Aktien und für den dreifachen Wert Staatsanleihen. In diesen Geschäftszweigen hat sich die deregulierende Wirkung des »Big Bang« am deutlichsten erwiesen. Auf diesen Gebieten fanden auch die größten panikartigen Verkäufe zwischen Amerikanern, Europäern und Briten statt. Heute bringen diejenigen, die noch am Wettbewerb teilnehmen, ihre Mannschaften auf Vordermann, oder sie geben dieses Gebiet völlig auf. Die Japaner nehmen jetzt ihre Stellen ein.

Japanische Handelsbanken halten bereits einen Anteil von 25 Prozent des britischen Einzelkundengeschäfts, und die Sumitomo Bank ist sogar in den heimischen Hypothekenmarkt eingedrungen. »Die japanischen Banken schließen ihre Kenntnislücken und verschaffen sich Zugang zu Gebieten wie Leasing, Kreditkarten, Risikokapital«, berichtet das Magazin *The Economist.* »Mit dem starken Yen erscheinen den Japanern Ankäufe als billig. Sie machen von *Joint ventures* Gebrauch, wenn sie neue Tricks lernen müssen ... Ihre Methoden überraschen niemanden, der mit der japanischen Geschäftsstrategie bei Autos, Chips oder Kameras vertraut ist: Beginne mit einem standardisierten Produkt, verkaufe es billig und verkaufe es in großer Menge.«[12]

Japanische Investoren wurden zu einem wichtigen Faktor im Londoner Immobilienhandel. Sie kauften zum Beispiel berühmte alte Gebäude wie das Old Post Office und den Hauptsitz der *Financial Times.* Und japanische Industrielle tätigen direkte Investitionen, angefangen von kleinen Elektronik-Außenposten wie im »Silicon Glen« von Schottland bis zur Nissan-Fabrik in Sunderland, die bald 200000 Autos pro Jahr bauen will. Fünfzig Meilen nordöstlich von London wurde die Stadt von Milton Keynes in ein Miniatur-Japan umgebaut. Sie beherbergt mehr als zwanzig japanische Unternehmen und verfügt sogar über eine japanische Schule für die Kinder von Geschäftsführern.[13]

Das Wachstum der japanischen Finanz im Innern Großbritanniens erfolgte im Vergleich zu dem Schneckentempo, mit dem britische Firmen Zugang zu den Tokioer Märkten bekamen, so schnell, daß die Thatcher-Regierung, die normalerweise für den freien Handel eintritt, als erste westliche Regierung offiziell ihrer Forderung nach größerer Wechselseitigkeit Nachdruck verlieh. Handelsminister Michael Howard drohte 1987 bei einem Besuch in Tokio, die Lizenzen für japanische Banken und Wertpapierhäuser zu widerrufen, wenn nicht mehr britische Firmen einen Sitz an der Tokioer Börse bekämen und Japan seinen Fernmeldemarkt nicht für eine größere britische Beteiligung öffne. Innerhalb weniger Tage wurde diese Drohung zurückgenommen. Wirtschaftsfachleute hatten nämlich die Befürchtung geäußert, Tausende von Jobs auf dem Finanzsektor könnten in London verlorengehen, wenn man die Japaner hinauswerfen würde. Geschäftsführer von Finanzinstitutionen warnten davor, die Japaner würden dann einfach nach Amsterdam oder in eine andere europäische Stadt gehen und von dort aus London Konkurrenz machen. Die Japaner wußten um ihre Machtstellung in der Weltfinanz, sprachen von einem Bluff der Briten, und das ganze Geschrei erstarb.

Für die meisten Japaner ist London vor allem ein strategisches Schlachtfeld, über das sie in militärischen Begriffen sprechen. London, prophezeit Yoshitoki Chino, der Vorsitzende von Daiwa, »wird wie die Schlacht von Waterloo sein«.[14] Die Japaner übernehmen die Rolle von Wellington, und die Amerikaner spielen den Napoleon.

Die meisten japanischen Geschäftsführer haben die Lehrsätze des chinesischen Klassikers der Militärstrategie, Sun Tzu, gelesen und beherzigen sie. »Wenn man sichergehen will, daß man das erobert, was man angreift, muß man an einer Stelle angreifen, die der Gegner nicht sichert«, riet Sun Tzu vor 2400 Jahren.[15] London mit seinen verhältnismäßig schwachen einheimischen Firmen und den übermäßig stark vertretenen amerikanischen Firmen ist für die Japaner das ideale Schlachtfeld.

Die pazifische Vision

Die größeren Kriege, welche die Vereinigten Staaten im letzten halben Jahrhundert ausgefochten haben, fanden überwiegend im pazifischen Raum statt: der asiatische Kriegsschauplatz im Zweiten Weltkrieg, Korea und dann Vietnam. Amerika hält sich eindeutig für eine pazifische Macht mit vitalen Interessen im pazifischen Raum. In den letzten 25 Jahren eines phänomenalen Wirtschaftswachstums in ganz Ostasien waren die Vereinigten Staaten in dieser Region die führenden Investoren, Handelspartner und die militärische Schutzmacht. Heute spielen sie diese Rolle immer noch, wurden von den Japanern in wirtschaftlicher Hinsicht aber überholt.

Japan spielt im Wirtschaftsleben fast jedes Landes der asiatisch-pazifischen Region eine große Rolle. Viele dieser Länder wurden von den Japanern während des Zweiten Weltkriegs besetzt und sind daher heute noch in dieser Hinsicht sehr empfindlich. Dennoch brauchen sie die japanischen Investitionen und haben kaum eine andere Wahl, als die neue Wirtschaftsexpansion Tokios zu begrüßen. Ein paar Meßfaktoren für diesen Trend:

- Im boomenden Südkorea beispielsweise sind die neuen japanischen Direktinvestitionen jedes Jahr doppelt so hoch wie die entsprechenden amerikanischen Anlagen.
- Singapur hat eine Wirtschaft mit hohem Wachstum und seit jeher starken Verbindungen zu den Vereinigten Staaten. Dennoch übertrafen die Neuinvestitionen der Japaner 1987 diejenigen der Amerikaner. Nomura will jedes Jahr neues japanisches Geld in Höhe von 50 Millionen Dollar auf den Aktienmarkt von Singapur schleusen – eine immense Summe für einen derart kleinen Markt.
- Die gesamten japanischen Investitionen in Länder der ASEAN-Gruppe (Indonesien, Malaysia, Thailand, Singapur, Philippinen und Brunei) sind um 50 Prozent höher als die entsprechenden amerikanischen Investitionen.
- Selbst angesichts des unaufhaltsamen Aufstiegs, den diese Länder in den letzten Jahren vollzogen, wurde der Yen langsam zur Schlüsselwährung in Asien. Die Auslandsschulden Indonesiens in Yen machen ungefähr 40 Prozent aus, in Thailand liegen sie nahe bei 45 Prozent.
- Die Aktiva von 25 japanischen Banken in Hongkong haben sich in den vergangenen zwei Jahren auf 125 Milliarden Dollar verdoppelt. »Wenn China Hongkong übernimmt, gehört dieses vielleicht schon Japan«, bemerkte *Business Week* und extrapolierte dabei die heutigen Trends japanischer Investition auf dem Gebiet der Immobilien, der Aktien und der Produktionsbetriebe.[16]
- Da fast ein Drittel der Neuinvestitionen Malaysias aus Japan stammen, hat die Regierung von Premierminister Mahathir bin Moha-

mad offen an amerikanische Unternehmen appelliert, ein Gegengewicht gegen diese japanische Präsenz zu bilden. Insgesamt ziehen sich die amerikanischen Unternehmen allerdings eher aus Malaysia zurück.

- In Seoul sind ausländische Investoren zur Zeit vom direkten Börsenhandel mit Aktien ausgeschlossen. Japanische Finanzunternehmen haben aber damit begonnen, im Hintergrund eine starke Beteiligung aufzubauen, um sich so auf die Zeit vorzubereiten, da ihnen der Markt offenstehen wird. Die aktivsten Anleger in koreanische Investmentfonds in New York und London sind die Japaner.
- Japanische Investitionen in Thailand geben der einheimischen Wirtschaft eine neue Richtung. 1987 begannen die Japaner mit über 200 neuen Vorhaben, die am Ende 80000 Thailändern einen Arbeitsplatz verschaffen werden. Die Geschäftsleute in Bangkok erkennen allerdings, welche tiefgreifenden Auswirkungen die japanischen Investitionen für die Zukunft Thailands haben werden. Sie beklagen sich bereits, daß Japan auf neokolonialistische Weise investiert, die Arbeitskräfte ausbeutet und nur widerwillig Technologie transferiert und Führungsverantwortung überträgt.[17]
- In Australien, das sich immer mehr als pazifische Nation begreift, schlug das MITI zusammen mit vielen japanischen Technologie-, Handels- und Baufirmen den Bau einer »Stadt für das 21. Jahrhundert« vor. Sie soll Forschungszentren und Wohnquartiere für japanische und ausländische Ingenieure bieten. Ihre Zahl soll auf 250000 steigen. Die finanzielle Garantie für die neue Stadt würde Tokio übernehmen, ähnlich wie für zwei weitere Dutzend dieser Art Technologiezentren, die innerhalb Japans geplant sind. Die Pläne sehen ultramoderne Einrichtungen vor, angefangen von Hochgeschwindigkeits-Transportmöglichkeiten mit »Linearmotoren« bis zu einer der größten vernetzten Datenbank. Die Australier sind von den positiven Auswirkungsmöglichkeiten dieses Vorhabens fasziniert. Allerdings gibt es auch Stimmen, die Bedenken geäußert haben, das Schicksal Australiens werde damit in Zukunft zu eng an das Japans gebunden.

Nirgendwo wird die langfristige japanische Strategie für den pazifischen Raum deutlicher als in China. Von allen asiatischen Ländern hat China die schlimmsten Wunden von der brutalen Besetzung durch die Japaner im Krieg davongetragen. Selbst heute noch erscheinen in chinesischen Zeitungen routinemäßig Leitartikel über die Gefahr einer erneuten Militarisierung Japans. Trotz der zahlreichen gemeinsamen Merkmale beider Kulturen betrachten die Chinesen die japanische Geschäftstätigkeit mit Skepsis. »Wir würden lieber mit den Amerikanern als mit den Japanern Geschäfte machen«, sagte der Direktor einer chinesischen Halbleiterfabrik. »Die Japaner sind sehr geizig. Sie holen bei Verhandlungen das Letzte heraus. Sie teilen nie ihre technologischen Kenntnisse, wie es die Amerikaner tun. Sie bleiben für sich und nehmen eine arrogante und überlegene Haltung ein. Doch wir haben keine Wahl. Es sind die Japaner, die hier Geschäfte machen wollen.«

Im vergangenen Jahrzehnt hielten die Amerikaner den Markt in China für ausgesprochen vielversprechend. Führende amerikanische Unternehmen gingen nach Peking und richteten sich dort ein. Doch die Kosten, die Vielschichtigkeit der auftretenden Probleme und die zäh sich dahinziehenden Verhandlungen haben die Amerikaner verärgert. Das führte zu einem deutlichen Rückgang neuer geschäftlicher Aktivitäten der Amerikaner in China. Die Japaner jedoch haben ihren Vorstoß nach China nicht abgebremst.

Japan beginnt den chinesischen Markt in der Tat systematisch zu erobern, während die amerikanischen Exporte nur eine untergeordnete Rolle für die chinesische Wirtschaft spielen. Japanische Güter machen fast ein Drittel der gesamten chinesischen Importe aus. Damit importiert Japan weit mehr als alle anderen Länder und dreimal so viel wie Amerika. Japanische Unternehmen haben mehr Büros in mehr Städten als amerikanische Firmen. Ihre Angestellten halten sich länger im Land auf und bekommen geringere Zulagen. Während die meisten amerikanischen Firmen ihre amerikanische Belegschaft in Hotels und Appartements unterbringen wollen, die einem internationalen Lebensstandard entsprechen, und oft davon ausgehen, daß die ganze Familie mitkommt, erwarten die japanischen Firmen von den meisten ihrer Angestellten, daß sie mit Lebensbedingungen zurechtkommen, die unter dem normalen Standard liegen, und daß sie in China ohne ihre Familien leben. Und was am bemerkenswertesten ist: Japanische Unternehmen praktizieren auch hier das bewährte japanische Verfahren, Marktanteile auf Kosten der Gewinne zu erobern.

»Indem japanische Firmen mehr arbeiten als ihre amerikanischen und europäischen Konkurrenten und sie auch oft überlisten, haben sie im chinesischen Geschäftsleben eine derartige Führungsposition erreicht, daß andere Länder nur noch eine geringe Chance haben, mit ihnen gleichzuziehen«, schloß Nicholas Kristof von der *New York Times*, nachdem er den Wettkampf ausländischer Unternehmen um den chinesischen Markt untersucht hatte.[18]

Im Finanzwesen bauen sich japanische Unternehmen eine noch stärkere Führungsposition aus als im Handel. Sie leihen China Geld zu

Bedingungen, die unterhalb des LIBOR (des Londoner Interbanken-Angebotssatzes) liegen, während die amerikanischen Bankiers darauf bestehen, ihre Angebote mindestens um den Bruchteil eines Prozentpunktes oberhalb des LIBOR zu halten. »Zur Zeit begehen die japanischen Banken Harakiri«, bemerkte ein Vertreter der Mitsubishi Trust and Banking Corporation in Peking. »Später werden wir Gewinn machen.«[19] Die Sanwa-Bank wird in Kürze sechs Büros in China haben, die Citibank hat nur drei. Die meisten japanischen Angestellten von Sanwa in China sprechen auch Chinesisch, doch nur wenige amerikanische Angestellte der Citibank sind zweisprachig. Selbst ein Sprecher der Bank of America prophezeit, daß bis 1990 »fast alle amerikanischen Banken und die meisten europäischen Banken aus dem Kreditmarkt verschwunden sein werden«.[20]

Alle vier großen Wertpapierhäuser Japans haben »China-Abteilungen« eingerichtet, und alle helfen China bei der Entwicklung seiner Finanzinfrastruktur. Nomura war der wichtigste Garant für die mächtige China International Trust and Investment Corporation (CITIC), die als erstes chinesisches Unternehmen in den weltweiten Anleihenmarkt einstieg. Masanori Ito, ein früherer Geschäftsführer von Nomura, berät Peking bei seinen Anstrengungen, Kredit- und Aktienmärkte zu schaffen. Nomura-Männer sind auch bei vielen anderen Vorhaben beteiligt, angefangen vom Bau von Hotels und Bürogebäuden bis zur Übernahme von Yenanleihen für die Bank of China. »Wir sollten realistisch sein und für lange Zeit keine großen Gewinne erwarten«, meinte Tetsuo Koyama, der Nomuras Geschäfte in China von Tokio aus überwacht und ungefähr alle drei Wochen nach Peking kommt. »China wird aber einen Aktien- und Anleihenmarkt und andere Formen finanzieller Aktivitäten entwickeln. Nomura hat Geduld.«

Außer seiner Geduld hat Japan auch einen Wohlstand, der es den Unternehmen erlaubt, größere Risiken einzugehen. Als die japanische Ölindustrie von der Ölsuche in den chinesischen Küstengewässern sehr enttäuscht war, trat das mächtige japanische Unternehmen C. Itoh & Co. an den chinesischen Erdölminister heran und schlug vor, sechs Milliarden Dollar für die Erschließung eines Ölfeldes in der Takla-Makan-Wüste zur Verfügung zu stellen. Allein die Anfangsphase dieses Projekts wird zwölf Jahre in Anspruch nehmen und den Bau einer 1200 Meilen langen Pipeline durch eines der abgelegensten Gebiete der Welt erfordern. Ein westlicher Geologe riet zur Vorsicht: »Das Risiko ist enorm. Man kann jahrelang bohren und nichts finden.«[21] Doch C. Itoh mit seinen immensen Bargeldbeständen ist bereit, Geld zu riskieren, denn es könnte sich dabei um das größte Vorkommen noch nicht erschlossener Ölreserven handeln.

Die Japaner erwarten eine Belohnung für ihre Geduld und für die Risiken, die sie auf sich nehmen, und dies nicht nur in China, sondern in ganz Asien. Sie sehen die »neuen Japaner« weniger als mögliche Konkurrenten denn als neue Anlagemärkte. Arbeit ist billig in diesen Ländern. Die Arbeitskräfte sind einigermaßen geschickt, hinreichend ausgebildet und lassen sich gut in von Japanern geführte Organisationen eingliedern. Land und Rohstoffe, die Japan so dringend braucht, sind reichlich vorhanden. Japan kann nun seine am unteren Ende der Produktionsskala liegenden Industrien aussiedeln und unterstützt so die Entwicklung der asiatisch-pazifischen Länder, so daß diese schließlich japanische High-Tech-Produkte und Finanzdienstleistungen einkaufen können.

»Die pazifische Ära kommt bestimmt«, sagte Premierminister Nakasone einmal, und viele Wirtschaftsexperten auf der ganzen Welt sind seiner Meinung.[22] Das zweistellige Wachstum des Bruttosozialprodukts, das viele asiatisch-pazifische Länder in den letzten Jahren aufweisen, ist nur ein Anfang. Ein Großteil der Region steht unter demselben kulturellen Einfluß, der auch Japan zu seinem Erfolg verholfen hat. Wenn man die möglicherweise katalytische Rolle des japanischen Kapitals beim Aufbau neuer Industrien und bei der Erschließung von Rohstoffen hinzurechnet, so steigen die Aussichten, daß es in der Zukunft eine von Japan angeführte und von der pazifischen Region gestützte Weltwirtschaft geben wird.

Zur Zeit liegt der Schwerpunkt der japanischen Anlagestrategie außerhalb Asiens in den entwickelten Märkten Nordamerikas und Europas. Doch das wird sich ändern, und einige der oben genannten Investitionen kündigen eine solche Verschiebung bereits an. Es könnte sich in der Tat als der größte Konkurrenzvorteil Japans im 21. Jahrhundert erweisen, daß es vom Aufstieg der es umgebenden Region profitiert. Die Japaner tun heute alles dafür, während die Amerikaner ihre alte Unternehmungslust im pazifischen Raum verlieren.

Geld ohne Moral

Der Geschäftsführer einer japanischen Wertpapierfirma erklärt das weltweite Engagement seines Unternehmens folgendermaßen: »Wir haben in jeder Finanzhauptstadt der Welt Geschäftsstellen. Unsere Gesellschaft macht auf jedem Kontinent Geschäfte ... natürlich mit Ausnahme Afrikas.« Dann lacht er, als ob er gerade den besten Witz erzählt hätte. Die Vorstellung, eine japanische Wertpapierfirma könne mitten im verarmten Schwarzafrika Geschäfte machen, erscheint ihm einfach als absurd.

Zur Zeit macht Japan allerdings große Geschäfte mit Afrika – nur handelt es sich dabei um Südafrika. Mit einem beiderseitigen jährlichen Handelsvolumen von über vier Milliarden Dollar übertrifft Japan heute die Vereinigten Staaten als Südafrikas führender Handelspartner. Obwohl Tokio einige Sanktionen im Hinblick auf die Apartheid beibehält, sind lebenswichtige Gebiete wie die Kohle davon nicht betroffen. Die japanischen Geschäftsleute nutzten die Gelegenheit, aus dem Vakuum Kapital zu schlagen, das die Amerikaner und die Europäer durch ihren Rückzug erzeugten.

Der größte Teil der japanischen Industrie unterstützt den arabischen Wirtschaftsboykott gegen Israel, allerdings nicht aus politischer Opposition gegenüber dem Zionismus, sondern weil die japanischen Nationalinteressen überwiegend auf der Seite der Öllieferanten des Mittleren Ostens liegen. Als die Reagan-Administration die Politik von General Noriega in Panama angriff und ihn aus seinem Amt zu vertreiben suchte, kündigte Tokio an, es würde ihn weiterhin stützen – mindestens so lange, wie er den Kanal kontrolliere, durch den so viele japanische Handelsschiffe ziehen müßten.

In diesen Fällen neigen die Amerikaner dazu, moralische Defizite bei den Japanern zu vermuten. Ihrer Meinung nach handelt es sich um eine Kultur, die von einem überwältigenden merkantilen Eigennutz geprägt ist. Japaner mit internationaler Gesinnung bestätigen dieses Urteil bisweilen, wie jener Beamte des Außenministeriums, der, als man ihn über die japanische Begeisterung für Geschäfte mit Südafrika befragte, meinte: »Offen gesagt, das moralische Bewußtsein ist nicht gerade hochentwickelt.«[23]

In Wirklichkeit liegt das Problem nicht in einer fehlenden, sondern in einer unterschiedlichen Moral. Obwohl es in Japan einen beträchtlichen Rassismus gibt, ist die japanische Beziehung zu Südafrika nicht durch den Rassismus motiviert.[24] Die Japaner interessieren sich außerhalb ihrer engen Grenzen nicht besonders für die Frage nach Gut und Böse. Der Handel der Japaner mit der restlichen Welt ist eine Überlebensfrage, nicht eine Frage der Präferenzen. Handelsbeziehungen mit dem Ausland an moralischen oder ideologischen Fragestellungen auszurichen, macht für einen japanischen Geschäftsmann kaum Sinn.

Die Geschichte der reichen Länder der Neuzeit, vor allem die Großbritanniens und der Vereinigten Staaten, ist vom Christentum geprägt. Ihre Politik wurde durch christliche Moralvorstellungen beeinflußt, angefangen von Fragen der Freigebigkeit gegenüber armen

Ländern bis hin zu den Menschenrechten, auch wenn diese Moral oft eine heuchlerische war. Unter dem reichen Japan zählen nun andere moralische Werte. Es fehlt sowohl der Impuls zur weltweiten Nächstenliebe wie auch das scheinheilige amerikanische Sendungsbewußtsein. In einer Kultur, die nicht auf dem Glauben basiert, daß wir alle Kinder Gottes sind, und deren Interesse an Brüderlichkeit an den eigenen Grenzen haltmacht, ist das Primat des nationalen Selbstinteresses eine Tugend, nicht etwa ein Laster.

Japan hat sich also bei der Auslandshilfe den Ruf des Eigennutzes aufgebaut, obwohl die Nation zu den größten Geldgebern der Welt zählt. Ungefähr 70 Prozent seiner Entwicklungshilfe geht nach China und in andere asiatische Länder, wo sich auch die japanische Wirtschaft etabliert. Derartige Koppelprogramme machten einst den größten Teil der japanischen Entwicklungshilfe aus, wurden aber heute weitgehend aufgegeben. Doch Ezra Vogel meint dazu: »Obwohl es offiziell keine solchen Zusammenhänge mehr gibt, sind die Bedingungen im allgemeinen nicht attraktiv, Projektstudien führen oft zu Verzögerungen, und die Einheimischen fühlen sich häufig dazu gezwungen, Produkte japanischer Unternehmen zu kaufen, die auf den lokalen Märkten expandieren möchten. Einige Zyniker haben sich darüber beklagt, daß Japan seine Auslandshilfe nicht aus echtem menschlichen Mitleid mit den Bedürftigen heraus gewähre, sondern weil es im Vergleich zu den anderen Ländern nicht als übermäßig selbstsüchtig dastehen wolle.«[25]

Flüchtlinge aus Indochina, die auf den Seestraßen japanischer Schiffe trieben, erhielten von der führenden Gläubigernation der Welt nur erbärmliche Hilfe - von den afrikanischen Hungeropfern ganz zu schweigen. Japan gab zwar bekannt, es hoffe, den Entwicklungsländern bei ihren Schuldenproblemen zur Seite zu stehen, doch dem folgten kaum konkrete Taten. Die japanischen Banken haben fast doppelt so hohe Guthaben wie die amerikanischen, doch der Dritten Welt nur halb soviel geliehen. Die japanischen Bankiers sehen keinen Sinn darin, eine führende Rolle im Rahmen der Schuldenkrise zu übernehmen, selbst wenn sie über die nötigen Ressourcen verfügen.

»In Wirklichkeit haben wir nicht annähernd genug getan, um der Dritten Welt zu helfen«, sagt Saburo Okita, ein früherer japanischer Außenminister, der für seine liberale und humanitäre Haltung bekannt ist - eine Seltenheit in den politischen Kreisen Japans. Okita ist wie mancher amerikanische Wirtschaftswissenschaftler der Ansicht, Japan müsse zur Lösung der globalen Krise der unausgeglichenen Handelshaushalte und Kapitalflüsse sehr viel stärker in die weniger entwickelten Länder investieren. Wenn Japan das lateinamerikanische Schuldenproblem verringern und der Wirtschaft Mexikos, Argentiniens und Brasiliens auf die Beine helfen würde, könnten die Vereinigten Staaten große Exportmärkte in ihrer eigenen Hemisphäre neu entdecken. Japan könnte schuldenbeladenen Ländern der Dritten Welt neues Leben einflößen und damit ein Weltwirtschaftswachstum in Gang setzen.

Der »Okita-Plan« fordert, Japan solle in den nächsten fünf Jahren 125 Milliarden Dollar aus seinem Handelsüberschuß für die Entwicklungshilfe bereitstellen. Diese Zahl ist mehr als das Vierfache dessen, was die japanische Regierung selbst bei den größten Programmen auszugeben gewillt ist. Trotz Okitas Prestige und der Tatsache, daß der Plan auch makroökonomisch gesehen sinnvoll ist, hat er bisher nur wenig politische Unterstützung gefunden. Okita meint dazu: »Wir Japaner haben keine Erfahrung mit der Philanthropie. Wir müssen das lernen.«

In mancherlei Hinsicht ist das japanische Geschäftsleben durch einen anmaßenden wirtschaftlichen Eigennutz gekennzeichnet. Das sah man am deutlichsten an den laxen Exportkontrollen, die es Toshiba Machine erlaubten, die strategisch wichtige Schalldämpfungsausrüstung für Unterseeboote an die Sowjets zu verkaufen. Für die Geschäftsleute dieser Abteilung von Toshiba war die Sowjetunion einfach ein Kunde.

Dieselbe Art des Denkens erlaubt es japanischen Handelsgesellschaften, ein Geschäft in Hanoi zu eröffnen und Japan auf diesem Weg zum größten Handelspartner Vietnams nach der Sowjetunion zu machen, während die Vereinigten Staaten und südostasiatischen Länder weiterhin wirtschaftlichen Druck auf Vietnam ausüben, um es zu zwingen, seine Truppen aus Kambodscha zurückzuziehen. In ähnlicher Weise wurde Japan für China und Nicaragua zum größten Handelspartner außerhalb des Ostblocks. »Wir wurden von der japanischen Technologie abhängig, wie wir früher von der amerikanischen abhängig waren«, sagte ein Beamter der Sandinisten, um die Torheit des Handelsembargos zu verdeutlichen, das die Vereinigten Staaten gegen sein Land verhängten.[26]

Die Realpolitik der Sandinisten ist recht stimmig. Ob man der amerikanischen Politik in dieser Frage beipflichtet oder nicht, ist hier gar nicht das Wesentliche. Wichtig ist nur, daß Japan dieser Ansicht nicht folgt, während Amerika weiterhin so tut, als wäre es immer noch der unbestrittene Führer der Industrieländer. Mit seiner Handlungsweise gewinnt Japan einen bedeutsamen Wettbewerbsvorteil, denn es bemächtigt sich des Handels in jenen Ländern, aus denen Washington die amerikanischen Unternehmen zurückgepfiffen hat. Die japanische Bereitschaft, andere Fragen den Erfordernissen des Handels unterzuordnen, ist in gewisser Hinsicht fortschrittlicher und der neuen Weltordnung besser angepaßt als der spießige Moralismus der Amerikaner.

Die nächste Entwicklungsstufe wird in den neunziger Jahren erreicht werden, wenn es um die Beziehungen Japans zur Sowjetunion geht. Michael Gorbatschow hat wiederholt angedeutet, er würde gern Erdöl, Gas, Mineralien und Holz aus der Sowjetunion gegen japanische Investitionen und technologisches Know-how für die Erschließung Sibiriens und die Neuausstattung der überholten sowjetischen Industrie eintauschen. Der sibirische Seehafen Nakhodka hat bereits viel mehr Kontakte mit Yokohama als mit Moskau. Im benachbarten Vostochny wurden mit japanischer Hilfe Anlagen gebaut, welche die Grundlagen für den führenden Seehafen der Sowjetunion im 21. Jahrhundert bilden sollen. Bis heute hat Japan den Handel mit der Sowjetunion intensiviert, ohne daß eine grundlegende Änderung in den bisherigen eisigen politischen Beziehungen eingetreten wäre. Bevor eine echte Annäherung zwischen Japan und der Sowjetunion stattfinden kann, muß erst über Tokios Forderung nach Rückgabe der vier Inseln in den Kurilen verhandelt werden, die seit dem Zweiten Weltkrieg von der Sowjetunion besetzt gehalten werden.

Einige glauben, Japan würde eine solche Gelegenheit nutzen, um die sowjetische Karte auszuspielen. Damit könnte es sich dem amerikanischen Druck und der protektionistischen Bedrohung entziehen.

Teil IV

DIE ENDABRECHNUNG

10. Ausblicke auf die amerikanische Wirtschaft in einer Welt unter japanischer Flagge

»Die Japaner fühlen sich als Opfer, die Amerikaner fühlen sich ausgebeutet, und auf beiden Seiten herrschen Ressentiments ... Wenn uns die Geschichte überhaupt irgend etwas lehrt, dann kann es aus dem aufsteigenden Finanzdilemma nur drei Auswege geben: Krieg, Bankrott oder Inflation.«

Zbigniew Brzezinski,
früherer Sicherheitsberater des amerikanischen Präsidenten Carter[1]

Ein blutiger Verdrängungswettbewerb im Bereich der Finanzdienstleistungen

Der größte Teil dieses Buches widmete sich Ereignissen aus der jüngsten Vergangenheit. Gelegentlich richtete sich die Diskussion auf die Zukunft. Nun ist der Augenblick gekommen, da wir uns dieser Frage intensiver widmen sollten. Natürlich ist der Blick in die Zukunft eine Spekulation, doch nur wenn wir vorwärtsschauen, können wir die Ausmaße der heute stattfindenden Veränderungen begreifen und uns entsprechend vorbereiten.

Ganz intuitiv fühlen sich die meisten Amerikaner bei dem Gedanken, daß japanische Banken und Wertpapierfirmen die Weltfinanz beherrschen könnten, unbehaglich. Viele Wirtschaftswissenschaftler, führende Geschäftsleute und Politiker versichern uns jedoch, daß nichts schiefgelaufen ist. Ausländer mögen US-Guthaben im Wert von 1,5 Billionen Dollar besitzen, doch sei diese erstaunliche Summe nur ein geringer Bruchteil des gesamten Nationalvermögens. Ein paar erstklassige Stücke von Amerika würden zwar an Anleger aus Tokio verkauft, doch sei die Freiheit des Landes insgesamt nicht in Gefahr. In einer bezahlten Anzeigenkampagne versucht die japanische Handelskammer in New York all jene zu beruhigen, »die befürchten, die japanische Präsenz werde so stark, daß sie zu einer wirtschaftlichen

Dominanz führe«. Selbst wenn japanische Unternehmen eine Million amerikanische Angestellte beschäftigten, werde ihre Rolle für die US-Wirtschaft »eher von marginaler Bedeutung« sein.[2]

Wer sorgfältig über das japanische Engagement in der gesamten US-Wirtschaft und im besonderen auf dem Finanzsektor nachdenkt, wird auf mögliche Auswirkungen aufmerksam, positive wie negative. Welche nun in den nächsten Jahren stärker zum Tragen kommen werden, darüber kann man allerdings trefflich streiten.

Ist es wirklich von Bedeutung, ob japanische Finanzfirmen eine dominierende Rolle in der Weltfinanz spielen? Ob der Mann auf der Straße seinen Kredit für den Kauf eines Wagen von der Sumitomo-Bank anstatt von der Bank of America bekommt, ob seine Pensionskasse Aktien von Nomura anstatt von Merrill Lynch kauft, ob die Tätigkeit von Daiwa in London erfolgreicher ist als die von Salomon? – Werden außer den betroffenen Führungskräften, deren Karriere natürlich mit solchen Entscheidungen steht und fällt, andere etwas davon merken?

Für die nächsten Jahre lautet die Antwort nein. Mit der Zeit werden die Auswirkungen aber sehr bedeutsam werden. – Nicht so sehr, weil japanische Finanzdienstleistungsunternehmen Macht gewinnen, während amerikanische Firmen sie verlieren, sondern wegen der Entwicklung, die hinter solcher Veränderung steht: der zunehmende Reichtum Japans und der Verfall der wirtschaftlichen Stärke Amerikas.

Auf dem Gebiet der Finanzdienstleistungen wird diese Veränderung zunächst am stärksten spürbar. Wenn der japanische Einfluß weiter wächst, sind schmerzliche Umstrukturierungen zu erwarten. Amerikanische Firmen werden Arbeitsplätze abbauen, die Gewinne werden kleiner, Möglichkeiten für das Wachstum gehen verloren, ganze Firmen werden zusammenbrechen. Im schlimmsten Fall könnte das Szenario ähnlich sein wie das, was in den siebziger Jahren mit der amerikanischen Autoindustrie geschah, als wegen der japanischen Konkurrenz mehrere 100000 Jobs verlorengingen. Die Gewinne der erfolgreichsten Unternehmen in der amerikanischen Geschichte schrumpften damals bis auf ein Minimum zusammen. Chrysler verschwand fast ganz, Weltmärkte, die einst für einen dauernden Zufluß von Handelsüberschüssen gesorgt hatten, trockneten aus, und für die amerikanische Schwerindustrie wurde das Totenglöckchen geläutet.

Die Finanzdienstleistungsbranche der USA wird zu Beginn weniger Arbeitsplätze verlieren als die Autoindustrie, da die meisten japanischen Finanzfirmen in den Vereinigten Staaten große Teile der amerikanischen Belegschaften übernehmen werden. Die Verluste an Arbeitsplätzen werden sich mit der Zeit einstellen, wenn sich das

Zentrum für internationale Transaktionen dorthin verlagert, wo auch das Investmentkapital sitzt - nach Tokio.

Die Schrumpfungsvorgänge auf dem Finanzsektor werden nicht geringere Auswirkungen auf die gesamte US-Wirtschaft haben als damals die Depression auf die Autoindustrie. Wahrscheinlich wird der Einfluß sogar stärker zu spüren sein, weil der Finanzsektor in der letzten Zeit einen unverhältnismäßig hohen Anteil am amerikanischen Nationalvermögen geschaffen hat. Die Stellen, die verlorengehen, sind besser bezahlt und verlangen auch höhere Fähigkeiten. Die Unternehmen, die an Macht verlieren, sich verkleinern müssen oder gar bankrott gehen, dienten als Zugpferde eines Wandels der amerikanischen Wirtschaft zugunsten informationsintensiver Dienstleistungsunternehmen mit hoher Wertschöpfung.

Die Schwächung der Finanzwirtschaft wird unmittelbare Auswirkungen für die Fernmelde- und Computerindustrie haben, denn diese beiden Wachstumszweige hatten unter den Bankiers und Brokern mit ihrem Interesse an neuen Produkten ihre besten Kunden. Die Führungsstellung, die amerikanische Unternehmen heute noch im Dienstleistungsbereich des Informationszeitalters - etwa Datenbanken, Informationsdienste und weltumspannende Informationssysteme - besitzen, wird wohl abgegeben werden müssen, wenn es japanische Finanziers sind, die weltweit am meisten von solchen Einrichtungen Gebrauch machen und sie dann von japanischen Anbietern übernehmen.[3]

Die Citys größerer amerikanischer Städte, die in den achtziger Jahren durch den Boom der Finanzdienstleistungen weitgehend ein neues Gesicht bekamen, werden etwas von ihrem vibrierenden Leben verlieren. Was nach dem Schwarzen Montag noch an Vermögen blieb, wird wahrscheinlich beim harten Konkurrenzkampf mit den Japanern von der Wall Street verschwinden. Man darf auch den psychologischen Schaden nicht unterschätzen, der dadurch entsteht, daß immer mehr Boden an ausländische Konkurrenten verlorengeht - besonders auf einem Gebiet, auf dem sich die Zukunft der Weltfinanz entscheidet.

Die Schwächung des Finanzsektors muß aber nicht notwendigerweise zur Katastrophe führen. Schließlich existieren die drei großen Autofirmen noch, auch wenn ihr Stolz verletzt wurde, und auch die US-Wirtschaft hat der japanischen Herausforderung widerstanden und überlebt. So betrachtet, ist das Wachstum von Nomura und Sumitomo auf Kosten der Bank of America oder von Merrill Lynch ungefähr so bedeutsam wie das Wachstum von Toyota auf Kosten von General Motors. Die Veränderung ist wichtig, sie wird weitreichende wirtschaftliche Auswirkungen haben und weitere Probleme nach sich ziehen. Doch die amerikanische Wirtschaft kann einen solchen Schlag immer noch verkraften. Was sich viel verheerender für die amerikanischen Interessen auswirken kann, ist die Ansammlung finanzieller Ressourcen in Japan; hierfür ist der Aufstieg der japanischen Finanzdienstleistungsunternehmen nur ein Symbol. Fragen danach, wer von den Kommissionen im Aktienhandel profitiert, wer an Bankkrediten und geglückten Fusionen verdient, sind lebenswichtig für diejenigen, die auf dem Finanzsektor arbeiten. Doch sie verblassen angesichts der Frage, wer das zu investierende Geld besitzt und welche Strategien bei diesen Anlagen verfolgt werden. Auf diesen Gebieten werden die weitreichendsten Veränderungen stattfinden.

Über das künftige Absinken des amerikanischen Lebensstandards

Die einschneidensten Folgen des wachsenden Reichtums Japans und der zunehmenden Verschuldung Amerikas werden sich für den amerikanischen Lebensstandard ergeben. Das amerikanische Wirtschaftswachstum kann, gelähmt von den Kosten für die Rückerstattung der Auslandsschulden, in den kommenden Jahren zum Stillstand kommen und sogar zurückgehen. Das hätte direkte Konsequenzen für die einzelnen Gehälter und die Kaufkraft der Haushalte. Heute konsumieren die Amerikaner jedes Jahr ungefähr drei Prozent mehr, als sie produzieren. Wenn die Nation gezwungen wird, innerhalb ihrer Verhältnisse und nicht darüber hinaus zu leben, so wird sie den Gürtel enger schnallen müssen. Selbst wenn die Exporte aufgrund des schwachen Dollars steigen, werden die Eckdaten der amerikanischen Wirtschaft im Vergleich zur japanischen Wirtschaft fast zwangsläufig eine deutlich fallende Tendenz aufweisen. Sollte der Dollar unter 100 Yen fallen (was selbst kurzfristig gesehen im Rahmen des Möglichen liegt), so wird Japan in Dollars gerechnet mit einer halb so großen Bevölkerung ein größeres Bruttosozialprodukt aufweisen als die Vereinigten Staaten.

Natürlich sind es nicht die japanischen Investitionen, die für die künftigen dramatischen Veränderungen allein verantwortlich gemacht werden können. Tiefgreifende Strukturprobleme der US-Wirtschaft und die Konkurrenz anderer ausländischer Firmen sind ebenfalls daran beteiligt. Die Japaner werden aber wahrscheinlich die wichtigste Rolle dabei spielen. Die amerikanische Bevölkerung wird dies an der wachsenden Präsenz mächtiger japanischer Unternehmen auf amerikanischem Boden und im täglichen Leben merken. Ferner werden die Medien mit ihrer weltweiten Nachrichtenübertragung, die die geographischen Entfernungen immer mehr zusammenschrumpfen läßt, Millionen von Menschen bewußt machen, welche Kluft sich zwischen dem Fortschritt der Japaner und dem Niedergang der Amerikaner auftut.

Diese Kluft könnte sich folgendermaßen äußern:

- Der Dollar verliert seine Stellung als Schlüsselwährung für die Welt. Der Schuldnerstatus der Vereinigten Staaten, die Kursschwankungen des Dollars und die neue Rolle Japans als der führenden Gläubigernation werden fast sicher dazu führen, daß der US-Dollar nicht länger als Schlüsselwährung der Welt fungiert. Jahrelang haben die Japaner nicht gewollt, daß der Yen eine internationale Rolle spielt, doch heute sind sie dazu bereit. »Der Yen sollte ohne Zweifel einen Teil der Rolle übernehmen, die der Dollar heute noch spielt«, sagt Yusuke Kashiwagi, der Präsident der Bank of Tokyo und einer der einflußreichsten Finanzexperten Japans.[4] Es ist nicht anzunehmen, daß der Dollar vollständig durch den Yen ersetzt wird. Wahrscheinlicher ist, daß Dollar, Yen und die Deutsche Mark oder ein anderer »Währungskorb« eine gemeinsame Rolle spielen. Wie bereits im ersten Kapitel ausgeführt, wird sich dieser Prestigeverlust des Dollars dahingehend auswirken, daß die amerikanischen Kosten für internationale Geschäfte steigen, daß die Regierung und die Geschäftswelt Amerikas höhere Kreditkosten zu erwarten haben und daß mit einem stärkeren inflationären Druck auf die Gebrauchsgüter zu rechnen ist.
- Die amerikanische Produktion wird unter Druck geraten. Die Anteile der amerikanischen Industrie in japanischer Hand werden weiter wachsen. Die Politik des Handelsdefizits zwingt die Japaner dazu, in den Vereinigten Staaten zu produzieren, und das können sie wegen der Stärke des Yens auch mit Leichtigkeit. Doch dadurch entsteht ein extremer neuer Konkurrenzdruck auf vielen Sektoren. Einige amerikanische Unternehmen werden wegen der japanischen Konkurrenz schlichtweg nicht überleben können. Die Japaner können mit viel niedrigeren Kapitalkosten neue Fertigungssysteme einführen und erobern sich durch erbarmungslosen Preiswettbewerb Marktanteile im Innern der Vereinigten Staaten. Obwohl japanische Firmen Steuern bezahlen und Arbeitsplätze schaffen, wird zumindest ein Teil der in Amerika erwirtschafteten Gewinne nach Japan zurückfließen und die Maschinen der weltweiten japanischen Expansion weiter anheizen. Das führt zu einem neuen Kapitalabfluß aus der US-Wirtschaft.

- Amerikanische Unternehmen werden weniger Auslandsgewinne machen. Einige amerikanische Firmen werden aufgrund des schwachen Dollars in den nächsten Jahren höhere Exporterlöse erzielen. Aber ihre Fähigkeit, in ausländische Herstellungsbetriebe zu investieren, wird wegen der starken ausländischen Währungen erheblich eingeschränkt. Die japanischen Unternehmen werden in den neunziger Jahren eine Strategie zur Sicherung ihrer Gewinne verfolgen und an allen Ecken der Welt gleichzeitig agieren, während sich amerikanische Firmen eine solche weltweite Aktivität nicht leisten können. Mit der Zeit führt dies für Amerika zu einem deutlichen Absinken der Effizienz und der Gewinne. In der Vergangenheit haben Profite aus Auslandsinvestitionen den amerikanischen Lebensstandard weit über das hinausgehoben, was eigentlich durch die Entwicklung im Inland möglich gewesen wäre. 1987 wurden die Amerikaner zum erstenmal zu Nettoschuldnern, denn die Summe, die sie für Zinsen und Dividenden aufwenden mußten, war höher als die Gewinne, die die amerikanische Wirtschaft aus dem Ausland bezog. Es zeichnet sich ein Trend ab, der das Pro-Kopf-Einkommen in zweifacher Hinsicht beeinflussen wird: Die Amerikaner müssen in Zukunft immer schwerer an ihren Auslandsschulden tragen, und gleichzeitig gehen der Wirtschaft hohe Einkommensbeiträge aus Auslandsinvestitionen langsam verloren.
- Die amerikanischen und die japanischen Arbeiter werden ihre Plätze tauschen. Das Zusammenschrumpfen der Unternehmensgewinne wird die amerikanische Industrie an einer Expansion hindern, besonders im Hinblick auf die kostenintensive Entwicklung neuer Produkte, Verfahren und Technologien. Der schuldenüberladene Staatshaushalt kann die Rolle eines Vorreiters für neue Industrien nicht spielen. Als Folge davon wird sich die amerikanische Wirtschaft wieder traditionellen Industriezweigen mit geringen Lohnkosten zuwenden, anstatt sich neuen Gebieten mit hoher Wertschöpfung zu widmen, die höhere Lohnkosten mit sich bringen können. In der Zwischenzeit wird Japan niedrig- und mittelqualifizierte Arbeitsplätze in fremde Länder exportieren und zugleich seine Binnenproduktion auf höherwertige Technologieprodukte mit steigendem Anspruchslevel ausrichten. Da das Land über die notwendigen Kapitalressourcen und die planerischen Fähigkeiten verfügt, wird es dabei voraussichtlich Erfolg haben. Dies wiederum könnte zu einem tiefgreifenden Rollentausch hinsichtlich der Einkommen, der Qualität der Arbeit und des Lebensstandards führen. Die japanischen Arbeiter werden immer stärker in jenen Industriezweigen dominieren, in denen es auf Kenntnisse und Denkfähig-

keit ankommt, während sich die amerikanische Wettbewerbsfähigkeit vor allem auf niedrige Stundensätze in viel einfacheren Industriezweigen stützen wird.

- Die Konsumgesellschaft wird bei steigenden Preisen weniger konsumieren. Die Preissteigerungen japanischer und anderer ausländischer Güter waren während des Falls des Dollars von 1985 bis 1987 minimal. Indem die Japaner damals mit aller Kraft um ihre Marktanteile kämpften, konnten sie eine Wiedererstarkung der amerikanischen Industrie verhindern und die Preise festsetzen. Hinzu kommt, daß die Nachfrage auf dem japanischen Binnenmarkt steigt und die Hersteller nun weniger von Exporten abhängig und damit auch freier sind, ihre Preise zu erhöhen. Ein großer Teil der luxuriösen Ausstattung amerikanischer Haushalte geht direkt auf jene Jahre zurück, da billige, qualitativ hochwertige Konsumgüter aus Japan und anderen Ländern eingeführt wurden. Wenn sie im Preis steigen, wird der Konsum zurückgehen. Wie Lester Thurow sagt: »Die Amerikaner werden die Arbeiter für die restliche Welt werden, während die restliche Welt Amerika besitzen wird.«[5]
- Japan wird von den Vereinigten Staaten bessere Wettbewerbsbedingungen erhalten. Da Amerika zunehmend von japanischem Kapital abhängig wird und die japanische Industrie zu einem immer wichtigeren Faktor im amerikanischen Wirtschaftsleben heranwächst, werden sich auch die politischen Bedingungen ändern: Die Amerikaner werden nicht mehr so heftig auf dem Zugang zu japanischen Märkten insistieren, und die Japaner werden Veränderungen im Ausland einfordern. Gruppen der japanischen Wirtschaft gaben bereits ihrem Wunsch Ausdruck, daß Führungskräfte von Unternehmen, die in Amerika investieren, ohne US-Visa einreisen dürfen. Sie fordern auch eine Grenze der Produkthaftung gegenüber Konsumenten, die durch mangelhafte japanische Waren zu Schaden gekommen sind, ein Ende der Einheitsbesteuerung, der zufolge ausländische Unternehmen nach dem weltweiten Gewinn des gesamten Konzerns besteuert werden, sowie ein Ende der Bestimmungen, daß Unternehmen, die an amerikanischen Aktienbörsen gehandelt werden, detaillierte Geschäftsberichte mit einer genauen Kostenaufgliederung der einzelnen Geschäftsbereiche abliefern müssen. Japanische Lobbyisten führen den Kampf gegen ein neues Gesetz an, das von Ausländern verlangt, umfangreiche Besitzanteile an amerikanischen Vermögenswerten offenzulegen. Zu Beginn des Jahres 1988 kündigte die führende japanische Unternehmerorganisation Keidanren an, sie wolle zweihundert japanische Firmen dazu bringen, ihre Investitionsstrategie in den Vereinigten Staaten

zu koordinieren. Damit sollten wachsende amerikanische Befürchtungen über immer größere japanische Investitionen abgebaut werden. Die Vorstellung allerdings, daß sich zweihundert japanische Riesenunternehmen zusammentun und gemeinsam über ihre Investitionsstrategie in den USA nachdenken, wirkte nicht gerade beruhigend, selbst wenn das Ganze gut gemeint gewesen war. Einige zweifelten allerdings sogar an der guten Intention. Der erste Vorschlag von Keidanren, die Aufhebung der Einheitsbesteuerung in Alaska, klang nämlich sehr nach einer Forderung nach Konzessionen gegenüber japanischen Interessen und war kaum dazu angetan, amerikanische Ängste zu beschwichtigen. Solche Forderungen sind aber nur die Spitze des Eisbergs. Nachdem japanische Politiker angekündigt hatten, sie würden einen Wirtschaftsgipfel blockieren, wenn Washington nicht stärkere Budgetkürzungen vornähme, schrieb *Business Week*: »Die Amerikaner sollten sich an eine härtere Gangart gewöhnen, denn zur Zeit ist eine größere Umstrukturierung der Beziehungen zwischen den Amerikanern und den Japanern im Gange.«[6]

- Waghalsiges Verhalten auf dem Finanzsektor wird bestraft. Wenn wir daran denken, daß das letzte heftige Einschlagen auf Japan in einer Zeit des relativen Booms für die US-Wirtschaft stattgefunden hat, dann kann man ahnen, wie sehr sich die Gemüter in der nächsten Periode des wirtschaftlichen Rückgangs erhitzen werden. Doch wenn die Vereinigten Staaten Vergeltungsmaßnahmen gegen Japan ergreifen, werden die Japaner wahrscheinlich entsprechend darauf antworten. Drohungen und Gegendrohungen könnten dazu führen, daß sich die Japaner gemeinsam vom Markt mit amerikanischen Regierungsanleihen, dem Dollar- und dem Aktienmarkt zurückziehen. Dies könnte zu plötzlichen Zinssteigerungen, Ausschlägen des Aktienmarktes nach oben, Instabilität auf dem Immobilienmarkt und Bankrotten großer Finanzinstitute führen.
- Die Inflation wird einen hohen Tribut fordern. Abgesehen von einem konzertierten, politisch motivierten Rückzug japanischer Investoren aus dem Geschäft mit amerikanischen Regierungsanleihen läßt es sich nicht vermeiden, daß ihre Begeisterung für amerikanische Regierungsanleihen schwindet. Je mehr amerikanische Schuldenobligationen sie ansammeln (besonders angesichts der fehlenden Budgetkürzungsmaßnahmen in Washington), um so risikoreicher werden ihre Anlagen. Die weltweite Expansion japanischer Finanzdienstleistungsunternehmen eröffnet den Tokioer Investoren eine viel größere Auswahl attraktiver Titel. Die Japaner werden den amerikanischen Anleihenmarkt nicht gänzlich aufge-

ben, es sei denn in einem politischen Scharmützel. Doch wenn sie mehr Geld in Aktien, Immobilien und den Aufkauf amerikanischer Firmen stecken, werden sie natürlich entsprechend weniger Anleihen übernehmen. Selbst eine geringe Reduktion des japanischen Interesses für Regierungsanleihen führt zu einem dramatischen Anstieg der Zinssätze und setzt die Inflation wieder in Gang. Eine galoppierende Inflation und ein »Argentinien-Syndrom« können nicht ausgeschlossen werden, da die Japaner amerikanische Kreditnehmer dazu drängen, mehr Schulden auf Yenbasis zu unterzeichnen.

Die Spirale des wirtschaftlichen Niedergangs, die den oben genannten Trends innewohnt, könnte zu einer schweren, anhaltenden Depression führen. Dazu müssen nicht alle diese Trends gleichzeitig eintreffen, und einige können sogar durch Verbesserungen auf anderen Gebieten abgemildert werden. Aber zumindest wird es nicht mehr so viele neureiche Bürger geben wie in den achtziger Jahren. Der durchschnittliche Lebensstandard des Mittelstandes (Besitz eines eigenen Hauses, Erziehung der Kinder im College, eine große Vielfalt von Konsumentengütern) könnte sich in Zukunft für viele als unerreichbar erweisen. Selbst dann wird Amerika noch ein verhältnismäßig reiches Land bleiben. Doch die Amerikaner werden wie die Briten in ihrer Periode des Niedergangs spüren, daß ihnen von außen her Grenzen auferlegt wurden. Viel von dem, was einst in Amerika möglich war, wird sich einfach nicht mehr realisieren lassen.

Die Nichibei-Wirtschaft, G-2 und der Bruch zwischen den USA und Japan

Die Geschichte lehrt uns, daß Reichtum nie mit absoluten, sondern nur mit relativen Begriffen beschrieben werden kann.[7] Die Amerikaner werden in den neunziger Jahren ohne Zweifel mehr materielle Güter besitzen als die Amerikaner in den fünfziger Jahren, als die USA den Höhepunkt ihrer Macht erreicht hatten. Sie werden aber sehen, daß sie in den neunziger Jahren weniger gut als die Japaner leben. Und darauf wird sich die öffentliche Meinung konzentrieren. Das Gegenbild zum wirtschaftlichen Niedergang Amerikas wird der anhaltende Aufstieg Japans sein, das sein Geld in neue Technologien und die vollständige Erneuerung der einheimischen Infrastruktur investiert.

Angesichts dieses sich verschärfenden Gegensatzes liegen zwei Möglichkeiten auf der Hand. Entweder sehen sich die Vereinigten

Staaten zu einer viel engeren, genau definierten Kooperation mit Japan gezwungen, oder die Vereinigten Staaten geraten in einen immer schärferen Konflikt mit Japan.

Was die erste Möglichkeit anbelangt, so sehen einige Strategen und Wirtschaftsexperten in beiden Ländern die Rettung in der sogenannten Nichibei-Wirtschaft - einer Symbiose zwischen Japan und den Vereinigten Staaten. Das Wort selbst besteht aus zwei japanischen Schriftzeichen, die »Sonne« und »Reis« bedeuten: Japan ist das Land der aufgehenden Sonne und Amerika das Land wogender Getreidefelder, von Reis nach Auffassung der Japaner. Die Nichibei-Wirtschaft ist auf weiten Gebieten bereits Wirklichkeit: Die Vereinigten Staaten sorgen für die Verteidigung Japans, und Japan hat Zugang zu den amerikanischen Märkten und läßt die Handelsüberschüsse für Investitionen zurück in die Vereinigten Staaten fließen, so daß die amerikanische Wirtschaft weiterhin funktionsfähig gehalten wird. Doch wenn das wirtschaftliche Ungleichgewicht weiter zunimmt, reicht dieses Abkommen nicht länger aus. Auf der Ideenliste für eine weitere Annäherung befinden sich Vorschläge für einen gemeinsamen transpazifischen Markt, eine gemeinsame Währung, gemeinsame Industrien und geteilte Verteidigungslasten.

In dieser Richtung dachte auch der frühere Sicherheitsberater Zbigniew Brzezinski, als er »neue weltweite Vereinbarungen« und die Entwicklung seiner eigenen Version von Nichibei forderte, die er »Amerippon« nannte. Brzezinski zufolge würde Amerippon folgendermaßen aussehen: »Ein informeller Komplex sich überschneidender Eliten, Unternehmensstrukturen und zunehmender gemeinsamer politischer Planung«, wobei die Vereinigten Staaten und Japan »Wirtschaft und Finanzunternehmen miteinander vermischen«.[8]

C. Fred Bergsten, ein weiterer Beamter der früheren Carter-Administration, schlug die Bildung eines »G-2«-Bündnisses vor, eines Bündnisses, durch das Japan und die Vereinigten Staaten gemeinsam die Führungsstellung in der Welt erringen sollten. »G-2« sollte die schwerfälligen »G-7«- und »G-5«-Bündnisse der übrigen westlichen Mächte ersetzen. Die gefährdete amerikanische Hegemonie, so meinte Bergsten, könnte durch eine »Bigemonie« der Vereinigten Staaten und Japans ersetzt werden, die dann gemeinsam die Weltwirtschaft anführen könnten.[9]

Nichibei, G-2 und ähnliche Ideen liefern viel Stoff zum Nachdenken, bergen aber auch Gefahren. Aus strategischen Gründen dürfte eine »Bigemonie« wohl weder von den amerikanischen Alliierten in Europa noch von den amerikanischen Partnern in Asien, die über die wachsende Macht Japans besorgt sind, gutgeheißen werden. Noch bedeutsamer aber ist vielleicht die Gefahr, daß bei einem so engen Bündnis zwischen Japan und den Vereinigten Staaten alle Schranken gegenüber einer Beteiligung Japans an der amerikanischen Wirtschaft und Industrie fallen würden. Die Amerikaner hätten dann keine Handhabe gegen die Japaner mehr, und Japan würde eine hervorragende Gelegenheit haben, sich Vorteile zu verschaffen, genauso wie die Vereinigten Staaten die angloamerikanischen Allianz nutzten, die Machtverhältnisse zu ihren Gunsten zu verschieben.

Trotz dieser Fallgruben ist eine sorgfältig ausgetüftelte Nichibei-Lösung einer weiteren Verschärfung des finanziellen Ungleichgewichts vorzuziehen, das letztlich auf einen Bruch zwischen Japan und Amerika hinausläuft. Angesichts einer darniederliegenden amerikanischen Wirtschaft, für deren Probleme sie Japan verantwortlich macht, verspricht eine protektionistische Haltung der Politiker in der Öffentlichkeit viel mehr Gehör zu finden als eine weitere Vertiefung der Partnerschaft zwischen den USA und Japan. Die Finanzfrage wirft hier allerdings ein überraschendes neues Problem auf. Die amerikanischen Finanzdienstleistungsfirmen verfügen über mächtigere und bessere politische Verbindungen, als sie die Autoindustrie in den vergangenen zwei Jahrzehnten aufweisen konnte. Heute hegen amerikanische Topfinanzleute den Traum, sie könnten das weltweite Spiel mit Geld beherrschen. Wenn sie aus ihrem Traum aufwachen und merken, daß sie nicht nur weltweit, sondern auch im Innern der Vereinigten Staaten Boden an die Japaner verloren haben, könnten sie ebenso erbittert für den Protektionismus eintreten wie heute für die Globalisierung. Sie werden dabei nicht einmal Schwierigkeiten haben. Die Unabhängigkeit und Stabilität des amerikanischen Finanzsystems gilt nach allgemeiner Auffassung als wichtiger und schützenswerter als die Auto- oder Stahlindustrie. Und wenn die Politiker einmal in dieser Richtung denken, dann könnten sie auch versucht sein, in den japanischen Investitionen nur Papierschnitzel und Zeichen auf Computerschirmen zu sehen. Dann lägen auch die Nichtanerkennung der Schulden oder protektionistische Steuern im Bereich des Möglichen.

Könnte eine solche Auffassung unter den Amerikanern um sich greifen, obwohl sie sich doch ihrer offenen Wirtschaft und offenen Gesellschaft rühmen? David Hale, der Chefökonom von Kemper Financial Services, erinnert uns:

»Man mag das heute kaum mehr glauben: Als Amerika im 19. Jahrhundert eine Schuldnernation war, stieß die britische Finanzmacht auf eine äußerst feindselige Haltung, weil populistische Politiker Millionen von Amerikanern davon überzeugten, die Bank of England habe den amerikanischen Kongreß bestochen, den Dollar dem Goldstandard anzupassen, damit große Gewinne für ausländische Besitzer von Anleihen heraussprängen.

1896 gewann William Jennings Bryan die Nominierung der demokratischen Partei zum Präsidenten mit einer fesselnden Rede, in der er die britische Geldpolitik und die ›finanzielle Sklaverei gegenüber London‹ aufgrund des Goldstandards anprangerte.«

Hale zufolge könnte ein »ähnliches Gefühl der Empörung« entstehen, wenn die Amerikaner merkten, bis zu welchem Grad heutige Politiker es zulassen, daß ausländische Investoren die amerikanische Wirtschaft beeinflussen. Hale schlägt vor, das amerikanische Fernsehen solle bei Wahlsendungen die Meinung einer »Reihe von Portfoliomanagern japanischer Lebensversicherungsgesellschaften« aufnehmen, »die sich an das amerikanische Volk wenden und die politischen Veränderungen beschreiben, die sie fordern wollen, bevor sie im nächsten Jahr neue Gelder in den amerikanischen Wertpapiermarkt schleusen. Ein solches Programm würde den amerikanischen Wählern wahrscheinlich mehr Informationen über die Richtung der Wirtschaftspolitik nach 1988 geben als die Äußerungen der Präsidentschaftskandidaten selbst«.[10]

Obwohl es wichtig ist, an William Jennings Bryan zu erinnern, darf man auch nicht vergessen, daß er trotz seiner Fähigkeit als großer Kommunikator nicht gewählt wurde. Ein finanzieller Protektionismus mag also im hochverschuldeten Amerika von vielen befürwortet werden, doch heißt das noch nicht, daß sie auch den Sieg davontragen. Doch wenn sie an Einfluß gewinnen, könnten die Konsequenzen gefährlicher werden als einfache Handelsschranken für importierte Güter. Er könnte in den Versuch münden, die japanische Produktion zu kürzen oder die Macht japanischer Banken und Investoren im nächsten Jahrzehnt zu verringern, wenn japanische Unternehmen bereits den größten Teil ihrer Produktion für den amerikanischen Markt in den Vereinigten Staaten selbst produzieren und japanische Institutionen eine beherrschende Stellung in der Finanzstruktur einnehmen. Das wird aber nicht möglich sein, ohne die Stabilität des amerikanischen Kapitalismus zu riskieren. Sondersteuern auf Unternehmen in ausländischem Besitz zu einem Zeitpunkt zu erheben, zu dem sie mit dem Rest der amerikanischen Wirtschaft eng verflochten sind – oder noch extremere Maßnahmen zu ergreifen, etwa die Rückzahlung für amerikanische Anleihen und Kredite an die Japaner zu verweigern oder die japanischen Besitzstände zu nationalisieren –, würde die in hohem Maß international vernetzte Wirtschaft in einen tödlichen Kreislauf von Marktsperrungen und Vergeltungsmaßnahmen katapultieren. Ein allseitiger Finanzkrieg könnte auf diese Weise entstehen. Er könnte sehr schnell zum völligen Kollaps eines Weltfinanzsystems führen, das im Grunde genommen trotz der Aberbillionen von Dollar und Yen ein unglaublich zerbrechliches Gebilde aus Versprechungen, Anschauungen und Vertrauen darstellt.

Die Amerikaner sollten sich allerdings nicht den Luxus leisten, zu glauben, nur sie hätten die Macht oder die Neigung dazu, einen Bruch der Beziehungen zwischen den USA und Japan herbeizuführen. Noch während des Investitionsbooms in den Vereinigten Staaten begann das MITI mit einem forcierten Forschungsprogramm, das zum Ziel hatte, »Wege für Japan zu suchen, sich von der drückenden Abhängigkeit von den USA zu befreien und die Fähigkeit zu unabhängigem Überleben zu entwickeln«, wie es in einem japanischen Pressebericht hieß, der fortfuhr, eine steigende Zahl von Geschäftsführern teile die Meinung des Präsidenten eines High-Tech-Unternehmens: »Vielleicht machen wir uns zu große Illusionen über die USA. Der Glauben, Japan könne nicht ohne enge Beziehung zu Amerika existieren, ist vielleicht einfach eine Wahnvorstellung gewesen.«[11]

Die Geschichte hält viele Beispiele bereit, wie sich wirtschaftliche Gleichgewichte verändern und neue Weltmächte entstehen. Angefangen mit dem alten Ägypten, mit Griechenland und Rom bis hin zu den Weltreichen der Spanier, Niederländer, Briten und Amerikaner waren die Erfahrungen zwar unterschiedlich, doch eines blieb konstant: Keine Macht hat die andere ersetzt, ohne ein internationales Chaos, eine Wirtschaftskrise und einen Krieg auszulösen.

»Die großen Kriege der Geschichte ... sind das direkte oder indirekte Ergebnis eines ungleichmäßigen Wachstums der Nationen«, meint Halford John Mackinder, einer der Gründerväter des modernen geopolitischen Denkens.[12] Die Erfahrungen des 20. Jahrhunderts unterstreichen diese Verallgemeinerung. Nach dem Ersten Weltkrieg konnte Großbritannien den stabilisierenden Einfluß, den es einst hatte, nicht mehr länger ausüben. Die Vereinigten Staaten waren ebenso wie Japan heute ohne Zweifel eine aufsteigende Macht, verfügten aber noch nicht über die weltweiten Führungsinstrumente, um unmittelbar in die Fußstapfen der Briten treten zu können. Zwischen den beiden Weltkriegen würgte der Protektionismus den Welthandel ab, die Wirtschaft stagnierte, und es entstand die faschistische Achse. Alle diese Faktoren spielten beim Ausbruch des Zweiten Weltkriegs zusammen.

Einige Historiker meinen, der entscheidende Faktor, der alle anderen verschlimmert habe, sei das weltweite Ungleichgewicht gewesen, das durch den Niedergang Großbritanniens entstanden sei. Die heutige Situation weist bemerkenswert ähnliche Symptome auf.

11.

Geld, Macht und Gewehre: Die Geburt der japanischen Weltmacht

»Die Grundlage für den Reichtum der Welt bilden heute nicht mehr so sehr die natürlichen Ressourcen als vielmehr fortgeschrittene Technologien. Die Supermächte müssen im Hinblick auf ihre natürlichen Ressourcen zusehen, wie der relative Wert ihres Reichtums schwindet, während Nationen mit Ressourcen an menschlicher Intelligenz ihren Handel ausdehnen und Überschüsse anhäufen ... Die Vereinigten Staaten haben nun doppelt so viele Einwohner wie Japan, doch beide Länder haben ungefähr gleich viele Ingenieure. In den Vereinigten Staaten gibt es mehr Analphabeten und mehr Bürger, die von der öffentlichen Wohlfahrt abhängen ... In Amerika ist es offensichtlich möglich, das Diplom einer High-School oder sogar eines College zu bekommen, ohne einen Atlas oder eine Menükarte lesen zu können ...

Der neue Status Japans als Gläubiger, seine jüngsten technologischen Überschüsse und seine weiterhin bestehenden allgemeinen Handelsüberschüsse sind nur Vorläufer dessen, was in Zukunft noch kommen mag ... Wenn wir uns dem 21. Jahrhundert nähern, werden die japanischen Reserven an hochausgebildeten Arbeitskräften die wahre Grundlage für unseren Reichtum bilden.«

Kenichi Ohmae,
Direktor von McKinsey & Co. in Tokio[1]

Die Rache der Ronin

General MacArthurs Besatzungstruppe erzwang im Nachkriegsjapan Tausende von Änderungen. Eine der interessantesten war das Verbot, *Chushingura*, das große Kabuki-Stück, aufzuführen. Es ist das Heldenlied der 47 Ronin. Es existiert in zahlreichen Versionen und erzählt eine Geschichte aus dem frühen 18. Jahrhundert. Damals plante Fürst Asano die Ermordung von Fürst Kira. Asanos Anschlag auf Kira mißlang, und es gelang ihm nur, ihn zu verwunden. Als der Shogun von diesem unerhörten Verstoß gegen die feudale Ethik erfuhr, befahl er Asano, *seppuku* zu begehen, den rituellen Selbstmord.

Der Selbstmord von Asano bedeutete, daß seine loyalen Samurai nun herrenlos, zu Ronin, wurden. Über Jahre hinweg sannen sie auf

Rache. In einer Winternacht stürmten sie in Kiras Palast und töteten ihn. Beeindruckt von der unerschütterlichen Treue der Ronin gegenüber ihrem ehemaligen Herrn, die dessen Wunsch, Kira zu töten, ausführten, erlaubte der Shogun den 47, ehrenhaft durch *seppuku* zu sterben.

Die Ronin wurden sofort zu Volkshelden. Hinter dem Heldenlied, das sie für immer unsterblich machte, steht das Thema der Treuepflicht und der Rache. Beide bilden einen Kristallisationspunkt der japanischen Kultur. Nach dem Zweiten Weltkrieg »wollten die Alliierten nicht, daß die Japaner wegen ihrer völligen Niederlage Rachegedanken hegten«, meinte ein japanischer Kommentator.[2] Und deswegen blieb *Chushingura* im Theater verboten.

Heute gehört *Chushingura* wieder zum Repertoire des Kabuki-Theaters. Das Stück wird auch in Puppentheatern, Filmen und Balletten aufgeführt und findet sich sogar als Comic. »Man kann *Chushingura* nicht entkommen«, schrieb Ian Buruma. »Nur selten, wenn überhaupt, hat eine Geschichte die Vorstellungskraft einer gesamten Nation bis zu diesem Grad in ihren Bann gezogen.«[3]

Als Theaterstück ist *Chushingura* voller vielschichtiger Bedeutungen. Im wesentlichen handelt die Geschichte aber von der Tugend, die unterbrochene Mission seines Herrn zu vollenden, gleichgültig, wie niedrig diese Mission zu Beginn gewesen sein mag. Kurz gesagt handelt *Chushingura* vom Ruhm, den man sich erwerben kann, wenn man Rache sucht und sie am Ende erlangt.

In einem Land, wo ein Stück wie *Chushingura* das höchste kulturelle Erbe darstellt, kann man nicht annehmen, daß die Vorstellung von der imperialen Bestimmung Japans einfach verschwand, weil es den Krieg verlor. Eine große, stolze Gesellschaft, die nicht nur die Demütigung der militärischen Niederlage und der Besatzung vor vier Jahrzehnten durchlitt, sondern auch 1988 noch gezwungen ist, sich amerikanische Ermahnungen anzuhören, als ob die Vereinigten Staaten Japan immer noch besetzt hielten, wird nicht für ewig an dem ihr fremden Grundsatz festhalten, »auch die andere Backe hinzuhalten«.

Im Augenblick ist es Mode in Amerika, zu glauben, die Japaner – nach unserer Ansicht clevere, gesichtslose, stets auf Konsens bedachte Seelen – hätten die schlaue Entscheidung getroffen, all die Segnungen ihrer mächtigen Industrie- und Finanzwirtschaft für sich zu behalten, ohne sich den Kosten und Lasten einer Weltmacht auszusetzen. Wissenschaftler, die sich mit den Gründen für die heutige weltweite Instabilität auseinandersetzen, sind der Ansicht, die Japaner und die Deutschen und die übrigen Wirtschaftsmächte weigerten sich, das Vakuum auszufüllen, das durch den Niedergang der amerikanischen Hegemonie entstanden ist. Amerika, so sagen sie, sei eine Schuldnernation mit dem starken Hang, die Führung auszuüben. Dieser Hang entspringe der Gewohnheit, weil Amerika so lange Zeit eine Gläubigernation gewesen sei. Japan hingegen sei nun in überwältigendem Maß ein Kreditgeber, halte aber immer noch an seiner nüchternen, von der insularen Lage geprägten Haltung fest, die ihre Wurzel in der Vergangenheit habe.

Edwin O. Reischauer von der Harvard-Universität, einer der großen amerikanischen Japan-Kenner und früher Botschafter in Tokio, behauptet, um eine Supermacht zu werden, müsse man an eine globale Mission glauben - ähnlich dem Eifer, den die Amerikaner zeigten, als sie »die Sicherheit der Welt gewährleisten wollten, damit überall Demokratien entstehen konnten«. Dies, so meint er, fehle den Japanern. »Die Japaner haben kein solches Gefühl für ein Weltreich. Sie haben sogar Schwierigkeiten, sich einer Friedenstruppe der Vereinten Nationen anzuschließen.«[4]

Das verhältnismäßig beruhigende Bild einer japanischen Nation, die die Vereinigten Staaten als Weltmacht nicht direkt herausfordern will, wird verstärkt durch öffentliche Kommentare japanischer Sprecher. »Wir hoffen, daß sich die Vereinigten Staaten erholen und Japan die zweite Geige spielen kann. Die Nummer zwei zu sein, ist wirklich angenehm«, sagte Yutaka Kosai, der Präsident des Japan Economic Research Center, zur *New York Times*.[5]

Solche Äußerungen sind ernst gemeint - vorläufig jedenfalls. Die japanische Wirtschaft mag bereits an der Spitze stehen, weil sie besser und produktiver funktioniert als die amerikanische und damit höhere Werte schafft. Japan hat allerdings noch einen weiten Weg vor sich, bevor es die Vereinigten Staaten auf allen Gebieten übertrifft. Zuerst muß das Land die massive Neuordnung der einheimischen Wirtschaft durchführen, sich in stärkerem Maß an der internationalen Politik beteiligen, bahnbrechende wissenschaftliche Projekte weiter vorantreiben, das Finanzzentrum Tokio weiter ausbauen und eine unabhängige militärische Macht aufbauen, die eine Selbstverteidigung weitgehend erlaubt. Bei all dem müssen die japanischen Geschäftsleute darauf achten, daß ihre Expansion durch ein Gefühl für das Maß gedämpft wird (wie es bis heute der Fall war), so daß ihre Macht ruhig und schrittweise zunimmt, ohne eine zu heftige Gegenreaktion auszulösen.

Bewußt oder unbewußt bewegt sich Japan bereits auf diese Ziele zu. Wenn die Japaner in den neunziger Jahren damit fortfahren, liegt es durchaus in ihrem Interesse, daß die Vereinigten Staaten weiterhin die Führungsrolle spielen, wenn auch nicht unangefochten. Wenn amerikanische Banken zum Beispiel den größten Teil der Schulden der Dritten Welt abdecken, werden die Entwicklungsländer für japanische Investitionen sicherer. Wenn es die Vereinigten Staaten noch für ein weiteres Jahrzehnt schaffen, die Seefahrtswege offen zu halten, gewinnt Japan Zeit, um seine Abhängigkeit vom Erdöl aus dem Mittleren Osten zu reduzieren. Wenn ein amerikanischer Präsident mit Moskau ein Abkommen zur Abrüstung unterzeichnet, schützt dies auch Japan vor einem Angriff des sowjetischen Nachbarn. Und was vielleicht noch wichtiger ist: Die Abrüstung der Supermächte erleichtert es Japan, selbst zu einer größeren Militärmacht zu werden.

Japaner, die ehrgeizigere Pläne hegen, müssen dafür auch den Boden bereiten. Ganz Asien fürchtet eine Remilitarisierung Japans, und diese Angst erreichte hysterische Ausmaße, als die Ereignisse vor fünfzig Jahren in japanischen Schulbüchern gerechtfertigt wurden. Solche Befürchtungen müssen neutralisiert werden. Und auch die instinktmäßige Neigung der Japaner zum Isolationismus und zum Pazifismus bedürften dabei der Korrektur.

Keine dieser Aufgaben ist so schwierig, wie es einige Experten meinen. Wenn Japan zum Hauptinvestor in Asien wird, zum Handelspartner, zur Quelle neuer Technologie und zum Entwicklungshelfer, so werden sich auch Länder mit bitteren Erfahrungen aus dem Zweiten Weltkrieg gezwungen sehen, die Politik des japanischen Expansionismus zu akzeptieren. Dies geschieht bereits auf den Philippinen, wo Japan die zerbrechliche Regierung von Frau Aquino jährlich mit einem Entwicklungshilfebeitrag von einer halben Milliarde Dollar stützt. Eine Umfrage zeigte kürzlich, daß die Filipinos mehr als alle übrigen asiatischen Völker der Ansicht sind, Japan werde unvermeidlich wieder zu einer militärischen Supermacht werden. Dennoch heißen 91 Prozent die japanische Rolle in Asien gut.[6]

Die Japaner selbst gehen schon völlig im Konzept des *kokusaika*, der Internationalisierung, auf. Kein wichtiges geschäftliches Treffen, keine politische Rede ist vollständig ohne den Appell, die insularen Horizonte zu erweitern. Die Internationalisierung Japans war im Jahr 1987 das häufigste Thema der Leitartikel in japanischen Zeitungen. Im Westen hält man dies für einen gesunden Trend; damit, so meint man, werden die Japaner aufgeschlossener, offenherziger und öffnen auch ihre Märkte. In Wirklichkeit hat der Begriff allerdings seine zwei Seiten. Es verschwinden dadurch die letzten Reste der Yoshida-Doktrin der Nachkriegszeit, derzufolge sich Japan bewußt von der Weltpolitik fernhalten und bewußt auf alle Ambitionen jenseits seiner Grenzen verzichten sollte. Die Internationalisierung schafft also das richtige Klima für ein Wiederaufleben der imperialen Pläne Japans.

Es wäre ein gefährlicher Irrtum zu meinen, Japan könne eine solche Entwicklung in Zukunft nicht durchmachen, nur weil das Land im Hinblick auf eine Führungsrolle in der Welt noch keine klaren Vorstellungen hat oder artikuliert. Heute wandern die Ronin noch herum. Ihr günstiger Augenblick muß erst noch kommen.

Von der Finanzmacht zur Supermacht

Es gibt keine allgemeingültigen Regeln, anhand derer man eine gewöhnliche Großmacht von einer Supermacht unterscheiden kann. Taiwan hat ausländische Devisen im Wert von über 70 Milliarden Dollar angehäuft - ungefähr soviel wie Japan -, doch denkt niemand daran, Taiwan als Supermacht zu bezeichnen. Niederländische Anleger haben mehr Vermögen in den USA als die Japaner. Weil die Niederländer aber seit mehreren hundert Jahren keine Großmacht mehr darstellen - und vielleicht auch, weil die Rassenfrage hier keine Rolle spielt -, wird die »niederländische Invasion« von der amerikanischen Geschäftswelt kaum beachtet. Die Sowjetunion hingegen, die kaum harte Währung besitzt, auch keine Guthaben in den USA, die der Rede wert wären, ist ohne Zweifel eine Supermacht, obwohl sie unter den Industrienationen für ihre wirtschaftliche Rückständigkeit bekannt ist.

Die Forschungsarbeiten von Historikern, Geographen und Nationalökonomen über die Frage, wie Reiche entstehen und vergehen, hatte ihre Blütezeit während der Pax Britannica. Die Briten hatten keine Angst zuzugeben, daß sie ein Weltreich besaßen. Tatsächlich schwelgten sie in dessen Glorie und erklärten und rechtfertigten in vielen Büchern, was sie aufgebaut hatten. Während der Pax Americana hielten sich demokratiebewußte Amerikaner von der Vorstellung fern, daß ein amerikanisches Weltreich überhaupt existierte. Wir ziehen es vor zu glauben, die Nachkriegswelt habe zur Hauptsache deswegen nach unserer Pfeife getanzt, weil sie unsere einzigartigen demokratischen Institutionen nachahmen wollte, unseren freien Lebensstil und unseren Lebensstandard. Diese Vorstellung besitzt natürlich eine mächtige Anziehungskraft. Doch die wahre Basis der amerikanischen Macht hat mehr mit der Art und Weise zu tun, wie die Vereinigten Staaten die westliche Militärmaschinerie und die Wirtschaft monopolisierten und wie sie seit dem Zweiten Weltkrieg ein Netz internationaler Beziehungen schufen, welche diese Situation noch zementierten.

Der Oxford-Historiker Paul Streeten hat eine Liste von Merkmalen aufgestellt, die es den Vereinigten Staaten erlaubten, die Nachkriegswelt zu dominieren: Ein Exportüberschuß, mit dem sie den Handel beeinflussen konnten; die Fähigkeit, anderen Ländern langfristig Kapital zur Ankurbelung ihrer Entwicklung zur Verfügung zu stellen; industrielle und technologische Überlegenheit; militärische Stärke zur Sicherung des Friedens.[7] Diese Faktoren liefern uns nützliche Ausgangspunkte bei der Frage, ob Japan über das Potential einer Weltmacht verfügt und ob es Amerika als dominierende Kraft in der Weltpolitik ersetzen kann.

Was die Exportüberschüsse und die Fähigkeit anbelangt, langfristig Kapital für weltweite Entwicklungsprojekte zur Verfügung zu stellen, so brauchen wir hier nicht mehr viel zu sagen. In diesem Buch haben wir gesehen, daß die japanische Statistik auf diesen Gebieten immense positive Zahlen schreibt, während die vergleichbare amerikanische Statistik ein großes Minus aufweist. Der Handelsüberschuß und der weltweite Investitionsüberschuß Japans sind überdies größer als die entsprechenden Überschüsse, die Amerika zu seiner Blütezeit aufzuweisen hatte.

Im industriellen Bereich hat Japan beim Pro-Kopf-Ausstoß bereits ungefähr gleichgezogen mit den Vereinigten Staaten - nach den Voraussagen der Wirtschaftsexperten kam dies um ein Jahrzehnt zu früh. Die Verbindung zwischen der Stärke des Yen, der zur Zeit erfolgenden Umstrukturierung der japanischen Binnenwirtschaft und der deutlich höheren Wachstumsrate als in den Vereinigten Staaten rückt eine Vorstellung in den Bereich des Möglichen, die noch vor wenigen Jahren keinem in den Sinn gekommen wäre: Japan könnte mit einer halb so großen Bevölkerung nicht nur hinsichtlich des Pro-Kopf-Ausstoßes, sondern auch hinsichtlich des Bruttosozialprodukts in absoluten Zahlen ungefähr gleich mit den Vereinigten Staaten ziehen.

Nach Lehrbuchmeinung sollte die japanische Wirtschaft jetzt einen erhöhten Profit aus ihren Investitionen in Technologie und Produktion ziehen. Weil die japanischen Industrieunternehmen aber so viel Kapital besitzen, haben sie ihre Investitionsrate in neue Technologien sogar noch vergrößert. Das gilt auch für Gebiete, in denen sie bereits eine Führungsstellung auf der Welt innehaben, und selbst dann, wenn die Neuinvestitionen nur zu kleinen Verbesserungen gegenüber bereits bestehenden Systemen führen. Die Japaner wissen sehr wohl, daß es genau diese kleinen Schritte sind, die den Unterschied ausmachen. Sie können sich dies alles erlauben, obwohl die Kosten dafür in anderen Industrieländern als unerträglich hoch gelten würden.

Die Automobilproduktion spiegelt diesen Trend sehr genau wider. Durch den breiten Einsatz von Robotersystemen brauchte die japanische Autoindustrie 1987 nur noch 100-Mannstunden für die Montage eines Wagens, im Vergleich zu den 150 Stunden in den Vereinigten Staaten. In der Mitte der achtziger Jahre nahm die amerikanische Autoindustrie endlich in Angriff, was sie so verzweifelt benötigte: Modernisierung, neue Maschinen, Rationalisierung. Man erwartet, daß sich diese Veränderungen in den frühen neunziger Jahren voll auszahlen werden. Dann soll die Zahl der Mannstunden, die in den Vereinigten Staaten für die Montage eines Wagens benötigt wird, unter das heutige japanische Niveau von 100 fallen. Doch die Japaner sind nicht stehengeblieben. Sie tätigen weiterhin große Investitionen zur Verbesserung ihrer Anlagen, die schon heute weltweit konkurrenzlos sind. Wenn die 100-Mannstunden pro Auto in den Vereinigten Staaten Realität geworden sind, rollen in Japan bereits Autos von den Montagebändern, für deren Montage nur noch 80 Stunden benötigt werden.[8]

Auf dem Gebiet der Computerchip-Produktion liegen die Kosten für eine erstklassige Fabrikationsanlage schon über 200 Millionen Dollar. Damit haben viele amerikanische Firmen keine andere Wahl, als ihre Rißzeichnungen japanischen Fabriken zu übergeben, die auf ihrer Grundlage dann die entsprechenden Chips produzieren. Wenn in den frühen neunziger Jahren die Röntgenstrahl-Lithographie und andere hochentwickelte Produktionsmethoden Standard werden, kostet der Bau einer Fabrik 500 Millionen bis eine Milliarde Dollar. Große japanische Elektronikunternehmen sind zu solchen Investitionen bereit, die meisten noch existierenden amerikanischen Chip-Hersteller allerdings nicht.

Auch andere Zweige der Computerindustrie erfahren eine ähnliche Kostenexplosion. Selbst bei den grundlegenden Desktop-Workstations und den peripheren Geräten »wandert der größte Teil der Kosten an den Beginn des Produktlebenszyklus«, wie Charles Ferguson bemerkt, der einst bei IBM arbeitete und heute Experte für Technologiepolitik am Massachusetts Institute of Technology ist. »Architektur und Design sind heute kapitalintensiver; man verwendet große Computer- und Softwaresysteme, um die Komplexität und Produktivität des Entwurfs zu erhöhen.« Unternehmen, die in den Jahren des Goldrausches im Silicon Valley entstanden sind und nur über eine dünne Kapitaldecke verfügen, können mit dieser Entwicklung kaum mithalten. Fergusons Schlußfolgerung: »Die Japaner sind drauf und dran, die Kontrolle über Halbleiter und Computer zu erringen. Das wird zu einem Wendepunkt sowohl in den geopolitischen Beziehungen als auch hinsichtlich der industriellen Macht Japans führen. Zum erstenmal werden die Vereinigten Staaten nicht mehr die wichtigsten

Technologien dominieren, die für die Erhaltung der militärischen Macht und die zukünftige industrielle Entwicklung benötigt werden.«[9]

Die Fähigkeit zur Entwicklung neuer Produktionstechnologie - und die Verfügbarkeit von Investmentkapital, das die Einführung neuer Herstellungsprozesse in der ganzen Industrie ermöglicht - ist eine der großen Stärken des japanischen Systems, die zu einer ungeheuren Wettbewerbskraft führt. Was die Amerikaner einst mit einigem Abscheu als simple »Adaptation« durch japanische Ingenieure bezeichneten, gilt heute - wenigstens unter Ingenieuren - als machtvolle Form der Innovation. Der amerikanischen Wissenschaft gelingen weiterhin Durchbrüche, die für die ganze Welt von Bedeutung sind. Der Weg zu ihrer Kommerzialisierung führt heute aber oft über Japan: Kostengünstige Produktionsprozesse mit steter Qualitätskontrolle stellen die Verbindung zwischen brillanten Ideen und ihrer Verwirklichung in alltäglichen Produkten her. Als Folge davon leiden die Vereinigten Staaten heute im Vergleich zu Japan auf dem Gebiet der High-Tech-Elektronik unter einem Handelsdefizit.[10] Beim Rennen um die Kommerzialisierung der heißesten aller neuen Technologien - bei den Supraleitern - hat Japan fast über Nacht die Führung übernommen. Vier Tage nach der Ankündigung im Februar 1987, der amerikanische Forscher Ching-Wu Paul Chu habe an der Universität von Houston die Temperaturgrenze des flüssigen Stickstoffs durchbrochen (was bedeutete, daß diese Technologie nun der kommerziellen Nutzung ein ganzes Stück nähergekommen war), stellten die führenden japanischen Elektronikunternehmen, Universitäts- und Regierungslaboratorien ein Konsortium zur Erforschung der Supraleitung auf die Beine. »Das Ziel ist, die Industrie so zu organisieren, daß sie bei der Anwendung und Kommerzialisierung auf diesem immensen neuen Markt die Oberhand vor dem Westen gewinnt«, berichtete die Zeitung *Nihon Keizai Shimbun*.[11]

Paul Chu aus Houston befürchtet, die Japaner, angeführt vom MITI, könnten dabei den Sieg erringen. »Wir können nicht umhin, genauso vorzugehen wie die Japaner«, warnte er.[12] Japan aber baut seine Führungsposition aus: durch finanzielle Unterstützung der Forschung für Supraleitung, durch Koordination auf Regierungsebene und durch Patente.

Japan wird weiterhin seinen Kapitalvorteil nutzen, um auf der Anwendungsseite der Wissenschaft eine größere Dominanz zu erreichen. Das Land beginnt jetzt aber auch Programme zu finanzieren, mit denen es den USA die Vormachtstellung auf einem anderen Gebiet streitig machen will - dem der Grundlagenforschung.

Die sprichwörtliche Aussage »Wissen ist Macht« hat im Informationszeitalter eine neue Bedeutung bekommen. Die produktivsten und reichsten Gesellschaften werden in Zukunft diejenigen sein, welche die besten Bedingungen dafür schaffen, aus neuen Forschungsergebnissen wirtschaftlichen Nutzen zu ziehen. Es ist sehr wohl möglich, daß die heutigen Entdeckungen auf dem Gebiet der Supraleitung, der künstlichen Intelligenz, der Gentechnologie, der neuen Werkstoffe, der Erforschung des Weltraums oder der Robotertechnik das Machtgleichgewicht der Welt viel tiefgreifender beeinflussen als die Computerrevolution oder die Entwicklung der Kernenergie.

Bereits heute gehen ein Drittel aller Patente, die das amerikanische Patentamt erteilt, an japanische Staatsangehörige. Ein neues Verfahren zur Quantifizierung des wissenschaftlichen Fortschritts deutet darauf hin, daß japanische Patente heute wichtiger und innovativer als die amerikanischen sind; bei diesem Verfahren zählt man, wie oft andere Erfinder japanische Patentanwendungen in ihren eigenen Arbeiten zitieren.[13]

Erst in diesem Jahrzehnt verkündete Japan öffentlich, es wolle auch in der Grundlagenforschung eine weltweite Führungsrolle übernehmen. Die Veränderungen sind bereits deutlich zu spüren. »Japan wandelt sich von einer Nation von Nachahmern in eine Nation von Innovatoren«, berichtete der Wissenschaftsjournalist Walter Sullivan nach einem Japan-Besuch im Jahr 1987. Er sah dramatische Fortschritte bei der Erprobung von Werkstoffen unter hohem Druck, bei der Untersuchung von Verschleißprozessen und bei der Entwicklung von Raketen für die Weltraumforschung.[14] In der Wissenschaftsstadt Tsukuba verwenden Forscher den stärksten Teilchenbeschleuniger seiner Art, um die Quarks zu erforschen. Anderswo spielten japanische Wissenschaftler bei der Sammlung von Daten über Neutrinos und andere obskure Elementarteilchen eine Schlüsselrolle.

Das Projekt des MITI zur Entwicklung von Computersprachen der »fünften Generation« und der künstlichen Intelligenz hat bescheidene Fortschritte gemacht. Ein noch nicht klar abgegrenztes, von der japanischen Regierung gesponsertes Projekt zur Entwicklung der »sechsten Generation« will exotische Software-Konzepte mit neuen Hardware-Entwürfen und biologisch synthetisierten Stoffen zusammenbringen, um menschliche Sinnesfunktionen auf einem Chip zu simulieren. Beim Aufbau teurer Synchrotrone (Elektronenbeschleuniger zur Erzeugung von Röntgenstrahlen bei der Chip-Herstellung) nimmt Tokio durch sein finanzielles Engagement die Führungsposition ein. Auf Gebieten wie den Keramikmotoren, den Magnetschwebebahnen und beim Protein-Engineering steht die japanische Forschung ganz vorne und setzt die Maßstäbe.

Die gängige amerikanische Meinung, die hierarchiebewußte japanische Gesellschaft schaffe nicht die richtige Atmosphäre für kreative Individuen, stimmte für die Vergangenheit. Susumu Tonegawa, ein Forscher des MIT, der 1987 den Nobelpreis für Medizin erhielt, meinte dazu: »Wäre ich an einer japanischen Universität geblieben, so wäre ich nicht imstande gewesen, diese Art Arbeit zu tun.«[15] Die Situation ändert sich jetzt aber teilweise, weil sich auch die Bedürfnisse Japans verändern. In den letzten vierzig Jahren lag eine reiche Goldader amerikanischer Forschungsarbeiten ungenutzt da und wartete nur darauf, von den Japanern entdeckt zu werden. Heute liegen nach den Aussagen eines japanischen Experten für Wissenschaftspolitik die Dinge anders: »Je stärker die Konkurrenzkraft Japans wird, um so schwieriger wird es auch, in der übrigen Welt eine überlegene Technologie zu finden.«[16] Die Japaner haben gar keine andere Wahl, sie müssen selber zu Pionieren werden.

Die Beziehung zwischen Finanz und Wissenschaft hat eine bedeutsame Veränderung erfahren. Wissenschaftliche Forschung ist in ihrer heutigen Größenordnung ein kapitalintensives Gebiet. Die Wissenschaftler verschiedenster Fachrichtungen wissen, wohin ihr Weg führt und wie sie dorthin kommen, aber sie können das Kapital dazu nicht beschaffen. Die Genetiker beispielsweise sind sich insgesamt darüber einig, daß es möglich ist, das gesamte menschliche Erbgut zu kartieren. Diese Arbeit wird allerdings Milliarden von Dollar kosten, und der kommerzielle Wert der Ergebnisse ist unsicher. Sollte man diese Arbeit also in Angriff nehmen?

Wahrscheinlich werden die Japaner solche Fragen künftig bejahen, während sich die Amerikaner nicht festlegen werden. Die finanziellen Ressourcen sind in Japan vorhanden und anderswo eben nicht. Dies zeigt sich bereits im Bereich der Biotechnologie.

»Biotechnologische Forschung verschlingt viel Zeit und Geld und zahlt sich erst weit in der Zukunft aus«, bemerkt das *Wall Street Journal.* »Für die Japaner ist das kein Problem, denn sie haben riesengroße Firmen, die auf anderen Gebieten viel Geld verdienen. Viele der meistversprechenden amerikanischen Biotechnologiefirmen sind klein und haben keinen profitablen Geschäftszweig, der sie stützen könnte ...

Und was am gefährlichsten ist: Große japanische Unternehmen finanzieren einige amerikanische Firmen, die am Anfang und folglich unter hohem Druck stehen, und verlangen als Gegenleistung Informationen über die bestgehüteten wissenschaftlichen Geheimnisse. ›Die amerikanischen Unternehmen für Forschung und Entwicklung brauchen das Geld‹, sagt Yaichi Ayukawa, ein prominenter japanischer Spezialist für Risikokapital mit einem amerikanischen Doktortitel. ›Sie sind richtig hungrig danach. Sie machen ein Geschäft mit den Japanern. Doch dann zapfen die Japaner sie an und ziehen sie aus bis auf die Unterhosen. Und drei oder vier Jahre danach weiß die amerikanische Seite gar nicht mehr, was vor sich geht.‹«[17]

Während die Weltraumprogramme der USA, Europas und der Sowjetunion die nun anlaufenden Anstrengungen Japans auf diesem Gebiet als unbedeutend erscheinen lassen, hat die Tokioer National Space Development Agency (NASDA) Pläne für ein Space Shuttle in nicht allzu ferner Zukunft entwickelt. Die NASDA entwarf ein Programm für das 21. Jahrhundert mit dem Bau von Raumstationen, Raumfabriken und Raumkolonien. Sie sollen unter den besonderen Bedingungen des Weltraums pharmazeutische Produkte, Halbleiter, Legierungen, Keramiken und neue Werkstoffe herstellen.

Während das Programm der amerikanischen NASA hohe politische Hürden überwinden muß, um im Weltraum weiterhin die Führungsrolle spielen zu können, ist für die japanischen Raumwissenschaftler das goldene Zeitalter angebrochen, denn Tokio will in den nächsten dreizehn Jahren 40 Milliarden Dollar für die Weltraumforschung ausgeben. Die Begeisterung der Öffentlichkeit schlägt so hohe Wellen, daß die steuergeplagten Bürger sogar bereit wären, noch mehr für den japanischen Fortschritt auf diesem Gebiet zu bezahlen. Zur Zeit trägt der Steuerzahler pro Kopf 6,66 Dollar jährlich zum Weltraumprogramm bei, »doch die Leute sagen mir, sie würden gern 20 oder 30 Dollar ausgeben«, behauptet der Direktor des japanischen Raumfahrtzentrums.[18]

Die Liste der wissenschaftlichen Gebiete, auf denen Japan im nächsten Jahrhundert die Vereinigten Staaten einholen oder gar überholen wird, ließe sich beliebig fortführen. Das japanische Erziehungssystem verzichtet zwar auf die westlichen Begriffe der Kreativität und der Individualität, erzeugt aber ein wesentlich höheres Bildungsniveau als das amerikanische.

Die Tatsache, daß die Bevölkerung Japans halb so groß ist wie die Amerikas, ist viel weniger bedeutend als die Feststellung, daß beide Länder jedes Jahr ungefähr dieselbe Anzahl von Ingenieuren ausbilden. Oder daß eine große Zahl japanischer Wissenschaftler amerikanische Veröffentlichungen in englischer Sprache lesen können, während nur eine verschwindend kleine Minderheit amerikanischer Wissenschaftler die japanische Literatur verfolgen kann. Oder daß 13 000 Japaner an den besten amerikanischen Universitäten studieren, während heute nur 800 Amerikaner japanische Universitäten besuchen. Oder daß japanische Unternehmen gewohnheitsmäßig neue

Lehrstühle an führenden amerikanischen Universitäten einrichten und finanzieren und damit zur Elite der amerikanischen Forschung Zugang bekommen, während nur wenige weit vorausschauende amerikanische Unternehmen Anstrengungen unternehmen, um von der japanischen Forschung zu profitieren.

Ein geradezu erschreckendes Beispiel für das, was noch vor uns liegt, kommt aus dem Klassenzimmer: Nur die Hälfte der Schüler an einem kalifornischen Staatscollege wußten, wo Japan liegt. In der Klasse einer Tokioer High-School wußten hingegen hundert Prozent der Schüler, wo die Vereinigten Staaten zu finden sind.[19]

Der Stil des Weltreichs

Bisher haben wir die meisten der von Streeten genannten Merkmale für eine Vormachtstellung behandelt. Nun wollen wir für einen Augenblick auf das Phänomen militärischer Macht eingehen. Vielleicht ist es aber am besten, wenn wir vorher noch ein anderes Charakteristikum einer Supermacht unter die Lupe nehmen: die Fähigkeit, sich für die Besonderheit der eigenen Nationalkultur zu einem bestimmten Zeitpunkt auf der ganzen Welt Anhänger zu verschaffen. Dies ist keinesfalls die wichtigste Säule internationaler Macht. Die Amerikaner neigen angesichts der hervorragenden Stellung, die die Vereinigten Staaten in der Nachkriegszeit einnahmen, dazu, diesen subjektiven Faktor stark zu überschätzen. Dennoch kann man ihn als wichtigen sekundären Faktor bezeichnen.

Die britische Führungsrolle wurde in der Zeit der Pax Britannica an entlegensten Ecken der Welt akzeptiert - nicht nur wegen der britischen Kanonenboote, sondern auch wegen seiner Früchte der industriellen Revolution, seines parlamentarischen Regierungssystems und seiner Ideologie des freien Handels. Eine ähnliche Anziehungskraft übten die amerikanische Demokratie, ihre Technologie und die Volkskultur in jüngerer Zeit aus. Selbst die Sowjetunion bezieht einen Teil ihrer Stärke aus der Tatsache, daß die Menschen in den verbündeten Ländern immer noch glauben, Moskau sei ihr Mekka.

Angesichts der einzigartigen, nach innen gerichteten Kultur Japans glauben viele Menschen im Westen, die japanische Lebensart könne niemals eine ähnliche Anziehungskraft erreichen wie der »American way of life«. Und doch geschieht zur Zeit genau dies überall. Die Propagierung japanischer Managementtheorien in den späten siebziger und frühen achtziger Jahren war ein Hinweis darauf, daß selbst eifrige amerikanische Patrioten an der Spitze großer Unternehmen fasziniert waren, wie rational die Japaner industrielle Organisationen betrachteten.

Die Begeisterung für japanische Managementtheorien ist verschwunden, doch einige japanische Grundauffassungen haben tiefe Wurzeln im amerikanischen Geschäftsleben geschlagen. Bei NUMMI, dem Joint venture von General Motors und Toyota in Kalifornien, schreibt man es dem japanischen Einfluß zu, daß die Produktivität und die Qualitätsstandards über der Norm der amerikanischen Autoindustrie liegen. Die Firma Sematech, ein von der US-Regierung gesponsertes Konsortium führender amerikanischer Chip-Hersteller in Austin, verkörpert den Versuch, es mit japanischen Methoden mit den Japanern aufzunehmen: indem nämlich Elektronikfirmen und Regierungsministerien gemeinsam an einem Strang ziehen.

In Großbritannien haben es japanische Produktions- und Managementmethoden Nissan ermöglicht, etablierte Hersteller auszustechen. 1988 fand in den Ford-Werken ein erbitterter Streik statt, weil die Firma japanische Arbeitsregeln einführen wollte. Selbst Unterhändler der Gewerkschaft gestanden zu, daß man den Japanern in mancher Hinsicht nacheifern müsse, damit britische Hersteller überhaupt konkurrenzfähig blieben. Bei dem Streik ging es nur darum, in welchem Umfang und wie bald dies zu geschehen hatte. In Frankreich sind 20 Prozent des eine Milliarde Dollar umfassenden Budgets für eine neue Peugeot-Fabrik dazu bestimmt, »die Arbeiter in japanischer Montagetechnik zu schulen«.[20]

Die Anzahl der Sushi-Bars in New York schoß in den achtziger Jahren um tausend Prozent nach oben. New Yorker Beamte besuchen auf Studienreisen regelmäßig Japan, um zu erfahren, wie Tokio mit seinen Problemen fertig wird: beim Massenverkehr, bei der Müllabfuhr, bei der Reparatur von Straßen und anderen Problemen von Riesenstädten. Selbst einige ganz typische japanische Traditionen wie das Sumo-Ringen, die Karaoke-Bars, wo Kunden aufstehen und populäre Lieder singen dürfen (dies meistens schlecht), und Manga (Comics für Erwachsene) finden heute in den Vereinigten Staaten, Europa und im restlichen Asien eine gewisse Anhängerschaft. Der größte Nachtclub der Welt in Hongkong wurde nach japanischem Vorbild gestaltet; Hunderte chinesischer Mädchen, die auch Japanisch sprechen, sind bereit, Geschäftsleute bei ihrem Besuch zu unterhalten.

Nirgendwo ist der kulturelle Einfluß Japans stärker als in den visuellen Künsten des Westens. Was auch immer auf dem Textilsektor, beim Design, in der Architektur, bei der Verpackung, in der Performance-Kunst in Mode kommt, wurde von japanischen Innovationen beeinflußt. Dies gilt besonders für die Pazifikküste der Vereinigten Staaten, wo Einkaufsparadiese für Trendsetter wie die Melrose Avenue in Los Angeles mit japanischen Geschäften, japanischen Boutiquen, Restaurants und japanischem Design überfüllt sind. Nach *Time* sind »die neue Architektur und die graphischen Künste Japans führend auf der Welt«.[21] Und *Forbes* meint kurz und bündig: »All die Jahrhunderte hindurch ging die Kunst dorthin, wo das Geld ist.«[22] Und da das Geld augenblicklich in Japan liegt, gehen Künstler aus der ganzen Welt dorthin, um zu arbeiten und sich inspirieren zu lassen. Jay McInerney, einer der führenden amerikanischen Schriftsteller der achtziger Jahre, lebte zwei Jahre lang in Kyoto und siedelte einen seiner Romane in Japan an. »Die Europäer und Amerikaner blicken auf die Tradition und Struktur Japans, weil diese beiden Elemente in unserer Kultur fast völlig fehlen«, bemerkte er.[23]

In anderen Teilen der Welt blicken die Menschen nicht so sehr wegen der künstlerischen Ideen nach Japan, sondern suchen dort wirtschaftliche und politische Inspirationen. Japan hat ein Modell geschaffen, das es bisher für asiatische Entwicklungsländer nicht gab, indem es nämlich einen Mittelweg zwischen Sozialismus und Kapitalismus suchte. Langfristige Planung, der Wunsch nach sozialem Zusammenhalt und Konsens, eine Mischung aus geschützten und der Konkurrenz ausgesetzten Sektoren der Wirtschaft, die Aufmerksamkeit für Einzelheiten und Qualität, die Betonung der Erziehung, die Fähigkeit, eine Gesellschaft zum Lernen, Opfern und Sparen anzuhalten - all diese Aspekte gelten in Ländern wie Korea, Malaysia und Singapur als Tugenden des japanischen Systems. Diese Nationen versuchen, sie in ihr eigenes System zu integrieren.

Ohne Zweifel werden die Japaner vor riesigen Problemen stehen, wenn sie sich an das 21. Jahrhundert anpassen wollen, da sie doch in vielerlei Hinsicht an uralte Traditionen gebunden sind. Es ist immer noch möglich, daß Amerika mit seiner Fähigkeit zur Kreativität, Vielfalt, Offenheit und Reaktion auf Veränderungen weiterhin Vorbildcharakter für die Welt behält. Japan versucht, diesen Attributen heute nachzueifern. Die Japaner haben aber die Fähigkeit, auf eine diszipliniertere Weise kreativ, vielseitig und offen zu sein, und sie passen sich Veränderungen auf eine tiefgreifende und gleichmäßigere Weise an. Diese Eigenschaften werden sich wahrscheinlich als die geeigneteren in einer Welt erweisen, die immer schnellebiger und chaotischer wird. Wie das amerikanische System den Bedingungen dieses Jahrhunderts auf eine einzigartige Weise angepaßt war, so mag sich das japanische System als optimal für das nächste Jahrhundert erweisen.

Wir können uns kaum vorstellen, daß die Japaner als künftige

Supermacht politisch wie die Amerikaner handeln: Aufstände anzetteln in Zentralamerika, den Russen am Verhandlungstisch unverwandt in die Augen schauen, mit Auslandshilfen gegenüber obskuren Ländern um sich werfen, Verbündete auf Vordermann bringen, große regionale Wirtschaftsinitiativen schaffen. Es ist unwahrscheinlich, daß die Japaner ihr Reich auf diese Weise regieren. Der wesentliche internationale Steuerungsmechanismus wird stets mit Handel, Technologie und Finanz verbunden sein. Finanzmacht ist ein wirkungsvolles Werkzeug, und der Handel, so sagt der Analytiker Ronald Morse, »ist die britische Flotte der Japaner«.[24]

Getreu seiner minimalistischen Ästhetik wird Japan seinen Einfluß geltend machen, ohne sich auf die beiden für die Pax Americana typischen Grundpfeiler zu stützen: den Wunsch, einen liberalen Humanismus in die ganze Welt zu exportieren und gleichzeitig den Kommunismus einzudämmen.

In Tokio wird bereits darüber nachgedacht, wie das Wertesystem einer von den Japanern angeführten Zukunft aussehen soll und wie man es am besten in Worte faßt. In dem Bericht von Nomura über die Weltwirtschaft im Jahr 1995 wird die Art und Weise untersucht, auf die Amerika weltweit die intellektuelle und moralische Führungsrolle übernahm, bevor es Großbritannien überholte. Japan, so meint der Bericht, müsse nun dasselbe tun. Damals brachten Pragmatismus und andere von den Amerikanern verbreitete Ideen »eine Blütezeit für die amerikanische Kultur; sie half den Vereinigten Staaten, Vertrauen und Einfluß auf der ganzen Welt zu gewinnen«. Japan müsse nun ebenfalls »das Vertrauen anderer Länder gewinnen«, indem es »ein intellektuelles Wertesystem« entwickle, »das seiner neuen Rolle als führende Nation der Welt würdig ist«.[25]

Die Ideologie des japanischen Weltreichs befindet sich immer noch in der Phase der Forschung und Entwicklung. Doch sie wird sich bald zeigen.

Die neuerliche Militarisierung Japans

Die Welt hat auf der Straße des materiellen Fortschritts einen weiten Weg zurückgelegt. Aber es ist ihr kaum gelungen, den Einfluß von Waffen und Rüstung als einer Machtbastion und des Krieges als des letzten Schiedsrichters in einem Konflikt zu verringern. Einer der Beiträge Japans zur Geschichte wird darin bestehen, daß diese Nation ein Weltreich aufgebaut hat und sich dabei – im Vergleich zu anderen historischen Supermächten – verhältnismäßig wenig auf eine militärische Macht stützte. Das bedeutet allerdings nicht, daß Japan nicht doch noch zu einer militärischen Macht wird. Japan ist bereits viel stärker militarisiert als die meisten Amerikaner annehmen. Zu Beginn des 21. Jahrhunderts könnte sich das Land auch als militärische Supermacht entpuppen.

Die japanische Finanz ist in dreierlei Hinsicht für die militärische Entwicklung bedeutsam. Erstens entstand durch die wachsenden Auslandsinvestitionen ein mächtiges Motiv für die Tokioer Regierung, noch einmal über das Fehlen eines Angriffspotentials nachzudenken. Zweitens wären der Reichtum Japans ganz allgemein und vor allem die geringen Kapitalkosten die geeigneten Voraussetzungen dafür, in verhältnismäßig kurzer Zeit eine der technologisch fortschrittlichsten Waffenindustrien der Welt aufzubauen. Drittens: Da Japan immer reicher und Amerika immer ärmer wird, verschärft sich auch der Gegensatz zwischen dem Beschützer und dem Beschützten. Die Japaner leiden eindeutig unter der Angst, daß die Amerikaner gar nicht willens wären, Japan tatsächlich zu verteidigen.

Das Zusammentreffen dieser Faktoren vor dem Hintergrund einer weitgehend feindseligen Welt (und angesichts einer Situation in Nordasien, die weniger stabil ist als allgemein angenommen[26]) läßt die erneute Militarisierung Japans nicht nur möglich, sondern geradezu unausweichlich erscheinen. Amerikanische Strategen glauben offensichtlich nicht, daß Japan jemals wieder zu einer Gefahr außerhalb seiner eigenen Grenzen werden kann. Andere Regierungen hingegen, besonders die der benachbarten Länder in Asien, fühlen sich unbehaglich bei dem, was vor sich geht.

Die chinesischen Politiker sind ausgesprochene Kritiker der japanischen Expansion auf militärischem Gebiet. Sie haben die schnelle Militarisierung Japans und deren gräßliche Folgen in diesem Jahrhundert schon einmal miterlebt. China weiß ganz genau, daß weder die geringe Größe noch die kleinere Bevölkerungszahl Japan daran hindern könnten, zu einer aggressiven Bedrohung zu werden. »Ehrlich gesagt, sind die Chinesen besorgt über die japanischen Verteidigungsausgaben«, sagte Deng Xiaoping zu dem japanischen Ministerpräsidenten Noburo Takeshita während dessen Besuchs 1987 in Peking.[27] Die offizielle chinesische Presse nimmt die Haltung ein, Tokios Plan zur Ausweitung der Luftverteidigung der Seefahrtslinien in ganz Asien stelle ein »großes Verteidigungsprogramm dar, [das] die eigentlichen Bedürfnisse Japans zur Verteidigung seines Territoriums bei weitem übersteige«.[28]

Lee Kuan Yew, der Premierminister von Singapur, sagt, er fürchte für Asien nichts mehr als eine Wiederbewaffnung Japans. »Der schrecklichste Gedanke für mich ist, daß die Japaner zur Ansicht gelangen, die Welt, die sie nun seit 1945 kennen« – das heißt die Welt der Pax Americana in Asien –, »sei nun an ihrem Ende angelangt, und sie müßten nun entweder ganz auf eigenen Füßen stehen oder zu irgendeiner Vereinbarung mit China oder der Sowjetunion gelangen.«[29]

Auch die Politiker anderer ASEAN-Länder fühlen sich zunehmend unwohl, wenn sie an die künftige militärische Rolle Japans denken. Die Befürchtungen gehen so weit, daß Takeshita beim Gipfel in Manila zur Hauptsache darüber sprach, es sei sein fester Wille, nicht den »Pfad zur Militärmacht« zu gehen. Obwohl Takeshita bei dieser Gelegenheit der Region zwei Milliarden Dollar Entwicklungshilfe anbot, konnte er seine Zuhörer doch nicht so recht beruhigen. Ein Korrespondent, der über den Gipfel berichtete, bemerkte eine weitverbreitete Angst unter den ASEAN-Führern, »die USA seien vielleicht dabei, ihre Rolle als Polizist in diesem Raum aufzugeben und sie Japan zu überlassen«.[30]

Deng Xiaoping, Lee Kuan Yew und andere Politiker der ASEAN-Länder haben noch lebhafte persönliche Erinnerungen an die Militärmacht Japan. Sie fehlen den meisten heutigen Amerikanern. Für die Amerikaner, die sich mit militärischen Fragen beschäftigen, scheinen die Tatsachen für sich selbst zu sprechen: Die Vereinigten Staaten bleiben unglaublich mächtig, während Japan aufgrund seiner Verfassung und des antimilitaristischen Zugs seiner Nachkriegskultur schwach erscheint. Doch dieses scheinbar institutionalisierte Gleichgewicht erfährt zur Zeit eine Verschiebung.

Artikel IX der japanischen Verfassung, der von MacArthurs Besatzungsbehörden aufgesetzt wurde, stellt folgendes fest: »Das japanische Volk verzichtet für alle Zeiten auf den Krieg als ein souveränes Recht der Nation und auf Bedrohung oder Gewaltanwendung als Mittel zur Beilegung internationaler Konflikte ... Es werden niemals Streitkräfte zu Land, zu Wasser und in der Luft sowie anderes Kriegspotential unterhalten werden.«

So klar sich diese Ausführungen anhören, seit ihrem Inkrafttreten wurden sie dauernd uminterpretiert. Die ursprüngliche Bedeutung war eindeutig. Japan durfte keine bewaffneten Streitkräfte irgendwelcher Art unterhalten. Das Sicherheitsabkommen zwischen den USA und Japan garantiert, daß die Amerikaner Japan im Fall eines feindlichen Angriffs Schutz bieten. Im Verlauf des kalten Krieges, der Revolution und in China und des Koreakrieges entschieden John Foster Dulles und andere Politiker in Washington, Japan solle doch eine eigene, beschränkte militärische Verteidigung aufbauen. Dulles drängte die pazifistischen Japaner, die Verfassung so zu interpretieren, daß nur Angriffsstreitkräfte verboten waren. Auf diese Weise entstanden die »Selbstverteidigungs-Streitkräfte«. Diese Armee zählt heute fast 300 000 Mann und verwendet weltweit mit die besten Panzer, Kampfflugzeuge und Anlagen zur Raketenabwehr.

1976 beschloß das Parlament, die Militärausgaben auf ein Prozent des Bruttosozialproduktes zu beschränken. Es entsprach damit der öffentlichen Meinung in Japan und in ganz Asien, die einen beginnenden Trend zur Wiederbewaffnung befürchtete. Ein Prozent des zweitgrößten Bruttosozialprodukts der Welt ist aber immer noch eine Riesensumme: im Jahr 1988 waren es 30 Milliarden Dollar. Je nach Devisenkurs steht das »friedliebende« Japan, was die Militärausgaben anbelangt, heute an dritter Stelle hinter der UdSSR und den Vereinigten Staaten. Japan gibt ungefähr soviel aus wie das nicht friedliebende Großbritannien, das Atombomben unterhält, einen integrierenden Teil der NATO darstellt, einen Quasi-Bürgerkrieg in Nordirland führt und immer noch in weit vorgeschobenen Posten koloniale Garnisonen unterhält.

Wie so viele andere Dinge in Japan, ist auch die 1976 festgelegte Budgetgrenze von einem Prozent flexibel. Nakasone überschritt dieses eine Prozent 1987 bewußt um Haaresbreite (1,004 Prozent) und wollte damit zeigen, daß sich dies auch ohne große politische Auseinandersetzung bewerkstelligen läßt. Unter anderem wurden mit dem 1988er Budget folgende Dinge angeschafft: 14 neue Kriegsschiffe, darunter Zerstörer, Unterseeboote und Minensucher; eine große Reihe von Boden-Luft-Raketen; 108 neue Flugzeuge, darunter Jagdbomber und Hubschrauber zur Bekämpfung von Panzern und Unterseebooten; eine Reihe von 203-mm-Selbstfahrhaubitzen, Panzern, Schützenpanzern und Fahrzeugen zur Abwehr chemischer Waffen.[31]

Ein großer Teil der japanischen Militärausgaben versteckt sich auch in nichtmilitärischen Budgets, darunter ein großer Teil der Kosten für die amerikanischen Stützpunkte und Truppen. Die amerikanische Botschaft in Tokio schätzt, daß die realen japanischen Militärausgaben bereits 1,8 Prozent betragen. Doch selbst in dieser Zahl sind die Forschungen für strategisch wichtige Technologien nicht eingeschlossen, die in Amerika unter die Zuständigkeit des Verteidigungsministeriums fallen würden.

Die japanische Konsumgütertechnologie enthält so viele militärische Anwendungsmöglichkeiten, daß fast alle neuen amerikanischen militärischen Hardwaresysteme mindestens einige Komponenten aus Japan verwenden. Materialien, die in Japan ursprünglich für Tennisschläger entwickelt wurden, finden nun in den Rahmen amerikanischer Jagdflugzeuge Verwendung. Elektronenoptische Errungenschaften in der Heimvideoausrüstung von Toshiba verwendet das Pentagon für modernste Raketenlenksysteme. Das japanische Verteidigungsministerium entwickelte eine Rakete gegen Flugzeuge, die von einem Mann von der Schulter aus abgefeuert werden kann. Darin fanden mehrere elektronische Neuentwicklungen der Konsumgüterindustrie Verwendung. Diese Waffe soll genauer sein als das überall bekannte amerikanische Produkt Stinger.[32]

Schritt für Schritt werden in der Innenpolitik die Grundlagen für eine größere militärische Aktivität in der Zukunft gelegt.

- Als die iranischen Angriffe auf ausländische Öltanker im Jahr 1987 ihren Höhepunkt erreichten, bestätigte Nakasone, Japan besitze ein Recht, Minenräumboote in den Persischen Golf zu entsenden. Obwohl er dies dann doch nicht tat, bestand er auf der Feststellung, es gebe vom gesetzlichen Standpunkt aus keinen Unterschied, ob maritime Selbstverteidigungskräfte Minen aus dem Japanischen Meer oder aus dem Persischen Golf entfernten. Das war das erste Mal, daß ein Premierminister der Nachkriegszeit die japanische »Selbstverteidigung« über Ostasien hinaus ausdehnte.
- Auf sowjetische Flugzeuge, die in all den Jahren zuvor routinemäßig den japanischen Luftraum verletzt hatten, wurde im Dezember 1987 zum erstenmal geschossen.
- Das »Information Research Office«, das bescheidene japanische Gegenstück zum amerikanischen CIA, begann 1987 öffentlich für die Genehmigung zu werben, seinen Tätigkeitsbereich weltweit auszudehnen.
- Der Start eines japanischen Satelliten zu Beginn des Jahres 1988 mußte verschoben werden. Dabei klagten die Japaner laut über in Amerika hergestellte Computerchips, die nicht richtig funktionierten. Der Zwischenfall war Öl ins Feuer jener, die schon immer geglaubt hatten, Japan könne es sich nicht mehr länger leisten, auf einem strategisch derart wichtigen Gebiet wie der Verteidigung von amerikanischem Schrott abhängig zu sein.

Die Debatte über die Zuverlässigkeit der amerikanischen Militärtechnologie erreichte ihren Höhepunkt bei der Frage, ob Japan die nächste Generation der FSX-Jagdflugzeuge selber bauen oder sie aus den Vereinigten Staaten importieren solle. Es ging um einen Sechs-Milliarden-Plan zur grundlegenden Erneuerung der japanischen Luftstreitkräfte mit über 130 Flugzeugen. Spitzenbeamte des Weißen Hauses drängten Tokio mit allen Mitteln dazu, amerikanische Produkte einzukaufen. Doch Mitsubishi Heavy Industries meinte, es könne ein besseres Flugzeug bauen, das den japanischen Bedürfnissen besser angepaßt sei. Mitsubishi Heavy legte Beweise vor, daß die von ihm produzierten F-15 bereits eine bessere Qualität als die von McDonnell-Douglas gebauten aufweisen, dem amerikanischen Lizenzgeber für die F-15. Es ging aber nicht nur um die Qualität. Hinter all dem stand die Frage, ob sich Japan bei hochentwickelter militärischer Ausrüstung tatsächlich auf die Vereinigten Staaten verlassen konnte - in einer Zeit, da das »Einprügeln auf Japan« zum beliebtesten Freizeitvergnügen amerikanischer Politiker geworden war.

Am Ende kam man zu einem typisch japanischen Kompromiß. Angeblich will Japan den von General Dynamics entworfenen F-16 »leicht modifizieren«. In Wirklichkeit werden bis zu 80 Prozent des neuen FSX von den Japanern entworfen werden. Den größten Teil der Technologie entwickelt Japan, und hier soll auch die Produktion zum größten Teil erfolgen. Das Pentagon konnte beim Tokioer Verteidigungsministerium nur noch dafür werben, daß amerikanische Gesellschaften 30 Prozent der Montagearbeiten zugesprochen bekamen.[33] Die Kosten für die Planung und die Produktion werden wesentlich höher sein, als wenn Japan alles aus den Vereinigten Staaten bezogen hätte. Doch der Nutzen wird noch größer sein - eine Stimulierung der Flugzeug- und Militärindustrie.

Mitsubishi Heavy und die restliche einstmalige und nun wieder zukünftige Waffenindustrie verfügen über genügend Technologie und Kapazität, um zu den führenden Unternehmen dieser Art aufsteigen zu können. Diese Vertragspartner der Selbstverteidigungskräfte werben bereits dafür, daß das politische Verbot des Waffenexports aufgehoben werden solle. Sie wissen, daß es nur eine Frage der Zeit ist, bis dieser Bann gebrochen ist. Deswegen versuchen sie auch, das Binnengeschäft so anzukurbeln, daß sie dann als Waffenhersteller international konkurrenzfähig sein werden.

Die künftige Wiederbewaffnung Japans wird allerdings nicht von den geschäftlichen Plänen der Waffenindustrie bestimmt werden. Dem allem liegt eine politische Frage zugrunde. Japanische Geschäftsleute, die sich lange Zeit nicht um internationale Politik gekümmert hatten, begannen plötzlich Fragen zu stellen, als sie Kapital ins Ausland exportierten. »Wir sind nicht so glücklich über die Vorstellung, daß wir unsere Investitionen in einigen fremden Ländern nicht schützen können«, sagte ein Bankier in Tokio. »Wenn die Regierung will, daß wir mehr in Entwicklungsländer investieren, dann müssen wir wissen, was wir tun können, wenn unser Besitz plötzlich verstaatlicht und unsere Geschäftsleute als Geiseln genommen werden.«

Dieses Gefühl ist erst der Anfang. Wenn sich die japanischen Vermögenswerte im Ausland im nächsten Jahrzehnt auf eine Billion Dollar zubewegen, dann werden auch immer mehr Japaner dafür eintreten, daß das Land entsprechende Machtmechanismen entwikkelt. Die Generation, die sich noch schmerzhaft daran erinnert, wie der Militarismus fast die ganze Nation zerstörte, stirbt langsam aus. Viele von denen, die heute an die Macht gelangen, kennen nur eine Welt des japanischen Erfolges, des Stolzes, ja, der Arroganz.

Henry Scott Stokes, ein Veteran unter den Tokioer Korrespondenten und Biograph von Mishima (dem berühmten japanischen Novellisten, der für die Wiederbewaffnung eintrat), meint, daß die jüngeren Japaner »die Welt als ›Tabula rasa‹ betrachten, auf der sie eine große Zeichnung anbringen wollen. Es ist die japanische Flagge ... Sie sehen, daß sich der Schwerpunkt der Weltwirtschaft auf ihre Region zubewegt. Sie sagen: ›Hurra, die Welt gehört uns ...‹ Sie denken ausgesprochen international, und darauf konzentrieren wir uns bei unseren Wirtschaftsberichten aus Japan. Doch wir merken nicht, daß sie gleichzeitig sehr ernst zu nehmende Nationalisten sind«.[34] Als solche werden sie kaum einen grundlegenden Einwand dagegen haben, daß Japan sein militärisches Potential entwickelt.

Die überraschende Opposition im US-Kongreß gegen den Verkauf des Luftverteidigungssystems Aegis für 500 Millionen Dollar an die Japaner versorgte die japanischen Verfechter einer größeren militärischen Eigenständigkeit genau mit dem Wasser, das sie für ihre Mühle brauchten. Daß Japan das Recht abgesprochen werden sollte, von den Vereinigten Staaten ein Verteidigungssystem zu kaufen, nur weil einige Kongreßabgeordnete von Tokio mehr Handelskonzessionen erzwingen wollten, galt in Japan schlichtweg als Erpressung. Wenn die Vereinigten Staaten weiterhin Handelsprobleme mit Verteidigungsfragen verbinden, dann besteht kaum ein Zweifel, daß Japan seine eigenen Systeme sehr viel schneller aufbauen wird.

Die wahren Strategen der Wiederbewaffnung beobachten und warten ab. Wenn die Wiederbewaffnung Japans als unglückselige, aber notwendige Reaktion auf amerikanischen Druck und nicht als Eigeninitiative Tokios dargestellt werden kann, so hat sie eine größere Chance, in Japan und in ganz Asien toleriert zu werden.

Washington hat bereits seinen Wunsch deutlich gemacht, die japanischen und europäischen Verbündeten sollten mehr zur Verteidigung der freien Welt beitragen. Diese allgemeine Vorstellung wird bald in spezifische Initiativen münden. Das Repräsentantenhaus hat Japan bereits dazu aufgefordert, seine Verteidigungsausgaben von einem Prozent des Bruttosozialprodukts auf drei Prozent zu erhöhen.

Das Land solle damit das amerikanische militärische Engagement wiederbeleben und eine Kürzung des Budgets des Pentagons ermöglichen. Einige Kongreßabgeordnete und ein paar hohe Tiere der Navy schlugen vor, Japan solle für den Schutz seiner Ölrouten eine »Benutzergebühr« bezahlen. Informellen Schätzungen zufolge beläuft sich der Anteil Japans an den Kosten, die heute noch ganz von den Vereinigten Staaten getragen werden, auf 14 Milliarden Dollar pro Jahr.

Die Anziehungskraft dieses Themas demonstrierte der Milliardär (und Möchtegern-Präsidentschaftskandidat) Donald Trump in einer Reihe ganzseitiger Anzeigen in der *New York Times*, im *Wall Street Journal* und in anderen führenden Zeitungen. Kurz vor Reagans Entscheidung, amerikanische Streitkräfte in den Persischen Golf zu entsenden, schrieb Trump: »Jahrzehntelang haben Japan und andere Nationen von den Vereinigten Staaten profitiert ... Die Welt lacht amerikanische Politiker aus, weil wir Schiffe schützen, die uns nicht gehören, Öl transportieren, das wir nicht brauchen und das für Verbündete bestimmt ist, die uns nicht helfen wollen ... Es ist nun an der Zeit, unseren Riesendefiziten ein Ende zu bereiten und Japan zahlen zu lassen. Laßt uns unseren Farmern, den Kranken und Obdachlosen helfen ... Die amerikanische Wirtschaft soll wachsen, unbehindert durch die Kosten für die Verteidigung jener, die für die Verteidigung ihrer eigenen Freiheit leicht selbst bezahlen könnten.«[35]

Trump, der wegen seines unternehmerischen Geschicks viel populärer ist als die meisten Washingtoner Politiker, zeigt mit dem Finger genau darauf, was zum größten politischen Thema der neunziger Jahre werden kann: Ist die weltweite militärische Führungsrolle es wert, daß die eigene Wirtschaft dabei zugrunde geht?

Kurzfristig gesehen, werden die Japaner wohl willens sein, für gewisse militärische Operationen der Amerikaner zu bezahlen. Langfristig sieht dies anders aus. Wenn die Japaner die Milliarden ausgeben, von denen hier die Rede ist, so möchten sie sicher, daß dieses Geld Arbeitsplätze in Japan schafft und die Entwicklung der japanischen Industrie stimuliert. Und was am wichtigsten ist: Wenn Japan die bisher vermiedenen finanziellen Lasten für seine militärische Stärke übernimmt, so will das Land wohl Herr über sein eigenes Schicksal sein und selbst darüber bestimmen, wie die Macht entwickelt und angewandt wird.

Obwohl ein sowjetischer Angriff auf Japan äußerst unwahrscheinlich erscheint, so müssen sich die Verantwortlichen in Japan doch fragen, was sie von den Vereinigten Staaten erwarten könnten, wenn ein solches Ereignis tatsächlich eintreten würde. Wenn besorgte Japaner gerade in jenen Tagen nach Washington blickten, da Kongreßmitglieder Toshiba-Lautsprecher zertrümmerten oder den Wunsch äußerten, Truman hätte Japan in stärkerem Maß bombardieren sollen – es reicht auch nur ein Blick auf die Hearings der Iran-Contra-Affäre –, so kann man es ihnen nicht übelnehmen, wenn sie es vorziehen, für ihre Verteidigung selber zu sorgen.

Im Gegensatz zu vergangenen und heutigen militärischen Supermächten wird Japan wohl kaum eine multinationale Militärallianz anführen, rücksichtslos Truppen in fremde Gebiete entsenden oder sich gleichzeitig militärisch in mehrere Randkonflikte in den verschiedenen Erdteilen einmischen. Für die nächste Zukunft wird die japanische Militärmacht vermutlich defensiven Charakter haben, mit Ausnahme kleiner, schlagkräftiger Einheiten. Sie werden in bestimmten Situationen eingesetzt werden, wenn vitale Interessen Japans auf dem Spiel stehen. Doch wie Militärhistoriker wissen, ist die Grenzlinie zwischen defensiv und offensiv sehr dünn, und sie wird im Zeichen der modernen Technologie immer feiner.

In den nächsten Jahrzehnten wird Japan wahrscheinlich eine neue Generation militärischer Technologie entwickeln, die sich leicht von defensiv auf offensiv umschalten läßt. Ein System vom Star-Wars-Typ wäre möglich. Die Vereinigten Staaten haben die Japaner in die ersten Forschungsphasen dieses Projektes mit einbezogen. Sie werden SDI aber vielleicht zu einem bestimmten Zeitpunkt aufgeben, weil es zu teuer und nicht realisierbar ist. Japan ist mit seiner Kombination aus High-Tech und finanziellen Ressourcen möglicherweise willens, ein solches System weiterzuentwickeln. Jack Donegan, der Leiter der ersten Phase, sagt, die schwierigsten technologischen Probleme, denen er gegenüberstehe, sei die »Miniaturisierung des Sensordesigns« und die Vervollkommnung der Herstellung solcher Sensoren »in großer Menge und zu geringen Kosten«.[36] Auf diesen beiden Gebieten ist Japan jedoch führend.

Tatsächlich ist Japan vielleicht das einzige Land auf der Welt, das ein derart langfristiges Engagement eingehen und Star Wars zum Funktionieren bringen kann. Doch wie die Sowjets oft gesagt haben, enthält das eigentlich defensive System auch eine offensive Note. Die Nation, die als erste der Gefahr eines nuklearen Vergeltungsschlags entgehen kann, gewinnt dadurch an Freiheit für eigene Aggressionen.

Wenn Japan grünes Licht erhält, um für seine Verteidigung selbst zu sorgen, so bedeutet dies die schnelle Entwicklung einer mächtigen militärischen Schlagkraft. Qualitätsbewußt wie die Japaner sind, werden sie sich ein Verteidigungsprogramm aufbauen, das sie auch voll und ganz schützt. Selbst wenn diese neue japanische Militärmacht nie auch nur eine einzige Rakete auf ein feindliches Ziel abfeuert, wird allein ihre Existenz das Machtgleichgewicht in der Welt tiefgreifend verändern.

Ein militärisch unabhängiges Japan wird die eigenen Beziehungen zu den USA auf eine ganz andere Grundlage stellen. Heute braucht Japan die Vereinigten Staaten als Markt und für seinen militärischen Schutz. Das Land muß an manchen Punkten immer noch nachgeben, um die USA nicht zu sehr zu verärgern. Wenn Japan morgen keinen Schutz mehr braucht, kann es im wirtschaftlichen Wettbewerb noch härter auftreten.

Wenn sich Japan vom amerikanischen Schutzschirm abgekoppelt hat, kann es seine Beziehungen zur Sowjetunion, zu China und Europa so gestalten, wie es seinen eigenen Interessen am besten dient. Da diese Interessen sich zunehmend von den Interessen der Amerikaner unterscheiden, wird sich das Machtgleichgewicht in der Welt schon allein aus diesem Grund verändern.

Wenn die Strategie des Abkoppelns an Einfluß gewinnt (Westeuropa kümmert sich um seine eigene Sicherheit, Japan sorgt für die Sicherheit Asiens, und die Vereinigten Staaten halten ihr Engagement nur noch in der westlichen Hemisphäre aufrecht), so wird Japan keine Hegemonialmacht für die gesamte Welt, sondern »nur« für Asien. Doch Asien ist im nächsten Jahrhundert »zufällig« die wichtigste Region der Welt.

Man bedenke, daß die divergierenden Interessen zwischen Amerika und Japan schon einmal zum Krieg führten. Man bedenke die Heftigkeit der heutigen Wirtschaftskonflikte. Es besteht die Gefahr, daß sich die Differenzen nach und nach verschärfen und es zum Bruch zwischen Japan und Amerika kommt, der schließlich damit endet, daß japanische und amerikanische Raketen aufeinander zielen.

Die Amerikaner sollten diese Gefahr nicht auf die leichte Schulter nehmen. Washington ergreift aus kurzsichtigen Gründen politische Initiativen, die zur Wiederbewaffnung Japans führen und zur Folge haben, daß Japan stärker wird und Amerika immer schneller dem Niedergang entgegengeht.

Die Welt ist schon instabil genug. Sie braucht wahrlich keine weitere militärische Supermacht. Die USA, die in den letzten Jahren buchstäblich jeden Konflikt mit Japan verloren haben, müssen gewiß nicht eine Entwicklung in Gang setzen, die dazu führen kann, daß es im 21. Jahrhundert zu einem letzten Waffengang mit Japan kommt.

12.

Schwere Entscheidungen für die Amerikaner

»Mehr als zweihundert Jahre nach der Unabhängigkeitserklärung haben die Vereinigten Staaten aufgehört, eine unabhängige Macht zu sein ... Unsere zunehmende Abhängigkeit von ausländischem Kapital hat nicht nur wirtschaftliche Bedeutung. Es geht auch um die Sicherheit und um die allgemeine Politik mit schwerwiegenden Auswirkungen für die Innen- und Außenpolitik ... Dieses Land wird so lange nicht imstande sein, politisch mit seinen wirtschaftlichen Problemen fertig zu werden, solange eine grundlegende Forderung nicht erfüllt wird: Wir müssen unsere verlorene finanzielle Unabhängigkeit zurückgewinnen.«

Felix Rohatyn,
Direktor von Lazard Freres & Co.[1]

Auf dem Weg zu einem neuen amerikanischen Konsens

In diesem Buch haben wir auf die mächtigen Faktoren hingewiesen, die zu einer Verschiebung des Wirtschafts- und Machtgleichgewichts auf der Welt führen. Sie bewirken den Aufstieg Japans und den Niedergang der wirtschaftlichen Vitalität Amerikas. Es besteht die Gefahr, daß das Ausland die Zinssätze in Amerika diktiert und uns einen Wirtschaftskampf liefert, der die Zahlungsunfähigkeit großer Bereiche der amerikanischen Wirtschaft unterminiert, daß es übermäßigen Einfluß auf strategische Elemente des amerikanischen Lebens gewinnt, vom Bankensystem bis zur politischen Entscheidungsfindung im Capitol. Diese Befürchtungen sind nicht weit entfernte Alpträume der Zukunft, sondern werden immer stärker zur Wirklichkeit. Wie Felix Rohatyn schon sagte, hat Amerika bereits 1988 aufgehört, eine unabhängige Wirtschaftsmacht zu sein.

Die Wirtschaftswissenschaftler argumentieren, alle Nationen würden einen Teil ihrer Unabhängigkeit einbüßen, da die ganze Welt zu einer einzigen globalisierten Wirtschaft verschmelze. Doch wie wir gesehen haben, verliert das, was Japan von den Vereinigten Staaten braucht, weiterhin an Bedeutung; was die Vereinigten Staaten hingegen von Japan benötigen, wird immer wichtiger. Die Japaner gehen überdies viel vorsichtiger zu Werk, wenn es darum geht, Systeme zum Schutz ihrer nationalen Interessen außer Kraft zu setzen. Daraus entsteht ein Prozeß der Durchdringung, der die Japaner wirtschaftlich stärker und die USA schwächer macht.

Die Ironie liegt darin, daß der Feind nicht draußen, sondern im Inneren lauert. Das Problem liegt nicht so sehr darin, daß sich die Japaner verschworen haben, um Amerika aufzukaufen, sondern daß die Amerikaner ihr eigenes Land so fröhlich ausverkaufen. Die Lösungen liegen daher weniger in einer Beschränkung ausländischer Aktivitäten in den Vereinigten Staaten (obwohl eine überlegtere Politik in dieser Hinsicht notwendig wäre), sondern in der Korrektur systematischer Fehler, die uns in den Abgrund gestürzt haben.

Wenn sich die Trends, die in diesem Buch beschrieben wurden, unkontrolliert weiterentwickeln, dann wird Amerika im Kampf um die finanziellen Ressourcen der Welt im 21. Jahrhundert von Japan ausmanövriert. Amerika wird einen deutlich niedrigeren Lebensstandard haben und eine viel größere soziale Polarisierung erfahren. Amerika wird große Schwierigkeiten haben, aus seinen intellektuellen und technologischen Ressourcen Kapital zu schlagen, auch wenn die Wirtschaft des Informationszeitalters in voller Blüte steht. Amerika wird in schrecklichem Maß an seine Verbündeten und Handelspartner gebunden und von den Segnungen der weltweiten Märkte abgeschnitten sein, bei deren Entwicklung seine Firmen einst als Pioniere aufgetreten sind.

Es wird den Amerikanern ähnlich ergehen wie den Europäern nach dem Zweiten Weltkrieg: Sie werden in einer Welt leben, die nicht mehr die ihre ist - einer Welt, in der die US-Währung, die amerikanischen Institutionen und Unternehmen und die amerikanische Kultur de facto nicht mehr internationalem Standard entsprechen. Natürlich ist die amerikanische Wirtschaft zu vielfältig, der Markt und die militärische Überlegenheit zu groß, als daß die Macht Amerikas sich so schnell verflüchtigen könnte wie die Großbritanniens nach dem Zweiten Weltkrieg. Großbritannien hatte immerhin das Glück, daß nach dem eigenen Niedergang eine von Amerika bestimmte Ordnung dominierte. Eine kulturelle Affinität und besondere politische Beziehungen zwischen den beiden Ländern konnte man nicht leugnen. Im 21. Jahrhundert stehen die Vereinigten Staaten vor der Möglichkeit, daß ihnen eine stark auf Wettbewerb eingestellte und möglicherweise sogar feindlich gesinnte japanische oder pazifisch beeinflußte Weltmacht folgt.

Die Probleme, die sich aus dem Aufstieg Japans und dem Niedergang Amerikas ergeben, sind weder moralischer Natur, noch betreffen sie die Rasse. Es wird sich allerdings nicht vermeiden lassen, daß diese emotionsgeladenen Begriffe eine große Rolle spielen werden. In einigen beschwört der Gedanke an ein neuerdings mächtiges Japan Bilder wie vom Massaker von Nanking oder vom Todesmarsch von Bataan hervor. Fairerweise sollte man sich dann aber auch daran erinnern, daß japanisch-amerikanische Bürger in die kalifornischen Konzentrationslager wanderten und daß Hiroshima und Nagasaki mit Atombomben ausgelöscht wurden.

Wenn spätere Jahrhunderte die heutigen Ereignisse beurteilen werden, so können weder der Westen noch der Osten einen Anspruch auf ein besonders moralisches Verhalten erheben. Aus jener Perspektive gesehen, werden die Probleme der amerikanisch-japanischen Rivalität sicher ziemlich merkwürdig erscheinen, ähnlich vielleicht wie die großen Schlachten zwischen England und Frankreich vor zwei Jahrhunderten. Heute wissen wir, daß die erbitterte Gegnerschaft zwischen London und Paris nur ein kleiner Ausschnitt eines viel umfassenderen Vorgangs mit globalen Auswirkungen war. Er mündete schließlich in die industrielle Revolution. Unsere Nachfahren im 22. Jahrhundert werden vielleicht lernen, daß die Gegensätze zwischen Tokio und Washington in den achtziger und neunziger Jahren eine kleine, jedoch zentrale Phase eines weltumgreifenden Umwandlungsprozesses waren, der schließlich zur postindustriellen Revolution führte.

Wir allerdings können nicht aus dem Abstand von Jahrhunderten auf uns herabblicken. Die japanische Herausforderung birgt Zündstoff. Egal, wie kosmopolitisch wir uns geben, die Beantwortung der Frage, welche Nation einen größeren Einfluß auf das Weltgeschehen ausübt, hat direkte Konsequenzen für unser Einkommen, unsere Lebensweise, unsere Vorstellung von uns selbst und unsere Sicherheit.

Wir Amerikaner rühmen uns unserer Anpassungsfähigkeit und unserer Bereitwilligkeit, Herausforderungen anzunehmen. Das läßt sich an vielen geschichtlichen Beispielen zeigen. Doch gegenüber der Herausforderung des Niedergangs der amerikanischen Wirtschaft sind wir gescheitert. Die Amerikaner sind dafür bekannt, daß sie sich Problemen ehrlich stellen und kühne Lösungen finden. In den Jahren der Reagan-Regierung zeigten wir eine kollektive Tendenz zur Leugnung dessen, was mit uns geschah.

Der erste Schritt beim Versuch, heutige Trends umzudrehen, muß also darin bestehen, die rosafarbene Brille abzulegen und sich genau darüber Rechenschaft zu geben, was zu tun ist. Dazu gehört zum

Beispiel die Feststellung, daß die Probleme in die Tiefe gehen und durch zahlreiche inländische wie internationale Faktoren beeinflußt werden. Ein Problemlösungsprogramm muß also sehr umfassend und langfristig angelegt sein. Man muß die Amerikaner irgendwie davon überzeugen, daß diese Ziele nicht mit unserer traditionell kurzfristigen Planung erreicht werden können. Wir können keine Sofortlösungen erwarten. Man müßte periphere politische Streitigkeiten zurückstellen, um sich diesen Problemen mit ganzer Kraft widmen zu können.

Das Problem hat noch eine weitere Facette: Ein Erfolg ist nur dann möglich, wenn unter den Amerikanern eine gewisse Übereinstimmung über die eigenen Prioritäten, Interessen, Ziele und Werte besteht. Die Öffentlichkeit muß eine Bereitwilligkeit zeigen, ihren Teil zur Erreichung dieser Ziele beizutragen und Opfer zu bringen. Wir erfahren zur Zeit, was geschieht, wenn die große Mehrheit der 125 Millionen Japaner in dieselbe Richtung marschiert. Die große Mehrheit der 250 Millionen Amerikaner bewegt sich jedoch in ganz unterschiedliche, oft gegensätzliche Richtungen. Um mit den Japanern und anderen aufsteigenden Wirtschaftsmächten konkurrieren zu können, müssen wir einen eigenen nationalen Konsens entwickeln. Der Konsens muß nicht so eng gebündelt sein wie bei den Völkern, es reicht, wenn wir uns darüber einig sind, was im öffentlichen Interesse ist. Diese Übereinstimmung darf ihre Wurzeln nicht in leerer politischer Demagogie haben, sondern muß eher auf dem gesunden Menschenverstand fußen.

Nur mit einem solchen Konsens kann die Regierung alles Nötige veranlassen, ohne daß prohibitive finanzielle Kosten entstehen oder erstickende bürokratische Hürden aufgetürmt werden. Auf dem Gebiet der Erziehung beispielsweise können die Vereinigten Staaten keine mit Japan vergleichbare Bildung erreichen - egal, wieviel die Regierung dafür ausgibt -, wenn die Eltern keine Verantwortung für die Ausbildung ihrer Kinder auf sich nehmen wollen. Im Außenhandel können Zölle, Drohungen oder Vergeltungsmaßnahmen nicht so viel erreichen wie etwa der private Sektor, wenn er sich nicht nur für die Vierteljahresgewinne, sondern vor allem auch für die größeren Probleme wie die Arbeitsplatzerhaltung in den Vereinigten Staaten und die Förderung der einheimischen Produktion und des Wirtschaftswachstums interessiert. In der Regierung können keine Gesetze zur Regelung von Interessenkonflikten die Einsatzbereitschaft von Beamten ersetzen, die ihre Befriedigung darin finden, daß sie ihrem Land dienen können. In ähnlicher Weise werden selbst Bußen in Höhe von 100 Millionen Dollar nicht vor Korruption schützen, wenn die Finanzleute nicht selbst den Unterschied zwischen richtig und falsch erkennen, sondern weiterhin Geschäfte mit jenen machen, die diese Grenzlinien ständig überschreiten.

Die achtziger Jahre wurden von Ronald Reagans Ansicht geprägt, das Schönste an Amerika sei die Möglichkeit, daß in diesem Land jeder reich werden könne. Dies ist sicher eine grundlegende Säule des amerikanischen Traums. Doch dürfen wir nicht zulassen, daß allein diese Aussage unsere nationalen Ziele definiert. In den Jahren der Reagan-Administration fand eine Gruppe von Unternehmern und Milliardären günstige Bedingungen vor. Ihre Rolle bei der Ankurbelung der Wirtschaft läßt sich nicht leugnen. Doch diese Verschiebung der Gewichte auf den persönlichen Wohlstand als das Hauptmotiv der amerikanischen Lebensart läuft heute der Prosperität der gesamten Nation zuwider. Wenn die besten und gescheitesten Amerikaner alle Investmentbanker werden, so bietet sich das Bild einer Nation, die an ihrer Spitze reich ist und an ihren Wurzeln bereits zerfällt.

Unsere Wertvorstellungen müssen sich ändern. Gleichzeitig müssen wir auch einige alte wirtschaftliche Glaubenssätze in Frage stellen. »Freier Handel« gehört nicht zu den verfassungsmäßig garantierten Grundrechten. Es handelt sich vielmehr um eine Ideologie und eine Geschäftspraxis, die den amerikanischen Interessen zu einem bestimmten geschichtlichen Zeitpunkt entgegenkam. Heute ist aber eine Anpassung an die neuen globalen Realitäten notwendig.

Wenn sich unsere Prioritäten verschieben, so kostet das nicht notwendigerweise Geld – ganz im Gegenteil: Es wird Geld gespart. Wir brauchen allerdings eine konsequente Führung. Und in diesem Augenblick fehlt uns dieser Teil der Gleichung noch.

Ein paar konkrete Vorschläge

Zu einem neuen amerikanischen Konsens zu finden, ist ein ungeheures Unternehmen, das die Zusammenarbeit vieler Köpfe und vieler politischer Gruppen erfordert. Ein solcher Konsens muß ein weites Spektrum umfassen, das über all das hinausreicht, was in diesem Buch zur Sprache kam. Angesichts der bedeutenden Rolle finanzieller Ressourcen in der Welt von morgen wollen wir hier einige Maßnahmen aufzeigen, die, wenn sie schnell ergriffen würden, dem immer gefährlicher werdenden Ungleichgewicht entgegensteuern und ein gewisses wirtschaftliches Gleichgewicht wiederherstellen könnten:

1. Das Budgetdefizit und die Abhängigkeit vom ausländischen Kapital müssen verringert werden. Jeder weiß, daß das Budgetproblem den Grund für vieles darstellt, was in der US-Wirtschaft falsch läuft. Die meisten wissen, daß Riesendefizite und hohe Schuldentilgungen die amerikanische Unabhängigkeit direkt beeinträchtigen. Experten haben das Monsterbudget überprüft und herausgefunden, daß man Milliarden einsparen könnte und es kaum merken würde. Natürlich muß man den Rotstift mit mehr Entschiedenheit ansetzen, als das Weiße Haus oder der Kongreß dies bisher getan haben.

Eine wirkliche Reduktion der Regierungsausgaben wird jedoch Jahre dauern. Einige Reformen machen eine ganz neue Einschätzung der Aufgaben von Regierung und Bürgern notwendig. Weitere Veränderungen - zum Beispiel durch Abrüstungsverhandlungen mit den Sowjets - sind ebenfalls wichtige Ziele, allerdings mit nicht klar zu definierendem Zeitplan.

In der Zwischenzeit muß Washington neues Geld auftreiben, um die Verschuldung zu verringern. Außerdem muß von jedem einzelnen Amerikaner ein gewisses persönliches Opfer verlangt werden, was aber dazu beitragen könnte, daß ein großer Teil des Defizits abgebaut wird. Zusammen mit substantiellen Budgetkürzungen wäre dies der Anfang zur Reduktion der amerikanischen Nationalschulden. Dadurch würden die Zinssätze sinken und, was noch wichtiger wäre, die amerikanische Abhängigkeit von ausländischem Kapital ginge zurück. Folgende Maßnahmen könnten von der Regierung ergriffen werden:

- Erdölsteuer. Wenn 50 Cents pro Gallone erhoben würden, so könnte dies nach Schätzungen mancher Experten bis zu 50 Milliarden Dollar pro Jahr einbringen, ohne daß die Treibstoffpreise das Niveau der späten siebziger und frühen achtziger Jahre überstiegen. Wenn man daran denkt, daß die Menschen in den übrigen Industriestaaten im Durchschnitt fast vier Dollar pro Gallone Benzin bezahlen, so wäre ein Preis von 1,50 Dollar statt einem Dollar pro Gallone wirklich kein allzugroßes Opfer für die Amerikaner.

Eine zusätzliche Steuer ist auch für importiertes Erdöl erforderlich, denn in den Vereinigten Staaten gingen wegen des plötzlichen »billigen« ausländischen Erdöls Tausende von Arbeitsplätzen im Erdölbereich verloren. Auch die einst schnell wachsende Wirtschaft im Sunbelt wurde dadurch dezimiert, und der Betrieb vieler einheimischer Ölquellen wurde endgültig eingestellt. Eine Importsteuer würde nicht nur das Budgetdefizit reduzieren und die Wirtschaft im Sunbelt wieder ankurbeln, sie würde auch die neuerdings zunehmende Abhängigkeit Amerikas von ausländischem Öl reduzieren, bevor es zur nächsten Ölkrise kommt.

Das gesamte Geld aus der Erdölsteuer und der Erdölimportsteuer sollte direkt zur Tilgung der Regierungsschulden verwendet werden. Mit den richtigen Aufklärungsmaßnahmen müßte es gelingen, die amerikanische Öffentlichkeit von der Notwendigkeit dieses Opfers zu überzeugen, besonders, wenn sie erkennt, daß man das Geld direkt zur Schuldentilgung verwendet, statt es für irgendwelche politischen Machtkämpfe zu vergeuden.

- Kriegsanleihen. Amerikaner der unterschiedlichsten sozialen und wirtschaftlichen Schichten sorgen sich um die wirtschaftliche Zukunft des Landes. Aber sie können kaum etwas tun. Washington sollte eingestehen, daß der wirtschaftliche Kampf, der vor uns liegt, für die nationalen Interessen genauso wichtig ist wie alle bisherigen Kriege, die die Vereinigten Staaten ausgefochten haben. Deswegen sollten »Kriegsanleihen« (vielleicht sollte man sie optimistischer »Amerikanische Anleihen für das 21. Jahrhundert« nennen) mit ganz geringen Zinsen - beispielsweise drei Prozent - ausgegeben werden. Man darf keine Mühe sparen, um das amerikanische Volk davon zu überzeugen, daß jeder einzelne durch den Kauf dieser Anleihen etwas zum Gemeinwohl beiträgt. Mit dem eingenommenen Geld sollte man die amerikanische Abhängigkeit von Schuldverschreibungen und ausländischen Krediten mit höheren Zinssätzen verringern.
- Vermögensanleihen. Da Amerikaner mit höherem Einkommen unverhältnismäßig stark von den Steuerkürzungen der Reaganomics profitierten, die ihrerseits wieder zu einer starken Abhängigkeit der Regierung von ausländischem Kapital führten, und da der höchste Steuersatz zur Zeit um die Hälfte niedriger liegt als der Japans und der meisten westeuropäischen Länder, ist es nun gerechtfertigt, neue Steuern für höhere Einkommensklassen in Erwägung zu ziehen. Man könnte die schädlichen Auswirkungen von Einkommenssteuererhöhungen mit einem neuen Instrument umgehen, das sich als Mittelding zwischen einer Steuer und einer Anleihe definieren ließe. Der Wirtschaftswissenschaftler Robert Kutner beispielsweise schlug eine zeitweilige Abgabe in Höhe von 20 Prozent der Bundessteuer pro Jahr vor. Dieses Geld würde in Anleihen mit zehnjähriger Laufzeit zu einem Zinssatz unterhalb des Marktniveaus angelegt werden. Diese würden mit einem hohen Diskontsatz auf den Finanzmärkten gehandelt, so daß Besitzer von Anleihen zu irgendeinem Zeitpunkt etwas von ihrem Geld zurückerhalten könnten, wenn sie nicht die gesamte Laufzeit abwarten wollen. Die Gelder aus dieser Anleihe würden direkt für die Reduktion des Defizits und der Auslandsschulden der Regierung verwendet.[2]

2. Stärkung des Dollars. Verbesserungen auf dem fiskalischen Gebiet durch die oben genannten Maßnahmen würden erheblich zu einer Stärkung des Dollars beitragen. Die Politik der Reagan-Administration, den Dollar bewußt vor allem gegenüber dem Yen zu schwächen, sollte sofort beendet werden. Für die Zukunft sollte das Finanzministerium und der Zentralbankrat eine Politik des Geldmengenangebots mit der Intervention auf den Devisenmärkten koordinieren. Dies sollte zum Ziel haben, den Wert des Dollars auf 200 Yen zu heben. Auf diesem Niveau besteht keine Gefahr mehr, daß die Japaner die Welt mit ihrem Geld buchstäblich ertränken, und die Preise für amerikanische Exporte blieben noch konkurrenzfähig. Diese Politik müßte man mit den amerikanischen Herstellern koordinieren, damit diese ihre Produktion für die Binnen- und Auslandsmärkte entsprechend steuern können. Und letztlich wird ein neues, langfristiges Devisenabkommen zwischen den größten Wirtschaftsnationen der Welt erforderlich, das zugleich einen Mittelwert für den Dollar festlegt, damit die Extreme der Reaganomics künftig vermieden werden.

3. Schluß mit dem freien Handel. Ob wir es zugeben wollen oder nicht, die Vereinigten Staaten sind keine Nation mehr mit einem freien Handel. Auf zahlreichen Gebieten herrschen protektionistische Einflüsse - angefangen von den »freiwilligen« Autoexportquoten der Japaner bis zu neuen Zöllen, Quoten und Strafen für andere Länder. Der Protektionismus durchdringt bereits alle Lebensbereiche und kostet die amerikanischen Konsumenten jedes Jahr mindestens 66 Milliarden Dollar.[3] Diesen Kosten fehlt jedoch jede Strategie; sie entstanden aufgrund von Einflußnahmen für Sonderinteressen und führten zu einem Gemisch oft widersprüchlicher Maßnahmen. In vielen Fällen sind sie nicht einmal gerechtfertigt, weil sie die amerikanische Wirtschaft nicht stärken.

Washington sollte mit der Heuchelei aufhören und nicht mehr für einen freien Handel plädieren, ohne ihn selber anzuwenden. Wir sollten zugeben, daß wir eine Politik der Handelssteuerung brauchen. Zunächst einmal sollten wir die Geschäftsbereiche sorgfältig aufzählen, die wir voll schützen wollen, unter Angabe der Gründe und der entsprechenden Zeitdauer. Dann kommen Bereiche, die nur einen geringen Protektionismus benötigen. Andere Bereiche sollte man völlig offen und frei zugänglich halten. Das Maß der Protektion für einheimische Wirtschaftszweige sollte hauptsächlich davon abhängen, wie groß ihre strategische Bedeutung für die wirtschaftliche Zukunft Amerikas ist. Die Abschirmung von der ausländischen Konkurrenz sollte man nur dann aufrechterhalten, wenn die geschützten

Industriezweige regelmäßig Fortschritte in Richtung auf eine höhere Konkurrenzfähigkeit vorweisen können.

4. Einfrieren der finanziellen Deregulierung. Es sollten keine weiteren Schritte mehr zur Deregulierung des Finanzsystems unternommen werden, solange man nicht über die Auswirkungen der bereits erfolgten deregulatorischen Maßnahmen besser Bescheid weiß. Insbesondere darf man den Glass-Steagall Act so lang nicht widerrufen, bis man nicht die Auswirkungen auf die japanische Bankenaktivität in den Vereinigten Staaten ganz genau untersucht hat.

5. Das Prinzip der Gegenseitigkeit muß zur Tagesparole werden, und auch Maßnahmen zur Beseitigung von Diskriminierungen sind akzeptabel. Wenn die Vereinigten Staaten aufgehört haben, von ausländischem Kapital abzuhängen, so werden wir einige unserer früheren Trümpfe bei den Verhandlungen mit den Japanern und unseren anderen Finanziers wieder in die Hand bekommen. Zu diesem Zeitpunkt sollte die heutige Politik der Gleichbehandlung ausländischer Firmen mit inländischen, die allen Finanzinstitutionen den gleichen Zugang zu den amerikanischen Märkten verschafft, rückgängig gemacht werden, um sie durch eine Politik der Gegenseitigkeit zu ersetzen. Das hieße all jenen Finanzinstitutionen aus fremden Ländern eine weitere Expansion in den Vereinigten Staaten zu verbieten, deren Finanzmärkte amerikanischen Institutionen nicht ebenso offen stehen. Im Fall Japans sollten die Vereinigten Staaten nicht nur auf formellen Maßnahmen zur Öffnung der Märkte, sondern auf einer Reduktion der vorhandenen Diskriminierungen bestehen, um das heutige Ungleichgewicht zu korrigieren.

6. Schaffung eines Verfahrens, mit dem man ausländische Beteiligungen in den Vereinigten Staaten gegebenenfalls rückgängig machen kann. Der derzeitige Ausverkauf amerikanischer Vermögenswerte an Japaner und andere ausländische Käufer löst eine erhebliche Unruhe aus, besonders in Bereichen wie der High Technology und dem Finanzwesen. Malcolm Forbes schlug deshalb einfach folgendes vor: »Bevor Japan in den Vereinigten Staaten zuviel aufkauft, muß der Präsident sofort per Gesetz einen Sachverständigenrat einsetzen, dessen Zustimmung vorliegen muß, bevor irgendein wichtiges US-Unternehmen an irgendeinen Ausländer verkauft werden kann.«[4] Solche Mechanismen funktionieren in Europa und Japan, doch die entsprechenden Maßnahmen in Amerika sind inadäquat, bürokratisch und werden kaum je ergriffen. Unsere Freunde und Verbündeten

können kaum etwas dagegen haben, wenn wir Amerikaner unsere nationalen Interessen genauso schützen wie sie die ihren. Die große Mehrheit ausländischer Aufkäufe mag harmlos sein, doch müssen wir über ein gangbares System verfügen, um in wichtigen Fällen einschreiten zu können. Da Japan den Vereinigten Staaten gegenüber eine konzertierte Investmentstrategie entwickelt, ist es nur sinnvoll, wenn die Amerikaner eine konzertierte Strategie für die Genehmigung solcher Investitionen entwerfen. Heute können wir miterleben, wie die Regierungen von Bundesstaaten einander heftig bekämpfen, um zum Beispiel japanische Fertigungsbetriebe anzulocken. Das ist sicher nicht der kosteneffektivste Weg, um von der Schaffung von Arbeitsplätzen durch die japanische Expansion zu profitieren. Ausländische Investitionen können eine positive Rolle in der Wirtschaft spielen. Doch die Amerikaner sollten durch eine koordinierte Politik versuchen, diese Investitionen in die günstigsten Richtungen zu lenken.

7. Schluß mit der »Steuerneutralität«. Es wird Zeit zu erkennen, daß die Steuerpolitik ein grundlegendes Werkzeug der Sozialpolitik auf der Grundlage des neuen amerikanischen Konsenses darstellt.

- Aufforderung zum Sparen. Die Steuerpolitik sollte zum Sparen ermuntern, anstatt das Gegenteil davon zu bewirken. Das ursprüngliche Gesetz über Arbeitgeber-Arbeitnehmerbeziehungen erlaubte es den meisten Amerikanern, jedes Jahr 2000 Dollar steuerfrei in langfristigen Sparformen anzulegen, und dies funktionierte unglaublich gut, bis es von der Steuerreform des Jahres 1986 zerschlagen wurde. Dieses ursprüngliche Programm sollte man nicht nur wieder in Kraft setzen, sondern auf 5000 Dollar jährlich anheben. Außerdem sollte ein zweites Programm ebenfalls der Sparförderung dienen, indem es den Steuerzahlern erlaubt, weitere 5000 Dollar pro Jahr in Einlagenzertifikaten mit fünfjähriger Laufzeit anzulegen. Statt bis zur Pensionierung warten zu müssen, würden sich die Vorteile der Steuerbefreiung von Ersparnissen bereits in fünf Jahren auszahlen.
- Aufforderung zur Investition. Man sollte wieder die Sonderbehandlung von Kapitalerträgen einführen, wenn diese für die Förderung der Forschung und Entwicklung auf bestimmten, möglicherweise für die ganze Wirtschaft wichtigen Gebieten erfolgen. Die Steuergutschrift für Neuinvestitionen sollte wieder eingeführt werden, um die Modernisierung der Plankapazität und die Einführung der Prozeßtechnologie für eine effizientere Produktion zu fördern.
- Aufforderung, die Handelsbilanz zu verbessern. Man sollte jenen

Unternehmen besondere Steueranreize anbieten, die im Inland aufgrund der ausländischen Konkurrenz »vom Aussterben bedrohte« Produkte herstellen. Das sollte auch für Unternehmen gelten, die versuchen, neue Produkte für ausländische Exportmärkte zu schaffen. In beiden Fällen sollten die entsprechenden Produkte zeitweilig, aber nicht für immer, von der Steuer befreit werden.

Ein Teil des dadurch verlorenen Steuereinkommens sollte man über eine Reihe anderer Steuern wieder hereinholen, zum Beispiel auf Alkoholika und Zigaretten, für Luxusgüter sowie durch eine Obergrenze der steuerlichen Abzugsfähigkeit für Hypothekenschulden oberhalb des landesweiten Durchschnittspreises für ein Haus.

8. Schaffung eines Ministeriums für Handel und Industrie. Dieses Ministerium wäre für die Erforschung, Entwicklung und Umsetzung all der Initiativen verantwortlich, die notwendig für den Wiederaufbau der US-Wirtschaft sind. Es sollte klein sein, aber viel Einfluß haben. Es sollte Spitzenleute aus Wissenschaft und Wirtschaft versammeln. Das Ministerium sollte die Macht haben, dem Kongreß jedes Jahr eine Liste jener Güter vorzulegen, die von der Steuer befreit werden sollen. Das Ministerium sollte auch über ein eigenes Budget verfügen, um wirtschaftlich besonders bedeutungsvolle Projekte finanzieren zu können.

Das Ziel dieses Ministeriums sollte nicht eine Industriepolitik, sondern eine postindustrielle Politik sein: Es sollte also bewußt versuchen, der US-Wirtschaft den größtmöglichen Vorteil in der zukünftigen Welt zu sichern. Es sollte seinen Unterhändlern nicht erlauben, sich mit den Japanern im Dickicht wirtschaftlich unbedeutender Fragen wie über Rindfleisch, Zitrusfrüchte und Zigaretten zu verlieren. Statt dessen sollten sie darauf achten, daß die USA denselben Zugang zu den Wachstumsmärkten der Zukunft erhalten, zum Beispiel im Bereich der Finanzdienstleistungen, Computer, Biowissenschaften und des Fernmeldewesens.

Statt den Dollar zu schwächen, um amerikanische Güter exportfähig zu machen, sollte das Ministerium nach innovativeren Lösungen suchen. Es sollte zum Beispiel eine Abteilung für Risikokapital schaffen, damit kleine Forschungsunternehmen auf neuen Gebieten der Technologie finanziert werden können. Diese sind heute nämlich gezwungen, ihre künftigen Exportmärkte zu verpfänden, indem sie Investitionen von den Japanern annehmen. Gleichzeitig sollte man die immer noch provinziellen Horizonte der amerikanischen Wirtschaft erweitern, zum Beispiel durch Sponsern von Studienprogrammen, bei denen Amerikaner Japanisch oder andere fremde Sprachen lernen und mit anderen Kulturen in Kontakt kommen.

9. Druck ausüben, damit Japan in die Entwicklungsländer investiert. Den Vereinigten Staaten und der ganzen Weltwirtschaft würde es viel besser gehen, wenn Japan einen angemessenen Anteil seines Überschußkapitals in die Entwicklungsländer, vor allem in die Schuldnernationen der Dritten Welt, investieren würde. Ein wirtschaftlich wiederbelebtes Lateinamerika könnte einen neuen ungeheuren Markt für japanische wie für amerikanische Produkte darstellen. Auch die Kreditkrise wäre nicht mehr so schwerwiegend. Wenn Entwicklungsländer wieder zu einem Wirtschaftswachstum zurückfänden, so ließe sich die Kluft, die sich zwischen den armen und den reichen Nationen im letzten Jahrzehnt dauernd vergrößert hat, wieder etwas schließen. Das würde zu einer Stärkung der weltweiten Sicherheit führen. Letztlich bleibt die Ankurbelung der Weltwirtschaft wirklich der einzige Weg, um den gesamten Wirtschaftskuchen zu vergrößern. Das wäre jedenfalls besser, als den Wettbewerb zwischen Amerikanern, Europäern und Japanern in den ohnehin schon gesättigten Märkten der Industrieländer weiter zu verschärfen.

Die Vorstellung eines japanischen »Marshallplans« für die Dritte Welt hat in Japan schon einige prominente Anhänger gefunden, etwa den früheren Außenminister Saburo Okita. Takako Doi, die Vorsitzende der Sozialistischen Partei (JSP, die größte Oppositionspartei in Japan), sagt dazu: »Es wundert mich, daß uns die USA nicht kritisieren, weil wir für unsere Auslandshilfe im Verhältnis zu unserer wirtschaftlichen Stärke so wenig ausgeben; gleichzeitig hat uns die amerikanische Regierung aber sehr wegen unserer angeblich geringen Militärausgaben kritisiert.«[5] Der Geopolitik und der Makroökonomie wäre mehr gedient, wenn sich die Vereinigten Staaten mit Japan nicht nur über den bilateralen Handel und militärische Fragen, sondern auch über die immer stärkere Führungsrolle Japans beim weltweiten Wirtschaftswachstum unterhielten.

Die oben aufgeführten Punkte enthalten erste Ansätze dafür, wie man der Herausforderung durch die Japaner angemessen begegnen könnte. Schaffen das die Amerikaner? Können wir uns noch gegen die historische Springflut wehren, die sich gegen uns zu richten scheint?

Vielleicht.

Es wird uns sicher nicht gelingen, wenn wir unsere Größe von gestern verteidigen. Ebensowenig schaffen wir es, wenn wir uns selbst in den Kokon des Protektionismus einspinnen. Und es genügt auch nicht, wenn wir uns einfach nur vornehmen, mehr zu arbeiten und weniger zu konsumieren. Wir haben nur dann Erfolg, wenn wir das politische und wirtschaftliche System Amerikas grundlegend verändern. Erst dann können wir ungefähr auf gleicher Ebene mit der Konkurrenz mithalten.

Die Welt steht heute unter dem Zwang neuer Gegebenheiten, und es ist an der Zeit, daß Amerika sich ihnen anpaßt. Diese Anpassung ist dringend erforderlich, denn es geht um die einfache Alternative: »Anpassen oder untergehen.«

Anmerkungen

Sofern nicht anders vermerkt, stammen alle Zitate aus Interviews, die der Autor durchführte.

Teil I

Zur Einstimmung

1. Yuichi Takahashi, »Silent Tradition Mutes Modern Japanese Society«, Japan Economic Journal (25. Juli 1987).
2. Allan Dodds Frank, »We Better Keep Them Happy«, Forbes (30. November 1987).

Einführung

1. C. Fred Bergsten, »Economic Imbalances and World Politics«, Foreign Affairs (Frühjahr 1987).
2. Botschafter Mike Mansfield, ein großer Japan-Kenner, verwendete diesen Satz bei vielen Gelegenheiten, darunter auch bei einem Interview mit mir 1987 in Tokio. Mansfield erkannte die Probleme sehr genau, doch die Reagan-Administration schenkte ihm wenig Aufmerksamkeit. »Niemand kann uns helfen, nur wir selbst«, sagte er zu mir. »Doch wir tadeln gern die anderen. Das Problem ist nicht bilateral, sondern global. Wir waren selbstgefällig, und der Tag der Abrechnung wird kommen.«
3. Norman Jonas, »The Nichibei Economy Could Lead to Future Shock«, Business Week (5. Oktober 1987).
4. George R. Packard, »The Coming US-Japan-Crisis«, Foreign Affairs (Winter 1987/88).
5. Gerald L. Curtis, »Enough US-Japan Poison«, New York Times (17. Juni 1987).
6. »Sie erreichen eine Reduktion der Lagerhaltungskosten, wenn die Warenlieferung genau zum richtigen Zeitpunkt erfolgt. Dieses neue Konzept hatten wir, die Japaner übernahmen es von uns, und wir holen es uns wieder zurück«, sagte Handelsminister William Verity dem Asian Wall Street Journal Weekly (26. Oktober 1987) zufolge bei einer Rede an der University of South Carolina.
7. Jeff B. Copeland und Bradley Martin, »America-Bashing: A New Japanese Sport«, Newsweek (13. April 1987).
8. Die Abendnachrichten von CBS berichteten am 14. Oktober 1987, 49 Prozent der japanischen Kinder meinten, sie würden in einem Krieg gegen die Vereinigten Staaten kämpfen - im Vergleich zu 41 Prozent, die die UdSSR als ihren wahrscheinlichen Gegner bezeichneten.
9. Titelgeschichte von Business Week: »Wake Up, America!« (16. November 1987).
10. Peter G. Peterson, »The Morning After«, Atlantic (Oktober 1987).
11. Paul A. Samuelson, »The US Still Leads the Global Economic Race - But the Gap Narrows«, Christian Science Monitor (18. August 1987).
12. Paul Kennedy, The Rise and Fall of the Great Powers: Economic Change and Military Conflict from 1500 to 2000 (New York: Random House, 1987), Seite 515.
13. Titelgeschichte in: Fortune, »Japan's Troubled Future« (30. März 1987).
14. Alan Murray und Ellen Hume, »Reagan's Fiscal Policy May Blight the Future Despite Current Gains«, Wall Street Journal (17. November 1987).

Kapitel 1

1. George Soros, »A Global Deal«, The New York Review of Books (13. August 1987).
2. Gary Hector, »The Japanese Want to Be Your Bankers«, Fortune (27. Oktober 1986).
3. Igor Oganesoff, »Mr. Okada's Rise: It Points Up Gains of Japan's Workers, Nation's Auto Makers«, Wall Street Journal (9. Januar 1959).
4. John Heins, »A Mixed Blessing«, Forbes (22. Februar 1988).

5. Peter F. Drucker, »The Changed World Economy«, Foreign Affairs (Frühjahr 1986).
6. Ezra F. Vogel, »Pax Nipponica?«, Foreign Affairs (Frühjahr 1986).
7. Paul Kennedy, »The (Relative) Decline of America«, Atlantic (August 1987).
8. »Currency Clout«, eine wirtschaftliche Notiz in der New York Times (21. Januar 1987).
9. Walter S. Mossberg, »Cost of Paying the Foreign Piper«, Wall Street Journal (18. Januar 1988).
10. Bruce Nussbaum, »And Now the Bill Comes Due«, Business Week (16. November 1987).
11. Walter S. Mossberg, »Reagan Goes to Venice Hurt by U.S. Position as Top World Debitor«, Wall Street Journal (4. Juni 1987).
12. Betsy Morris, »Kirin Unit Buys Fifth Coke Bottler in New England«, Wall Street Journal (12. Januar 1988).
13. William J. Holstein, »Japan is Winning Friends in the Rust Belt«, Business Week (19. Oktober 1987).
14. Jonathan P. Hicks, »Bridgestone's New U.S. Challenge«, New York Times (22. Februar 1988).
15. Kenneth B. Noble, »A Clash of Styles: Japanese Companies in U.S. Under Fire for Cultural Bias«, New York Times (25. Januar 1988). Noble berichtet, daß frühere amerikanische Topmanager von NEC Electronics in Kalifornien zurücktraten und Prozesse anstrengten. Sie beklagten sich darüber, daß jeder Aspekt des US-Unternehmens, »angefangen von der Einstellung von Mitarbeitern bis zum Marketing und den Finanzen, auf diktatorische und arrogante Weise von der weit entfernten Muttergesellschaft NEC Corporation of Tokyo dirigiert« werde.
16. Heins, op. cit.
17. Robert Lindsey, »Japanese Riding Hawaii's Real Estate Boom«, New York Times (18. März 1988).
18. Takashi Hosomi, »Why International Cooperation Does Not Work«, Tokyo Business Today (April 1988).
19. The World Economy and Financial Markets in 1955: Japan's Role and Challenges (Tokio: Nomura Research Institute, 1986), Seite 3.

Kapitel 2

1. »The Post-Hirohito Century: Where Will Wealth Propel Japan«, The Economist (17. Oktober 1987).
2. »Build Island in the Bay, Tokyo Architect Urges«, Wall Street Journal (5. Januar 1988).
3. Walter Sullivan, »Japan Shedding Role of Imitator, Is Emerging as Scientific Pioneer«, New York Times (29. September 1987).
4. Andrew Tanzer, »Land of the Rising Billionaires«, Forbes (27. Juli 1987).
5. »Japan Banking on Big Bucks, Sumo Power, in Pursuit of Yachting's America's Cup«, Bericht in der Japan Times (5. Juli 1987).
6. Jennifer Colin, »Japanese Tourist Tsunami: Busing Through New York«, Manhattan inc. (Oktober 1987).
7. Susan Chira, »Some in Japan Feel U.S. Is Using It as a Scapegoat«, New York Times (30. März 1987).
8. John H. Makin, »Our Problem – and Japan's«, New York Times (30. August 1987).
9. »Japan's Global Role Great: Blue Book«, Bericht in den Asahi Evening News (24. Juli 1987).
10. Die Bundesstaaten der USA machen ihre eigene Industriepolitik mit dem Ausland. Sie versuchen sich beim Anlocken japanischer Produktionsbetriebe gegenseitig auszustechen. Über die dadurch entstehenden makroökonomischen Probleme

berichten Martin und Susan Tolchin in: »Buying into America« (New York: Times Books, 1988).

11. Tadanobu Tsunoda, »The Japanese Brain: Uniqueness and Universality« (Tokio: Taishukan Publishing Co., 1985).
12. John W. Dower, »The End of Innocence«, The Nation (12. September 1987).
13. Ian Buruma, »A New Japanese Nationalism«, New York Times Magazine (12. April 1987).
14. »Japanese Raises Jewish Question«, New York Magazine (27. April 1987).
15. Clyde Haberman, »In Japan, Unsettling Ripple of Crime«, New York Times (1. Februar 1988).
16. Die New York Times (24. September 1986) übersetzte japanische Berichte über Nakasones Äußerung: »In einer hochentwickelten Informationsgesellschaft und einer derart gebildeten Gesellschaft wie in Japan brauchen die Menschen eine Politik, die sich mutig den Problemen stellt. In den Vereinigten Staaten ist wegen der beträchtlichen Zahl von Schwarzen, Puertoricanern und Mexikanern das (intellektuelle) Niveau niedriger.« Die Korrespondentin Susan Chira erklärte, die japanischen Zeitungen hätten das Wort »intellektuell« in Klammern gesetzt und damit angedeutet, der Reporter habe ein direktes Zitat ergänzt. Dies ist ein häufiges Verfahren in Japan, weil die Japaner oft Teile von Sätzen weglassen und dabei erwarten, daß ihre Zuhörer wissen, was sie meinen.
17. Trotz Nakasones Behauptung, Japan sei eine Gesellschaft, die aus einer einzigen Rasse bestehe, kann man den Status der in Japan lebenden Koreaner durchaus mit dem der amerikanischen Schwarzen vergleichen. Die Ainu kämpfen um ihre offizielle Anerkennung als Minderheit. Die Bewohner von Okinawa und die Chinesen berichten von Diskriminierungen. Ungefähr 20000 illegale Einwanderer aus ärmeren asiatischen Ländern sind der Ausbeutung ihrer Arbeitgeber schutzlos preisgegeben.
18. Die IQ-Statistik wird zitiert von Ezra Bowen, S. Chang und John Edward Gallagher, »Nakasone's World-Class Blunder«, Time (6. Oktober 1986). Weitere vergleichende Daten zur Erziehung und Bildung stammen aus der Titelstory von Business Week, »Can American Compete?« (20. April 1987).
19. John W. Dower, War Without Mercy: Race and Power in the Pacific War (New York: Pantheon Books, 1986), passim.
20. Buruma, op. cit.

Kapitel 3

1. Leonard Silk, »A Dependence on Foreigners«, New York Times (20. Mai 1987).
2. Modelle zur Risikobewertung schätzen seit jeher die Gefahr, daß die amerikanische Regierung ihre Verpflichtungen bei den Anleihen nicht erfüllt, mit null ein. Die Defizite der Reagan-Administration haben aber dazu geführt, daß einige Analytiker diese Annahme nun in Frage stellen.
3. George Anders, »What Are the Japanese Up To?« Wall Street Journal, Sonderbeilage über globales Finanzwesen (29. September 1986).
4. Bondweek (26. Mai 1986).
5. William Falloon, »Was It Nomura's Trading Clout?« INTERMARKET (August 1986).
6. Japanische Wertpapierfirmen haben kaum Schwierigkeiten, höhere amerikanische Beamte anzuwerben. Sie sind billiger als Wall-Street-Veteranen, und ihre Washingtoner Erfahrung macht sie anpassungsfähiger an die Hierarchie und das Protokoll japanischer Firmen. Für amerikanische Firmen in Tokio ist es aber absolut unmöglich, einen höheren Beamten des Finanzministeriums anzuwerben. »Ein solcher Typ aus dem Finanzministerium könnte uns mehrere Mannjahre ersparen, indem er uns zeigt, wie wir unser Geschäft hier zu betreiben haben«, sagte ein amerikanischer Investmentbanker in Tokio.

7. Michael Brody, »Yellow Peril Politics«, Barron's (6. Juli 1987).
8. Japan behauptet heute, es habe die niedrigsten Durchschnittszölle aller größeren Industrieländer. Unerhört hohe Zölle gelten hingegen noch für die Landwirtschaft und einige andere Gebiete. Selbst wenn diese Schranken - zum Beispiel bei Rindfleisch und Zitrusfrüchten - beseitigt würden, so könnten die Amerikaner eben doch nur so viel Rindfleisch und Zitrusfrüchte ausführen, wie der japanische Markt aufnehmen kann. Den Berechnungen von Wirtschaftswissenschaftlern zufolge könnte Japan amerikanische Importe im Wert von höchstens 15 Milliarden Dollar absorbieren, und dies auch nur unter der Voraussetzung, daß alle Zollschranken gleichzeitig fallen. Doch in einem solchen Fall müßten auch die Vereinigten Staaten entsprechend reagieren und zum Beispiel auf die freiwilligen Autoeinfuhrquoten der Japaner verzichten. Das würde natürlich zu einer Zunahme der japanischen Importe in die Vereinigten Staaten führen. Ein absolut freier Handel würde also das US-Defizit um weitere zehn Milliarden Dollar vergrößern.
9. »Trade Wars, The U.S. Gets Tough with Japan«, Titelgeschichte des Magazins Time (13. April 1987).
10. Michael S. Malone, »Fear and Xenophobia in Silicon Valley«, Wall Street Journal (23. Februar 1987).
11. Stan Baker, »Brooks Blames Rivals for Bustup«, Electronic Engineering Times (23. März 1987).
12. Die widersprüchlichen Interessen, welche die US-Politik so zusammenhanglos erscheinen lassen, zeigen sich am deutlichsten bei jenen Firmen, die gegen die Zölle Sturm liefen, bevor sie überhaupt verhängt wurden, weil sie selber von japanischen Produkten abhängig waren. Andrew Pollack zufolge (»Many Seek Exemptions at Japan Tariff Hearings«, New York Times, 13. April 1987) traten sogar Vollzugsbehörden dreier Bundesstaaten öffentlich in Opposition gegen die Zölle, weil sie nämlich einige Millionen Dollar mehr für ihre japanischen Geräte zur Identifizierung von Fingerabdrücken hätten bezahlen müssen. Der Bürgermeister von Richmond, Indiana, beklagte sich darüber, daß Zölle auf importierten Kompressoren die Firma Sanyo dazu bewegen könnten, 190 Amerikaner ihrer Kühlschrankfabrik zu entlassen.
13. Die Japaner zu einer Preisanhebung ihrer Chips zu zwingen, lag nicht im Interesse der amerikanischen High Technology. »Wenn wir eine Lautsprecherbox mit teureren Chips darin bauen müssen, weil das Halbleiter-Abkommen die Japaner zur Anhebung ihrer Preise zwang, so steigt auch der Endverbrauchspreis, und dadurch werden wir weniger konkurrenzfähig«, sagte Scott McNealy, Präsident von Sun Microsystems, zu mir. Das Abkommen ermunterte japanische Elektronikfirmen dazu, die Amerikaner auf bisher noch unbeackerten Gebieten herauszufordern. »Als Antwort auf das Halbleiterabkommen kommen die Japaner mit Technologien auf den Markt, welche die USA nicht haben«, sagte John P. Stern, der Tokioer Vertreter der amerikanischen Elektronikindustrie, zu der Zeitschrift Business Week (31. August 1987).
14. David E. Sanger, »Chip Dispute: Reading Between the Lines«, New York Times (30. März 1987).
15. Damon Darlin, »Japan's Trade Negotiator Irks Americans«, Wall Street Journal (3. April 1987).
16. Gerald M. Boyd, »President Imposes Tariff on Imports Against Japanese«, New York Times (18. April 1987).
17. Andrew Pollack, »Cuts by Japan Now Spur Fears of Chip Shortage«, New York Times (7. April 1987).
18. Amerikanische und japanische Schätzungen der japanischen Anleihenkräfte unterschieden sich für das Jahr 1986 um fast 50 Milliarden Dollar.
19. »Now Hear This«, Fortune (8. Juni 1987).
20. Tokyo Business Today (Juli 1987). Dem Bericht zufolge gaben der Chief Secretary Masaharu Gotoda und der Minister für Internationalen Handel und Industrie Hajime Tamura diese Kommentare bei einem Treffen des Tanaka-Schattenkabinettes ab, kurz vor der Auktion des amerikanischen Schatzamtes im Mai 1987.

21. Tom Herman, »Treasury Bond Prices Take Biggest Fall in 6 Months as Worry About Dollar Grows«, Wall Street Journal (31. März 1987).
22. James P. Miller und G. Christian Hill, »Mortgage Markets Turn Chaotic as Lenders Limit Commitments«, Wall Street Journal (15. April 1987).
23. Edwin A. Finn, Jr., »In Japan We (Must) Trust«, Forbes (21. September 1987).
24. Paul Blustein, »Dollar Looms Bigger in the Fed's Decisions at Risk of a Recession«, Wall Street Journal (19. Mai 1987).
25. Nachrichtenteil im Wall Street Journal (7. Mai 1987).
26. Michael Quint, »Bonds Dive as Japanese Hold Back; Tension Builds«, New York Times (7. Mai 1987).
27. Jeff B. Copeland und Rich Thomas, »The U.S. Gets Foreign Aid«, Newsweek (18. Mai 1987).

Teil II

Kapitel 4

1. Zwischen Japan und Großbritannien herrscht ohne Zweifel eine gewisse Verwandtschaft. Auch Großbritannien ist eine kleine Inselnation. Japan unterscheidet sich deutlich vom restlichen Asien, so wie sich Großbritannien vom europäischen Kontinent unterscheidet. Die feudale Vergangenheit und die Reste einer Monarchie sind weitere Ähnlichkeiten. Die fahrenden Ritter aus der Zeit von König Arthus sind nicht sehr verschieden von den japanischen Samurai. In seinem Film Ran hatte der große Filmregisseur Kurosawa keine großen Probleme, die Geschichte von König Lear nach Japan zu verpflanzen. Schauspielertruppen führen Macbeth in japanischer Umgebung auf. Die Japaner sehen in Großbritannien eine Nation des Handels und der Ingenieurkunst, der es trotz der geringen Größe und der Rohstoffarmut gelang, die Weltwirtschaft zu beherrschen.
2. David Halberstam, The Reckoning (New York: William Morrow & Co., 1986), Seite 115.
3. Herman Kahn und Thomas Pepper, The Japanese Challenge (Tokio: Charles E. Tuttle Co., 1980), Seite 141.
4. Peter Drucker, »Japan's Choices«, Foreign Affairs (Sommer 1987).
5. Einer der Gründe, warum es Japan gelingt, seine Wirtschaftspläne auch zu verwirklichen, liegt - im Gegensatz zu den Vereinigten Staaten - darin, daß der Ministerpräsident fast immer über erstklassige Erfahrungen in Wirtschaft, Finanzwesen und Handel verfügt. Von elf Premierministern seit 1956 standen acht zuvor dem MITI vor, sieben dem Finanzministerium, und fünf hatten während ihrer Karriere sogar beide Rollen inne.
6. Thomas K. McCraw (Hrsg.), »America versus Japan« (Boston: Harvard Business School Press, 1986), Seite 8.
7. Jiro Tokuyama, »Macroeconomic Analysis and U.S.-Japan Trade Relations«, Rede, gehalten auf dem Symposium der Japan Society of Boston (21. März 1987).
8. Dieser Ausspruch wird dem Tokugawa-Philosophen Honda Rimei (1744–1821) zugeschrieben; Steven Schlosstein zitiert ihn zu Beginn seines Werkes »Trade War« (New York: Congdon & Weed, 1984).

Kapitel 5

1. Paul A. Gigot, »Reagan Risks Being ›Hoovered‹ by Democrats«, Wall Street Journal (23. Oktober 1987).

2. Jeffrey A. Frankel, The Yen/Dollar Agreement: Liberalizing Japanese Capital Markets (Institute for International Economics, Washington, D.C., 1984), Seite 71f.
3. Jeffrey E. Garten, »Japan Cashes in on Yen-Dollar Accord«, Asian Wall Street Journal (28. März 1985).
4. Karel G. van Wolferen, »The Japan Problem«, Foreign Affairs (Winter 1986/87).
5. Frankel, op. cit., Seite 3.
6. Garten, op. cit.
7. Peter T. Kilborn, »Reagan's Turnabout on the Dollar«, New York Times (29. September 1985).
8. David A. Stockman, The Triumph of Politics (New York: Avon, 1987), Seite 447–458.
9. Peter G. Peterson, »The Morning After«, Atlantic (Oktober 1987).
10. Diese Veränderungen eliminierten einige Elemente des amerikanischen Steuergesetzes, die Wachstum förderten und Sparverhalten begünstigten. Dazu gehörten die Kürzung von Sparabzügen aufgrund des Industrial Relations Act und die Aufhebung der Sonderbehandlung von Kapitalgewinnen. Das Gesetz machte aus den kleinen Ersparnissen, die die meisten Amerikaner in Form eines Hausbesitzers angehäuft hatten, gefährliche, mit Steuervorteilen ausgestattete Kreditkarten, die unter der Bezeichnung »home equity loans« bekannt wurden.
11. Ein großes Handelsdefizit könne ein Zeichen wirtschaftlicher Stärke statt Schwäche sein, sagte Ronald Reagan im Januar 1988 vor einem Auditorium in Cleveland. Vielen Leuten erschien diese Äußerung als eine der absurdesten in der ganzen Karriere dieses Präsidenten, doch steckt darin ein überraschender Anteil an Wahrheit. Ein strategiebewußter amerikanischer Präsident hätte aus einem starken Dollar einen wirklichen Wettbewerbsvorteil ziehen können. Er hätte weiterhin billige Komponenten und Konsumgüter hoher Qualität aus Japan und anderen fremden Ländern beziehen können, wenn sich die amerikanische Industrie gleichzeitig Produkten und Technologien der nächsten Generation zugewandt hätte. Das hätte es erlaubt, amerikanische Arbeiter auf Gebieten mit höherer Wertschöpfung einzusetzen. Das Handelsdefizit ist vor allem ein Beschäftigungsproblem. Als der Präsident das Problem durch Schwächung des Dollars lösen wollte, verriet er eine rückständige Denkweise. Dadurch wurden die Vereinigten Staaten in Industriezweigen, die eigentlich der Vergangenheit angehörten, marginal wettbewerbsstärker, und Japan erhielt die finanziellen Ressourcen, die es braucht, um die Vereinigten Staaten als Konkurrent künftig lahmzulegen.
12. Diese Statistiken wurden in Business Week (18. August 1986) zitiert; die Daten stammen von Robert F. Graham und Hambrecht & Quist Inc.
13. Die Statistiken stammen aus Fortune (15. Februar 1988) und spiegeln die Daten von 1986 wider. In den Arbeitskosten von GM zeigt sich, daß die Firma mehr Teile herstellt als Toyota.
14. In einem Beitrag für die New York Times (»When the Yen Comes Down from the Sky It May Capture the Earth«, 3. September 1986) schrieb ich, die amerikanischen Bemühungen zur Stärkung des Yen würden die langfristige Wettbewerbsfähigkeit Japans vergrößern. Ein Amerikaner bei einer japanischen Wertpapierfirma meinte daraufhin scherzhaft: »Sie lassen Sie nie wieder nach Japan hinein - Sie veröffentlichen japanische Staatsgeheimnisse in der New York Times!«
15. Toyoo Gyohtens Erinnerungen an 1971 erschienen in einem Beitrag im Institutional Investor (Juni 1987).
16. J. Terence Gallagher, »Bank of Japan Playing Key Role in Global Economics«, Asian Wall Street Journal Weekly (21. Dezember 1987).
17. Offizielles Statement des Weißen Hauses aus dem Büro des Präsidenten, abgegeben vom Pressesekretär Marlin Fitzwater am 19. Oktober 1987.
18. Susan F. Rasky, »Trade Deficit: Cheaper Dollar Not a Cure-All«, New York Times (4. Februar 1987).
19. Die Tatsache, daß Japan sich über die Gefahr der »Aushöhlung« wirklich Sorgen macht, deutet darauf hin, daß diese Entscheidung dort wahrscheinlich weniger Verwüstungen anrichten wird als in den Vereinigten Staaten. Geschäftsleute,

Regierungsbeamte und Arbeitnehmer unternehmen eine kollektive Anstrengung, um einen Weg zur Internationalisierung der japanischen Wirtschaft zu finden, ohne daß die heimische Basis dabei zugrunde geht. Selbst der Begriff »Aushöhlung«, der heute auch von der amerikanischen Wirtschaft akzeptiert wird, zeigt, wie empfindlich Japan auf das Problem reagiert. Der Begriff geht auf Akio Morita, den Chef von Sony, zurück. Er beobachtete diesen Trend in den Vereinigten Staaten und machte sich über dessen mögliche Implikationen für Japan Sorgen.

20. Barnaby J. Feder, »What the Dollar's Drop Won't Do«, New York Times (6. Dezember 1987).
21. Die Verkäufe deutscher Autos (überwiegend BMW, Mercedes, Porsche und Audi) in Japan stiegen von 25000 im Jahr 1983 auf 68000 im Jahr 1987. Die Verkäufe amerikanischer Autos blieben in dieser Zeit gleichbleibend niedrig bei ungefähr 4000 pro Jahr.
22. Charles P. Alexander, »The Declining Dollar: Not a Simple Cure«, Time (16. November 1987).
23. Kevin Kelly, »A Weakened Komatsu Tries to Come Back Swinging«, Business Week (22. Februar 1988).
24. Honda verringert zur Zeit mit mindestens zwanzig weiteren japanischen Unternehmen das US-Handelsdefizit; die Firma nutzt die billigen Arbeitslöhne in Amerika und exportiert einen steigenden Anteil ihrer US-Produktion zurück nach Japan. Geschäftsführer von Honda sprechen begeistert davon, sie wollten auf der ganzen Welt Produktionsanlagen bauen und die Produktion nach den jeweiligen Devisenkursen ausrichten. Werden die Amerikaner in der Welt von morgen so schnell reagieren können, daß sie in der Lage sind, zwischen amerikanischen und japanischen Produktionsstätten hin und her zu schalten? Werden sie überhaupt eigene Produktionsstätten in Japan besitzen?
25. Martin und Susan Tolchin, »Foreign Money, U. S. Fears«, New York Times Magazine (13. Dezember 1987).
26. Bill Powell, »Your Next Boss May Be Japanese«, Newsweek (2. Februar 1987).
27. Peter Gumbel und Douglas R. Sease, »Foreign Firma Find Resentment in the U. S.«, Asian Wall Street Journal (27. Juli 1987).
28. Robert B. Reich, »Tales of a New America« (New York: Times Books, 1987), Seite 88.
29. Kenichi Ohmae, »Beyond National Borders: Reflections on Japan and the World« (Homewood, Ill.: Dow Jones-Irwin, 1987), Seite 26.
30. Tolchin, op. cit.
31. Nathaniel C. Nash, »A New Urgency for Reforms in Policing Securities Trades«, New York Times (17. Dezember 1987).
32. Clyde Haberman, »Tokyo Stocks Continue to Advance«, New York Times (22. Oktober 1987).
33. Karl Schoenberger, »Tokyo Shares Recover Much of Record Loss«, Wall Street Journal (22. Oktober 1987).
34. Anzeige im Wall Street Journal (17. Dezember 1987).
35. James Sterngold, »Infighting Is on the Rise at Troubled Firms After Stock Plunge«, New York Times (4. Februar 1988).
36. Thomas E. Ricks, »Task Force's Brady Says Japanese Sales of U. S. Bonds Touched Off Oct. 19 Crash«, Wall Street Journal (22. April 1988).

Teil III

Kapitel 6

1. Beyond the Ivied Mountains: The Origin and Growth of a Japanese Securities House (Tokio: Nomura Securities, 1986), Seite 16.

2. John Carson-Parker, »What Makes Nomura Really Different«, Werbebeilage zu: Euromoney (Mai 1986).
3. Kevin Rafferty, »Nomura Flexes Its Muscles«, Institutional Investor (Juli 1986).
4. Bernard Wysocki, Jr., »Tough Japanese Firm Grows in Importance in Securities Market«, Wall Street Journal (1. April 1987).
5. David Fairlamb, »Nomura Securities' Global Ambitions«, Dun's Business Month (November 1986).
6. Peter Hall, »Nomura Securities' Yoshihisa Tabuchi, Financial World's Man of the Year«, Financial World (23. Dezember 1986).
7. Kevin Rafferty, op. cit.
8. Bernard Wysocki, op. cit.
9. James B. Treece, »Mighty Nomura Tries to Muscle in on Wall Street«, Business Week (16. Dezember 1985).
10. Beyond the Ivied Mountain, op. cit., Seite 114.
11. Ebd., Seite 113ff.
12. Michael R. Sesit, »Kurokawa Looks to Expand the Territory«, Wall Street Journal (5. Oktober 1987).
13. John Carson-Parker, op. cit.
14. Jack Lowenstein, »Nomura: Integrating Capital Markets on a Global Basis«, Beilage zu: Euromoney.
15. Fukushima ist weniger diplomatisch als Tabuchi. Es macht ihm nichts aus, einem Interviewer aus dem Westen die Firmendirektiven, wie sie im Innern der Organisation gelten, ungeschminkt wiederzugeben. Nomuras einzige Schwäche, so sagt er, bestehe darin, daß die Firma immer als erste gewisse Dinge in Japan tue - und erster zu sein sei teuer. »Aber nachdem wir so große Gewinne machen, können wir es uns erlauben, dieses Geld auszugeben.« Die Amerikaner setzen ihre Unternehmen mit neuen Finanzprodukten einem hohen Risiko aus, so glaubt er. Für all jene, die hoffen, Nomuras Arroganz könne bei einem Börsenkrach in Tokio gedämpft werden, hält Fukushima schlechte Nachrichten bereit: Studien des Unternehmens zeigen, daß die Einkünfte im schlimmsten Fall um nicht mehr als 40 Prozent zurückgehen würden. Damit bliebe Nomura noch immer die bei weitem größte Wertpapierfirma der Welt.

Kapitel 7

1. Howard Rudnitsky, Allan Sloan und Peter Fuhrmann, »Land of the Rising Stocks«, Forbes (18. Mai 1987).
2. Paul Aron, »Japanese Price Earnings Multiples: Refined and Updated«, Paul Aron Report Nr. 30, Daiwa Securities America (28. Mai 1987).
3. Diese Zahlen stammen von Goldman Sachs, International Research Japan, Bericht vom Mai 1987, und beruhen auf Preisen vom 20. April 1987. Berichte von Goldman über Japan wie dieser (Autoren: Charles R. Elliott, Nicholas C. Akers und Jeremy Hale) gehören zu den besten Forschungsberichten, die von Ausländern über den Markt in Tokio verfaßt wurden.
4. Kathryn Graven, »Japanese Stock Buyers Follow the Fads, Send Tokyo Price Soaring«, Wall Street Journal (29. Mai 1987).
5. Everett Mattlin, »High Rolling in Japan«, Institutional Investor (März 1987).
6. James Davidson, Strategie Investment (15. Dezember 1987).
7. Rudnitsky et al., op. cit.
8. Aron, op. cit.
9. Jeffrey M. Laderman, »Why New York's Eyes are Glued to the Tokyo Market«, Business Week (3. August 1987).
10. Werbebroschüre für: Newsletter Strategic Investment. Die Herausgeber bezeichneten darin den künftigen Kollaps des Tokioer Marktes als »Pearl Harbor II«.

11. »The Meaning of October 1987«, Asset International (4. Januar 1988).
12. Lawrence J. De Maria, »Merrill Sees Volatility for 1988«, New York Times (11. Januar 1988).
13. Es ist gut, sich daran zu erinnern, daß die Japaner daran gewöhnt sind, für japanische Qualität mehr zu bezahlen. Für ihr Grundnahrungsmittel, den in Japan gewachsenen Reis, zahlen sie die achtfache Summe des Weltmarktpreises. Schöne Kimonos für die Frauen können teurer sein als die letzte Pariser Mode. Wer seine Gäste in Tokio zu einem Dinner einlädt, muß dreimal soviel bezahlen wie in New York.
14. Wenn einem japanischen Angestellten im Restaurant plötzlich das Bargeld fehlt, kann er normalerweise seinen *meishi* (Firmenausweis) zurücklassen und davon ausgehen, daß der Besitzer ihm die Rechnung am nächsten Tag zuschickt. »Mein Gesicht ist meine Kreditkarte«, sagte ein japanischer Geschäftsmann. Die Tatsache, Japaner zu sein, impliziert Tugendhaftigkeit.
15. Im Gegensatz zu den Vereinigten Staaten erwartet man, daß vor allem die traditionellen japanischen Unternehmen von den Veränderungen profitieren werden. Es sind zwar einige »heiße« neue Unternehmen auf dem Markt erschienen, doch verfügen die alten mächtigen Firmen über genügend Ressourcen, um in große neue Industriezweige investieren zu können. Ajinomoto, ein bekannter Nahrungsmittelriese, gehört heute zu den führenden Firmen auf dem Gebiet der Biotechnologie. »Seed«, die modischste Kleiderboutique in Tokio, ist das geistige Kind von Seibu, dem größten japanischen Einzelhandelsunternehmen.
16. Japanische Experten prophezeien im allgemeinen eine frühere kommerzielle Nutzung der Supraleitungstechnologie als amerikanische Gewährsleute. Ein Bericht in der Nihon Keizai Shimbun sprach von einer ersten Anwendung im Jahr 1990.
17. Alvin Toffler, Previews & Premises (New York: William Morrow & Co., 1983), Seite 62f.
18. »The Japanese Strategy: MITI's Vision of the 1980s«, New Perspectives (Herbst 1985).
19. »Tokyo Land Prices Teeter«, The Economist (9. Januar 1988).
20. Jared Taylor, »Shadows of the Rising Sun: A Critical View of the ›Japanese Miracle‹« (New York: William Morrow & Co., 1983), Seite 123.

Kapitel 8

1. »Stocks Down 156.83 After Drop Abroad«, New York Times (27. Oktober 1987).
2. Während der letzten Hausse wuchsen die Gemeinkosten an der Wall Street noch schneller als die blühenden Einkünfte. 1987 betrugen die Durchschnittssaläre bei den zehn größten Brokerhäusern 500000 Dollar für Aktienbroker und -händler, 750000 Dollar für Anleihenbroker und -händler und fast eine Million für Banker im Fusionsgeschäft. Damit ist die amerikanische Industrie auf dem Gebiet der Finanzdienstleistungen keineswegs die kostenbewußte und effiziente Maschinerie, für die sie sich so gerne hält.
3. Peter Fuhrman, »Comparative Disadvantage«, Forbes (18. Mai 1987).
4. Bernard Wysocki, jr., »Tough Japanese Firm Grows in Importance in Securities Market«, Wall Street Journal (1. April 1987).
5. Ein Kunstwerk aus bunten Gläsern über dem Eingang zur Chefetage von Sanyo in Tokio zeigt den Halleyschen Kometen. Dieser wurde zuerst 1910 beobachtet, im Jahr der Gründung von Sanyo. Der Komet erreichte seinen erdnächsten Punkt wieder 1986, als Tsuchiya das Kommando über das Unternehmen übernahm. Sollte der Besucher den tieferen Sinn dieses Werkes nicht erfassen, so erklärt Tsuchiya ihn ihm: Bei der Rückkehr des Kometen im Jahr 2062 »wird der Pazifik und nicht der Atlantik das Zentrum der Welt darstellen« - und Sanyo wird dann ein vertrauter Name auf der ganzen Welt sein.

6. Die »Dividendenarbitrage«-Strategie der Japaner wurde trotz ungeheurer Implikationen wenig beachtet. Als statistisches Phänomen wurde sie zitiert von Lawrence J. De Maria (»Tax Maneuver by Japanese«, New York Times, 26. August 1987) und Philip H. Wiggins (»42.92 Jump Puts Dow at 1,946.45«, New York Times, 26. Januar 1988).
7. Robert L. Rose und Scott McMurray, »Top 2 Futures Exchanges Investigate Pattern of Trading by Japanese Firms«, Wall Street Journal (21. April 1987).
8. Jan Wong, »Foreign Banks Grab a Market Segment«, Wall Street Journal (15. Dezember 1986).
9. Anzeige im Wall Street Journal vom 30. April 1987.
10. Fuhrman, op. cit.
11. Michael Schrage, »Financial Finesse: Size vs. Smarts«, Wall Street Journal (28. Januar 1988).
12. James Sterngold, »Is Wall Street Ready for Bad Times?« New York Times (17. Mai 1987).
13. Richard B. Schmitt, »Bank America to Sell Stocks and Notes to Japanese Investors for $350 Million«, Wall Street Journal (8. Oktober 1987).
14. Daniel F. Cuff, »Joint Mitsui Venture Draws Lease Experts«, New York Times (8. Februar 1988).
15. James Sterngold, »Goldman, Sachs May Sell Stake to Japan Bank«, New York Times (7. August 1986).
16. Das letzte Mal, als Citicorp bloß eine kleine japanische Bank aufkaufen wollte, vereitelte das Finanzministerium dieses Vorhaben. Berichten zufolge arrangierte es schnell einen Kauf durch die Sumitomo-Bank.
17. James Sterngold, »Too Far, Too Fast: Salomon Brothers' John Gutfreund«, New York Times Magazine (10. Januar 1988).
18. James Sterngold, »Is Wall Street Ready for Bad Times?« loc. cit.
19. Larry Zoglin, »Japan's Informal Financial Barriers«, Asian Wall Street Journal (15. Juli 1987).
20. Tetsundo Iwakuni, »Laws May Change, But Japanese Society Does Not«, Rede, gehalten vor dem International Securities Market Symposium, Berkeley, Kalifornien, 17. Oktober 1987.
21. Aron Viner, Inside Japanese Financial Markets (Homewood, III.: Dow Jones-Irwin, 1988), Seite 48f.
22. Joel Kurtzman, »What's in Store for Banks?« New York Times (24. Januar 1988).

Kapitel 9

1. Gary Hector, »The Japanese Want to Be Your Bankers«, Fortune (27. Oktober 1986).
2. Craig Forman, »Britain's Deregulation Leaves a Casualty Trail in Securities Industry«, Wall Street Journal (14. Oktober 1987).
3. Anthony Rowley, »Japan at the Top and Aiming to Remain There«, Far Eastern Economic Review (17. Dezember 1987).
4. Steve Lohr, »Hard Times for the Euromarkets«, New York Times (20. September 1987).
5. Ebd.
6. Ebd.
7. Robert Cottrell, »Nomura Securities: World Brokers«, Titelgeschichte in: Far Eastern Economic Review (3. Juli 1986).
8. »Playing with Surplus Yen Abroad«, Asahi Evening News (22. Juli 1987).
9. John E. Pluenneke, »The Japanese Are Firing up Frankfurt«, Business Week (20. April 1987).
10. Michael T. Kinnicutt, »Japanese Securities Firms Come to Italy, Looking for Investments – and Investors«, Wall Street Journal (8. Juni 1987).

11. Hamish McDonald, »Big Capital Danger in Small Market«, Far Eastern Economic Review (3. Dezember 1987).
12. »Overweight, Over-rich and Over Here«, The Economist (4. April 1987).
13. Christopher McCooey, »Guest Traveller's Tales«, Far Eastern Economic Review (6. August 1987).
14. William Kay, »Why Daiwa Scares the City«, Business (Februar 1987).
15. Sun Tzu, The Art of War (New York: Oxford University Press, 1971), Seite 96, Übersetzung ins Englische von Samuel B. Griffith.
16. Maria Shao, »By the Time China Takes Over, Japan May Own the Joint«, Business Week (25. Mai 1987).
17. Helen E. White, »Japanese Investment Encounters an Uneasy Welcome in Thailand«, Asian Wall Street Journal Weekly (1. Februar 1988).
18. Nicholas D. Kristof, »Japan Winning Race in China«, New York Times (29. April 1987).
19. Ebd.
20. Ebd.
21. »C. Itoh May Finance China Oil Exploration in Northwest Basin«, Asian Wall Street Journal Weekly (18. Januar 1988).
22. Steffan Burenstam Linder, »The Pacific Century: Economic and Political Consequences of Asian-Pacific Dynamism« (Stanford, Kalif.: Stanford University Press, 1986) Seite xiii.
23. Susan Chira, »South Africa Trade a New Issue in Japan«, New York Times (26. Januar 1988).
24. Japanische Geschäftsleute in Südafrika sind konsequent. Ihrem merkantilistischen Credo zufolge haben sie keine Einwände gegen die widerliche Bezeichnung, welche die Apartheid-Regierung für sie ausgedacht hat: »Weiße ehrenhalber«. Wer Geschäfte machen will auf fremden Märkten, muß deren Bedingungen akzeptieren, sagen sie.
25. Ezra Vogel, »Pax Nipponica?« Foreign Affairs (Frühjahr 1986).
26. Clifford Krauss, »Japan Replaces U. S. Trading with Nicaragua«, Asian Wall Street Journal (15. Juni 1987).

Teil IV

Kapitel 10

1. Zbigniew Brzezinski, »How About an Informal U. S.-Japan Inc.?« New York Times (28. April 1987).
2. »Surprise, Made in America«, gesponserte Sonderbeilage, produziert in Zusammenarbeit mit der japanischen Handelskammer in New York, erschienen im Februar 1988 in: Atlantic Monthly.
3. Bob Johnstone (Far Eastern Economic Review, 17. Dezember 1987) zufolge werden die Rivalitäten um Informationssysteme für Finanzdienstleistungen größer. Hitachis Systeme stehen in direkter Konkurrenz mit denen von Reuters; Quick, ein On-line-Datenpool, der sich teilweise im Besitz von Nikkei und teilweise von einer Gruppe japanischer Finanzfirmen befindet, hat bevorzugten Zugang zu allerersten Informationsquellen an der Tokioer Börse und steht in Konkurrenz zu Quotron und Telerate.
4. Yusuke Kashiwagi, »The Emergence of Global Finance«, Per-Jacobsson-Vorlesung, 1986.
5. Lester C. Thurow, »Paradise Lost«, New York Times (24. Februar 1988).
6. Barbara Buell und Steven J. Dryden, »Strong, Silent Japan Starts to Speak Up«, Business Week (30. November 1987).

7. Paul Kennedy hat diesen Fall beredt in »The Rise and Fall of the Great Powers« (New York: Random House, 1987) geschildert.
8. Brzezinski, op. cit.
9. C. Fred Bergsten, »Economic Imbalances and World Politics«, Foreign Affairs (Frühjahr 1987).
10. David Hale, »Accounting for the Dollar Glut«, Wall Street Journal (18. April 1988).
11. »Kissing America Good-bye?« Tokyo Business Today (April 1988).
12. Paul Kennedy, op. cit., Seite 537.

Kapitel 11

1. Kenichi Ohmae, »Beyond National Borders« (Homewood, Ill.: Dow Jones-Irwin, 1987), Seite 4–6.
2. Kimitada Miwa, »Future of Pacific Relations«, Japan Times (12. Juli 1987).
3. Ian Buruma, »Beyond the Mask« (New York: New American Library, 1984), Seite 153. Es gibt unterschiedliche Meinungen über die historischen Ursprünge der Chushingura-Geschichte. Die hier geschilderten Inhalte beruhen auf Burumas Zusammenfassung.
4. Louis Uchitelle, »When the World Lacks a Leader«, New York Times (31. Januar 1988).
5. Ebd.
6. »ASEAN Expects More Help from Japan, Survey Shows«, Asahi Evening News (13. Juli 1987).
7. Paul Streeten, »Global Institutions for an Independent World«, Diskussionspapier 128, Boston University Department of Economics (August 1987).
8. Jim Schwartz, »Restoring the U. S. Spirit after Years of Bludgeoning«, International Management (November 1987).
9. Norman Gall, »The Japanese Strategy for Computer Supremacy«, Forbes (9. Februar 1987).
10. Das Handelsdefizit, das die Vereinigten Staaten 1987 gegenüber Japan hatten, betraf nicht nur die Konsumgüterelektronik und die Speicherchips, sondern auch alle anderen Gebiete elektronischer Produkte, dazu kam eine Steigerung des Computerdefizits um 37 Prozent im Vergleich zu 1986.
11. Stephen Kreider Yoder, »Japan Is Racing to Commercialize New Superconductors«, Wall Street Journal (20. März 1987).
12. Evert Clark, »The U. S. Has the Advances, But Japan May Have the Advantage«, Business Week (6. April 1987).
13. William J. Broad, »Novel Technique Shows Japanese Outpace Americans in Innovation«, New York Times (7. März 1988). Man darf hier nicht vergessen, daß die Erlangung eines Patents so teuer und zeitaufwendig geworden ist, daß kleinere amerikanische High-Tech-Unternehmen sie sich nicht mehr leisten können. Große japanische Unternehmen jedoch haben bei neuen Technologien eine derartige Fülle von Einzelpatenten angemeldet, daß man ihnen vorgeworfen hat, sie würden sich das Gebiet auf diese Weise sichern. Jedes Jahr gehen ungefähr 14000 der amerikanischen Patente an japanische Antragsteller.
14. Walter Sullivan, »Japan, Shedding Role of Imitator, Is Emerging as Scientific Pioneer«, New York Times (29. September 1987).
15. »Now Hear This«, Fortune (9. November 1987).
16. Joel Dreyfuss, »How Japan Picks America's Brains«, Fortune (21. Dezember 1987).
17. Bernard Wysocki, Jr., »Japanese Now Target Another Field the U. S. Leads: Biotechnology«, Wall Street Journal (17. Dezember 1987).
18. Barbara Buell, »Blast-Off: Japan Inc. Is Joining the Space Race«, Business Week (24. August 1987).
19. »First Find Japan«, The Economist (16. Mai 1987).

20. Richard A. Melcher, »What's Throwing a Wrench into Britain's Assembly Lines«, Business Week (29. Februar 1988).
21. Kurt Andersen, »Japan Is on the Go«, Time (21. September 1987).
22. Edwin A. Finn, Jr., und Hiroko Katayama, »Follow the Money«, Forbes (29. Dezember 1986).
23. Ebd.
24. »The Pacific Century«, Titelgeschichte in Newsweek vom 22. Februar 1988.
25. »The World Economy and Financial Markets in 1995« (Tokyo: Nomura Research Institute, 1986), Seite 12f.
26. An der chinesisch-sowjetischen Grenze sind noch beträchtliche Truppen konzentriert, und Korea bleibt weiterhin ein Pulverfaß. Deswegen ist die Ruhe in Nordasien trügerisch. Eine Umfrage unter hohen Militärs im Jahr 1988 ergab, daß der nächste weltweite Konflikt am wahrscheinlichsten in Korea ausbrechen wird.
27. Barry Kramer, »China's Stepped-Up Criticism of Japan Is Attributed to Hu's Ouster, Trade Gap«, Wall Street Journal (22. April 1987).
28. Liu Jun, »Military Budget a Blow to Peace«, Beijing Review (18. Januar 1988).
29. James Fallows, »The Bases Dilemma«, Atlantic (Februar 1988).
30. Rodney Tasker, »No Call to Arms«, Far Eastern Economic Review (31. Dezember 1987).
31. »Outline of Japan's Defense Budget for Fiscal 1987«, Foreign Press Center, Tokio, Mai 1987.
32. Eduardo Lachica und Masayoshi Kanabayashi, »Japanese Arms Builders Now Vie Openly for Orders After Long Pacifist Period«, Asian Wall Street Journal Weekly (24. August 1987).
33. Auch das Pentagon wünscht einen technologischen »Rückfluß«, das heißt das Recht, von japanischen Innovationen zu profitieren. Mitsubishi Electric widersetzt sich jedoch jeder Bestimmung, welche die Firma dazu zwingen könnte, ihre Radartechnologie über Gruppenantennen mit den Amerikanern zu teilen.
34. Henry Scott-Stokes, »Japan's Disquieting Soul«, New Perspectives (Herbst 1985).
35. Donald J. Trump, open letter advertorial, New York Times (2. September 1987).
36. Harry Anderson und John Barry, »A Start on Star Wars«, Newsweek (8. Februar 1988).

Kapitel 12

1. Felix Rohatyn, »Restoring American Independence«, New York Review of Books (18. Februar 1988).
2. Robert Kuttner, »Against Austerity«, The New Republic (28. Dezember 1987). Kuttner warnt vor den wirtschaftlichen Gefahren, die dann auftreten, wenn das Budget so sehr zusammengestrichen wird, daß es der Wirtschaft keine Impulse mehr geben kann. Kuttner bezieht sich hierbei auf ein Buch von Keynes, das 1940 erschien: »How to Pay for the War«.
3. Die Zahl von 66 Milliarden Dollar wird von Gary Hufbauer aus Georgetown in »After Reagan«, einer Titelgeschichte von Business Week vom 1. Februar 1988 zitiert. Der Artikel zitiert Finanzminister Baker, demzufolge Ronald Reagan »der US-Industrie mehr Importerleichterungen verschafft hat als irgendeiner seiner Vorgänger in mehr als einem halben Jahrhundert«. Doch ein großer Teil dieser Erleichterungen hat mehr mit politischer Günstlingswirtschaft als mit strategischen Bedürfnissen zu tun.
4. Malcolm S. Forbes, »Facts and Comment«, Forbes (25. Januar 1988).
5. Takako Doi, »U. S.-Japan Relations: Some Alternative Approaches«, Rede vor der Japan Society of New York am 17. September 1987.

Danksagung

Ich bin den vielen führenden Persönlichkeiten der japanischen Finanzwelt zu Dank verpflichtet, die sich trotz eines unglaublich überfüllten Terminkalenders Zeit für ein Interview mit mir genommen haben. Geschäftsführer der größten japanischen Wertpapierfirmen in Tokio wie in New York waren bei ihren Gesprächen mir gegenüber außergewöhnlich offen und aufrichtig. Sie lieferten mir Ideen und Informationen, selbst wenn sie mit meinem Standpunkt nicht übereinstimmten. Ich konnte mit dem Topmanagement reden, und sie erlaubten es mir, mich im Innern ihrer Organisation umzusehen und zu erfahren, wie die Dinge bei ihnen gehandhabt werden. Einigen möchte ich besonders danken: Bei Nomura Yoshihisa Tabuchi, Masahiro Aozono, Yoshiji Fukushima, Koji Higashi, Nobumitsu Kagami, Michio Katsumata, Robin Koskinen, Tetsuo Koyama, Masaaki Kurokawa, Steven Looney, Don McKinnon, Hirohiko Okumura, Yoshio Terasawa, Mitsuya Tokumoto und Kinya Tsubaki; bei Daiwa Yoshitoki Chino, Tomohiko Abe, Yasukazu Akamatsu, Paul Aron, Bill Brachfeld, Masahiro Dozen, Takuro Isoda, Koichi Kimura, Teizo Taya und Jiro Yamana; bei Nikko Steve Axilrod, Yasuo Kanzaki, Toshio Mori, Jun Okano und Susumu Yamazaki; bei Yamaichi Shiro Inoue, Tatsuo Okaya, Scott Pardee und Masaaki Yoshida; bei Sanyo Yoichi Tsuchiya, Ruishiro Ninomiya und Kenji Takagi. Auch die Präsidenten führender japanischer Banken – Nobuya Hagura von Dai-Ichi Kangyo, Taizo Hashida von Fuji und Koh Komatsu von Sumitomo – verhalfen mir zu einem besseren Verständnis der finanziellen Zukunft Japans.

Einige amerikanische und ausländische Unternehmen, die in Japan operieren, weigerten sich verständlicherweise, ihre Erfahrungen mit mir zu diskutieren. Außergewöhnlich wichtige Quellen waren für mich dennoch Jack Williams, John Heimann, Tetsundo Iwakuni, Hisashi Moriya und Noboru Takesaka von Merrill Lynch; Gene Atkinson und Hideki Mitani von Goldman Sachs; Deryck Maughan von Salomon Brothers, Brian Kelly von Morgan Stanley, David Dible und Eric Feder von Hoare Govett, Mime Egami von Prudential-Bache und Richard Greer von Baring Securities. Andere waren mir von unschätzbarer Hilfe, baten aber darum, ungenannt bleiben zu können. Mein Dank gilt auch ihnen.

In Tokio haben mich durch Rat und Tat vor allem unterstützt: der Botschafter Mike Mansfield, Vize-Finanzminister Toyoo Gyohten, Vizeminister Makoto Kuroda vom MITI, der frühere Außenminister Saburo Okita, Naohiro Amaya, Mitsugi Chiba, Judith Connor, Kazuhiro Fuchi, Toshio Hara, Yujiro Hayashi, Nagayo Homma, Junji Ito, Mikio Kato, Shuichi Kato, Masakazu Kubota, Tetsuko Kuroyanagi, Fumihiko Maki, Seiichi Mizuno, Kay Nishi, Shijuro Ogata, Ken Ohmae, Keichi Oshima, Kirk Patterson, Barry und Jan Petersen, Eisuke Sakakibara, Mitsuko Shimomura, Hajime Shinohara, Bill Sterling, Yoshio Suzuki, Nobuo Takahara, Seiji Tsutsumi und Koji Watanabe.

Hiroshi Ishikawa vom Auslandspressezentrum half mir unermüdlich, den Weg durch die japanische Bürokratie zu finden. Ken Kishi, Toshio Kimoto und ihre Belegschaft versorgten mich im Akasaka Prince Hotel von Tokio mit dem besten Service der Welt.

In den Vereinigten Staaten interviewte ich eine Menge Leute in Unternehmen auf dem Sektor der Finanzdienstleistungen, ferner Wirtschaftswissenschaftler, Historiker und Japan-Experten. Alle ihre Informationen erwiesen sich als nützlich. Gelegentlich brachte jemand während des Gesprächs eine Idee oder eine Einsicht vor, die sich später als kritischer Wendepunkt in der Entwicklung meines eigenen Denkens erweisen sollte. Ich möchte einigen darunter namentlich danken, weil ihnen sonst vielleicht gar nicht klar wird, wie entscheidend ihr Beitrag war: dem früheren Gouverneur Jerry Brown, Peter Drucker, Brian Fernandez, Jeffrey Garten, Shafiqul Islam, Carl Kester, Perrin Long, Thomas McCraw, Thomas Pepper, Felix Rohatyn, dem Kongreßabgeordneten Charles Schumer, Paul Streeten und Lester Thurow.

Alvin und Heidi Toffler waren eine große Quelle der Inspiration. Unsere Gespräche über Japan und die Zukunft förderten immer wieder provokante Thesen zutage. Auch ihre Ratschläge über praktische Probleme des Schreibens und Publizierens erwiesen sich als überaus nützlich auf einem mir sonst schreckenerregend unbekannten Gebiet.

Viele Menschen versorgten mich mit Empfehlungen oder halfen bei anderen logistischen Problemen. Einigen von ihnen möchte ich besonders danken: Jenny Cox, Bob Ferris, Hiroshi Furusawa, Hiroshi Kamura, Carl Kaplan, Masahiro Kawai, June Kinoshita, Shingo Kuribayashi, David MacEachron, Jim McFarland, Barry Messinger, Shinji Nagashima, Nick Palevsky, John Pitt, Kaye Ramsden, Luis Rinaldini,

Jun Shimizu, Mary Testa, Itaru Umezu und Steve Wechselblatt. Paul Simon gab die Genehmigung, *The Boy in The Bubble* zu zitieren. Ein besonderer Dank geht an Micropro International, welche die letzte Version der Wordstar-Software lieferte.

Einige Herausgeber von Magazinen und Zeitungen unterstützten mich in besonderem Maß, weil sie meine ersten Versuche zur Beschreibung von Themen veröffentlichten, die in diesem Buch volle Gestalt annahmen: Tamar Jacoby und Bob Semple bei der *New York Times,* Bob Berger bei der *Los Angeles Times,* Dick Babcock beim *New York Magazine,* Maggie Simmons und Harold Evans beim *Traveler* von Condé Nast, Carl Burgen und Joan Ogden Freseman bei der *Global Finance,* Shigeki Hijino bei der *Newsweek/Japan* und Fred Smith und Erla Zwingle bei *East/West Network.*

Beim Plaudern in Japan fragte man mich wiederholt: »Wie viele Mitarbeiter haben Sie?« Die interviewten Personen waren im allgemeinen recht erschrocken, wenn sie hörten, ich hätte keine Mitarbeiter. Vielleicht hätten sie die Situation besser verstanden, wenn ich ihnen gesagt hätte, wie sehr ich mich auf Familienmitglieder und Freunde stützte. Meine Frau Julie O'Connor war mir in unvergleichlichem Maß ein Ein-Frauen-Gesamt-Stützsystem. Das Konzept dieses Buches erarbeiteten wir gemeinsam. Mein Vater, Leon Burstein, diente wie immer als unerschöpfliche Quelle der Weisheit und moralischer Unterstützung. Er trug auf alle möglichen Weisen direkt zu diesem Buch bei, half durch eigene Recherchen und auch durch Erinnerungen an jene Phasen der US-japanischen Geschichte, die ich selber nicht miterlebt hatte. Craig Buck, Arne de Keijzer und David Kline lieferten eine Menge guter Ideen, trösteten mich in schwierigeren Augenblicken und kümmerten sich um jene Geschäfts- und Lebensbereiche, denen ich mich nicht widmen konnte. Julia Aires, Bonnie Burstein und Joan O'Connor informierten mich über Berichte, die ich sonst vielleicht übersehen hätte.

Ich möchte auch all den Journalisten danken, deren Beiträge ich zitiert habe. *New York Times, Wall Street Journal, Forbes, Business Week, Fortune, Far Eastern Economic Review, Economist, Newsweek* und andere berichten ausführlich über Japan. Niemand, der diese Veröffentlichungen liest, kann sagen, er habe nichts von den Trends gewußt, die die künftige Finanzwelt bestimmen werden.

Dieses Buch hätte nicht entstehen können ohne Perry Knowlton, meinen Agenten, und Frederic Hills, meinen Lektor bei Simon & Schuster. Ich hoffe nur, das öffentliche Interesse rechtfertigt nun die standhafte Unterstützung, die ich von ihm und seinen Kollegen bekam.

Dorothy Burstein, meine wichtigste Lehrerin, wird keine Kopie dieses Buches mehr in Händen halten können. Ihr Geist und ihre Teilnahme an dieser Welt waren mir jedoch in all diesen Tagen präsent.

Glossar

American Depositary Receipts (ADR's)

Von bedeutenden US-Banken ausgestellte Aktien-Depotzertifikate über bei ihnen hinterlegte nichtamerikanische Aktien. ADR's werden anstelle der Aktien gehandelt, und zwar zur Erleichterung, Verbilligung und Beschleunigung des Handels und ursprünglich, um ihn in solchen Titeln, die nicht direkt an den US-Börsen zulassungsfähig waren, überhaupt zu ermöglichen. Die AG, deren Aktien bei den Hinterlegungsstellen deponiert sind, haben keine vertragliche Beziehung zu den Emittenten der ADR's.

Arbitrage

Geschäft, das Preisunterschiede für dasselbe Objekt an verschiedenen Börsen zum gleichen Zeitpunkt zur Gewinnerzielung ausnutzt. Voraussetzung ist eine schnelle Kursübermittlung sowie eine Kursdifferenz, die höher ist als die anfallenden Kosten. Die Arbitrage bewirkt eine Angleichung der Kurse und Preise. Nach dem Gegenstand der Arbitrage unterscheidet man vor allem Effektenarbitrage, Devisenarbitrage, Zinsarbitrage, Goldarbitrage und Arbitrage börsenmäßig gehandelter Rohprodukte. Arbitrage ist zu unterscheiden von Spekulationsgeschäft.

Bankakzepte

Ein vom Kunden einer Bank absprachegemäß auf die Bank gezogener Wechsel, den letztere akzeptiert. Der Kunde kann diesen Wechsel anschließend in Zahlung geben oder zum Erlangen eines Geldkredits von einer Bank diskontieren lassen; meist erfolgt dies durch die akzeptgebende Bank selbst. Bankakzepte gelten am Geldmarkt als erstklassige Geldanlagetitel.

Big Bang

Eher scherzhafte Bezeichnung der einschneidenden Maßnahmen, die am 27. Oktober 1986 an der englischen Börse vorgenommen wurden. Im Kern handelt es sich um

1. die *Computerisierung des Handels,* d.h. Handel per Bildschirm. Dabei wurde gleichzeitig das seit 250 Jahren bestehende System der Trennung von Brokern (Wertpapierhäuser, die mit privaten und institutionellen Kunden Wertpapiergeschäfte tätigen) und Jobbern (Börsenmitglieder, die für die Kursfestsetzung zuständig sind) aufgegeben. Seitdem stellt jeder Broker als auch jeder Jobber Kurse in bestimmten Titeln per Bildschirm, auf deren Basis er zu Abschlüssen bereit ist.

2. die Zulassung von ausländischen Brokerhäusern an der Londoner Börse.
3. die Freigabe der Provisionssätze.

Bond

Angelsächsische Bezeichnung für festverzinsliche Wertpapiere. Government-bonds sind Staatsanleihen, mortgage-bonds sind Hypothekenpfandbriefe, baby-bonds Wertpapiere in sehr kleiner Stückelung.

Commercial papers

In den USA kurzfristige Schuldtitel von Unternehmen, in denen auch Terminkontrakte organisiert gehandelt werden.

DRAM

Dynamic random access memory = dynamischer Speicherchip mit direkter Zugriffsmöglichkeit.

Endaka

Veränderungen des Wechselkurses.

Eurobond

Auch Euroanleihen genannt.

Es handelt sich hier um internationale, meist festverzinsliche, quellensteuerfreie Titel von ausländischen Schuldnern, die gleichzeitig in mehreren Staaten durch ein Emissionskonsortium angeboten und durch einen internationalen Verkaufsapparat plaziert werden. Es besteht kein zentraler Wertpapierhandel nach Emissionen (Sekundärmarkt), da dieser meist per Telefon und Bildschirm zwischen Händlern in verschiedenen Staaten getätigt wird. Der Markt unterliegt hierbei keiner Aufsicht. Die meisten Emissionen werden in London gehandelt. Die gängigsten Emissionswährungen sind: US-Dollar, Kanadischer Dollar, engl. Pfund, ECU, australischer Dollar und DM.

Eurodollar

Dollarguthaben von Nichtamerikanern, auch von Geschäftsbanken, außerhalb der USA, die durch die hohen Zahlungsbilanzdefizite der USA entstanden. Diese »vagabundierenden« Dollar werden in schnellem Wechsel und in hohen Beträgen dorthin transferiert (vorwiegend in die Länder Westeuropas, nach Japan und Kanada), wo Zinsvorteile oder kurzfristige Aufwertungsgewinne in Aussicht stehen. Bedeutendster Handelsplatz ist London.

Federal fund rate

Zinssatz für Tagesgeld, das sich die dem Fed angeschlossenen Handelsbanken gegenseitig ausleihen (sog. Interbankengeld). Die Sätze kommen hierbei am freien Markt zustande. Die Notenbank kann sie allerdings durch entsprechende Maßnahmen beeinflussen.

Federal Reserve Bank

Das föderalistische Zentralbanksystem in den USA besteht aus dem Zusammenschluß von zwölf Bundes-Reserve-Banken (Federal Reserve Banks), von denen jede für einen der zwölf Bundes-Reserve-Distrikte zuständig ist, in die das Gebiet der Vereinigten Staaten unabhängig von den Grenzen seiner Einzelstaaten eingeteilt wurde. Die Bundes-Reserve-Banken, in Form von Aktiengesellschaften geführt, unterliegen strengster staatlicher Aufsicht; ihnen gehören etwa 6000 Handelsbanken (Mitgliedsbanken) an. Die Federal Reserve Banks besorgen die üblichen Aufgaben von Zentralbanken.

Gaijin

Ausländische Anleger/ausländische Banken.

Investment Banking

Der Begriff des investment banking geht zurück auf das US-amerikanische Trennbankensystem mit investment banks, die das Wertpapieremissionsgeschäft und das Anlagengeschäft betreiben, sowie commercial banks, die Einlagen entgegennehmen und Kredite gewähren.

Als investment banking gelten mittlerweile sämtliche Aktivitäten von Banken, die sich auf die Plazierung, den Handel sowie das damit verbundene Dienstleistungsgeschäft mit handelbaren Wertpapieren und wertpapierähnlichen Instrumenten beziehen. Zum weiteren Umfeld des investment banking zählen heute auch Bankgeschäftsarten wie Unternehmensberatung und Akquisition u.a. Einen erheblichen Bedeutungszuwachs erhält das investment banking durch die ständig steigende Kreierung neuartiger Finanzierungsinstrumente (Finanzinnovationen).

Investmentfonds

Zweckvermögen, das nach dem Grundsatz der Risikomischung in handelbaren und vertretbaren Werten angelegt ist. Es kommen in Betracht: Wertpapiere, Immobilien und - nicht in Deutschland - Warenkontrakte, Barrengold u.a.m. Das Fondsvermögen wird von Fachleuten angelegt und verwaltet. Die Erträge des Investmentfonds (Zinsen, Dividenden, realisierte Kursgewinne, Bezugsrechtserlöse) werden an die Käufer der Investmentanteile ausgeschüttet, bei einigen auch thesauriert (Thesaurierungsfonds), d. h. im Fondsvermögen belassen, was den Wert der Anteilsscheine erhöht. Der Wert der Fondsanteile wird börsentätig aus den Börsenkursen errechnet.

Junk-Bond

Wörtlich: Ramsch- oder Abfall-Anleihen.

Es handelt sich hierbei um höher verzinsliche Schuldverschreibungen von Emittenten mit geringer Bonität. Aufgrund der angespannten Vermögenssituation dieser Schuldner kann der Zins- und Tilgungsdienst bei diesen Emissionen bereits unterbrochen bzw. gefährdet sein.

Junk-Bonds werden auch zur Unternehmensübernahme von eigens für diesen Zweck gegründeten »Briefkastenfirmen« ausgegeben, die sonst kein Vermögen besitzen. Aus Anlegerschutzgründen und zur Eindämmung der dadurch induzierten Fusionswelle in den USA sind jedoch Beschränkungen dieser zu hundert Prozent fremdfinanzierten Unternehmensübernahmen beschlossen worden.

Kupon

Sammelbezeichnung für die zu einem Wertpapier gehörenden Ertragsscheine, Dividendenscheine oder Zinsscheine. Der Inhaber der Kupons bezieht auf ihn die fällige Dividende bzw. Zinszahlung. Er ist zu diesem Zweck der betreffenden Unternehmung vorzulegen (nach Abtrennung von Bogen). Beim Normalfall der Depotverwahrung durch eine Bank gehört die Einziehung der Kupons und die Auszahlung der entsprechenden Beträge zu den Depotverwaltungsarbeiten, die ohne Mitwirkung des Depotkunden erledigt werden. Ansprüche aus fälligen Kupons verjähren in vier Jahren.

Leverage buyout

Mit Hilfe von Krediten finanzierter Kauf einer Unternehmung durch eine kleine Gruppe von Investoren, wobei die Schulden mit Einnahmen aus dem erworbenen Unternehmen oder dem Verkauf von dessen Aktiva zurückgezahlt werden. Der Erfolg einer solchen Transaktion hängt davon ab, ob der durch gezielte Maßnahmen erreichbare Wert der Unternehmung deutlich über dem Kaufpreis liegt. Das Risiko besteht darin, daß die Zinsbelastung und die sonstigen Kosten des Erwerbs zu hoch sind, um schließlich noch einen Gewinn zuzulassen.

Little Bang

Analog der Entwicklung in London war auch Japan zu einer gewissen Liberalisierung des Wertpapierhandels bereit, d.h., es erfolgte auch in Tokio eine Öffnung der Börse für ausländische Broker. Ansonsten hielt Tokio jedoch an der traditionellen Präsenzbörse fest. Auch die Provisionssätze sind einheitlich festgesetzt.

Londoner Interbanken-Angebotssatz (»LIBOR«)

Übersetzung von *L*ondon *i*nter*b*ank *o*ffered *r*ate.

Im Verkehr zwischen Banken am Londoner Geldmarkt angewendeter kurzfristiger Geldmarktzinssatz (drei bzw. sechs Monate), zu dem eine Bank einer anderen erstklassigen Bank kurzfristige Einlagen überläßt bzw. Geldmarktkredite aufnimmt. Bei den variabel verzinslichen Anleihen, den sogenannten Libor-Anleihen, bestimmt der Liborsatz die Verzinsung der nächsten Zinsperiode der Anleihe.

Nomura

Japanisches Brokerhaus. Broker betreiben ausschließlich das Wertpapiergeschäft in Japan, während die Universalbanken das andere Bankgeschäft wahrnehmen.

Primary dealers

Englische Wertpapierhändler, die mit der regulierenden Abwicklung von Emissionen staatlicher Mittelnehmer beauftragt sind. Sie können mit der Bank von England, die den britischen Finanzmarkt mit Staatsanleihen beliefert, unmittelbar Geschäfte abschließen. Die Primärhändler fungieren zudem als market maker. Sie sind somit gehalten, permanent bei Anforderung sowohl Ankaufs- als auch Verkaufskurse für die betreffenden Titel zu stellen und zu diesen Kursen Abschlüsse vorzunehmen.

Quantum Fund

Es handelt sich hierbei um einen großen internationalen Investmentfonds in den USA. Die Wertentwicklung dieses Fonds litt zuletzt durch eine falsche Anlagepolitik. Das Fonds-Management setzte nämlich darauf, daß sich der Börsencrash im Jahr 1987 in Japan stärker auswirkt als in den USA. Nachdem das Gegenteil eingetreten ist, verlor der Fonds enorm an Wert.

Rostenkowski-Gesetze

Dan Rostenkowski ist der demokratische Vorsitzende des Steuerausschusses im amerikanischen Repräsentantenhaus. In diesem Ausschuß nimmt jedes Steuergesetz seinen Anfang. Gleichzeitig gewinnt der Ausschuß damit Einfluß auf die Haushaltsgesetzgebung.

Wandelschuldverschreibung (engl. convertible bond)

Schuldverschreibung einer AG, die dem Eigentümer das Recht einräumt, sie innerhalb einer bestimmten Frist in einem bestimmten Umtauschverhältnis in Aktien der AG umzutauschen. Es wird so der Vorteil der Obligation, einen festen Zins zu erhalten, verbunden mit dem Vorteil der Aktie, einen Anteil am Vermögen der AG erlangen zu können. Da mit dem Wandelrecht keine Wandlungspflicht verbunden ist, bietet sich dem Rentenanleger eine risikoarme Geldanlagemöglichkeit mit der Chance, bei entsprechender Kursentwicklung in die Aktienlage umzusteigen. Verläuft die Entwicklung anders, verzichtet der Wandelanleihebesitzer auf sein Wandelrecht. Wandelschuldverschreibungen dürfen nur aufgrund eines Hauptversammlungsbeschlusses ausgegeben werden. Zu den wichtigsten Bedingungen gehören der Wandlungspreis, d. h. der Betrag, der durch Einreichung der Obligation für eine Aktie i.d.R. zu entrichten ist, und die Wandlungsperiode, während der gewandelt werden kann. Wegen des Vorteils der Wandlungsmöglichkeit haben Wandelanleihen meist eine niedrigere Verzinsung als normale Obligationen. Andererseits liegt der Wandlungspreis i.d.R. über dem Aktienkurs zur Zeit der Anleiheausgabe; er weist somit ein Aufgeld (Wandlungsprämie) auf. Der Börsenkurs der Wandelanleihe folgt, je nach der Höhe der Wandlungsprämie, mehr der allgemeinen Anleihemarktentwicklung oder den Schwankungen des Aktienkurses.

Yen Swaps

Swap ist der Sammelbegriff für alle Tauschoperationen am Devisen-Terminmarkt. Hierbei stellt ein Partner einem anderen sofort Devisen zur Verfügung (Kassageschäft), wobei der gleichzeitige Rückkauf zu festem Termin und Kurs vereinbart wird (Termingeschäft). Dies führt dazu, daß durch diese Kombination zweier entgegengesetzter Devisengeschäfte mit unterschiedlichen Fälligkeiten für die vereinbarte Frist Beträge zweier Währungen unter den Kontrahenten ausgetauscht werden. Swap-Geschäfte kommen zur Kurssicherung vor allem von Finanzkrediten in Betracht, also von Kreditbeziehungen, die mit Geldzahlungen des Kreditgebers begründet und mit Rückzahlung des Kreditnehmers beendet werden. Will der Kreditnehmer das Währungsrisiko ausschalten, wird er den Devisenverkauf und den Devisenkauf nicht im Rahmen zweier zeitlich auseinanderliegenden Kassageschäfte tätigen, sondern beides gleichzeitig im Rahmen eines Swap-Geschäfts vornehmen. Der Kursunterschied am Devisenmarkt zwischen dem Terminkurs und dem Kassakurs einer Währung, in diesem Fall Yen, wird als Swap-Satz bezeichnet.

Register